出版支持

国家社会科学基金项目"连片特困区产业结构优化与稳定脱贫良性互动机制研究"（20BJL085）

江西省"赣鄱俊才支持计划·高校领军人才培养项目"（2024~2028）

"江西省宣传思想文化青年英才"培养项目（2019~2024）

江西省社会科学青年创新团队建设项目（2022~2024）

江西省现代农业产业技术体系建设项目（2021~2024）

江西省乡村振兴战略研究院支持项目（2023~2027）

江西省农村发展研究中心支持项目（2023~2025）

产业结构优化与稳定脱贫的良性互动机制

郑瑞强　朱述斌　瞿　硕／著

RESEARCH ON THE MECHANISM OF
POSITIVE INTERACTION BETWEEN
INDUSTRIAL STRUCTURE OPTIMIZATION AND
STABLE POVERTY ELIMINATION

社会科学文献出版社
SOCIAL SCIENCES ACADEMIC PRESS (CHINA)

序　言

　　摆脱贫困、共享繁荣是人类矢志追求的伟大事业。在中央和地方各级政府以及社会各界的共同努力下，我国历史性地解决了困扰中华民族几千年的绝对贫困问题。脱贫摘帽不是终点，而是新生活、新奋斗的起点，共同富裕是中国特色社会主义的本质要求，在新时代新征程上建立稳定脱贫长效机制，实现稳定而有韧性的脱贫成为契合时代需求的重要议题。

　　发展产业是实现稳定脱贫的根本之策，也是增强贫困地区造血功能、帮助贫困群众就地就业的长远之计。经过持续不懈努力，脱贫地区帮扶产业从弱到强、规模从小到大、链条从短到长，取得了积极成效。许多脱贫县培育形成了具有地方优势、带贫益贫能力较强、发展潜力较大的特色主导产业。脱贫人口通过订单生产、股份合作、消费帮扶等方式分享了更多产业增值收益。产业结构是区域发展的重要内生变量，结构效应是经济增长的重要源泉。产业结构优化与稳定脱贫互促互益，产业结构优化升级能够明显促进区域发展，契合要素禀赋特征的区域益贫性产业结构可有效激发贫困主体脱贫内生动力并使其积极融入主流发展系统；稳定脱贫带来的要素禀赋结构优化全方位助推区域产业结构转型升级。旨在提升全要素生产率的现代化经济体系建设有助于生产要素的合理流动和优化组配，缩小空间差距和促进脱贫人口市场参与，夯实高质量发展产业支撑。

　　《产业结构优化与稳定脱贫的良性互动机制》结合现实考察，明晰连片特困区高质量发展与区域性整体稳定脱贫行为逻辑，梳理片区破解发展"不平衡不充分问题"的阶段性工作脉络，比较优势视角下解构产业结构优化与区域要素禀赋关联机制；探讨片区益贫性产业结构演进途径及影响因素，基于产业帮扶"多维益贫—生计响应—稳定脱贫"视角分析益贫性产业结构调整与片区扶贫开发的互馈协变；开展产业结构优化与稳定脱贫的互动效应评

1

价，厘清二者基于要素中介的交互匹配机理及其低效交互风险，建构片区产业结构优化与稳定脱贫良性互动的制度框架与运行机制；构建连片特困区"价值共创式"产业结构优化与稳定脱贫良性互动治理新机制，并作农村低收入人口和欠发达地区发展帮扶机制优化领域研究的拓展延伸。

通览全书，研究视野宽广，关涉扶贫开发、乡村振兴与共同富裕等重要领域；研究结构严谨、逻辑自洽；研究内容基于扎实的调研，既能准确反映实践又能创新理论阐释；研究成果丰硕，既有学理性探讨，又有时效性的政策建议，成果宣传与转化取得了较好成效。

全面建设社会主义现代化国家，最艰巨最繁重的任务仍然在农村。推进农业农村现代化是全面建设社会主义现代化国家的重大任务，是解决发展不平衡不充分问题的重要举措，是推动农业农村高质量发展的必然选择。期待作者及其所在团队立足国家重大战略和改革发展需要，深耕农经沃土初心不倦，未来取得更加丰硕的成果！

北京大学现代农学院

2024 年 11 月

前　言

　　摆脱贫困，是人类梦寐以求的理想，是中华民族几千年来的期盼；消除贫困，改善民生，实现共同富裕，是社会主义的本质要求，是中国共产党的重要使命。2021年2月25日，习近平总书记在人民大会堂庄严宣告：我国脱贫攻坚战取得了全面胜利。脱贫摘帽不是终点，而是新生活、新奋斗的起点。在全面打赢脱贫攻坚战、历史性地消除绝对贫困之后，我国进入巩固拓展脱贫攻坚成果同乡村振兴有效衔接的新时期，基础性议题之一便是预防返贫风险、确保稳定脱贫。稳定脱贫是通过创新观念、激活动力、稳定收入来源、完善基础设施、提升公共服务水平等方式，降低脱贫群体的脆弱性，增强其发展能力，提高其生活水平，使其达到核定水平且收入来源可靠并稳定，跳出"贫困陷阱"的较高层次的脱贫，其核心内涵不断向经济发展、社会公平、内生动力、心理调适等多维度拓展。早在2019年4月，习近平总书记在重庆考察时就强调：要探索建立稳定脱贫长效机制，强化产业扶贫。2020年12月中央农村工作会议再次明确：对脱贫地区产业帮扶还要继续，补上技术、设施、营销等短板，促进产业提档升级。2022年10月，党的二十大报告指出：发展乡村特色产业，拓宽农民增收致富渠道。巩固拓展脱贫攻坚成果，增强脱贫地区和脱贫群众内生发展动力。

　　要素短缺、要素组合功能疲软以及竞争环境中社会空间蕴藏不公正结构、资源配置长期不均衡等均有可能导致贫困。《中国农村扶贫开发纲要（2011—2020年）》颁布后，作为扶贫开发主战场的连片特困区坚持市场导向，依托优势资源，加快转变经济发展方式，大力推进区域生产力布局调整和产业结构优化升级，壮大综合经济实力。尤其是在承接特色产业转移、发展优势特色产业领域成效突出，培育壮大了一批特色鲜明、竞争力强、生态友好的支柱产业，区域现代产业体系趋于完善，带动区域发展、促进当地群众增收以及切实保障民生的基础得到进一步夯实。发展帮扶产业是巩固拓展脱贫攻坚成果的治本之策，是促进脱贫群众增收致富的重要抓手；产业结构的转型升级能够促进要素流动进而有助于区域发展过程中资源配置效率提升，是解决区域发展不均衡、不充分问题的关键。如何利用好区域独特资源禀赋，推动帮扶产业提档升级、提质增效，因地制宜推进区域产业多样化、高级化、合理化，实现产业结构优化和稳定脱贫的良性互动，既是一个理论问题，又是一个重大现实问题。本书围绕贫困区域"要素禀赋结构怎么转变，产业结构优化与稳定脱贫如何关联，高质量发展何以实现"的现实问题，选取我国乌蒙山区（西部）、罗霄山区（中部）、大兴安岭南麓山区（东北部）这3个国定连片特困区为研究对象，着眼于脱贫前后"要素禀赋结构变化"基础上的产业结构优化，基于片区产业结构演进、扶贫治理阶段性特征与调研数据分析，解读贫困区域要素禀赋结构变化机理及益贫性产业结构构建实践困境；解析连片特困区高质量发展进程中益贫性产业结构形成的市场逻辑和社会逻辑，交叉分析片区脱贫前后要素禀赋变化与区域产业结构优化的互动关联，明确益贫性产业结构调整与扶贫开发的互馈协变机理及其对片区区域性整体稳定脱贫和高质量发展的反作用力，科学评价片区扶贫开发阶段性产业结构优化带来的减贫效应以及资源要素异质性对产业结构转型升级的影响，揭示连片特困区产业结构优化与稳定脱贫良性互动机制的内在规律、约束条件、模式选择及制度发展路径，创新产业联贫带贫基础上"空间重构与社会关联增进双协同"稳定脱贫策略；针对片区"区域要素禀赋改善与产业结构优化低效交互"弊端，依据益贫性产业结构调整与扶贫开发的互馈协变机理，围绕片区产业结构优化与稳定脱贫的良性互动治理制度进行思考，拓展延伸农村低收入人口和欠发达地区发展帮扶机制优化领域研究，有助于丰富区域发展理论认知，较好实现产业结构转型升级、平衡发展帮扶政策与区域高质量发展要求，助力稳定脱贫目标实现和乡村振兴战略推进，提高区域发展与民众福祉水平。

系统探讨了面向共同富裕的片区要素禀赋改善与产业结构优化的关联。一是要素禀赋产生的静态和动态比较优势共同影响产业结构发展变化。基于发达地区要素投入边际效益递减规律和高级要素溢出效应，落后地区依托要素禀赋赶超发展，积极利用后发优势，有可能缩小与其他区域间的差距。区域传统生产中专业化价值链嵌入产生的资源配置效应容易固化要素禀赋发展特征，陷入产业链和价值链"低端锁定"困境。落后地区以较低的成本和较快的速度学习并模仿经济发达地区要素禀赋改善过程，通过发挥人才集聚效应、生产率增长效应和本地市场放大效应促进基础产业向价值链高端延伸。产业在适应要素禀赋比较优势后进行技术选择，此时产业技术进步的要求会成为产业内技能型劳动、技术型资本及高新技术等要素流动和投入的导向。二是产业通过发挥产业内技术效应和产业间结构效应影响要素禀赋动态变化。产业结构的合理化与高级化发展，会使产业基于组织价值最大化的目标，进行空间转移或者倒逼支撑其发展的要素禀赋变化，或使区域陷入"贫困恶性循环"，或进入要素禀赋改善与产业结构优化这一良性互动的发展局面。三是要素禀赋与产业结构耦合协调度对要素禀赋改善促进区域共同富裕具有非线性影响。耦合协调度低时，表明要素禀赋相对于产业结构存在结构性错配问题。产业结构发展不足，低级要素缺乏实现质效跃升的平台，高级要素作用发挥受限，在市场机制作用下，高级要素加快流失，比较优势退化，经济社会低质发展；产业结构过度高级，缺乏价值发挥平台的低级要素容易被当地产业体系淘汰。囿于要素流通和禀赋改善的时间成本，未流通和尚未提质增效的低级要素发展无门而被浪费，具有更高发展效率的适应性高级要素推动产业进一步升级却忽视合理化发展，导致产业结构朝"头重脚轻"的形态扭曲发展，不仅拉大区域产业和经济发展差距，还需为脱实向虚的泡沫化发展付出代价。要素禀赋与产业结构趋近耦合协调，表明要素禀赋改善，产业结构随之升级并实现合理化发展。资源要素被产业有效吸收和利用并实现质效双升。要素禀赋比较优势有效发挥并实现与产业结构的联动升级，有利于进一步挖掘优势，提升区域核心竞争力，促进连片特困区共同富裕。

重点阐释了空间重构视角下片区益贫性产业发展赋能稳定脱贫的空间。产业是乡村全面振兴的坚实基础和核心支撑，能够有效助推生产要素的合理流动与优化组配，提高脱贫人口的市场参与能力与水平。发展契合结构性贫困特征、兼顾经济效率与扶弱助困功能的区域益贫性产业可有效激发脱贫群体的内生动力，使其积极融入主流发展系统。精准扶贫、稳定脱贫带来的要素禀赋结构优化亦将全方位助推区域产业结构转型升级。一是稳定脱贫需要脱贫人口生计空间与区域发展空间的协同耦合。在精准扶贫基础上实现稳定脱贫，需要着力打破传统发展空间束缚，强化区域自然、社会与经济空间协同以及区域整体空间与脱贫人口个性化生计空间的同步发展，并逐步向空间平等与空间自由方向发展。二是产业发展离不开区域资源要素的组合优化与全域治理能力提升。区域资源要素禀赋与产业发展互相影响，产业发展与区域要素禀赋动态协调是产业兴旺的关键。从空间生产视角探讨产业发展问题，可将其理解为在特定阶段相对稳定发展秩序下人力资源、自然资源、知识资源、资本资源和基础设施等要素组合增益的发展过程，立足空间现实，并且尝试突破和逐渐形成新型空间秩序。三是构建益贫性产业发展与利益联结机制。考虑"市场融入和政策激励"的双重影响，注重与持续升级的区域资源要素高效交互和精准匹配，推进高级化和合理化益贫性产业结构建设，契合益贫性产业专业化和多样化发展水平。益贫性产业发展也会因其受到"益贫性"目标约束，在产业选择、产业经营中出现阶段性经济效率下降现象，尤其是在联贫带贫初期，需要关注产业发展的"市场逻辑"与"社会公平逻辑"的均衡。"市场逻辑"要求区域益贫性产业发展要注重经营管理和生产高效，在市场竞争中具备竞争优势，在此基础上提高经济收益与资本增值，进而增加社会福利，助力减贫脱贫；"社会公平逻辑"则关注通过市场开展益贫性产业扶贫，注重产业发展联贫带贫助贫的直接效应。协调好"市场逻辑"与"社会公平逻辑"之间的关系，是益贫性产业发展的关键；只有夯实产业基础，促进产业高质量、多样化发展，才能使益贫性产业发展具有更广阔的发展空间和可持续的益贫发展能力。值得注意的是，益贫性产业发展特别关注贫困人口自我激励基础上的现代要素增进和生计方式转型，持续增强其从益贫性产业发展中获益能力。

深刻剖析了片区产业结构优化与稳定脱贫的互动效应与行为偏差。一是片区产业结构变迁中全要素生产率变化。要素禀赋改善有机嵌入产业结构转型升级，助推区域内产业结构向高级化与合理化方向发展。学习成本、要素聚集成本和结构调整成本增大，造成产业生产成本上升，技术转型速度减缓，要素聚集与利用状态失衡，并造成要素禀赋与产业结构在时间与空间上的错配，生产要素利用率降低，导致全要素生产率"起伏式"变化。片区全要素生产率与产业结构合理化互促互益，但是产业结构高级化对全要素生产率促进效果不明显。二是片区居民生计资本时空演变及其与区域产业发展耦合协调。随着就业帮扶、产业帮扶、农村基础设施建设等精准扶贫政策的有效实施和深入推进，居民生计资本水平显著提高，产业结构要素配置更高级、更合理。产业结构优化不仅促进居民生计转型，提升经济效益，还对增强管理能力、深化生态文化意识等社会效应产生积极影响，实现经济与社会的双重增值。三是产业结构优化的经济增长及区际促动效应。较之于其他发达区域，产业结构优化易形成竞争优势，抑制周边地区产业发展，进而对周边地区经济增长产生负向促动效应。当片区经济基础、要素禀赋较为薄弱时，对周边地区的负向促动效应更为明显；当经济发展到一定水平后，对周边的负向促动效应也将消减；较好的预期是，当片区经济发展及协同发展水平较高时，地区的产业结构优化对自身经济发展及周边区域的经济发展产生明显的正向促动效应。四是片区产业结构优化与要素禀赋的低效交互及结构性优化举措。构建"区域内网络关联和企业中介双助力"交互模型，梳理要素价值扭曲、资源错配等低效交互表现：劳动力境况与片区现实需求存在矛盾、土地资源配置的制造业供地偏好、信息技术高使用成本"负能"片区企业数字化转型、数据要素低效供给不能满足片区转型需求，借此构建片区产业结构优化与要素禀赋改善的多边动态匹配机制。五是片区益贫性产业发展中的脱贫人口生计协同。样本户生计响应总体较好，农户感知高、意愿强，增收致富愿望强烈，乡村产业振兴整体成效较好；生计响应各维度相应程度由高到低排序依次是：生计产出响应度、生计空间响应度、生计方式响应度、生计资本响应度。需要全面夯实农户生计对区域产业协同响应基础，加速积蓄农户生计对区域产业协同响应动能，系统构建农户生计对区域产业协同响应动力机制。

优化完善"价值共创"导向下片区产业结构优化与稳定脱贫良性互动机制。结合高质量发展视角下的片区多元利益主体演化博弈分析，各利益主体演化博弈系统的最终稳定状态离不开政府部门、企业、脱贫人口三方利益主体的共同作用，对应的演化稳定策略为企业积极合作、脱贫人口主动参与、当地政府积极扶持，地方政府、企业、脱贫人口与社会组织、片区其他群众等多元主体形成协同联动的治理网络，激活社会治理活力，通过协调政府力量、规制市场力量、强化人民主体地位，构建有效市场、有为政府与有爱社会的多维协同共同体，推动片区主体实现利益共享与风险共担。片区产业结构优化与稳定脱贫良性互动的关键在于促进市场、政府与社会的多维协同与优势治理、建立产业助力稳定扶贫的数量与质量均衡发展机制。面对片区发展现实中产业结构优化与稳定脱贫互动失衡现象，构建片区产业结构优化与稳定脱贫互动治理风险"全域动态防控体系"。合理规划片区产业布局，保障扶贫产业可持续发展；激活片区稳定脱贫内生动力，健全返贫风险预警与保障机制；强化产业稳定脱贫政策目标，促进多重逻辑有机融合发展。

拓展延伸农村低收入人口和欠发达地区发展帮扶以及全面推进乡村振兴促进农民农村共同富裕研究。一是优化城乡融合视域下农村低收入人口和欠发达地区分层分类发展帮扶机制。解决农村低收入人口和欠发达地区问题是迈向共同富裕的中国式现代化新征程的时代命题，城乡融合发展能够为其重塑治理空间并注入强劲发展动能。新阶段推进农村低收入人口和欠发达地区发展帮扶机制优化是弱势群体帮扶和落后地区开发的政策延续、面向高质量发展要求的现实回应与国家治理体系和治理能力现代化的重要组成，应正确把握精准帮扶与普惠支持、政府引导与市场化运作等重要关系，创新视角，重点考察帮扶对象要素"节点—枢纽"效应，优化农村低收入人口和欠发达地区帮扶机制：完善测度指标体系，加强动态监测预警；发挥政府与市场协同作用，提高资源配置效率；增进农村低收入人口内生动力，激发欠发达地区发展活力；健全激励约束机制，提升发展帮扶工作绩效管理水平；强化党建引领，促进区域战略协同联动，以期提升农村低收入人口可行能力、实现欠发达地区可持续发展、深入推进国家治理体系与治理能力现代化。二是推进乡村振兴基本实施单元的县域转型。统筹新型城镇化和乡村全面振兴，推进乡村振兴基本实施单元由村庄向县域的转型发展，是基于乡村自身比较优势在城乡融合发展过程中持续提升资源配置效率的必然选择，有助于加快城乡融合，实现城乡共同富裕与农业农村现代化。县域推进乡村振兴的系统集成改革，需要强化吸纳式参与、注重融合式治理、聚焦高质量发展、推动结构耦合、激活过程调适、缩小城乡发展差距并增进县域乡村发展韧性。同时需要有效避免多元治理体系"主体缺位"、绩效考核"高耗低效"和超越系统集成的"合成谬误"等潜在风险，以全面提升县域乡村振兴工作质量，推动县域包容性发展，增进民众福祉。三是在高质量推进乡村振兴中促进农民农村共同富裕研究。立足新发展阶段，完整、全面、准确贯彻新发展理念，高质量推进乡村振兴与促进农民农村共同富裕互为基础和前提，高质量乡村振兴是促进农民农村共同富裕的根本途径，农民农村共同富裕是高质量乡村振兴工作的核心目标，在高质量乡村振兴中促进农民农村共同富裕是目标与手段的有机统一。面对在全面推进乡村振兴中促进农民农村共同富裕过程中存在的乡村产业转型升级困难、益农增收利益联结机制松散、乡村发展支撑要素保障能力不强、生态产品市场价值实现方式亟待创新、传统乡村治理体系难以适应、民生服务供给不足等诸多障碍，要始终坚持党的全面领导，坚持以人民为中心，致力于高质量发展，强化顶层设计，突出创新驱动，推进产业发展"双融合"，打造高能级产业体系；勇于进行集成式惠民改革，增进高浓度创新策源能力；畅通拓宽"绿水青山"和"金山银山"双向转化通道，推进高标准绿色发展；进一步强化精致服务，全力营造乡村高水平发展环境；促进均衡优质发展，满足人民高品质生活需求。

在本书出版之际，要特别感谢全国哲学社会科学规划办公室的资助，还要衷心感谢为这项课题研究活动的顺利开展提供了大力支持和帮助的中共江西省委宣传部、江西省社会科学界联合会、江西省乡村振兴局、江西省农业农村厅、江西省赣州市乡村振兴局、贵州省遵义市乡村振兴局、内蒙古自治区兴安盟乡村振兴局、江西省社会科学院、北京大学现代农学院、北京大学中国农业政策研究中心、南昌大学经济管理学院、江西师范大学财政金融学院、江西财经大学经济学院、华东交通大学人文社会科学学院、中共江西省委党校、浙江大学中国农村发展研究院、华南农业大学经济管理学院、贵州大学经济学院、中国人民大学公共管理学院、南京农业大学经济管理学院、四川大学经济学院、西北农林科技大学经济管理学院、吉林农业大学经济管理学院、河海大学公共管理学院等单位及工作人员以及配合我们调研的城乡居民朋友们，尤其是相关领域各位专家给予的理念启示、思路引导、调研机会等资源对于研究开展、结果论证与成果转化弥足珍贵，没有你们的支持、指导和帮助，本项课题的研究工作是难以顺利完成的。

由于我们自身知识结构和学术水平的限制，本书的分析或许存在疏漏之处。我们衷心希望能得到大家的批评和指教，以期推动这一领域的研究不断走向深入。

作 者

2024 年 11 月

目　录

第1章　研究总体设计及过程概览

1.1　研究背景与意义

1.1.1　研究背景

贫困是制约人类生存与发展的最大阻碍，是全世界面临的共同挑战，对人类文明进步和全球经济社会稳定发展都有不同程度的影响。反贫困是人类发展历史长河中的一个永恒主题。联合国 2015 年通过的《变革我们的世界：2030 年可持续发展议程》提出了 17 个可持续发展目标，位于首位的目标即在全世界消除一切形式的贫困。① 作为全球最大的发展中国家，中国一直是全球减贫事业的积极倡导者和有力推动者，在解决贫困问题上取得了举世瞩目的成就。

消除贫困、实现共同富裕，是社会主义的本质要求，2021 年 2 月 25 日，习近平总书记在人民大会堂庄严宣告：经过全党全国各族人民的共同努力，在迎来中国共产党成立 100 周年的重要时刻，我国脱贫攻坚战取得了全面胜利，现行标准下 9899 万农村贫困人口全部脱贫，832 个贫困县全部摘帽，12.8 万个贫困村全部出列，区域性整体贫困得到解决，完成了消除绝对贫困的艰巨任务。② 脱贫摘帽不是终点，而是新生活、新奋斗的起点。在全面打赢脱贫攻坚战、历史性地消除绝对贫困之后，我国进入巩固拓展脱贫攻坚成

---

① 《变革我们的世界：2030 年可持续发展议程》，https://www.un.org/zh/documents/treaty/A-RES-70-1，最后访问日期：2024 年 12 月 1 日。
② 《习近平：在全国脱贫攻坚总结表彰大会上的讲话》，https://www.gov.cn/xinwen/2021-02/25/content_5588869.htm，最后访问日期：2024 年 12 月 1 日。

果同乡村振兴有效衔接的新时期，基础性议题之一便是预防返贫风险、确保稳定脱贫。①

早在 2019 年 4 月，习近平总书记在重庆考察时就强调：要探索建立稳定脱贫长效机制，强化产业扶贫。② 在 2020 年 12 月中央农村工作会议上明确：对脱贫地区产业帮扶还要继续，补上技术、设施、营销等短板，促进产业提档升级。③ 2022 年 10 月，党的二十大报告指出：发展乡村特色产业，拓宽农民增收致富渠道。巩固拓展脱贫攻坚成果，增强脱贫地区和脱贫群众内生发展动力。基于《关于实现巩固拓展脱贫攻坚成果同乡村振兴有效衔接的意见》《关于推动脱贫地区特色产业可持续发展的指导意见》等系列政策支持，截至 2023 年末，832 个脱贫县都确定了若干特色鲜明、优势突出、带动能力强的帮扶主导产业，涉及瓜果蔬菜、特色畜牧、特色粮经作物、特色水产品、林特产品、休闲农业等 6 大类 27 小类。从产业覆盖面、带动人数和带动效果来看，在 27 小类中，草食畜牧、水果、蔬菜、粮油、中药材、生猪、茶叶、食用菌、禽类、薯类位列前十，共涉及 760 个脱贫县，占脱贫县总数的 91.34%；产值达 1.52 万亿元，占脱贫地区主导产业总产值的 89.4%，带动脱贫人口数 2480 万人，占脱贫县帮扶产业带动脱贫人口总数（2882 万人）的 86.1%。④

《中国农村扶贫开发纲要（2011—2020 年）》颁布后，作为扶贫开发主战场的连片特困区坚持市场导向，依托优势资源，加快转变经济发展方式，大力推进区域生产力布局调整和产业结构优化升级，壮大综合经济实力。尤其是在承接特色产业转移、发展优势特色产业领域成效突出，培育壮大了一批特色鲜明、竞争力强、生态友好的支柱产业，区域现代产业体系趋于完善，带动区域发展、促进当地群众增收以及切实保障民生的基础得到进一步夯实。

发展帮扶产业是巩固拓展脱贫攻坚成果的治本之策，是促进脱贫群众增

---

① 糜晶、甄悦、刘欢欢：《政策供给视角下稳定脱贫的结构性风险及其系统性治理》，《行政论坛》2022 年第 5 期。

② 《习近平在重庆考察并主持召开解决"两不愁三保障"突出问题座谈会》，https://www.gov.cn/xinwen/2019-04/17/content_5383915.htm，最后访问日期：2024 年 12 月 27 日。

③ 《习近平出席中央农村工作会议并发表重要讲话》，https://www.gov.cn/xinwen/2022-12/24/content_5733398.htm，最后访问日期：2024 年 12 月 22 日。

④ 《脱贫地区，十大帮扶产业蓬勃兴起》，https://baijiahao.baidu.com/s?id=1795144637118495436&wfr=spider&for=pc，最后访问日期：2024 年 12 月 27 日。

收致富的重要抓手；产业结构的转型升级能够促进要素流动进而有助于区域发展过程中资源配置效率提升，是解决区域发展不均衡、不充分问题的关键。利用好区域独特资源禀赋，推动帮扶产业提档升级、提质增效，因地制宜推进区域产业多样化、高级化、合理化，有助于推动实现产业结构优化和稳定脱贫的良性互动。

1.1.2 研究价值

产业结构优化是连片特困区稳定脱贫和高质量发展的重要抓手，实现产业结构优化和稳定脱贫的良性互动，既是一个理论问题，又是一个重大现实问题。围绕该问题进行探索，不仅可以丰富区域经济学内容体系，还可为连片特困区产业结构优化、稳定脱贫及高质量发展政策完善提供决策参考。

学术价值。连片特困区于 2020 年实现区域性整体脱贫，稳定脱贫与区域高质量发展问题凸显，着眼于脱贫前后"要素禀赋结构变化"基础上的产业结构优化，解析连片特困区高质量发展进程中益贫性产业结构形成的市场逻辑和社会逻辑，交叉分析片区脱贫前后要素禀赋变化与区域产业结构优化的互动关联，明确益贫性产业结构调整与扶贫开发的互馈协变机理及其对片区区域性整体稳定脱贫和高质量发展的反作用力，揭示连片特困区产业结构优化与稳定脱贫良性互动机制的内在规律、约束条件、模式选择及制度发展路径，有助于丰富区域发展理论认知，较好实现产业结构转型升级、扶贫开发政策干预与片区高质量发展要求之间的协调，助力乡村振兴战略推进和贫困区域稳定脱贫，提高区域发展质量。

应用价值。本书选取我国乌蒙山区（西部）、罗霄山区（中部）、大兴安岭南麓山区（东北部）这 3 个国定连片特困区为研究对象，围绕贫困区域"要素禀赋结构怎么转变，产业结构优化与稳定脱贫如何关联，高质量发展何以实现"的现实问题，基于片区产业结构演进、扶贫治理阶段性特征与调研数据分析，解读贫困区域要素禀赋结构变化机理及益贫性产业结构构建实践困境；科学评价片区扶贫开发阶段性产业结构优化带来的减贫效应以及资源要素异质性对于产业结构转型升级的影响，创新产业联贫带贫基础上"空间重构与社会关联增进双协同"稳定脱贫策略；针对片区"区域要素禀赋改善与产业结构优化低效交互"弊端，依据益贫性产业结构调整与扶贫开发的互馈协变机理，提出片区产业结构优化与稳定脱贫的良性互动治理制度框

3

架、运行机制与政策调整方面的建议，有助于消除制度屏障、推动减贫战略与工作体系平稳转型，促进区域性整体稳定脱贫和贫困区域高质量发展，提升贫困区域发展与民众福利水平。

1.2　前期研究文献简述

接续推进减贫，实现稳定脱贫，形成贫困人口积极参与的区域高质量发展实践至为关键。产业结构是区域发展的重要内生变量，结构效应是经济增长的重要源泉。产业结构优化与稳定脱贫互促互益，产业结构优化升级能够明显促进区域发展，契合结构性贫困特征的区域益贫性产业结构可有效激发贫困主体脱贫内生动力并使其积极融入主流发展系统；稳定脱贫带来的要素禀赋结构优化能全方位助推区域产业结构转型升级。旨在提升全要素生产率的现代化经济体系建设有助于生产要素的合理流动和优化组配，促进贫困人口市场参与，夯实高质量发展产业支撑。

秉承"区域发展带动扶贫开发、扶贫开发促进区域发展"工作思路，连片特困区于 2020 年与全国一道实现脱贫，片区群众尤其是贫困人口的幸福感和获得感显著提升：坚持精准导向，解决多维贫困；优化扶贫政策顶层设计，释放市场配置扶贫资源潜力；重视社会力量参与，深化扶贫开发治理；耦合区域空间和贫困人口生计空间，实施个性化生计空间再造和优化；强化贫困人口社会关联，促进贫困人口发展融入；创新多元主体利益联结机制，持续推进精准扶贫提质增效。精准扶贫是产业网络和社会网络双重嵌入的过程，实现稳定脱贫，重在发展产业以推进贫困人口产业链参与和融入、重返社会发展主流秩序。连片特困区产业扶贫实践中积极创新扶贫资金使用方式、推进产业扶贫政策服务转向、突出产业扶贫生计转型引领，综合分析政府"亲和性选择"、扶贫资源"精英俘获"、企农对接不畅、产业同质化、村域产业扶贫"空间贫困陷阱"、扶贫效果难以持续等制约因素，探索出"龙头+"发展带动型、贫困主体瞄准型、"户贷企用"救济式等产业带贫帮扶模式，健全资产增益（资源开发、资产盘活、土地营运等）、稳岗增收（就业带动、三产联动、金融支持等）、能力提升（组织共建、产业共创、发展共享等）和精神激励（奋斗精神宣讲、致富典型示范、推动群众参与等）多维益贫路径以及股份参与、订单生产、岗位提供等利益联结机制，较好发挥产业联贫带贫功能，推进可持续产业扶贫，巩固贫困人口稳定脱贫的长远生计基础。针对片区扶贫开发工作面临的"产业扶贫益贫边际效益递减、贫困主体对于扶贫产业生计响应乏力、扶贫产业可持续发展能力有限以及未能充分体现产业扶贫本质要求、区域全要素生产率不高且增速不够"等诸多约束，连片特困区扶贫开发需要关注脱贫前后要素禀赋变化，融入乡村振兴战略，激活潜能，加速扶贫产业转型升级，优化益贫性产业结构，强化参与主体利益联结，健全完善稳定脱贫长效机制。

区域高质量发展要求通过持续的科技创新与产业升级从根本上改变城乡社会经济系统。差异化分析欠发达区域从贫困走向繁荣的路径，规律性表现为能够伴随要素禀赋结构动态变化不断优化产业结构进而形成新的比较优势。推进连片特困区稳定脱贫和高质量发展，离不开实体经济、技术创新、现代金融、人力资源协同发展的现代产业体系。连片特困区应进一步提升自主创新能力、加快要素市场化配置、实施收入分配改革，推动产业结构优化升级，实现从"数量增长导向＋外源性分工动能＋要素禀赋驱动"向"质量发展导向＋内源性分工动能＋创新驱动"转型，提高片区全要素生产率。梳理 1949 年以来乡村产业结构发展阶段性特征，乡村产业结构发展不平衡、适宜劳动力欠缺、产业结构与就业结构不匹配、农村科技投入不足和乡村组织化程度低等问题亟待解决。论及产业结构优化升级与稳定脱贫的关系，合理化与高度化、专业化与多样化是产业结构分析的两个重要维度。共识性观点为产业结构优化升级是产业结构高度化和合理化的有机统一，推进生产要素从低生产效率产业部门向高生产效率部门转移，提高资源配置效率促进经济增长、调节收入分配等有助于稳定脱贫和收入差距缩小；关于农业部门是否比非农部门具有更强的减贫绩效，第三产业是否比第二产业更有助于稳定脱贫则存在争议；聚焦区域不同发展阶段的三次产业减贫贡献程度和要素禀赋特征，区域产业发展过程中的减贫效应在特定环境下可能发生逆转。依据 Willian Petty 的劳动力产业间转移的配第-克拉克定理、Colin Clark 和 Simon Kuznets 的产业结构演进规律、Karl Marx 的社会资本再生产理论、Hollis B. Chenery 的工业化阶段理论、Kaname Akamatsu 的雁行模式理论、林毅夫的新结构经济学等理论解析[1]，借鉴印度尼西亚农业和服务业的减贫效应比工业更明显、美

---

① 干春晖：《产业经济学：教程与案例》，机械工业出版社，2019，第203~217页。

国贫困率的上升主要是由于总就业率下降和所有产业内贫困率增加引起、印度农业技术进步和非农就业的增加可以有效削减农村贫困等国外实证结论，诸多研究发现经济增长的部门构成、经济发展方式和减贫效应之间存在密切关系，产业结构优化通过结构合理化调整提升资源配置效率、通过结构高度化升级促进贫困人口增收、通过发挥"空间溢出效应"实现产业融合与区域协调发展。①

贫困具有长期性、动态性、空间性和关联性，解析复合状态的贫困，正是要素短缺、要素组合功能疲软以及区域发展空间结构不合理、资源配置不均衡的长期延续，基于要素禀赋结构变化构建贫困区域扶贫富民产业发展机制与提升城乡融合水平是片区应对区域发展塌陷和"梅佐乔诺陷阱"的关键。我国现行标准下农村贫困人口实现脱贫后，片区发展要素禀赋结构特征发生显著变化，贫困治理重点和难点从消除绝对贫困转向相对贫困治理和稳定脱贫。伴随脱贫前后片区资源要素禀赋结构变化，准确把握和有效对接片区群众发展诉求多样化和高端化趋势，依循乡村振兴战略要求和新发展理念指导，培育发展持久稳定增收致富产业，发挥比较优势升级益贫性产业结构，推进构建产业结构优化与稳定脱贫"价值共创式"良性互动机制，确保片区稳定脱贫和高质量发展协同并进逐步成为业界与学界共识。

国内外优秀成果为本书提供了重要理论基础与研究借鉴。未来的连片特困区扶贫开发需要将稳定脱贫与区域高质量发展并重，通过产业结构优化尤其是构建"益贫性产业结构"促进连片特困区扶贫治理和高质量发展是一重要工作抓手。但对于"益贫性产业结构调整与片区扶贫开发的互馈协变以及片区产业结构优化与稳定脱贫良性互动机制建设的实现路径、动态调控及保障体系"这一"现状与策略的中间环节"的研究尚未形成系统认识，使得连片特困区稳定脱贫和高质量发展长效机制建设缺乏协整性思考。结合新形势下我国乡村振兴和脱贫攻坚工作目标，针对连片特困区"稳定脱贫的产业支撑薄弱与片区整体全要素生产率不高"的双重约束，要进一步深化扶贫工作机制创新，完善贫困区域空间治理，需要深入研究求证的关键问题是："逻辑分析片区要素禀赋变化机理，聚焦益贫性产业结构调整与扶贫开发的

---

① 谭昶、吴海涛、黄大湖：《产业结构、空间溢出与农村减贫》，《华中农业大学学报》（社会科学版）2019年第2期。

互馈关联,注重片区产业结构优化与稳定脱贫良性互动与协同并行,推进片区差异化发展空间耦合协同与全要素生产率提升,释放发展新动能以实现片区区域性整体稳定脱贫和高质量发展",本书拟借此做些力所能及的探讨。

1.3　研究目标与基本概念界定

1.3.1　研究目标

结合现实考察,深入进行理论探讨,明晰连片特困区高质量发展与区域性整体稳定脱贫行为逻辑,梳理片区破解发展"不平衡不充分问题"的阶段性工作脉络,从比较优势视角解构产业结构优化与区域要素禀赋关联机制;探讨片区益贫性产业结构演进途径及影响因素,基于产业帮扶"多维益贫—生计响应—稳定脱贫"视角分析益贫性产业结构调整与片区扶贫开发的互馈协变;开展产业结构优化与稳定脱贫的互动效应评价,厘清二者基于要素中介的交互匹配机理及其低效交互风险,建构片区产业结构优化与稳定脱贫良性互动的制度框架与运行机制;构建连片特困区"价值共创式"产业结构优化与稳定脱贫良性互动治理新机制,并对农村低收入人口和欠发达地区发展帮扶机制优化领域研究进行拓展延伸。

1.3.2　基本概念界定

1.3.2.1　连片特困区

连片特困区是集中连片特殊困难地区的简称,指《中国农村扶贫开发纲要(2011—2020 年)》明确的新一轮扶贫攻坚主战场,按照集中连片、突出重点、全国统筹、区划完整的原则划分,包括六盘山区、秦巴山区、武陵山区、乌蒙山区、滇桂黔石漠化区、滇西边境山区、大兴安岭南麓山区、燕山-太行山区、吕梁山区、大别山区、罗霄山区,以及已经实施特殊扶持政策的西藏、四省涉藏州县和新疆南疆三地州。2011 年划定的 14 个连片特困区共包括 680 个县及县级单位,国土面积 392 万平方公里,占全国的40.8%。片区县中有 440 个国家扶贫开发工作重点县,252 个革命老区县,368 个少数民族县,57 个边境县,448 个地质灾害高发区县,661 个县属于地方病病区,269 个县位于国家主体功能区规划中的限制开发区和禁止开发区。综合考虑样本空间分布广泛性、现实实践代表性、数据可得性以及研究基础等因素，本书选取我国乌蒙山区（西部）、罗霄山区（中部）、大兴安岭南麓山区（东北部）的 3 个国家连片特困区为研究对象，重点选择乌蒙山区遵义部分、罗霄山区赣州部分、大兴安岭南麓山区兴安盟部分为分析单元，之所以选择连片特困区为样本区域，主要考虑我国区域发展资源"行政吸纳与市场配置并行"特征，以及片区能够在一定程度上打破区域行政区隔同时又保持相对完整的要素系统关联，有助于空间发展形态创新。

1.3.2.2 精准扶贫、精准脱贫

党的十八大以来，以习近平同志为核心的党中央为如期实现"2020 年农村人口实现脱贫、贫困县全部脱贫摘帽"的目标，创造性地提出扶贫开发新理念，要求做到六个精准：扶贫对象精准、项目安排精准、资金使用精准、措施到户精准、因村派人精准、脱贫成效精准。

1.3.2.3 产业扶贫

产业扶贫是以市场为导向，以贫困地区特色资源禀赋为基础，以产业规划、产业选择、产业发展为核心，以经济效益为中心、以产业扶持政策为支撑，以贫困人口脱贫增收、贫困地区区域经济增长为目的的扶贫方式。本书所选的三个样本区域因为区域资源禀赋不同在产业扶贫时各有侧重（见表 1-1）。

表 1-1　样本区域产业化扶贫工作内容

政策举措	核心内容
乌蒙山区	①建立健全产业化发展带动贫困农户增收的利益联结和分享机制。大力发展贫困地区农村经济合作组织和专业技术协会，积极推进有利于贫困户增收致富的各种产业发展模式。②大力扶持贫困村建立互助合作组织，积极引导贫困农户加入合作经济组织。发挥各种合作组织、农村致富带头人、经纪人在带动贫困户与协调企业方面的纽带和聚合作用，促进企业与贫困户结成利益共同体，实现共同发展。加大扶贫贴息贷款的投放力度，创新扶贫项目贷款贴息管理机制，完善小额信贷扶贫到户形式，进一步完善贫困村互助资金试点，帮助扶贫对象参与特色产业开发。③鼓励企业在贫困村建立产业基地，为贫困农民提供技术、市场、信息等服务，优先吸纳安置贫困劳动力就业，优先收购贫困户农副产品
罗霄山区	①扶持扶贫特色产业。重点支持柑橘、油茶、茶叶、毛竹、畜禽养殖和旅游业等覆盖面大、带动力强、扶贫效益明显的产业发展。加大政策支持和资金投入力度，强化基地建设，促进加工转化。加强对贫困农户的技术指导和资金支持。②创新产业组织形式。按照产业化扶贫要求，重点支持农民专业合作社、专业技术协会和扶贫龙头企业、

政策举措	核心内容
罗霄山区	小微企业等能够直接带动贫困农户增收的产业组织发展。鼓励社会企业等新型产业组织发展。支持建立片区农业产业化扶贫促进组织,探索按照社会企业模式推进农业生产经营专业化、标准化、集约化、品牌化的新机制新途径。③完善利益联结机制。建立健全扶贫龙头企业、农民专业合作社等产业组织与贫困农户的利益联结机制。支持农户积极参与产业化全过程并分享收益,促进企业和贫困农户形成稳定利益关系,实现共同发展。支持扶贫龙头企业与农民专业合作社组织有效对接。鼓励企业在本区域建立产业基地,带动贫困农户增收。支持企业优先吸纳安置贫困地区富余劳动力就地就近转移就业。积极探索增加农民财产性收入的新形式
大兴安岭南麓山区	①扶持扶贫特色产业。立足资源特点、市场和劳动力条件,重点支持粮食、畜禽和果蔬等覆盖面大、带动力强、比较优势突出、扶贫优势明显的产业发展。加大政策支持和资金投入力度,强化基地建设,促进加工转化。加强对贫困农户的技术指导和资金扶持。积极发展劳动密集型第二三产业,带动农村劳动力转移就业。②创新产业组织形式。按照产业化扶贫要求,重点支持农民专业合作社,专业技术协会和扶贫龙头企业、小微企业等能够直接带动贫困农户增收的产业组织发展。鼓励社会企业等新型产业组织发展。③完善利益联结机制。建立健全扶贫龙头企业、农民专业合作社等产业组织与贫困农户的利益联结机制。支持农户积极参与产业化全过程并分享收益,促进企业和贫困农户形成稳定利益关系,实现共同发展。支持扶贫龙头企业与农民专业合作社组织有效对接。鼓励企业在本区域建立产业基地,带动贫困农户增收。支持企业优先吸纳安置贫困地区富余劳动力就地就近转移就业。支持农村集体和农户在当地资源开发项目中入股,增加农民财产性收入

产业扶贫政策大多包含在农村发展政策中,从阶段上一般划分为计划经济体制背景下产业扶贫、经济体制改革背景下产业扶贫、乡村工业化背景下产业扶贫、特色产业发展背景下产业扶贫以及产业精准扶贫等;从内容上表现为中央和地方专项扶贫资金投入(用于产业发展)、制定贫困地区特色产业发展规划、加强贫困地区龙头企业和农民合作社培育、农技推广扶贫、加大对贫困地区农产品品牌推介营销支持力度、运用政府采购政策支持脱贫攻坚工作、建立贫困户产业发展指导员、电商扶贫、旅游扶贫、产业保险扶贫、扶贫小额信贷、资产收益扶贫、能源扶贫等形式。

1.4 研究思路与创新之处

1.4.1 研究思路

本书依托分属我国不同区域的 3 个国家连片特困区社会经济调查资料,

运用资源空间配置、产业结构演进理论分析片区产业结构优化与要素禀赋关联，逻辑推理片区差异化发展空间耦合协同机理，基于生计资本转换和资源要素传递阐释益贫性产业结构调整与扶贫开发互馈协变机理以及资源要素供需双方诉求协调性，计量分析产业结构优化与稳定脱贫互动效应，探寻产业结构优化与区域要素禀赋改善的高效交互途径，借此探索并完善片区产业结构优化与稳定脱贫良性互动机制。

1.4.2 创新之处

1.4.2.1 学术思想

依据连片特困区区域性整体稳定脱贫与高质量发展的现实需求，着力于脱贫前后"要素禀赋结构变化"基础上的产业结构优化，围绕贫困区域"要素禀赋结构怎么转变，产业结构优化与稳定脱贫如何关联，高质量发展何以实现"的关键问题，立足典型片区"高质量脱贫与高质量发展有机融合"理念引领的现代产业体系建设、稳定脱贫政策与实践，分别从片区脱贫前后要素禀赋变化与区域产业结构优化的互动关联、扶贫产业多维益贫机理与益贫性产业结构演进逻辑、产业结构优化与稳定脱贫良性互动效应提升等角度揭示连片特困区产业结构优化与稳定脱贫良性互动机制的内在规律、约束条件、模式选择及制度发展路径，并以片区益贫性产业结构转型与扶贫开发互馈协变剖析为主线，构建片区"价值共创式"产业结构优化与稳定脱贫良性互动治理新机制。

1.4.2.2 学术观点

理念层面：要素禀赋升级是经济发展从低级循环向高级循环转变的关键，实现片区区域性整体稳定脱贫和高质量发展，需要产业结构尤其是益贫性产业结构调整与片区逐步改善的要素禀赋之间互促互益，形成价值共创，在帮助贫困人口实现产业发展和稳定就业与促进区域产业做强做大方面找寻合理平衡，提升产业基础能力和产业链水平，发挥"空间溢出效应"，激活发展潜能，完善空间治理。

管理层面：片区产业结构优化应考虑"市场融入和政策激励"双重影响，注重与持续升级的区域资源要素高效交互和精准匹配，推进高级化和合理化益贫性产业结构建设，契合要素禀赋调整产业专业化和多样化水平，关注贫困人口自我激励基础上的现代要素增进和生计方式转型，增强其从益贫性产业结构中获益能力。

经济层面：强化贫困人口和脱贫人口生计空间与区域发展空间的差异化发展系统耦合协同是片区产业结构优化与稳定脱贫良性互动的前提，改善片区空间生产效率和维护空间正义是片区高绩效工作系统持续运行的基础，快速跟进的现代产业体系建设以及尽力避免失业是产业结构优化与稳定脱贫良性互动的关键。

保障层面：破解片区产业发展低水平循环与发展主体生计响应欠缺问题，应加大制度创新供给力度，注重产业发展过程中多元主体利益联结机制建设，协调优化乡村振兴战略产业布局，着力健全益贫性新型经营主体益贫带贫水平评价与政策奖补挂钩机制，创新产业结构优化与区域资源禀赋多变动态匹配机制，进一步完善公共产品供给、要素参与以及社会保障等支持体系建设。

1.4.2.3 研究方法

创新片区产业结构优化与稳定脱贫联动治理理念，历史分析片区产业结构变迁与比较分析要素禀赋变化，兼顾组织效率与技术效率，选择合理指标体系，运用双向固定效应模型、面板向量自回归（PVAR）模型、DEA-Malmquist 指数、脆弱性测度方法（VEP）、耦合协调模型、多维贫困指数（MPI）、泰尔指数、混合博弈矩阵等多种计量方法，同时定性分析产业结构优化和稳定脱贫良性互动风险，以及全力推进乡村振兴、农村低收入人口和欠发达地区要素"节点—枢纽"效应等，全面揭示连片特困区产业结构优化与稳定脱贫之间的互促互益规律，给出片区高质量发展政策绩效提升需要在产业结构优化与稳定脱贫良性互动机制建设上的调整方向和空间。

1.5 研究过程说明

1.5.1 内业开展

研究过程中课题组系统开展文献整理、资料收集与内容论证，一方面，基于研究主题制定调研大纲，并根据工作内容要求设计调查表格，做好调查准备；另一方面，研究过程中积极与业内专家、从业人员沟通交流，并紧扣稳定脱贫、乡村振兴、区域产业发展等战略要求，结合片区工作实践，深入论证研究逻辑与重心内容，确保创新研究理论，彰显实践价值。

1.5.2　外业调查

课题组在调查之前与地方进行有效沟通，经与地方干部协商，课题组在各地乡村振兴管理部门和人员的配合下，在每个区域开展县级、村级座谈会了解面上情况，然后进行样本户问卷调查和典型户深度访谈。2020 年 10 ~ 12 月，课题组围绕"脱贫攻坚经验总结及成果巩固策略""脱贫户产业生计响应"开展专题调研；2021 年 7 ~ 9 月，围绕"全面推进乡村振兴促进农民农村共同富裕""乡村振兴同脱贫攻坚有效衔接"开展专题调研；2022 年 4 ~ 10 月，围绕"打造乡村振兴样板""构建革命老区乡村振兴新格局"开展专题调研；2023 年 5 ~ 11 月，围绕"发展壮大新型农村集体经济"开展专题调研；2024 年 5 ~ 7 月，围绕"脱贫户可持续生计发展情况及其多维相对贫困"开展专题调研；2020 ~ 2024 年，开展"百村千户"大调研获取相关数据。其间，共开展座谈会 30 余次，获取贫困户、脱贫户、普通农户问卷 3000 余份，样本对象访谈资料 70 余份，以及其他调研信息。每次调研工作，调研组按照实地查看、与当地干部及居民代表座谈、区域社会经济情况和样本户情况问卷调查三个步骤开展工作，调研内容涉及区域基本情况、巩固脱贫攻坚成果同乡村振兴有效衔接推进状况、区域产业发展情况、脱贫户生计可持续发展情况、典型发展模式及效果、城乡融合、社会参与等诸多领域。

需要说明的是，由于不同地区、不同年份在数据统计口径、资料留存完备性等方面存在差异，为了尽可能确保分析结论的准确性，研究分析过程中运用数据开展论证时，均有时间、区域与分析对象的分项说明，以提高研究的科学性和合理性。

1.5.3　成果推出

研究过程中，课题组依据课题设计认真研究，逐步推出研究成果，注重交流和成果转化，既关注学理性探讨，又兼顾政策建议时效性。

其间，在 CSSCI、CSCD、SCI、SSCI 源刊发表《要素禀赋改善、产业结构优化与特殊类型地区共同富裕》《推进乡村振兴基本实施单元的县域转型：治理逻辑及风险规避》《新时代推进乡村益贫性产业发展的学理阐释》《数字赋能未来乡村发展：逻辑检视与实践向度》"An Empirical Study on the Digital Economy, Fiscal Policy, and Regional Sustainable Development—Based on Data from Less Developed Regions in China"等学术论文共 16 篇，完成调研报告 12 篇，参加中国社会学会学术年会、中国农林经济管理学术年会、中国革命老区乡村发展论坛、全国乡村振兴论坛等学术会议 7 次；结合课题调研指导研究生参加竞赛并获省部级及以上奖励 5 项。公开发表的论文得到较多关注，部分文章入选全国哲学社会科学规划办公室编著的《中国减贫的理论与实践：脱贫攻坚研究优秀成果汇编》，或被人大复印报刊资料《区域与城市经济》等全文转载；阶段性成果获得中华全国总工会产业工人队伍建设改革五周年理论征文优秀论文奖、江西省社会科学优秀成果奖二等奖、江西省"十四五"规划建言献策一等奖、江西省社会科学学术年会优秀论文一等奖等多项荣誉。

围绕研究主题，积极向当地政府建言献策，服务区域发展，提交 9 篇相关政策建议并获得多位省部级领导肯定性批示，多条政策建议被江西省乡村振兴局、江西省林业局等政府职能部门采纳，成果转化取得较好成效。

作为国家社会科学基金项目《连片特困区产业结构优化与稳定脱贫良性互动机制研究》（20BJL085）结项成果，本书得到全国哲学社会科学工作办公室认可，依托课题以"免于鉴定"形式顺利结项。

第2章 连片特困区扶贫开发阶段性特征与高质量发展进程

2.1 稳定脱贫、要素禀赋结构改善和高质量发展

2.1.1 稳定脱贫是巩固拓展脱贫攻坚成果的基本要求

贫困是人类社会的"顽疾",也是促进经济社会发展的"反向动力源"。决战决胜脱贫攻坚,重要的是在此过程中不断改善贫困区域和贫困人口的发展空间和生计空间,持续增进贫困人口可行能力和区域发展现代化要素,使其在"由帮扶脱贫、过渡发展向行为自觉"转变过程中实现稳定脱贫和生活富裕。稳定脱贫作为精准扶贫、精准脱贫方略的重要内容组成,是一种较高层次的脱贫水平,意指通过创新观念、激活动力、稳定收入来源、完善基础设施、提升公共服务等方式,降低脱贫群体的脆弱性,增强其发展能力,不断改善其生活水平,使其达到核定水平且收入来源可靠稳定,跳出"贫困陷阱"。历经救济式扶贫、开发式扶贫和精准扶贫、精准脱贫,现行标准下贫困地区和贫困人口已于 2020 年末实现脱贫,贫困人口的幸福感和获得感显著提升。尤其是党的十八大以来,我国开展的精准扶贫、精准脱贫工作直面贫困群众的致贫原因多维性、反复性和生计发展脆弱性特征,坚持"两不愁三保障"底线思维,准确把握"六个精准"原则,深度推进"五个一批"工程,实施"组合式"突破,逐步实现"小康路上一个都不能少"的奋斗目标,切实做到"真扶贫、扶真贫"。至 2020 年末,现行标准下 9899 万农村贫困人口全部脱贫,832 个贫困县全部摘帽,12.8 万个贫困村全部出列,区域性整体贫困得到解决,完成了消除绝对贫困的艰巨任务。农村贫困人口

全部脱贫、脱贫地区经济社会发展大踏步赶上来、脱贫群众精神风貌焕然一新、党群干群关系明显改善，创造了减贫治理的中国样本，脱贫攻坚取得决定性胜利。

在全面打赢脱贫攻坚战、历史性地消除绝对贫困之后，我国进入巩固拓展脱贫攻坚成果的新时期，其核心是预防返贫风险、确保稳定脱贫。稳定脱贫政策的提出，既是贫困规律认知和工作理念的升华与创新，又是对于精准扶贫工作的思路指导与内容要求，更为高质量推进扶贫开发工作提供了原则及标准。一是消减贫困人口脱贫过渡期的可持续生计风险。脱贫人口生计可持续发展的基础是社会系统有机融入、内生动力有效激发与提高可行能力有序参与竞争，诸多外力帮扶内化为贫困群众的发展能力不是一蹴而就的，脱贫人口过渡期仍然面临着边缘化、收入下降、公共物品占有不足等风险。习近平总书记在解决"两不愁三保障"突出问题座谈会上强调，要把防止返贫摆在重要位置，要探索建立稳定脱贫长效机制；① 此后在决战决胜脱贫攻坚座谈会上指出，确保高质量完成脱贫攻坚目标任务，多措并举巩固成果，加大就业和产业扶贫力度，保持脱贫攻坚政策稳定。② 二是"新发展理念"在脱贫致富奔小康进程中的集中彰显。打赢脱贫攻坚战是全面建成小康社会的底线目标，通过扶贫开发促进区域综合发展和贫困人口增收致富已成为破解"人民日益增长的美好生活需要和不平衡不充分的发展之间的矛盾"的重要抓手，扶贫减贫工作中基于"新发展理念"引领，全面分析发展环境与准确把握脱贫人口长远生计风险，统筹协调各类资源和多方力量，将传统阶段式扶贫（间或体现出"断崖性和运动式"特征）转变为长效扶贫，最大化确保贫困群众共享发展成果，正是稳定脱贫政策的要义旨归。三是接续推进相对贫困治理工作。历史性解决绝对贫困问题之后，相对贫困治理工作重要性凸显，稳定脱贫工作要求的提出科学表达了扶贫工作层次和减贫质量的跃升、在工作涉及领域上兼顾绝对贫困消除和相对贫困治理以及此后的乡村振兴战略推进，通过"目标梯次提升"统领阶段性扶贫开发行为，无形中降低了 2020 年前后扶贫开发工作有效衔接的障碍，有助于接续推进减贫工作，

---

① 《在解决"两不愁三保障"突出问题座谈会上的讲话》，http://www.qstheory.cn/dukan/qs/2019-08/15/c_1124874088.htm，最后访问日期：2024 年 12 月 1 日。

② 《习近平：在决战决胜脱贫攻坚座谈会上的讲话》，http://www.qstheory.cn/yaowen/2020-03/06/c_1125674761.htm，最后访问日期：2024 年 12 月 1 日。

全面推进乡村振兴，助力二者"接得上、续得起、连得好"，确保扶贫力量不散并充分发挥扶贫资源延续性效应，提高扶贫资源配置效率和精准扶贫工作质量。概言之，稳定脱贫，"稳定"在于区域发展、社会支持与帮扶政策等强力支撑，"脱贫"亦是持续发展和水平增进的发展过程。

2.1.2 要素禀赋改善是区域发展动力转换的关键条件

区域经济发展包含初级循环和高级循环两个循环过程，初级循环是在以主导要素（主要是自然资源、资本、劳动力等初级要素）决定的区域经济结构不发生变化的前提下，各种要素聚集导致的空间结构演化和经济增长。高级循环则是在要素禀赋和主导要素发生变化的前提下，各种高级要素（以技术进步、规制完善、设施服务水平等为代表）形成新的区域经济结构，并产生新一轮的聚集或再聚集，为区域经济增长提供新的动力，最终实现动力转换。要素禀赋变化才是区域经济增长动力转换的关键，而主导要素的选择与确定将对区域发展动力的方向、强度和转换起决定性作用。要素禀赋改善可以缓解区域发展不平衡不充分问题，促进区际共同富裕。区域发展不平衡条件下，要素流动使得落后地区为发达地区提供劳动力等初级要素，发达地区也向落后地区提供技术或资本等高级要素①，促使区域联动和比较优势互补。基于发达地区要素投入边际效益递减规律和高级要素溢出效应，落后地区要素赶超发展，积极利用后发优势，区际之间存在经济收敛可能②，可以缩小发展鸿沟。要素品质提升和要素禀赋改善能够缩小区际发展差距，提高共同富裕程度。区域发展不充分环境下，政策引导下的要素创新和市场化改革促使要素向高效率部门流入，技术进步偏向高效率要素可以实现要素的提质增效。要素禀赋变化朝要素发展的效率水平匹配可以激发要素活力并释放产能③，增加创收创富机会，关联区域群众的生计策略调整，推动群众收入增加。

新结构经济学中把要素禀赋及要素禀赋结构认定为最重要的变量，产业结构升级是区域发展最主要的推动力。某一地区要素禀赋结构得到改善，会

---

① 叶兴庆：《畅通城乡要素流动重在消除体制机制障碍》，《中国农村经济》2022年第12期。
② 梁盛凯、陈池波、田云、潘经韬：《中国乡村产业振兴：时空分异、动态演进及共富效应》，《农业技术经济》2024年第1期。
③ 刘文革、贾卫萍：《偏向性技术进步、要素配置与经济增长》，《管理现代化》2023年第1期。

促进产业结构升级，而如果一个地区或经济体的要素禀赋结构得不到改善，则会阻碍产业结构升级，使其偏离发展阶段的最优结构状态，经济增长趋于缓慢①。区域要素禀赋与产业结构存在相互反馈且协同变化的关系。一方面，要素禀赋变化会作用于产业结构变化，要素禀赋产生的静态和动态比较优势共同影响产业结构发展变化。某一时点的要素配比和要素质量产生的要素禀赋具有静态比较优势，决定了该时点的产业结构②。各区域利用好自身静态比较优势在短期内可实现经济增长，但区域传统生产中专业化价值链嵌入产生的资源配置效应易固化要素禀赋发展特征，使其一直处于相对静止状态，容易陷入产业链和价值链"低端锁定"困境。随着时间推移，要素品质提升与要素结构优化，会以要素选择、要素增益或要素重组的形式影响产业发展③。要素流动和集聚会强化上下游产业的协同发展、促使产业加快转型，要素使用及配置效率会影响产业结构转型速度。要素禀赋动态变化形成的动态比较优势或使落后性产业萎缩凋零，或使新兴产业破土萌芽及适配性产业发展壮大，区域产业结构或将因此而陷入低水平徘徊状态或持续优化升级。落后地区若正确引导要素禀赋动态变化，以较低的成本和较快的速度学习并模仿经济发达地区要素禀赋改善过程，可通过发挥人才集聚效应、生产率增长效应和本地市场放大效应④推动基础产业向价值链高端延伸，产业结构向高阶演进，利用后发优势推动产业结构加快转型⑤。另一方面，产业结构的变化结果会对要素禀赋进行反馈并使其产生新变化。产业在适应要素禀赋比较优势后进行技术选择，此时产业技术进步的要求会成为产业内技能型劳动、技术型资本及高新技术等要素流动和投入的导向，产业通过发挥产业内技术效应和产业间结构效应影响要素禀赋动态变化⑥。产业结构的合理化与高级化发展，会使产业基于组织价值最大化的目标追求，进行空间转移或者

①　林毅夫：《新结构经济学》，北京大学出版社，2012，第 171 页。
②　林毅夫：《新结构经济学的理论基础和发展方向》，《经济评论》2017 年第 3 期。
③　陈启斐、张为付、唐保庆：《本地服务要素供给与高技术产业出口——来自中国省际细分高技术行业的证据》，《中国工业经济》2017 年第 9 期。
④　李娜、赵康杰、景普秋：《地方品质与资源型城市产业结构转型——基于人口集聚的视角》，《城市问题》2023 年第 4 期。
⑤　樊纲：《比较优势与后发优势》，《管理世界》2023 年第 2 期。
⑥　袁礼、欧阳峣：《大国比较优势演变中的结构效应与技术效应：基于要素禀赋结构的分析》，《求是学刊》2023 年第 1 期。

倒逼支撑其发展的要素禀赋变化，或使区域陷入"贫困恶性循环"，或进入要素禀赋改善与产业结构优化这一良性互动的发展局面。要促进产业可持续发展并持续提升区域经济社会竞争力，需合理审视要素禀赋比较优势和潜在后发优势，通过适当的政策干预匹配合适的产业结构。追求价值增值的原动力会促使要素禀赋在市场、政府和社会的三方协同下优化配置，并以优化升级的产业结构为重要的平台与载体，加快形成现代化产业体系，使产业高质量发展成为促进区域共同富裕的重要路径①。

2.1.3 高质量发展是连片特困区振兴发展的必由之路

区域高质量发展是在经济效益持续增长过程中，生态效益和社会效益基本同步的增长过程，并呈现因地域功能不同而发展出各种发展模式②：追求区域间效益等值，要求缩小经济差距且将生态、社会价值化，以由经济效益、社会效益和生态效益构成的人均差距不断缩小为标志；既要寻求短期效益最优，又要顾及长远效益最优，在短期侧重增强经济竞争力的同时，也要有利于生态系统的可持续性及社会公平性发展③。连片特困区作为城乡区域协调发展的短板地区和生态文明建设的脆弱地区，包括脱贫地区在内的欠发达地区、边境地区、革命老区、生态退化地区、资源型地区和老工业城市等区域是推进高质量发展的重点区域。党的二十大报告指出，全面建设社会主义现代化国家的首要任务是高质量发展，最艰巨最繁重的任务仍在农村，要全面推进乡村振兴，同时提出要促进区域协调发展。④ 党的十八大以来，连片特困区脱贫攻坚对于我国坚决打赢脱贫攻坚战做出了积极贡献，新时期高质量发展对于巩固拓展脱贫攻坚成果同乡村振兴有效衔接及促进区域协调发展具有重大意义。共同富裕目标和高质量发展主题下，连片特困区振兴发展的核心要义是通过提高全要素生产率，着力提升产业链供应链韧性和经济安全水平，推进城乡一体化和区域协调发展。合理高效的要素配置是产业协调

① 徐鹏杰、杨宏力、韦倩：《我国共同富裕的影响因素研究——基于现代产业体系与消费的视角》，《经济体制改革》2022年第3期。

② 樊杰、王亚飞、梁博：《中国区域发展格局演变过程与调控》，《地理学报》2019年第12期。

③ 高培勇：《理解、把握和推动经济高质量发展》，《经济学动态》2019年第8期。

④ 《习近平：高举中国特色社会主义伟大旗帜 为全面建设社会主义现代化国家而团结奋斗——在中国共产党第二十次全国代表大会上的报告》，https://www.12371.cn/2022/10/25/ARTI1666705047474465.shtml，最后访问日期：2024年12月22日。

发展和经济提质增效的基础，而逐步升级的产业结构是要素配置优化的重要载体，要素禀赋与产业结构的耦合协调则是助力区域经济社会高质量发展和促进区域共同富裕的重要前提。

中国式现代化是全体人民共同富裕的现代化，实现共同富裕就要突出解决发展不平衡不充分问题，这决定了必须充分认识和践行共同富裕的"发展性"，要在高质量发展中推进共同富裕[①]。扎实推进连片特困区共同富裕与片区高质量发展互为前提和保障，核心要义即立足连片特困区发展阶段性特征和区域禀赋，持续推动区域城乡全面深化改革，主动适应社会经济主要矛盾变化，转变区域经济社会发展方式、优化城乡社会发展结构、转换区域系统增长动力，兼顾城乡发展系统全要素生产率提高与公共资源配置效率提升，推动区域在双循环发展格局尤其是新型工农城乡关系重构中实现全面振兴，特别是促成乡村在新的战略机遇期实现跨越式发展阶段的"转变再平衡"，总体表现为乡村发展活力得以全面激发，乡村发展系统实现结构性变革和能级跃升：推进产业发展"双融合"，打造高能级产业体系；勇于集成式惠民改革，增进高浓度创新策源能力；畅通拓宽"两山"双向转化通道，推进高标准绿色发展；进一步强化精致服务，全力营造高水平发展环境；促进均衡优质发展，创新高品质人民生活。进而通过全域性的高质量发展逐步实现农业农村现代化，在全面推进乡村振兴中高效满足片区群众日益增长的美好生活需要。

2.2　扶贫开发工作实践与阶段性要素禀赋变化

2.2.1　扶贫开发工作总体回顾

2.2.1.1　贫困人口和贫困发生率大幅下降

反贫困是古今中外治国理政的一件大事。丰衣足食一直是中华儿女心底最朴素的愿望。在中国革命、建设、改革的历史进程中，中国共产党始终秉持为人民谋幸福、为民族谋复兴的初心和使命，一直把消除贫困、改善民生、逐步实现共同富裕，作为重要使命和价值追求。改革开放以来，中国实

---

① 武建奇：《中国特色共同富裕理论的新境界》，《河北经贸大学学报》2021 年第 6 期。

现了世界上规模最大的扶贫、减贫，按照每人每年收入 100 元的农村贫困标准，1978 年中国农村贫困人口为 2.5 亿人；2010 年，农村贫困标准提升至每人每年 1274 元，农村贫困人口降至 2688 万人。[①] 党的十八大以来，以习近平同志为核心的党中央团结带领全党全国各族人民，把脱贫攻坚摆在治国理政突出位置，以精准扶贫、精准脱贫为基本方略，充分发挥党的领导和我国社会主义制度的政治优势，采取许多具有原创性、独特性的重大举措，组织实施了人类历史上规模最大、力度最强的脱贫攻坚战。2011~2020 年，中国实际执行的最低贫困标准从每人每年收入 2300 元提升至每人每年收入 4000 元，近 1 亿现行标准下的农村贫困人口全部脱贫，区域性整体贫困得到解决。值得注意的是，我国在 2008 年使用的贫困标准低于世界银行提出的每人每天 1.25 美元的贫困标准，而 2011 年使用的每人每年 2300 元的贫困标准，已经高于世界银行当时执行的每人每天 1.25 美元贫困标准。

作为《中国农村扶贫开发纲要（2011—2020 年）》中明确的主战场，六盘山区等 14 个集中连片特困区在全面推进脱贫攻坚中发挥了"中流砥柱"的作用，为如期打赢脱贫攻坚战、全面建成小康社会和创造人类减贫奇迹做出了突出贡献。2013~2020 年，全国 832 个脱贫县中，有 680 个在连片特困区，占比 81.7%；全国现行标准下 9899 万农村脱贫人口，集中连片特困地区农村贫困人口累计 5067 万人，贡献率达到 51.2%，年均减贫约 633 万人（见表 2-1）。2011~2019 年，累计减贫规模在 600 万人以上的片区有 4 个，分别是滇黔桂石漠化区、秦巴山区、武陵山区和乌蒙山区；八年贫困发生率下降达 35 个百分点的片区有乌蒙山区、西藏片区、四省涉藏州县、南疆四地州（见表 2-2）。

表 2-1　2013~2020 年连片特困区农村减贫情况

单位：万人

年份	减贫人口规模	年份	减贫人口规模
2013	926	2017	642
2014	623	2018	605
2015	643	2019	622
2016	693	2020	313

---

① 蔡昉：《中国减贫成效的世界意义》，《共产党员》（河北）2020 年第 11 期。

表 2-2　连片特困区年末农村贫困人口规模及贫困发生率

区域范围	2011 年		2012 年		2013 年		2014 年		2015 年		2016 年		2017 年		2018 年		2019 年		2020 年
	贫困人口(万人)	贫困发生率(%)	贫困人口(万人)	贫困发生率(%)	贫困人口(万人)	贫困发生率(%)	贫困人口(万人)	贫困发生率(%)	贫困人口(万人)	贫困发生率(%)	贫困人口(万人)	贫困发生率(%)	贫困人口(万人)	贫困发生率(%)	贫困人口(万人)	贫困发生率(%)	贫困人口(万人)	贫困发生率(%)	
全国水平	12238	12.7	9899	10.2	8249	8.5	7017	7.2	5575	5.7	4335	4.5	3046	3.1	1660	1.7	551	0.6	
全部片区	6035	29.0	5067	24.4	4141	20.0	3518	17.1	2875	13.9	2182	10.5	1540	7.4	935	4.5	313	1.5	
六盘山区	642	35.0	532	28.9	439	24.1	349	19.2	280	16.2	215	12.4	152	8.8	96	5.6	45	2.6	现行标准下农村贫困人口全部脱贫
秦巴山区	815	27.6	684	23.1	559	19.5	444	16.4	346	12.3	256	9.1	172	6.1	101	3.6	27	1.0	
武陵山区	793	26.3	671	22.3	543	18.0	475	16.9	379	12.9	285	9.7	188	6.4	111	3.8	49	1.7	
乌蒙山区	765	38.2	664	33.0	507	25.2	442	21.5	373	18.5	272	13.5	199	9.9	124	6.2	41	2.0	
滇黔桂石漠化区	816	31.5	685	26.3	574	21.9	488	18.5	398	15.1	312	11.9	221	8.4	140	5.3	36	1.4	
滇西边境山区	424	31.6	335	24.8	274	20.5	240	19.1	192	15.5	152	12.2	115	9.3	72	5.8	28	2.3	
大兴安岭南麓山区	129	24.1	108	21.1	85	16.6	74	14.0	59	11.1	46	8.7	35	6.6	19	3.5	4	0.7	
燕山—太行山区	223	24.3	192	20.9	165	17.9	150	16.8	122	13.5	99	11.0	71	7.9	40	4.5	11	1.2	
吕梁山区	104	30.5	87	24.9	76	21.7	67	19.5	57	16.4	47	13.4	29	8.4	16	4.6	5	1.4	
大别山区	647	20.7	566	18.2	477	15.2	392	12.0	341	10.4	252	7.6	173	5.3	99	3.0	32	1.0	
罗霄山区	206	22.0	175	18.8	149	15.6	134	14.3	102	10.4	73	7.5	49	5.0	31	3.2	9	1.0	

21

续表

区域范围	2011年		2012年		2013年		2014年		2015年		2016年		2017年		2018年		2019年		2020年
	贫困人口(万人)	贫困发生率(%)	贫困人口(万人)	贫困发生率(%)	贫困人口(万人)	贫困发生率(%)	贫困人口(万人)	贫困发生率(%)	贫困人口(万人)	贫困发生率(%)	贫困人口(万人)	贫困发生率(%)	贫困人口(万人)	贫困发生率(%)	贫困人口(万人)	贫困发生率(%)	贫困人口(万人)	贫困发生率(%)	
西藏片区	106	43.9	85	35.2	72	28.8	61	23.7	48	18.6	34	13.2	20	7.9	13	5.1	4	1.4	现行标准下农村贫困人口全部脱贫
四省涉藏州县	206	42.8	161	38.6	117	27.6	103	24.2	88	16.5	68	12.7	51	9.5	30	5.6	10	1.8	
南疆四地州	159	38.7	122	33.6	104	20.0	99	18.8	90	15.7	73	12.7	64	9.1	42	5.9	12	1.7	

注：2016年及之前为南疆三地州数据，2017年开始为南疆四地州数据。

连片特困区贫困发生率虽然在逐年下降，但当 2019 年全国贫困发生率降至 0.6% 时，连片特困区的贫困发生率为 1.5%，贫困程度依然高于全国平均水平，表明在全国取得脱贫攻坚战全面胜利之时，连片特困区巩固拓展脱贫攻坚成果、实现脱贫人口稳定脱贫与区域可持续发展的任务仍然艰巨。脱贫地区、脱贫人口在空间上既有连片分布，也有零星分布，大分散、小集中依然是我国农村脱贫人口分布的显著特征，连片特困区既存在发展不平衡不充分的突出问题、面临特殊困难，也是推进高质量发展的重点区域，承担着特殊功能。新时期乘势而上开启全面建设社会主义现代化国家新征程、向第二个百年奋斗目标进军，实现巩固拓展脱贫攻坚成果同乡村振兴有效衔接，服务于中国式现代化建设目标，14 个连片特困区区域发展任重道远。

2.2.1.2　区域整体发展及居民增收形势向好

随着脱贫攻坚与乡村振兴工作的有序推进，连片特困区经济发展状况明显改善，《中国农村贫困监测报告》显示，2013~2019 年片区人均 GDP 由 17342.8 元增至 27974 元，增幅为 61.3%；同期全国人均 GDP 从 43684.4 元升至 70892 元，增幅为 62.3%；片区人均 GDP 占全国人均 GDP 的比例由 2013 年的 39.7% 降至 39.5%。可以看出，连片特困区总体发展情况有较大改善，但从片区人均 GDP 占全国人均 GDP 的比例来看，仍处于较低水平。从 2013 至 2019 年的片区人均 GDP "先降后增"的发展趋势情况来看，扶贫开发政策、资金等要素的协同作用与溢出效应持续发挥，加之巩固拓展脱贫攻坚成果同乡村振兴有效衔接的协同耦合推动，连片特困区发展潜力得到激发，片区与全国平均水平的差距正在逐步减小。

2020 年连片特困区农村居民人均可支配收入为 12588 元，扣除价格因素，年均实际增长 8.8%，比全国农村年均实际增速快 1.9 个百分点。连片特困地区农村居民人均可支配收入 12420 元，是全国农村居民人均可支配收入水平的 72.5%，较之 2013 年全部片区居民人均可支配收入 5956 元的水平，增幅达 108.5%。其中 2013~2020 年贫困地区人均可支配收入平均增速为 11.6%，比全国农村居民人均可支配收入增速高 2.3 个百分点。全部片区农村居民人均可支配收入占全国农村居民人均可支配收入的比例从 2013 年的 63.2% 提高到 2020 年的 72.5%，二者的相对差距在不断缩小（见表 2-3）。从片区之间对比来看，2013~2020 年，秦巴山区、武陵山区、乌蒙山区、

表2-3 2013~2020年连片特困区农村居民人均可支配收入情况

单位：元，%

	2013年		2014年		2015年		2016年		2017年		2018年		2019年		2020年	
	人均可支配收入	增速情况	人均可支配收入	增速情况	人均可支配收入	增速情况	人均可支配收入	增速情况	人均可支配收入	增速情况	人均可支配收入	增速情况	人均可支配收入	增速情况	人均可支配收入	增速情况
全国农村一般水平	9430	12.4	10489	11.2	11422	8.9	12363	8.2	13432	8.6	14617	8.8	16021	9.6	17131	6.9
贫困地区水平	6079	16.6	6852	12.7	7653	11.7	8452	10.4	9377	10.5	10371	10.6	11567	11.5	12588	8.8
全部片区	5956	15.4	6724	12.9	7525	11.9	8348	10.9	9264	10.5	10260	10.7	11443	11.5	12420	8.5
六盘山区	4930	11.8	5616	13.9	6371	13.4	6915	8.5	7593	9.8	8429	11.0	9370	11.2	10222	9.1
秦巴山区	6219	15.9	7055	13.4	7967	12.9	8769	10.1	9721	10.8	10751	10.6	11934	11.0	12869	7.8
武陵山区	6084	21.0	6743	10.8	7579	12.4	8504	12.2	9384	10.3	10397	10.8	11544	11.0	12324	6.8
乌蒙山区	5238	13.5	6114	16.7	6992	14.4	7994	14.3	8776	9.8	9650	10.0	10684	10.7	11593	8.5
滇黔桂石漠化区	5907	15.3	6640	12.4	7485	12.7	8212	9.7	9109	10.9	10073	10.6	11262	11.8	12339	9.6
滇西边境山区	5775	18.4	6471	12.1	6843	7.3	7754	11.7	8629	11.3	9560	10.8	10931	14.3	11890	8.8
大兴安岭南麓山区	6244	15.1	6801	8.9	7484	10.0	8399	12.2	9346	11.3	10721	14.7	11876	10.8	12966	9.2
燕山—太行山区	5680	14.2	6260	10.2	7164	14.4	7906	10.4	8593	8.7	9701	12.9	10797	11.3	11814	9.4
吕梁山区	5259	14.5	5589	6.3	6317	13.0	6884	9.0	7782	13.1	8890	14.2	10229	15.1	11474	12.2

续表

	2013 年		2014 年		2015 年		2016 年		2017 年		2018 年		2019 年		2020 年	
	人均可支配收入	增速情况	人均可支配收入	增速情况	人均可支配收入	增速情况	人均可支配收入	增速情况	人均可支配收入	增速情况	人均可支配收入	增速情况	人均可支配收入	增速情况	人均可支配收入	增速情况
大别山区	7201	14.9	8241	14.4	9029	9.6	9804	8.6	10776	9.9	11974	11.1	13341	11.4	14331	7.4
罗霄山区	5987	12.2	6776	13.2	7700	13.6	8579	11.4	9598	11.9	10637	10.8	11746	10.4	13107	11.6
西藏片区	6553	15.0	7359	12.3	8244	12.0	9094	10.3	10330	13.6	11450	10.8	12951	13.1	14598	12.7
四省涉藏州县	4962	12.9	5726	15.4	6457	12.8	7288	12.9	8018	10.0	9160	14.3	10458	14.2	11884	13.6
南疆四地州	5692	14.5	6403	12.5	7053	10.2	7868	11.6	9845	9.7	10762	9.3	12009	11.6	12897	7.4

滇黔桂石漠化区、滇西边境山区、吕梁山区、罗霄山区、西藏片区、四省涉藏州县等片区的人均可支配收入平均增速高于全部片区平均增速（11.6%），武陵山区、乌蒙山区、滇西边境山区、吕梁山区、罗霄山区、西藏片区、四省涉藏州县等片区人均可支配收入平均增速高于贫困地区人均可支配收入平均增速。

如表 2-4 所示，从 2014~2020 年连片特困区农村居民人均可支配收入构成可以看出，工资性收入、财产净收入、转移净收入等指标比重上升，说明脱贫攻坚过程中的就业促进、转移支付等扶贫开发工作成效突出。但值得注意的是，连片特困区农村居民人均可支配收入中的经营净收入占比从 2014 年的 44.9%下降到 2020 年的 35.5%，说明区域产业发展水平和农村居民可持续发展能力仍有待提高。

表 2-4   2014~2020 年连片特困区农村居民人均可支配收入构成

单位：元，%

指标名称	2014 年	2015 年	2016 年	2017 年	2018 年	2019 年	2020 年
人均可支配性收入	6724	7525	8348	9264	10260	11443	12420
工资性收入	2188	2503	2846	3163	3550	3990	4340
经营净收入	3019	3264	3429	3715	3915	4226	4412
财产净收入	70	84	97	111	128	152	176
转移净收入	1446	1674	1976	2274	2666	3076	3492
可支配收入构成	100.0	100.0	100.0	100.0	100.0	100.0	100.0
工资性收入	32.5	33.3	34.1	34.1	34.6	34.9	34.9
经营净收入	44.9	43.4	41.1	40.1	38.2	36.9	35.5
财产净收入	1.0	1.1	1.2	1.2	1.3	1.3	1.4
转移净收入	21.5	22.2	23.7	24.6	26.0	26.9	28.1

各片区人均消费支出也在持续提高，片区层面人均消费支出从 2013 年的 5327 元提高至 2020 年的 10620 元，增幅为 99.4%，分别占到全国贫困地区和全国农村人均消费支出的 98.7%和 77.4%。较之于 2013 年，占比分别增长了 0.2 个和 6.2 个百分点。

如表 2-5 所示，武陵山区、乌蒙山区、滇黔桂石漠化区、滇西边境山区、大别山区、罗霄山区、西藏片区、四省涉藏州县等片区的人均消费支出平均增速高于全部片区平均增速，增速较快的片区为西藏片区、四省涉藏州县，平均增速均超过 12%。片区农村居民人均消费支出的快速增长，一方面是因为这些区域贫困程度较深、地处偏远边疆，要素禀赋单薄，发展潜力较大，另一方面也反映出国家扶贫开发政策直指脱贫攻坚，使得片区经济、社会、生态、基础条件大为改善，还进一步促进了区域平衡发展，增进了民族团结，提高了各族人民的获得感、幸福感和安全感。

表 2-5　2013~2020 年连片特困区农村居民人均消费支出增速情况

单位：%

	2013 年	2014 年	2015 年	2016 年	2017 年	2018 年	2019 年	2020 年	平均增速
全国农村一般水平	12.3	12.0	10.0	9.8	8.1	10.7	9.9	2.9	9.5
贫困地区水平	11.8	9.2	9.4	8.1	7.8	9.7	8.3	4.3	8.6
全部片区	14.2	10.7	11.4	10.7	9.0	11.9	11.8	7.3	10.9
六盘山区	8.7	14.6	9.6	8.9	7.6	10.7	10.8	6.7	9.7
秦巴山区	12.4	8.5	13.3	10.0	10.0	11.5	12.2	6.9	10.5
武陵山区	14.6	11.4	10.1	12.0	11.3	16.9	8.7	7.5	11.6
乌蒙山区	17.6	12.3	14.7	11.8	12.7	5.1	11.6	8.9	11.8
滇黔桂石漠化区	20.8	11.6	12.4	11.9	6.1	12.7	10.8	8.1	11.8
滇西边境山区	15.5	12.8	14.0	9.2	5.0	17.0	13.9	7.0	11.8
大兴安岭南麓山区	7.7	14.8	7.0	13.1	3.9	12.1	20.2	6.4	10.7
燕山—太行山区	9.0	4.9	5.8	5.2	10.1	12.8	13.5	1.2	7.8
吕梁山区	30.6	-4.0	9.1	6.5	7.4	13.4	11.6	7.0	10.2
大别山区	14.9	11.3	12.2	11.6	9.3	9.2	12.0	7.2	11.0
罗霄山区	14.5	11.4	12.5	10.6	10.1	7.3	11.4	9.1	11.0
西藏片区	20.4	17.6	15.7	8.8	10.2	11.4	13.0	5.9	12.9
四省涉藏州县	12.5	6.8	8.5	13.8	6.5	25.2	12.9	11.6	12.2
南疆四地州	18.7	4.8	3.5	5.8	6.4	15.7	17.2	8.8	10.1

2.2.1.3 片区居民生活质量全面提高

党的十八大以来，党和政府不断加大对连片特困地区的帮扶力度，通过多种形式向片区投入大量扶贫资源，开展农村危房改造，实施片区农村居民饮水安全和公共服务提升工程，使得片区农户生活条件大为改善，耐用消费品持有量稳定增加，区域基础设施建设和公共服务水平明显提高（见表2-6）。

表 2-6　2013~2020 年连片特困区农户生活条件变化情况

指标名称	2013 年	2014 年	2015 年	2016 年	2017 年	2018 年	2019 年	2020 年
一、农户生活条件								
居住竹草土坯房农户比重（%）	7.5	7.0	6.1	4.8	4.4	2.0	1.3	0.9
使用管道供水农户比重（%）	53.6	55.9	61.2	67.4	70.5	80.4	90.0	91.3
使用经过净化处理自来水农户比重（%）	29.3	31.7	34.7	38.5	41.8	53.5	58.2	62.3
独用厕所农户比重（%）	92.0	92.5	93.0	93.9	94.1	95.5	96.5	97.0
炊用柴草农户比重（%）	59.6	58.8	55.5	52.0	50.3	40.7	35.7	30.8
二、每百户农户耐用消费品拥有情况								
家用汽车（辆）	5.3	6.2	7.9	10.6	12.4	18.9	19.6	22.2
洗衣机（台）	65.1	70.1	75.0	80.4	83.3	87.0	90.8	92.8
电冰箱（台）	52.3	58.5	65.8	73.8	77.6	86.2	91.5	94.1
移动电话（部）	175.3	196.0	210.5	226.1	235.6	261.6	272.0	276.6
计算机（台）	7.7	9.8	12.0	13.6	15.3	15.9	16.5	18.8

较之全国贫困地区农户生活条件，二者的差距也在不断缩小，特别是使用管道供水农户比重、洗衣机台数、移动电话部数等指标已经超过了全国贫困地区一般水平，分别由2013年的53.6%、65.1台、175.3部升至2020年91.3%、92.8台、276.6部，分别高于全国贫困地区一般水平0.3%、0.2台和5部。[1] 在脱贫攻坚过程中，各级政府始终坚持以人民为中心的发展思想，全面贯彻落实新发展理念，把实现好、维护好、发展好最广大人民群众的根本

---

[1]《人间奇迹》编写组编《人间奇迹：中国脱贫攻坚统计监测报告》，中国统计出版社，2021，第261~279页。

利益作为发展的出发点和落脚点，推动区域发展成果更多更公平惠及全体人民，朝着共同富裕的方向稳步前进。特别是在农村发展环境方面，据 2012～2020 年《中国农村贫困监测报告》数据，经由精准脱贫，全部片区的所在自然村通公路的农户比重、所在自然村通电话的农户比重已经达到 100%，所在自然村能接收有线电视信号的农户比重、所在自然村进村主干道路硬化的农户比重超过了 99%，所在自然村上幼儿园便利的农户比重、所在自然村上小学便利的农户比重达到了 90% 以上，所在自然村有卫生站的农户比重达到了 96% 以上，所在自然村能便利乘坐公共汽车的农户比重接近 80%，连片特困区基础设施更加完善，公共服务更加健全，人居环境显著改观，生活质量全面提升。

2.2.2　阶段性要素禀赋变化情况

2.2.2.1　连片特困区扶贫开发政策支持

自《国家八七扶贫攻坚计划》实施后，进入 21 世纪的中国农村贫困呈现出分布零散的特征，为了更好地提高扶贫效率，国家在 2000～2011 年的扶贫开发中逐步将传统扶贫方式转变为"贫困县级瞄准""贫困村级瞄准"，实际上这是一种以发展为核心的扶贫理念，有别于以贫困人口救济为核心的扶贫理念，重在提高村级发展水平和自我发展能力，取得了较好效果。统筹考虑贫困"集中连片""深度贫困"和扶贫开发"区域瞄准"方略，国家于 2011 年制定《中国农村扶贫开发纲要（2011—2020 年）》，将贫困标准提至每人每年 2300元，确定 14 个连片特困地区为扶贫开发的主战场，并按照区域发展带动扶贫开发，扶贫开发促进区域发展的基本思路，着力加强交通、能源等基础设施建设和改善农村基本生产生活条件，着力发展特色优势产业和承接产业转移，着力促进就业和开发人力资源，着力发展社会事业和推进基本公共服务均等化，着力加强生态建设和环境保护，着力推进体制机制创新，因地制宜制定片区发展规划，充分发挥比较优势，实现资源共享与区际协同发展。

党的十八大以来，连片特困区遵循"精准扶贫、精准脱贫"方略要求，聚焦"谁来扶""扶什么""怎么扶"的核心问题，对接贫困地区和贫困人口的具体情况，实施发展生产脱贫一批、易地搬迁脱贫一批、生态补偿脱贫一批、发展教育脱贫一批、社会保障兜底一批的"五个一批"工程，做到扶持对象精准、项目安排精准、资金使用精准、措施到户精准、因村派人精准、脱贫成效精准"六个精准"，最大化提高扶贫资源配置效率，提升扶贫效果。聚焦贫困区域需求强化对口支援合作，不断为贫困区域发展拓展空间。选派驻村工作队和驻村书记开展结对帮扶，持续激发干部群众积极性。实施最严格的考核评估制度，依法依规推进贫困地区和贫困人口有序退出，确保扶贫开发成果经得起历史的考验。构建起专项扶贫、行业扶贫、社会扶贫等多方力量、多种举措有机结合和互为支撑的"三位一体"大扶贫格局，形成了跨地区、跨部门、跨单位、全社会共同参与的多元主体社会服务体系[①]。这一阶段的扶贫开发政策，融合了前期"普惠"与"特惠"的双重特色。西藏片区、大别山区、秦巴山区、滇黔桂石漠化区等基础设施建设和公共服务供给水平得到前所未有的提升，发展环境的改善也带动了当地居民生计方式与生计策略的调整和优化，居民可行能力与发展韧性得到大幅度提高。

继 2011 年《中国农村扶贫开发纲要（2011—2020 年）》发布之后，党和国家陆续出台了《关于创新机制扎实推进农村扶贫开发工作的意见》（2014年）、《中共中央 国务院关于打赢脱贫攻坚战的决定》（2015 年）、《中共中央 国务院关于打赢脱贫攻坚战三年行动的指导意见》（2018 年）、《乡村振兴战略规划（2018—2022 年）》（2018 年）、《中国共产党农村工作条例》（2019 年）、《中共中央 国务院关于实现巩固拓展脱贫攻坚成果同乡村振兴有效衔接的意见》（2020 年）和《中华人民共和国乡村振兴促进法》（2021年）以及各级各部门相关配套政策，为连片特困区脱贫攻坚与推进乡村振兴明确了工作思路、提供了方法举措、夯实了组织保障，夯实了连片特困区高质量发展的政策支撑。

2.2.2.2 连片特困区扶贫开发资金投入

财政是国家治理的基础和重要支柱，长期以来，国家扶贫政策都需要通过财政支出的规模、结构和方向来具体落实[②]。政府主导下的连片特困区扶贫开发资金投入更是推动扶贫开发目标实现的"中流砥柱"，为了更好发挥扶贫资金的贫困治理效能，片区持续加大资金投入力度，同时不断优化扶贫资金结构。20 世纪 80 年代，我国开始有组织、有计划、大规模地开展农村扶贫开发，真正意义上的财政扶贫也由此开始。在 1986 年扶贫式开发战略实施之前，

---

① 黄承伟：《中国式现代化视野下的乡村振兴：现实逻辑与高质量发展》，《新视野》2023 年第 3 期，第 67~75 页。

② 张程、侯海波：《财政专项扶贫资金的减贫效果评估》，《财经问题研究》2021 年第 1 期。

1980~1985 年中央财政专项扶贫资金投入共计 63 亿元，年均增速为 19.2%。《中共中央 国务院关于帮助贫困地区尽快改变面貌的通知》（1984 年）颁布后，1986~1993 年中央财政专项扶贫资金投入共计 160.8 亿元，年均增速为 15.4%。1994~2000 年《国家八七扶贫攻坚计划》实施期间，中央财政专项扶贫资金投入共计 465.95 亿元，年均增速 12.0%。《中国农村扶贫开发纲要》（2001—2010 年）实施后，2001~2012 年中央财政专项扶贫资金投入共计 2044.42 亿元，年均增速为 11.9%。党的十八大以来，2013~2020 年中央财政专项扶贫资金投入共计 6605.64 亿元，年均增速为 20.8%。对照前述减贫人口数量，2013 年人均中央财政专项扶贫资金为 398 元，2020 年人均中央财政专项扶贫资金达到 1475.9 元。另据连片特困区 51.2% 的贫困人口占比情况，2013~2020 年中央财政专项扶贫资金总额中有 3700 亿元与新增额度的 1200 亿元，共约 5000 亿元投入到了连片特困区。1980~2023 年中央财政专项扶贫资金投入情况见表 2-7。

依据 2011 年《财政专项扶贫资金管理办法》规定，中央财政专项扶贫资金主要投向国家确定的连片特困地区和扶贫开发工作重点县、贫困村，其中新增部分主要用于连片特困地区。中央财政专项扶贫资金分配坚持向西部地区（包括比照适用西部大开发政策的贫困地区）、贫困少数民族地区、贫困边境地区和贫困革命老区倾斜。依据 2017 年《中央财政专项扶贫资金管理办法》，中央财政专项扶贫资金主要用于培育和壮大贫困地区特色产业、改善小型公益性生产生活设施条件、增强贫困人口自我发展能力和抵御风险能力等方面。中央财政专项扶贫资金主要按因素法分配，以加大对贫困问题突出省份的支持力度。按照扶贫开发中央统筹、省（自治区、直辖市）负总责、市（地）县抓落实的工作机制，扶贫资金项目审批权限下放到县级，由地方自主统筹使用。对于中央财政衔接推进乡村振兴补助资金，2021 年《中央财政衔接推进乡村振兴补助资金管理办法》明确，衔接资金主要用于支持巩固拓展脱贫攻坚成果、支持衔接推进乡村振兴和巩固拓展脱贫攻坚成果同乡村振兴有效衔接的其他相关支出。无论是从资金总量还是贫困人口人均投入来看，中央财政专项扶贫资金都显著地降低了农村贫困人口规模和贫困发生率，政策效果比较积极和显著[1]。至脱贫攻坚后期，贫困人口的人均

---

① 王曙光、王丹莉：《中国扶贫开发政策框架的历史演进与制度创新（1949—2019）》，《社会科学战线》2019 年第 5 期。

投入规模越来越高，边际效益递减效应也愈加明显。

表 2-7　1980~2023 年中央财政专项扶贫资金投入情况

单位：亿元

年份	中央财政专项 扶贫资金	扶贫开发阶段划分	年份	中央财政专项 扶贫资金	扶贫开发阶段划分
1980 年	8	财政扶贫起步阶段	2001 年	100.02	新世纪扶贫开发 阶段
1981 年	8		2002 年	106.02	
1982 年	8		2003 年	114.02	
1983 年	10		2004 年	122.01	
1984 年	10		2005 年	129.93	
1985 年	19		2006 年	137.01	
1986 年	19	开发式扶贫阶段	2007 年	144.04	
1987 年	19		2008 年	167.34	
1988 年	10		2009 年	197.3	
1989 年	11		2010 年	222.68	
1990 年	16		2011 年	272	
1991 年	18		2012 年	332.05	精准扶贫阶段
1992 年	26.6		2013 年	394	
1993 年	41.2		2014 年	432.87	
1994 年	52.35	八七扶贫攻坚 计划阶段	2015 年	467.45	
1995 年	53		2016 年	667.47	
1996 年	53		2017 年	860.95	
1997 年	68.15		2018 年	1060.95	
1998 年	73.15		2019 年	1260.95	
1999 年	78.15		2020 年	1461	
2000 年	88.15				
2021 年	1561	巩固拓展脱贫攻坚 成果同乡村振兴 有效衔接阶段	【1980~2023 年总计：14035.81】		
2022 年	1650				
2023 年	1485				

　　注：①2017 年起，中央财政专项扶贫资金口径调整为中央财政预算安排补助地方部分。②为支持巩固拓展脱贫攻坚成果同乡村振兴有效衔接，原中央财政专项扶贫资金调整优化为中央财政衔接推进乡村振兴补助资金。因为本课题研究内容既涉及脱贫攻坚，又涉及乡村振兴，故而将中央财政专项扶贫资金投入的分析时间范围向后进行了延展。

如表 2-8 所示，同期地方财政专项扶贫资金的数量也在持续增加，2001~2020 年全国有超过 5000 亿元的地方财政扶贫专项资金投入，其中 2011~2020 年占比为 92.5%；根据相关信息估测，2013~2020 年间，地方财政专项扶贫资金中总计约有 3500 亿元用于连片特困区脱贫攻坚，相关数据整理与已有研究结论基本一致。脱贫攻坚战取得胜利后，为贯彻落实《中共中央 国务院关于实现巩固拓展脱贫攻坚成果同乡村振兴有效衔接的意见》精神，将原"中央财政专项扶贫资金"更名为"中央财政衔接推进乡村振兴补助资金"，用于支持巩固拓展脱贫攻坚成果同乡村振兴有效衔接工作，将"地方财政专项扶贫资金"更名为"地方财政衔接推进乡村振兴补助资金"。按照"四不脱"政策要求，2021~2023 年中央分别下达衔接推进乡村振兴补助资金 1561 亿元、1650 亿元和 1485 亿元，在资金使用上进一步聚焦重点地区、重点任务和重点环节。

表 2-8　2001~2020 年地方财政专项扶贫资金投入情况

单位：亿元

	2001 年	2002 年	2003 年	2004 年	2005 年	2006 年	2007 年	2008 年	2009 年	2010 年
全国	21.3	23.1	24.2	27.2	30.2	34.1	42.1	52.6	64.3	80.0
河北	0.9	0.9	0.9	0.9	1.0	1.0	1.1	1.1	1.6	1.8
山西	1.7	1.7	1.7	1.7	1.7	2.0	2.1	2.4	4.2	4.3
内蒙古	0.3	0.3	0.3	0.3	0.3	0.3	0.4	0.7	1.2	1.2
辽宁	0.1	0.6	1.5	1.9	2.2	2.4	2.4	2.7	2.5	2.7
吉林	0.2	0.2	0.2	0.2	0.2	0.2	0.2	0.3	0.3	0.3
黑龙江	0.2	0.2	0.2	0.5	0.5	0.5	0.8	0.8	1.3	1.2
江苏	0.2	0.8	0.5	1.0	1.1	2.1	3.2	9.1	11.1	11.0
浙江	0.9	1.2	1.3	1.7	1.9	2.3	3.0	4.6	4.7	4.8
安徽	0.5	0.5	0.4	0.5	0.5	0.5	0.5	0.6	0.6	1.1
福建	1.3	1.3	1.3	1.4	1.5	1.5	1.7	2.6	2.8	3.9
江西	0.5	0.5	0.7	0.9	1.0	1.1	1.1	1.3	1.5	1.6
山东	0.3	0.3	0.3	0.3	0.3	0.4	0.5	0.6	0.6	0.7
河南	0.9	1.0	1.0	1.1	1.6	1.3	1.7	2.1	1.7	2.1
湖北	0.3	0.5	0.5	0.5	1.3	1.5	1.6	2.0	2.0	2.2
湖南	0.7	0.7	0.7	0.8	0.9	1.0	1.1	1.3	1.6	1.9
广东	1.6	2.1	2.2	2.6	3.2	3.3	3.7	1.8	2.3	8.5

续表

	2001 年	2002 年	2003 年	2004 年	2005 年	2006 年	2007 年	2008 年	2009 年	2010 年
广西	1.2	1.3	1.5	1.5	1.5	1.6	1.7	2.0	3.1	4.0
海南	0.2	0.2	0.2	0.3	0.3	0.4	0.4	0.4	1.1	2.2
重庆	0.6	0.6	0.6	0.7	0.7	1.1	1.3	1.3	2.5	3.2
四川	0.5	0.4	0.4	0.4	0.4	0.5	1.7	2.1	2.1	2.6
贵州	0.3	0.3	0.3	0.3	0.5	0.7	2.7	3.1	3.6	4.7
云南	5.0	4.5	4.5	4.6	4.5	5.1	5.1	5.2	5.8	6.1
西藏	0.3	0.3	0.4	0.4	0.5	0.5	0.5	0.6	0.9	1.4
陕西	0.6	0.6	0.5	0.6	0.6	0.6	1.2	1.5	2.0	2.2
甘肃	0.9	0.9	0.9	0.9	0.9	0.9	1.0	1.0	1.1	1.1
青海	0.0	0.0	0.0	0.0	0.0	0.1	0.2	0.3	0.8	0.9
宁夏	0.2	0.2	0.2	0.2	0.2	0.2	0.2	0.2	0.3	0.4
新疆	1.2	1.2	1.2	1.2	1.2	1.2	1.2	1.2	1.5	2.1

	2011 年	2012 年	2013 年	2014 年	2015 年	2016 年	2017 年	2018 年	2019 年	2020 年
全国	101.3	164.5	208.4	267.0	316.3	493.6	538.3	735.3	946.0	1180.1
河北	2.0	7.6	11.0	10.1	10.8	20.3	9.9	41.1	55.1	69.7
山西	4.3	5.7	7.9	8.1	11.0	19.8	18.2	25.1	26.7	15.7
内蒙古	1.9	10.0	12.0	18.9	18.8	16.8	33.5	36.2	44.1	51.5
辽宁	3.0	2.6	2.6	3.7	3.6	4.1	5.1	7.1	9.9	34.1
吉林	0.4	1.1	1.2	1.4	1.5	6.5	7.6	9.3	9.8	15.7
黑龙江	0.9	1.0	1.5	1.4	2.2	7.2	9.4	11.3	20.9	22.8
江苏	5.0	5.8	11.0	13.3	13.5	13.1	11.3	14.3	12.4	13.7
浙江	6.4	6.9	7.9	11.5	6.7	6.9	8.7	11.3	8.9	9.8
安徽	1.2	9.0	9.2	9.8	4.1	9.5	17.0	21.5	26.7	32.3
福建	4.1	5.9	7.3	7.4	12.0	14.6	15.4	13.4	13.4	14.9
江西	2.0	6.2	7.4	9.6	12.4	17.3	24.1	28.1	33.5	40.1
山东	0.8	2.0	2.2	4.0	8.5	19.3	20.8	24.9	28.0	31.0
河南	2.5	4.4	6.7	7.9	8.3	12.4	17.8	20.9	26.2	30.1
湖北	2.3	2.7	6.0	6.9	29.6	29.2	28.6	32.7	45.9	49.3
湖南	2.2	2.8	3.6	4.6	8.2	24.2	33.4	37.7	45.4	54.5
广东	14.8	22.2	25.8	25.4	21.4	38.8	37.2	30.3	44.1	93.6
广西	2.9	3.4	4.9	6.9	10.4	18.3	24.4	38.9	53.5	42.0
海南	2.8	3.1	3.6	3.1	0.6	5.8	7.0	10.1	10.8	24.1

	2011 年	2012 年	2013 年	2014 年	2015 年	2016 年	2017 年	2018 年	2019 年	2020 年
重庆	4.0	6.2	7.0	7.8	14.9	14.0	11.8	17.4	19.2	31.5
四川	8.0	10.5	10.5	14.5	18.6	26.2	35.4	53.8	64.1	74.0
贵州	6.7	14.1	17.4	25.0	29.4	44.8	54.6	63.2	78.6	95.8
云南	8.0	9.6	11.3	14.0	13.1	30.0	32.7	45.6	63.3	77.7
西藏	1.5	2.2	2.9	3.9	5.1	8.5	12.7	23.6	26.0	28.0
陕西	6.2	7.5	8.8	11.8	8.6	12.3	22.9	29.9	35.7	41.4
甘肃	2.5	3.2	4.7	11.4	12.0	17.5	18.7	45.9	60.0	88.7
青海	1.2	2.4	4.2	6.6	8.5	8.4	10.1	14.5	24.3	22.6
宁夏	0.6	0.8	1.0	6.5	6.7	15.8	5.4	6.6	9.2	10.0
新疆	3.0	5.9	8.8	11.5	15.8	31.9	4.6	20.6	50.4	65.5

以财政专项扶贫资金为主要驱动的统筹整合可用资金，主要用于片区基础设施建设和建档立卡户的可行能力提升。依据 2020 年国家对于涵盖 832 个国家扶贫开发工作重点县和连片特困地区县、享受片区政策县的脱贫攻坚普查，可知片区贫困县建档立卡户全面实现了"两不愁三保障"和饮水安全保障，如国家贫困县的建档立卡户，能吃肉蛋奶或豆制品的户数比重达到 98.9%，义务教育阶段适龄少年儿童在校的人数比重达到 98.8%，住房安全人数达到 43.7%，全年不缺水户数比重达到 99.9%；产业发展、文教卫生、危房改造、资产收益等领域均得到了较好帮扶，享受到产业帮扶、就业帮扶、健康帮扶、教育帮扶、危房改造、易地扶贫搬迁、残疾人帮扶、生态扶贫和资产收益扶贫等政策的户数比例分别达到 93.8%、89.0%、94.5%、51.6%、40.1%、13.3%、21.6%、71.1% 和 60.4%；贫困县基础设施和公共服务情况大为改善，通硬化路的行政村比重达到 99.6%、通信信号覆盖的行政村比重达到 99.9%、所有乡镇有卫生院的行政村比重达到 99.8%、有卫生室或联合设置卫生室的行政村比重达到 96.3%、有小学（教学点）的行政村比重达到 47.7%、有公共图书馆的县比重达到 98.1%、有综合文化站的乡镇比重达到 99.4%、有图书室或文化站的行政村比重达到 98.9%。

2.2.2.3 连片特困区乡村自身发展转型

基于目标推进视角的脱贫攻坚作用机制分析指出，连片特困区贫困面宽、量大、程度深，致贫原因多维。贫困是一个多维概念，既有关于致贫原因的探讨，重在人力资本、个人收入、经济增长三个方面，如舒尔茨（Schultz）的人力资本匮乏导致贫困的分析，差异化的经济增长对于贫困的"涓滴效应"①"马太效应"②不同影响等。较早针对多维贫困进行分析的阿马蒂亚·森（Amartya Sen）在分析和反思应对贫困问题的客观主义标准和主观主义效用的基础上致力于贫困人口的可行能力分析，认为贫困人口的可行能力是其有可能实现的、各种可能的功能性活动集合，是一个人所拥有的享受自己有理由珍视的那种生活的实质自由，可行能力贫困不仅是物质匮乏，还包括教育、健康、医疗等方面的不足③。上述观点促使人们的治贫思路由"物质域"和"效用域"转向了更为宽广和多维的"能力域"④。有研究者认为，贫困本质上是个人可行能力剥夺，背后的真正成因是权利与机会的丧失，因此精准破解贫困陷阱应塑造和提升个人的可行能力，为人们创造参与经济社会的机会⑤。针对长期深陷"贫困陷阱"和"梅佐乔诺陷阱"⑥的连片特困区，国家按照区域发展带动扶贫开发、扶贫开发促进区域发展的基本思路，坚持在加快发展的过程中转变经济发展方式的原则，充分发挥市场机制在资源配置中的基础性作用，更加注重发挥政府政策的引导作用，进一步破除制约经济社会发展的体制机制障碍，广泛动员和整合各类社会资源，遵循片区减贫空间重构、多维推动与协同治理的行为逻辑，通过推进"四支队伍""四个切实""五个一批""十项工程"等精准扶贫工作机制和方法，深化创新政策支持与扶贫开发模式，使得片区发展主体能力提升、发展要素集聚整合与发展空间优化拓展，片区乡村转型呈现向好趋优态势，夯实了片区全面推进乡村振兴的工作基础，持续助力中国式农业农村现代化发展，扎实推进农民农村共同富裕，突出表现在以下三个方面。

一是要素保障水平提升。区域发展滞后源于要素缺乏及要素配置低效，

① 黄潇：《如何预防贫困的马太效应——代际收入流动视角》，《经济管理》2014年第5期。

② 罗楚亮：《经济增长、收入差距与农村贫困》，《经济研究》2012年第2期。

③ Amartya Sen. "Poor, Relatively Speaking," *Oxford Economic Papers*, New Series 2 (1983): 153−169.

④ 张娜娜：《客观主义、主观效用、可行能力：阿马蒂亚·森的治贫观》，《当代经济研究》2020年第5期。

⑤ 岳映平、贺立龙：《精准扶贫的一个学术史注角：阿马蒂亚·森的贫困观》，《经济问题》2016年第12期。

⑥ 丁建军：《中国11个集中连片特困区贫困程度比较研究——基于综合发展指数计算的视角》，《地理科学》2014年第12期。

而区域人口又是诸多发展要素的核心，关系到要素流动与整合。国家实施片区扶贫开发政策，一方面通过教育阻断贫困代际传承、技能培训提高致富能力、志智双扶改善贫困心理等方式，影响和改造着贫困人口自身发展条件，另一方面，通过"嵌入"的形式辅以外界帮扶，利用金融信贷手段改善贫困人口发展资金短缺状况、龙头企业和专业合作组织等引导贫困人口对接市场、帮扶团队协调乡村治理，使经济行动从属于一定的社会关系，社会关系嵌入经济活动之中[①]，发展的物质网络和社会网络，促成了贫困人口在发展过程中实现"人"的现代化，片区贫困人口兼职化、非农化比例持续提高，贫困人口的综合素养全面提升。

二是区域产业结构优化。产业发展是脱贫攻坚战取得胜利的根本支撑，片区扶贫开发过程中依托区域特色资源优势，发展壮大原有产业的同时，依托市场链充分发挥市场主体和市场机制的选择与激励作用，推动片区乡村产业向多元化、市场化迈进。致力于通过农村综合改革赋能乡村产业发展，助推"互联网+农业""休闲农业""智慧农业""农旅一体化"等新业态、新模式的成长。强化乡村脱贫产业中的利益联结机制，使得片区人口生计选择更趋多元化，收入结构明显优化。2020 年，连片特困区农村居民可支配收入中工资性收入占比升至 34.9%，经营净收入占比降至 35.5%，转移净收入持续保持较快增长，由 2014 年的 21.5%增加至 28.1%。

三是空间生产效益增进。基于连片特困区乡村系统"要素—结构—功能—价值"逻辑关系（见图 2-1），区域发展要素量与质的变化，影响着区域社会治理的有序化与融合化、产业结构的多样性和高级化，进而推动区域乡村整体发展空间重构，在乡村系统功能提升基础上促成脱贫攻坚战略的价值实现。乡村发展的有机体系统、人格系统、社会系统和文化系统等四个系统[②]也在乡村转型中获得了新的平台和载体，伴随着不断发展的各子系统功能的加强，片区居民生活品质全面提升，又为乡村的产业、人才、文化、生态和组织等全面振兴提供了有力支撑。

---

① 卡尔·波兰尼：《大转型：我们时代的政治与经济起源》，冯钢、刘阳译，浙江人民出版社，2007，第 40 页。

② 塔尔科特·帕森斯、尼尔·斯梅尔瑟：《经济与社会》，刘进、林午、李新、吴予译，华夏出版社，1989，第 43 页。

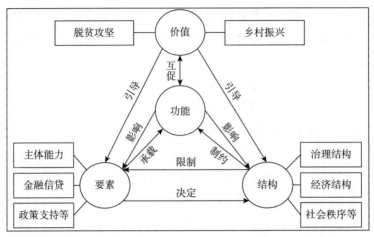

图 2-1　连片特困区乡村系统"要素—结构—功能—价值"逻辑关系

从 2014~2019 年 11 个连片特困区乡村转型度变化情况（见表 2-9、表 2-10）来看，各片区乡村"人""业""地"开始有序转型，乡村空间重构效益显著，其中六盘山区、武陵山区、乌蒙山区乡村转型度较低，而大兴安岭南麓山区、罗霄山区、燕山—太行山区、大别山区乡村转型度相对较高[①]。

表 2-9　2014~2019 年 11 个连片特困区乡村转型度变化情况

片区	2014 年	2015 年	2016 年	2017 年	2018 年	2019 年
	转型度	转型度	转型度	转型度	转型度	转型度
六盘山区	0.157	0.161	0.166	0.183	0.177	0.163
秦巴山区	0.266	0.275	0.386	0.307	0.318	0.324
武陵山区	0.216	0.226	0.237	0.251	0.263	0.272
乌蒙山区	0.249	0.258	0.266	0.277	0.291	0.318
滇黔桂石漠化区	0.260	0.261	0.266	0.274	0.281	0.282
滇西边境山区	0.257	0.273	0.283	0.294	0.310	0.322
大兴安岭南麓山区	0.343	0.363	0.363	0.346	0.346	0.331
燕山—太行山区	0.307	0.315	0.324	0.352	0.371	0.376

---

① 游俊、冷志明、丁建军：《中国连片特困区发展报告（2020~2021）》，社会科学文献出版社，2021，第 31~39 页。

续表

片区	2014 年	2015 年	2016 年	2017 年	2018 年	2019 年
	转型度	转型度	转型度	转型度	转型度	转型度
吕梁山区	0.275	0.279	0.271	0.288	0.296	0.328
大别山区	0.302	0.314	0.327	0.348	0.355	0.395
罗霄山区	0.330	0.351	0.378	0.391	0.412	0.436
均值	0.269	0.280	0.288	0.301	0.311	0.323

表 2-10　连片特困区乡村转型度指标及权重

转型维度权重		转型指标	转型指标权重	指标度量	指标度量权重
"人"的转型（H）	0.3274	兼职化、非农化（H1）	0.1097	非农人口占比：年末总人口与乡村农业从业人口之差/年末总人口或户籍人口（2013 年前）；二、三产业从业人口/年末总人口或户籍人口（2013 年后）	0.1097
		人力资本提升（H2）	0.1343	每万人中学生人数占比：普通中学在校人数/户籍人口	0.1343
		金融素养增强（H3）	0.0807	人均年末贷存比：人均年末金融机构贷款余额/人均居民储蓄存款余额	0.0807
"业"的转型（I）	0.4875	产业非农化（I1）	0.1197	非农产业占比：二、三产业产值/GDP	0.1197
		农业现代化（I2）	0.1583	农业机械动力（2013 年前）：农业机械总动力（万千瓦特）/第一产业增加值（万元）；设施农业面积占比（2013 年后）：设施农业占地面积（公顷）/第一产业增加值（万元）	0.1583
		市场组织化（I3）	0.1365	每万人规模以上工业企业数	0.1365
		经济金融化（I4）	0.0730	人均年末金融机构各项贷款余额：年末金融机构各项贷款余额（万元）/户籍人口（万人）	0.073
"地"的转型（E）	0.1878	整体发展水平（E1）	0.1144	人均 GDP	0.0433
				人均一般公共预算收入	0.0333
				人均一般公共预算支出	0.0442
		公共服务优化（E2）	0.0734	每万人社会福利单位数	0.0233
				每万人社会福利床位数	0.0192
				每万人医疗机构床位数（2013 年后）	0.0245

本书选取的样本区域罗霄山区、大兴安岭南麓山区和乌蒙山区，在发展的过程中也各有特色。罗霄山区立足资源优势，特别是吉安市、赣州市、株洲市等核心区域高度重视基础设施建设和公共服务水平提升，强调贫困人口志智双扶和人才培养，积极转变发展方式，强化城乡融合背景下的产业结构优化，促进劳动力、资本等要素跨地域、跨产业、跨部门流动，较好推动了区域的乡村转型与高质量发展。大兴安岭南麓山区通过推动三产融合发展、着力发展现代农牧业等方式，持续壮大新型农业经营主体，如镇赉县开展实行"村级组织+项目+政策扶持"模式壮大村集体经济、林甸县开展就业"春风行动"、阿尔山市大力发展旅游产业等，取得了较好发展效果，但东北地区发展过程中资源依赖、产业衰退、人力资源流失等因素也在一定程度上影响了片区转型发展质量。乌蒙山区属于脱贫攻坚的重点区域，转型发展中的难点和首要任务是贫困人口综合素质提升，且片区 38 个县异质性特征明显，如黔西县发展较快、金阳县稍显迟缓，但多数中等水平的县区由于贫困人口素质提升的瓶颈响应，在较长的一段时间内蓄积势能而结果呈现不佳；片区基础设施与公共服务提升形势稳步向上，数字赋能基础上的片区产业转型升级形势较好，如宣威市坚持"政府一条线、教育部门一条线，县长、乡镇长、教育局局长、校长、村长、家长"的"双线六长"推进教育扶贫，赤水市以双体系保障发展、双模式推动发展、双链条促进发展、双支撑稳定发展、双托底稳步发展的"五双"模式发展家禽产业等做法都在所在片区获得了较好效果；但较之于其他片区，片区乡村转型发展的整体水平有待提升。

为了更好反映"十三五"时期乡村转型情况，本书选择了转型发展较好的罗霄山区江西的赣州市、吉安市作为细分样本，借鉴吉首大学连片特困区发展研究团队设计的相关指标，并进行综合测算，结果显示，2015~2020 年乡村整体以及"人""业""地"三个维度的转型度指数均呈逐年上升趋势（见表2-11）。赣州市乡村转型度从 0.2930 上升到 0.4030，吉安市乡村转型度从0.2911 上升到 0.3972。2020 年，赣州市"人""业""地"的转型度分别为0.4044、0.3687、0.4836，吉安市"人""业""地"的转型度分别为 0.3424、0.3865、0.5148，可以看出赣州市和吉安市"地"的转型度均较大，两地"业"和"人"的转型度都在日趋增强。这也进一步证实了片区的发展变化趋势：推动脱贫攻坚与乡村振兴工作的前提是人的转型，基础设施建设与公共服务提升在促进乡村转型中发挥着重要作用，而区域产业发展将是战略实施过程中需始终关注且在未来会持续发挥重要作用的领域。

表 2-11　2015~2020 年罗霄山区赣州市与吉安市乡村转型情况

	区域	2015 年	2016 年	2017 年	2018 年	2019 年	2020 年
"人"的转型	赣州市	0.3205	0.3249	0.3369	0.3621	0.3882	0.4044
"业"的转型		0.2536	0.2734	0.3012	0.3214	0.3486	0.3687
"地"的转型		0.3434	0.3698	0.3916	0.4064	0.4743	0.4836
"人"的转型	吉安市	0.2692	0.2734	0.2835	0.3011	0.3128	0.3424
"业"的转型		0.2629	0.2772	0.3014	0.3146	0.3452	0.3865
"地"的转型		0.3982	0.4228	0.4364	0.4624	0.4915	0.5148
乡村转型	赣州市	0.2930	0.3091	0.3307	0.3515	0.3861	0.4030
	吉安市	0.2911	0.3040	0.3217	0.3388	0.3630	0.3972

2.3　脱贫攻坚同乡村振兴有效衔接及稳定脱贫形势研判

2.3.1　脱贫攻坚同乡村振兴有效衔接

脱贫攻坚战取得全面胜利，标志着我国完成了消除绝对贫困的艰巨任务、第一个百年奋斗目标顺利实现。脱贫摘帽不是终点，而是新生活、新奋斗的起点。乡村振兴新征程中，为实现巩固拓展脱贫攻坚成果同乡村振兴有效衔接，各片区严格落实"四个不摘"要求，全力巩固"两不愁三保障"的脱贫攻坚成果，连片特困区涉及区域政府坚持以习近平新时代中国特色社会主义思想为指导，深入贯彻落实习近平总书记关于"脱贫摘帽不是终点，而是新生活、新奋斗的起点"[①]重要指示，精准对标党中央、国务院决策部署，走好巩固拓展脱贫攻坚成果、全面实施乡村振兴战略的接续赶考之路，立足区域资源禀赋与发展的比较优势，围绕打赢脱贫攻坚战基础上接续奋斗全面推进乡村振兴主题，分别从帮扶机制、政策支持、组织保障等领域努力实现区域发展巩固拓展脱贫攻坚成果、高质量推进乡村振兴的双赢，扎实推进巩固拓展脱贫攻坚成果同乡村振兴有效衔接工作，呈现责任明、政策清、

---

① 《习近平：在全国脱贫攻坚总结表彰大会上的讲话》，https://www.gov.cn/xinwen/2021-02/25/content_5588869.htm，最后访问日期：2024 年 12 月 1 日。

工作实、机制强、成效新的良好局面。

2.3.1.1 聚焦重点任务，坚决守住不发生规模性返贫底线

脱贫攻坚战取得全面胜利之后，巩固拓展脱贫攻坚成果面临新形势、新挑战。2021 年 2 月 25 日，习近平总书记在全国脱贫攻坚总结表彰大会上指出，对易返贫致贫人口要加强监测，做到早发现、早干预、早帮扶。[①] 围绕严防返贫致贫的底线任务，着眼脱贫基础更加稳固、成效更可持续的发展要求，切实推进巩固拓展脱贫攻坚成果同乡村振兴有效衔接走深走实。一是动态监测帮扶严防返贫。动态监测脱贫不稳定户、边缘易致贫户、突发严重困难户"三类"对象，采取农户自主申报、干部走访排查、部门信息比对"三线预警"机制，快速发现、预警提示、及时帮扶，对于有劳动能力的帮扶发展产业就业，无劳动能力的实行兜底保障，基本生活困难的加强临时救助，确保把返贫致贫风险消除在萌芽状态。二是筑牢脱贫保障巩固成果。聚焦"三保障"和饮水安全，加强部门联动协作，合力夯实脱贫保障、共同推进巩固提升。三是促进稳岗就业增加收入。紧扣就业规模稳定、劳务输出不减，完善部门联动机制，强化政策支持、资金补助、信息监测、技能培训等举措，加强劳务输出服务，完善园区企业、产业基地、帮扶车间、专业合作社、公益岗位等就近就业平台，进一步拓渠道、稳岗位、促增收。四是加强产业帮扶助力发展。着力培育有带动脱贫户和监测对象增收功能的龙头企业、农民合作社、家庭农场、创业致富带头人"四类带动经营主体"，带动脱贫户及监测对象发展产业；提升创业帮扶，通过政策扶持、产业搭台、培训助力、典型带动等措施，激发创新创业内在活力。五是深化搬迁后期扶持推进融入。健全长效机制，带动搬迁脱贫群众发展产业，强化安置社区治理，完善配套基础设施，让搬迁群众既住上新房子，又融入新生活。六是规范资产管护增强功效，通过加强数据分析、强化运维监管、促进保值增值，扶贫项目资产持续发挥帮扶功效，成为巩固拓展脱贫成果、全面推进乡村振兴的源头活水。

2.3.1.2 接续推进乡村振兴，扎实做好巩固拓展脱贫攻坚成果同乡村振兴有效衔接

优化工作格局，持续保持狠抓推进落实的强劲态势。各片区坚持"省负

[①] 《习近平：在全国脱贫攻坚总结表彰大会上的讲话》，https://www.gov.cn/xinwen/2021-02/25/content_5588869.htm，最后访问日期：2024 年 12 月 22 日。

总责、市县抓落实、乡镇推进和实施"工作机制，横向到边、纵向到底，狠抓责任、政策和工作落实。一是健全机制协同推进，所属区域政府均成立相应的领导小组、联席会议或建立专项机制，由党政主要领导共同牵头负责，构建"责任清晰、各负其责、合力推进"的工作体系；各级扶贫机构全部转为乡村振兴部门，村级扶贫工作室全部转为乡村振兴工作站（室），全面实现组织机构平稳有序过渡。二是压实责任狠抓落实。聚焦传导压力、促进落实，严明各级各方责任，重点压实市县主体责任，制定考核办法，严格考核评估市县脱贫攻坚成果巩固拓展成效；构筑"各炒一个菜、共办一桌席"工作格局，建立部门之间及时沟通、定期会商、信息共享制度；完成新一轮选派驻村第一书记和工作队，确保驻村不断档、帮扶不掉线、责任不落空；以推进抓党建促乡村振兴为平台，健全基层网络化管理机制，走实巩固拓展脱贫成果"最后一公里"。三是完善政策有效衔接。保持"过渡期"主要帮扶政策总体稳定，严防责任弱化、政策缩水、工作断档。各地出台《关于巩固拓展脱贫攻坚成果同乡村振兴有效衔接的实施意见》相关文件，遵照中央决策部署，对照过渡期"四个不摘"要求，认真梳理国家已出台的衔接政策，对应配套制定地方层面政策，搭建起了巩固拓展脱贫攻坚成果同乡村振兴有效衔接的"四梁八柱"，确保政策不留空白、工作不留空档。四是保障投入强化支撑。及时下达年度财政衔接推进乡村振兴补助资金；深入推进脱贫人口小额信贷，完善政策、稳控风险。五是建强队伍提升能力。全面完成各级扶贫机构转为乡村振兴机构的重组挂牌和职能划转，延伸推进全省乡镇（村）扶贫工作站（室）向乡村振兴工作站（室）转化，确保思想不乱、工作不断、队伍不散、干劲不减，切实提高各级干部接续推进巩固拓展脱贫攻坚成果同乡村振兴有效衔接的政策水平、业务素质和实战能力。六是总结宣传激发斗志。全面总结脱贫攻坚辉煌成就，扎实开展先进典型评选表彰，大力弘扬脱贫攻坚精神，有力有效激励片区干部群众上下接续巩固拓展脱贫攻坚成果同乡村振兴有效衔接的不懈斗志。

2.3.1.3　着眼重心转移，奋力打造新时代乡村振兴样板之地

民族要复兴、乡村必振兴。连片特困区深刻认识全面推进乡村振兴是时代的呼唤、发展的需要、人民的期盼。奋力推进乡村振兴谱新篇，各片区坚持把实施乡村振兴战略作为新时代"三农"工作的总抓手，坚持五级书记抓乡村振兴。围绕乡村振兴深度、难度、广度都不亚于脱贫攻坚的艰巨任务，

精心谋划推进乡村"五大振兴"，扎实落实《中华人民共和国乡村振兴促进法》，把推进乡村振兴纳入法制化轨道，聚焦打造新时代乡村振兴样板之地，踔厉奋发，勇毅前行，促进实现农业高质高效、乡村宜居宜业、农民富裕富足，加快农业农村现代化，扎实推动共同富裕，让广大人民群众尤其是脱贫群众的获得感、幸福感、安全感更加充实、更有保障、更可持续。

2.3.2　稳定脱贫形势研判

2.3.2.1　总体情况

2017 年，井冈山在全国率先脱贫，成为我国贫困退出机制建立后首个脱贫"摘帽"县。此后，各贫困地区陆续脱贫，贫困人口收入增收持续保持较好势头。2021 年，脱贫县（包括原 832 个国家扶贫开发工作重点县和集中连片特困地区县，以及新疆阿克苏地区 7 个市县）农民人均可支配收入 14051 元，比上年名义增长 11.6%，为全国农村居民人均可支配收入 18931 元的 74.2%，高出全国农村居民人均可支配收入增速 1.1 个百分点。[①] 2022 年，脱贫地区农民人均可支配收入达到 15111 元，比上年增长 7.5%，为全国农村居民人均可支配收入 20133 元的 75.1%，比全国农民人均可支配收入增速高 1.2 个百分点。脱贫人口人均纯收入达到 14342 元，同比增长 14.3%，比全国农民人均可支配收入增速高 8 个百分点。[②] 2023 年脱贫地区农民人均可支配收入 16396 元，比上年增长 8.5%，为全国农村居民可支配收入 21691 元的 75.6%，比全国农民人均可支配收入增速高 0.8 个百分点。[③] 罗霄山区赣州部分的 114.33 万建档立卡贫困人口、1023 个贫困村、11 个贫困县于 2020 年全部脱贫出列，此后在严格落实过渡期帮扶政策的同时，注重通过稳岗就业助力贫困人口稳定脱贫，帮助脱贫群众和监测对象中的半劳动力和弱劳动力就近就业，全市脱贫人口就业稳定在 58 万人以上，就业率稳定在

---

① 《脱贫攻坚战取得全面胜利 脱贫地区农民生活持续改善——党的十八大以来经济社会发展成就系列报告之二十》，https://www.stats.gov.cn/sj/sjjd/202302/t20230202_1896696.html，最后访问日期：2024 年 12 月 22 日。

② 《2022 年脱贫地区农民人均可支配收入达 15111 元 增长 7.5%》，https://www.chinanews.com.cn/cj/shipin/cns-d/2023/02-14/news951260.shtml，最后访问日期：2024 年 12 月 22 日。

③ 《亿万农民的钱袋子越来越鼓》，http://f.china.com.cn/2024-09/10/content_117418390.shtml，最后访问日期：2024 年 12 月 22 日。

84%以上，有力保障了脱贫人口稳定脱贫水平。[①] 乌蒙山区遵义部分聚焦巩固拓展脱贫攻坚成果同乡村振兴有效衔接工作任务，按照"抓监测、兴产业、保就业、稳政策、推改革、促增收"的工作思路，大力帮扶联农带农企业，助力发展联农带农产业，2023 年脱贫人口人均可支配收入达到 14664 元，较 2021 年增长 33.9%。[②] 大兴安岭南麓山区兴安盟部分积极推进突泉县的肉牛产业、阿尔山市的旅游产业、科尔沁右翼中旗的刺绣产业、扎赉特旗的大米产业等"产业再造收入倍增"行动，明确提出衔接资金扶持的经营性项目要全覆盖建立联农带农利益联结机制，促进脱贫人口持续增收，2023 年全盟脱贫人口和监测对象人均可支配收入达 20038 元，增速同比增长 12.4%，较全盟农牧民收入增速高 3.8 个百分点。[③]

2.3.2.2　典型调查

片区脱贫人口稳定脱贫宏观形势良好，为了更好阐释脱贫人口稳定情况，本书选择罗霄山区江西部分 17 个县（市、区）进行了问卷调查，全面了解其在脱贫前、脱贫后的生计资本，最终获得有效问卷 269 份。

1. 研究方法

A-F 法于 2007 年被 Alkire 和 Foster 提出，是广泛应用于多维贫困识别测度中的方法。采用 A-F 法对罗霄山区江西部分脱贫户进行相对贫困精准识别和多维度测算步骤如下。

首先，假设样本数量为 m，多维相对贫困维度数量为 n，由此构造被剥夺矩阵 X。使 X_{ij} 表示第 i 个样本户在第 j 个指标上的取值，Z_j 表示第 j 个指标上的剥夺临界值。假设 $X_{ij} > Z_j$，则代表该项指标没有被剥夺，标记为 0，否则计为 1，表示被剥夺。各项指标的被剥夺情况用 g_{ij} 表示，由此得到每个样本户在各指标上的被剥夺矩阵 G。

---

① 《赣州持续增加脱贫群众收入 前三季度全市脱贫人口人均纯收入同比增长 9.7%》，https://www.newskj.com/news/system/2023/11/26/030645181.shtml，最后访问日期：2024 年 12 月 22 日。

② 《「当代贵州·市州巡礼」黔北乡村欣欣向荣》，https://baijiahao.baidu.com/s? id = 1792770788012317925&wfr = spider&for = pc，最后访问日期：2024 年 12 月 22 日。

③ 《兴安盟脱贫人口人均纯收入首次突破 2 万元》，http://grassland.china.com.cn/2023-12/15/content_42675701.html，最后访问日期：2024 年 12 月 22 日。

其次，对各项指标进行赋权，相应权重用 W_j 表示。计算每位样本户的总剥夺得分：$C_{ij}(K) = \sum_{j=1}^{n} W_j g_{ij}$，假设多维相对贫困被剥夺水平临界值为 K（$0 \leq K \leq n$），当 $C_{ij}(K) \geq K$ 时，此时令 $C_{ij}(K) = \sum_{j=1}^{n} W_j g_{ij}$，表示该样本处于多维相对贫困状态，此时令 $Q_j(K) = 1$；当 $C_{ij}(K) < K$，则令 $C_{ij}(K) = 0$，即为非多维相对贫困状态，此时令 $Q_j(K) = 0$。记相对贫困样本总数为 $Q_{ij}(K) = \sum_{i=1}^{m} Q_j(K)$。

再次，用 $H(K)$ 表示多维相对贫困发生率，则：

$$H(K) = Q_{ij}(K)/m;$$

$A(K)$ 表示多维相对贫困的平均剥夺份额，

$$A(K) = \sum_{i=1}^{m} C_{ij}(K) / \sum_{i=1}^{m} Q_{ij}(K)/d;$$

多维贫困指数 $MPI(K) = H(K)A(K)$。对其进一步分解，可得指标 j 对多维贫困指数的贡献率。

$$\beta_j = \left[\frac{\sum_{j=1}^{m} P_{ij}(K)}{m} \right] / MPI(K)$$

2. 指标变量选取

依据可持续生计分析框架，生计资本被划分为人力资本、自然资本、物质资本、金融资本和社会资本 5 个维度[1]。结合罗万云等[2]、王会和侯庆丰[3]的已有研究，构建相关指标体系，包含生计资本 5 个方面共 13 个指标，均为正向指标，采用等权重法对各指标权重进行赋值（见表 2-12）。同一指标体系和权重下，用 A-F 法分别对样本户脱贫前、脱贫后的情况进行多维贫困测算。其中脱贫前数据代表的是样本户脱贫前一年的生计资本情况。由于各样本户脱贫前一年的生计资本情况不会相差太大，因此除了收入指标按照

---

[1] 黎洁、李亚莉、邰秀军、李聪：《可持续生计分析框架下西部贫困退耕山区农户生计状况分析》，《中国农村观察》2009 年第 5 期。

[2] 罗万云、戎铭倩、王福博、胡雪、孙慧：《可持续生计视角下民族地区农户相对贫困多维度识别研究——以新疆和田市为例》，《干旱区资源与环境》2022 年第 6 期。

[3] 王会、侯庆丰：《可持续生计视角下甘肃农户相对贫困多维测度研究》，《干旱区资源与环境》2024 年 3 期。

脱贫前一年的江西贫困标准设置临界剥夺值,其他指标参考张楠等①的研究,采用比例法,以各指标均值的 70% 为临界剥夺值。脱贫后数据为 2023 年的生计资本情况,收入指标根据 2023 年江西脱贫地区农村居民全年人均可支配收入(17210 元)的 70% 作为临界剥夺值。其他指标和脱贫前其他指标做相同处理。低于临界值的样本数据,赋值为 1。

表 2-12　生计资本指标选取与权重分配

维度	指标	指标含义与变量赋值	样本均值		指标权重
			脱贫前	脱贫后	
人力资本	劳动力占总人口的比重(H1)	家庭实际劳动力人数/总人口数	0.419	0.467	1/10
	家庭实际劳动力受教育程度(H2)	按受教育程度由低到高赋值,乘以对应人数,最后加总得到总值	5.531	6.517	1/10
自然资本	人均耕地面积及质量(N1)	按耕地质量由低到高赋值,乘以人均耕地面积,得到总值	2.364	2.337	1/10
	人均林(草)地面积及质量(N2)	按林(草)地质量由低到高赋值,乘以人均林(草)地面积,得到总值	2.740	2.623	1/10
物质资本	房屋面积(P1)	小于 50 平方米 =1;50~100 平方米 =2;100~150 平方米 =3;150 平方米及以上 =4	2.933	3.212	1/15
	住房结构(P2)	泥土住房 =1;砖木住房 =2;砖混住房 =3;其他 =4	2.710	2.911	1/15
	主要生产性资料和贵重生活性资料(P3)	轿车或农用机械拥有量总和	0.866	1.093	1/15
金融资本	家庭人均纯收入(F1)	家庭总收入/家庭总人口	7462.446	13293.763	1/15
	总收入是否能较好满足家庭需求(F2)	非常不能满足 =1;不太满足 =2;一般 =3;较能满足 =4;完全能满足 =5	2.740	3.219	1/15
	获得贷款的难易程度(F3)	非常难 =1;较难 =2;一般 =3;比较容易 =4;非常容易 =5	2.948	3.286	1/15
社会资本	与亲朋好友关系(S1)	疏远 =1;较疏远 =2;一般 =3;较亲密 =4;很亲密 =5	3.840	3.796	1/15
	与村干部关系(S2)	疏远 =1;较疏远 =2;一般 =3;较亲密 =4;很亲密 =5	3.249	3.279	1/15
	是否参与社会合作组织(S3)	否 =0;是 =1	0.130	0.130	1/15

---

①　张楠、寇璇、刘蓉:《财政工具的农村减贫效应与效率——基于三条相对贫困线的分析》,《中国农村经济》2021 年第 1 期。

3. 结果分析

(1) 样本户脱贫前情况

脱贫前相对贫困发生率较高的指标为社会资本中的社会合作组织参与、自然资本中的人均林（草）地面积及质量、金融资本中的家庭人均纯收入，相对贫困发生率分别为86.99%、69.52%、55.02%，说明在社会合作组织参与、人均林（草）地面积及质量、家庭人均纯收入等领域，各样本户之间的发展水平存在较大差距，少部分人处于相对较高水平，而多数人处于相对较低水平。相对贫困发生率较小的指标为社会资本中的与亲朋好友关系、与村干部关系和物质资本中的住房结构三个指标，相对贫困发生率分别为1.49%、6.69%和7.81%，说明样本户情况差距不大，多数人处于相对较高水平（见图2-2）。

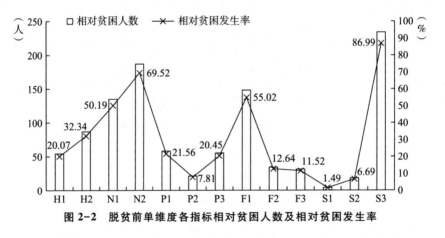

图 2-2　脱贫前单维度各指标相对贫困人数及相对贫困发生率

单个指标相对贫困发生率仅通过一个方面来衡量贫困，无法全面捕捉样本户在多个维度上的综合剥夺情况。进一步通过 A-F 法测算出样本在不同贫困临界值下的多维相对贫困发生率、多维相对贫困的平均剥夺份额和多维贫困指数。为对比不同临界值下样本户脱贫前的多维贫困水平，选取0.2、0.4、0.6、0.8四个被剥夺水平临界值进行测算，结果见表2-13。

表 2-13　样本户脱贫前多维贫困测度结果

	K＝0.2	K＝0.4	K＝0.6	K＝0.8
多维相对贫困发生率 H（%）	86.25	47.96	7.06	0.74
多维相对贫困的平均剥夺份额 A（%）	40.13	49.28	66.67	83.33
多维贫困指数 MPI	0.347	0.236	0.047	0.006

　　当 K 分别设定为 0.2、0.4、0.6、0.8 时，多维相对贫困发生率分别为
86.25%、47.96%、7.06%、0.74%；多维相对贫困的平均剥夺份额分别为
40.13%、49.28%、66.67%、83.33%；多维贫困指数分别为 0.347、0.236、
0.047、0.006。多维相对贫困发生率和多维贫困指数均随着被剥夺水平临界
值的增大而降低，降幅明显，平均剥夺份额随之上升。鉴于样本户各家庭独
特的生活背景和条件，各家庭陷入相对贫困的具体因素呈现出显著的异质
性，促使样本户家庭在不同维度上陷入相对贫困，罗霄山区江西部分脱贫户
的相对贫困问题呈现出范围广、程度深的特征。

　　进一步对多维贫困指数进行分解，从而得出在不同被剥夺水平临界值下
各个指标和各个维度对多维贫困指数的贡献率。

　　为进行综合比较，对在不同被剥夺水平临界值下得出的四项贡献率进行
加和平均，得出贡献率的平均值，即平均贡献率。从具体指标来看，各指标
在不同临界值下的平均贡献率最大的为自然资本中的人均林（草）地面积及
质量，为 15.12%，最小的为社会资本中的与亲朋好友关系，为 2.93%。从
不同维度来看，五个维度在不同临界值下的平均贡献率由大到小排列分别为
自然资本（28.74%）、人力资本（22.01%）、社会资本（16.83%）、物质资
本（16.43%）、金融资本（16.00%），具体变化情况见图 2-3。

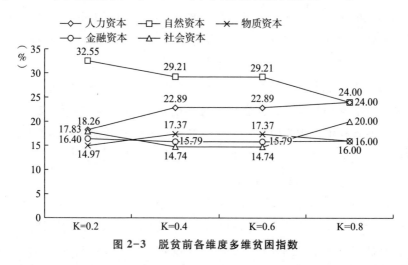

图 2-3　脱贫前各维度多维贫困指数

　　自然资本在不同 K 值情况下的贡献率均最大，但其随着 K 值增大而减
少，由 K 为 0.2 时的 32.55%下降到 K 为 0.8 时的 24.00%，自然资本内部各
指标的贡献率随着 K 值上升趋于均等。自然资本多维贫困贡献率高可能的原

因一是由于罗霄山区江西部分多山地丘陵,不同区域农户所能分配到的自然资源不同。二是由于复杂的地理情况,部分农户在脱贫前所获得的自然资本质量较差,同等耕地或林地面积下,产出数量较低,易陷入相对贫困状态。但自然资本不是唯一重要的考核标准,因此有必要增加贫困维度,弱化自然资本的被剥夺性。人力资本的平均贡献率排在第二位,随着 K 值的增大而不断增加,由 K 为 0.2 时的 18.26%增加到 K 为 0.8 时的 24.00%。这一维度的贫困贡献率较多说明多数样本户在脱贫前家庭人口较多,实际参与劳动的人数较少且其受教育水平较低,影响家庭增收,家庭总体负担较重。社会资本的平均贡献率排在第三位,随着 K 值的增大,社会资本贡献率先从 K 为 0.2 时的 17.83%降到 14.74%,到 K 为 0.8 时,贡献率上升至 20.00%。社会资本贡献率高一方面可能是样本户在脱贫攻坚时期为改善生计,多选择外出打工的方式增加收入,从而导致地缘关系削弱,社会资本减少;另一方面可能是样本户家庭构成较为独特,或家庭成员性格保守孤僻,不愿意与外界交流等导致社会资本较少。社会资本各指标贫困贡献率在社会组织的参与上表现最为突出,表明多数农户因为没有参与社会组织陷入相对贫困。物质资本的平均贡献率排在第四位,随着 K 值的增大,物质资本贡献率先从 K 为 0.2 时的 14.97%上升至 17.37%,到 K 为 0.8 时,贡献率降至 16.00%。主要是由于在"两不愁三保障"政策下,贫困程度较深、基本物质资本较为匮乏的贫困户受到政府的高度关注和帮扶,物质资本有所保障。贫困户物质资本的剥夺主要体现在缺少一定的生产性资料和贵重生活性资料,由于多数农户已经不依赖经营自然资本谋生,相关生产性资料仍保持在较为匮乏的水平。金融资本的平均贡献率排在最后,其变化相对平稳,在 15.5%~16.5%之间。整体来看,被调查样本户均为脱贫户,且调查年份为脱贫的前一年,各贫困户金融资本状况相似,不存在较大差别。

(2) 样本户脱贫后结果分析

脱贫后相对贫困发生率较高的指标为社会资本中的社会合作组织参与、自然资本中的人均林(草)地面积及质量、自然资本中的人均耕地面积及质量,相对贫困发生率分别为 86.99%、69.89%、49.44%;相对贫困发生率较小的指标为社会资本中的与亲朋好友关系、与村干部关系两个指标,相对贫困发生率分别为 2.97%、10.04%。与前期状况相比,变化不大,并且特征趋同(见图 2-4)。

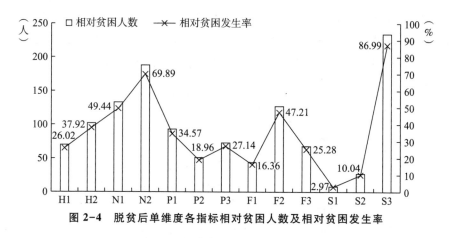

图 2-4　脱贫后单维度各指标相对贫困人数及相对贫困发生率

　　为了解样本户脱贫后的多维贫困情况，选取 0.2、0.4、0.6、0.8 四个被剥夺水平临界值对其进行测算，结果见表 2-14。

表 2-14　样本户脱贫后多维贫困测度结果

	K = 0.2	K = 0.4	K = 0.6	K = 0.8
多维相对贫困发生率 H（%）	71.75	19.33	1.86	0.00
多维相对贫困的平均剥夺份额 A（%）	2.50	3.79	6.73	0.00
多维贫困指数 MPI	0.018	0.001	0.001	0.000

　　当 K 分别设定为 0.2、0.4、0.6、0.8 时，多维相对贫困发生率分别为 71.75%、19.33%、1.86%、0.00%；多维相对贫困的平均剥夺份额分别为 2.50%、3.79%、6.73%、0.00%；多维贫困指数分别为 0.018、0.001、0.001、0.000。多维贫困指数随着被剥夺水平临界值的增大而减小，当 K 为 0.8 时，多维贫困指数为 0。多维贫困指数较小，总体呈下降趋势。K 为 0.8 时，平均剥夺份额为 0，不存在贫困剥夺，表明在巩固拓展脱贫攻坚成果与乡村振兴有效衔接时期，脱贫户的生活水平大幅提升，多维贫困情况明显改善。

　　进一步对多维贫困指数进行分解，得出在不同被剥夺水平临界值下各个指标对多维贫困指数的贡献率，由于 K 为 0.8 时不存在多维贫困情况，因此不予考虑。

　　各指标在不同临界值下的平均贡献率最大的为自然资本中的人均林（草）地面积及质量，为 17.65%，最小的为社会资本中的与村干部关系，为

0.93%。从不同维度来看，五个维度的平均贡献率由高到低排列依次为自然资本（32.89%）、人力资本（23.04%）、金融资本（18.46%）、社会资本（14.23%）、物质资本（11.38%），具体变化情况见图2-5。

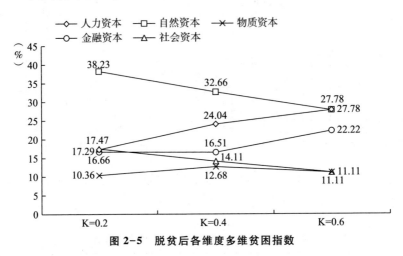

图 2-5　脱贫后各维度多维贫困指数

　　自然资本的贫困贡献率在不同 K 值情况下均最大，但其随着 K 值上升而不断下降，由 K 为 0.2 时的 38.23% 下降到 K 为 0.6 时的 27.78%，自然资本各指标的贡献率随着 K 值的上升趋于均等。同脱贫前一样，自然资本体现的贫困剥夺包含自然地理条件等客观因素，还包括家庭生计调整等主观因素。在这一时期，多数农户早已转变了传统的生计方式、改变了生计空间，不再单纯依靠自然资本维持生计，耕种减少和疏于管理导致耕地质量下降，自然资本的贫困剥夺率上升。人力资本的平均贡献率排在第二位，随着 K 值的增大而不断增加，由 K 为 0.2 时的 17.29% 上升到 K 为 0.6 时的 27.78%，人力资本各指标的贡献率随着 K 值的上升趋于均等。人力资本维度依旧保持较高贡献率，是因为人力资本的改善需要一个持续过程，许多农户人力资本状况脱贫前后变化不大。金融资本的平均贡献率排在第三位，由 K 为 0.2 时的 16.66% 变化至 K 为 0.6 时的 22.22%。金融资本各指标贫困贡献率在人均纯收入上表现最为突出，主要由于脱贫后大家的收入都有一个质的提升，容易拉大收入差距，导致部分农户的收入陷入相对贫困。社会资本的平均贡献率排在第四位，随着 K 值的增大，社会资本贡献率先从 K 为 0.2 时的 17.47% 降到 K 为 0.6 的 11.11%。社会资本贫困贡献率降低是由于脱贫后，样本户改善生计方式、生计空间等，扩展人脉资源，家庭生活条件提升，与亲朋好友联系更加紧密，而从贫困到脱贫，与村干部的帮扶密不可分。物质资本的平均贡献率排在最后，随着 K 值的增大，物质资本贡献率变化较为平稳，在 10%~13% 之间。说明样本户物质资本基本满足且差距不大，处于相对贫困状况的人数较少。在 K 为 0.6 时，住房结构指标的贫困贡献率为 0，说明住房领域不存在相对贫困问题。

（3）农户脱贫前后生计资本多维贫困对比

脱贫前后单项指标相对贫困测度结果对比。在单项指标的相对贫困发生率测度中，脱贫前后社会资本中的社会合作组织参与、自然资本中的人均林（草）地面积及质量、自然资本中的人均耕地面积及质量的相对贫困发生率均较高，社会资本中的与亲朋好友关系、与村干部关系在脱贫前后的贫困发生率均较低。在脱贫前物质资本中住房结构这一指标贫困发生率较低，但在脱贫后升高了 11.15%，其他增加较为明显的指标是金融资本中总收入是否能较好满足家庭需求、获得贷款的难易程度两个指标，较于脱贫前，分别增加了 34.57%、13.75%，主要是由于生活条件改善，样本户对生活需求有更高追求，少部分样本户已经实现从量到质的飞跃。脱贫后明显降低的指标有家庭人均纯收入，降低了 38.66%，说明收入陷入相对贫困的人数减少了将近一半，样本户的收入水平明显提高（见图 2-6）。

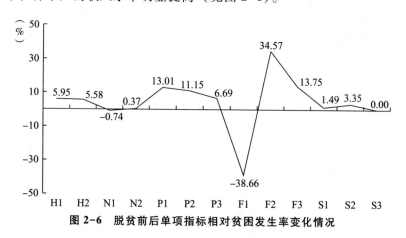

图 2-6　脱贫前后单项指标相对贫困发生率变化情况

如图 2-7 所示，脱贫前后，多维相对贫困发生率、多维相对贫困的平均剥夺份额、多维贫困指数均减少，当 K 为 0.8 时，脱贫后各样本户已经不存在多维相对贫困情况。多维相对贫困发生率在 K 为 0.4 时减少幅度最大，为 28.62%。多维相对贫困的平均剥夺份额在 K 为 0.8 时减少最多，为 83.33%，因为此时脱贫后样本户已经不存在贫困剥夺情况，其次在 K 为 0.6 时减少59.94%。多维贫困指数在 K 为 0.2 时减少幅度最大，为 33%。整体来看，无论是脱贫前还是脱贫后，K 设置为 0.6 以上时，相对贫困发生情况较为轻微；脱贫前后对比来看，脱贫前在 K 为 0.6 时，相对贫困发生率明显降低，脱贫后的相对贫困情况较脱贫前改善很多，在 K 为 0.4 时，陷入相对贫困状况的人数较少。

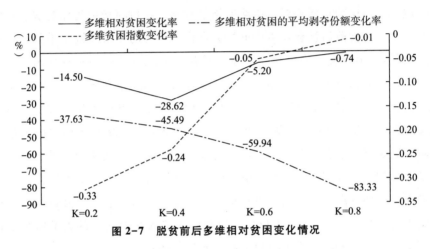

图 2-7　脱贫前后多维相对贫困变化情况

脱贫前后多维贫困指数分解变化情况见表 2-15。物质资本、社会资本的多维贫困贡献率无论 K 取多大值，均减少，且随着维度的增加，降低幅度增大。

表 2-15　脱贫前后多维贫困指数分解变化情况

单位：%

	人力资本	自然资本	物质资本	金融资本	社会资本
K = 0.2	-0.97	5.68	-4.61	0.26	-0.36
K = 0.4	1.15	3.44	-4.69	0.72	-0.62
K = 0.6	4.88	-1.43	-6.26	6.43	-3.63
K = 0.8	-24.00	-24.00	-16.00	-16.00	-20.00

如表 2-16 所示，物质资本内部指标中住房结构在各临界值下的平均降幅最大，下降 3.42%，表明样本户的住房条件明显改善。社会资本维度的贫困贡献率在 K 为 0.6 及以下值时降幅较小，表明脱贫前后样本户社会资本的

相对变化较小。社会资本内部指标中与村干部关系指标贫困贡献率平均降幅最大，为 2.37%。金融资本维度的贫困贡献率在 K 值取 0.6 及以下值时，脱贫后贡献率增加，且随维度增多增幅变大，直至 K 为 0.8 时，贫困贡献率明显下降。拆分金融资本指标来看，家庭人均纯收入指标的贫困贡献率较脱贫前增大，在各种临界值下平均增幅 4.38%。自然资本维度的贫困贡献率在 K 值取 0.4 及以下值时，脱贫后贡献率增加，K 为 0.6 时，贡献率下降 1.43%，K 为 0.8 时，贫困贡献率明显下降。人力资本维度的贫困贡献率在 K 为 0.4 及其以下值时，变化不明显，在 K 为 0.6 时增幅为 4.88%，K 为 0.8 时，降幅为 24%。人力资本指标中劳动力占总人口的比重指标的贫困贡献率平均降幅最大，为 2.92%，这主要是由于脱贫前许多样本户家庭内还在受教育的孩子在脱贫后已经具有一定劳动能力，劳动人数增加，足以负担家庭生计。

表 2-16 脱贫前后各指标多维贫困指数分解变化情况

单位：%

	K = 0.2	K = 0.4	K = 0.6	K = 0.8
H1	-0.63	-1.08	2.05	-12.00
H2	-0.34	2.22	2.84	-12.00
N1	2.68	0.86	-0.32	-12.00
N2	3.00	2.58	-1.11	-12.00
P1	-2.12	0.86	-0.76	-4.00
P2	-1.89	-3.06	-4.74	-4.00
P3	-0.60	-2.49	-0.76	-8.00
F1	7.91	5.07	4.52	0.00
F2	-5.67	-2.73	-0.76	-8.00
F3	-1.97	-1.63	2.67	-8.00
S1	-0.21	-0.62	0.27	-8.00
S2	-0.58	-1.72	-3.16	-4.00
S3	0.43	1.72	-0.74	-8.00

从脱贫前后各指标多维贫困指数分解变化情况来看，脱贫前后在不同维度下平均贫困贡献率降幅最明显的是总收入是否能较好满足家庭需求和住房结构两个指标，表明与其他指标相比，这两个指标的发展状况较为均匀，相对贫困情况较少；仅有家庭人均纯收入指标平均贫困贡献率增加。

　　巩固拓展脱贫攻坚成果，全面推进乡村振兴，加快农业农村现代化，是需要全党高度重视的一个关系大局的重大问题。全面建设社会主义现代化国家，实现中华民族伟大复兴，最艰巨最繁重的任务依然在农村，最广泛最深厚的基础依然在农村。高质量推进乡村振兴，前提是做好巩固拓展脱贫攻坚成果同乡村振兴有效衔接，重点是推动产业发展、乡村建设和乡村治理工作提质增效，关键是契合时代特征找准乡村发展定位，核心要义是立足发展阶段性特征和区域禀赋，持续推动乡村全面深化改革，主动适应社会经济主要矛盾变化，转变经济发展方式、优化社会发展结构、转换系统增长动力，兼顾乡村发展系统全要素生产率提高与公共资源配置效率提升，促成乡村在新的战略机遇期实现跨越式发展阶段的"转变再平衡"，总体表现为发展活力得以全面激发，发展系统实现结构性变革和能级跃升，通过全域性高质量发展逐步实现农业农村现代化，在全面推进乡村振兴中高效满足人民日益增长的美好生活需要。

第 3 章　产业结构优化与区域要素禀赋关联及其益贫机理

3.1　产业结构演进及乡村产业结构变迁

产业结构既是衡量一个国家经济发展水平高低的重要标志，也是直接反映一国经济发展核心动力的重要风向标，其演进既是生产力发展客观规律的表现，更是政府产业政策引导的结果①。产业结构作为区域发展的重要内生变量，一直是经济管理领域的热点研究议题，诸多研究从国际产业分工、市场供求结构、技术进步、金融信贷以及政府政策等领域展开深入的关联分析，形成了解析产业转移规律的配第-克拉克定理、阐释产业发展阶段的钱纳里一般标准工业化模型、产业结构演进的霍夫曼定理以及库兹涅兹法则、罗斯托经济发展理论、赤松要"雁行模式"理论等经典理论。

1949~2023 年我国产业结构阶段性特征明显，呈现农业基础性作用不断加强、工业主导地位迅速提升、服务业对经济社会的支撑效应日益突出的演进趋势（见表 3-1）。具体可细分为 1949~1977 年的农业产业主导阶段、1978~2012 年的现代工业体系形成阶段以及 2013~2023 年的服务型经济发展阶段三个阶段。1949 年新中国成立伊始，国民经济一二三产业的结构比为 58.5 : 25.1 : 6.6，第一产业占据绝对的主导地位，受到国内外发展局势影响，国家在农村推进单一的公有制和高度集中的计划经济体制，同时推动实施优先发展重工业的发展战略。总体来讲，1949~1977 年第一产业、第二产

---

① 郭克莎：《中国产业结构调整升级趋势与"十四五"时期政策思路》，《中国工业经济》2019 年第 7 期。

业发展速度较快，但也因为政策、自然灾害、国际形势等因素影响出现反复，第三产业占比基本上在 30% 以下，主要集中在传统的商贸领域。1978 年改革开放之后，国家有计划地协调优化产业结构，三大产业之间的协调水平不断提高，第一产业平稳发展，但在国民经济中的比重从 1978 年的 28.1% 下降到 2012 年的 9.4%；第二产业活力全面激发，在国民经济中的比重一直在 45% 左右；第三产业比重持续上升，从 1978 年的 23.7% 升至 2012 年的 45.3%，增幅达 91.1%。党的十八大以后，国家发展进入新的战略机遇期，持续优化产业结构政策，不断完善市场在资源配置中起决定性作用和更好发挥政府作用的体制机制[①]，坚持以高质量发展理念为统领，把结构调整与产业升级结合起来，深入推进供给侧结构性改革，不断增强对结构优化的带动效应，新产业、新业态、新模式不断涌现，中国开始由传统的农业大国、工业大国向服务业大国迈进。2013 年第三产业在国民经济中的比重反超第一产业、第二产业比重，2015 年的第三产业比重为 50.2%，成为区域经济增长与社会发展的新动能。2023 年，国民经济三次产业的结构比重在 1949 年的基础上优化为 7.1∶38.3∶54.6，产业结构愈加优化协调。

表 3-1　1949~2023 年我国产业结构变化情况

单位：亿元，%

年份	国内生产总值	一产产值	二产产值	三产产值	一产比重	二产比重	三产比重
1949	557.0	326.0	140.0	37.0	58.5	25.1	6.6
1955	910.0	421.0	222.2	266.8	46.3	24.4	29.3
1958	1307.0	445.9	483.5	377.6	34.1	37.0	28.9
1960	1220.0	441.1	388.9	390.0	36.2	31.9	32.0
1961	1716.1	651.1	602.2	462.8	37.9	35.1	27.0
1969	1937.9	736.2	689.1	512.6	38.0	35.6	26.5
1970	2252.7	793.3	912.2	547.2	35.2	40.5	24.3
1975	2997.3	971.1	1370.5	655.7	32.4	45.7	21.9
1978	3624.1	1018.4	1745.2	860.5	28.1	48.2	23.7
1980	4587.6	1359.5	2204.7	1023.4	29.6	48.1	22.3

---

① 汪晓文、李明、张云晟：《中国产业结构演进与发展：70 年回顾与展望》，《经济问题》2019 年第 8 期。

续表

年份	国内生产总值	一产产值	二产产值	三产产值	一产比重	二产比重	三产比重
1985	9098.9	2451.7	3886.5	2670.7	26.9	42.7	29.4
1990	18872.9	5017.2	7744.3	6111.4	26.6	41.0	32.4
1995	61339.9	12020.5	28677.5	20641.9	19.6	46.8	33.7
2000	100280.1	14717.4	45664.8	39897.9	14.7	45.5	39.8
2005	187813.9	21806.7	88084.4	77427.8	11.6	46.9	41.2
2010	413030.3	39362.6	191629.8	182038.0	9.5	46.4	44.1
2012	540367.4	50902.3	244643.3	244821.9	9.4	45.3	45.3
2013	568845.0	56957.0	249684.0	262204.0	10.0	43.9	46.1
2015	689052.1	60862.1	282040.3	346149.7	8.8	40.9	50.2
2020	1015986.0	77754.0	384255.0	553977.0	7.7	37.8	54.5
2021	1143670.0	83086.0	450904.0	609680.0	7.3	39.4	53.3
2022	1210207.0	88345.0	483164.0	638698.0	7.3	39.9	52.8
2023	1260582.0	89755.0	482599.0	688238.0	7.1	38.3	54.6

3.1.1 区域产业结构变化

《中国农村扶贫开发纲要 （2011—2020 年）》颁布后，作为扶贫开发主战场的连片特困区坚持市场导向，依托优势资源，加快转变经济发展方式，大力推进区域生产力布局调整和产业结构优化升级，壮大综合经济实力。尤其是在承接特色产业转移、发展优势特色产业领域成效突出，培育壮大了一批特色鲜明、竞争力强、生态友好的支柱产业，区域现代产业体系趋于完善，带动区域发展、促进当地群众增收以及切实保障民生的基础得到进一步夯实。

3.1.1.1 连片特困区产业结构变迁特征

如表 3-2 所示，综合分析 2011~2020 年连片特困区区域生产总值与产业结构信息，可知片区区域生产总值在不断提升。从区域产业结构比重上看，片区区域产业结构变化与全国趋同，第一产业比重从 2011 年的 25.2%降至 2020 年的 20.1%；第二产业比重从 2011 年的 41.5%降至 2020 年的 37.8%；过程中呈现"上升—下降—上升"的态势；第三产业比重持续提高，由

2011 年的 33.3% 升至 2020 年的 42.1%。较之于片区长期"一产独大"的传统产业结构特征，相关数据在一定程度上反映了广大连片特困区在推进片区整体脱贫攻坚与建档立卡贫困农户精准扶贫政策支持下，此前相对独立且被"行政分治或市场区隔"的片区产业逐步融入国家产业体系网络和国家大市场，从发展的"被边缘化"逐渐融入区域发展"主流系统"。

表 3-2　2011~2020 年连片特困区区域生产总值与产业结构信息

单位：亿元，%

年份	区域生产总值	一产产值	二产产值	三产产值	一产比重	二产比重	三产比重
2011	26763	6757	11099	8908	25.2	41.5	33.3
2012	31212	7696	13142	10374	24.7	42.1	33.2
2013	35300	8403	14841	12056	23.8	42.0	34.2
2014	38968	9035	16077	13856	23.2	41.3	35.6
2015	41808	9664	16240	15904	23.1	38.8	38.0
2016	45469	10232	17304	17934	22.5	38.1	39.4
2017	49431	10331	18804	20295	20.9	38.0	41.1
2018	53480	10879	20019	22582	20.3	37.4	42.2
2019	57812	11505	22084	24223	19.9	38.2	41.9
2020	62726	12608	23710	26408	20.1	37.8	42.1

3.1.1.2　产业结构变迁对于区域发展协调程度的影响

为进一步分析产业结构变迁对于区域经济发展协调程度的影响，研究选取我国中部罗霄山区赣州市、西南部乌蒙山区遵义市和西北部大兴安岭南麓山区兴安盟的三个地区为样本区域，这三个地区具有资源转型区、革命老区、民族地区、边境地区和生态退化地区等多种地区特点，同时又具有空间分布代表性。

现有文献对区域发展协调分析多选用各地区人均 GDP 在全国人均 GDP 占比的绝对离差刻画区域经济发展不平衡程度（相对变异程度），选取地区人均 GDP 之间的极差比刻画发展协调指数（dci），用于评价区域各地区的区域经济发展协调程度：

$$dci_{it} = \left| g_{it\,min} / g_{it\,max} \right|$$

其中 $g_{it\,max}$ 代表了区域下辖地区最高人均 GDP，其中 $g_{it\,min}$ 代表了区域下辖地区最低人均 GDP。

对于典型地区产业结构与经济增长进行关联分析，结合有关产业结构调整与转型升级的现有文献，选取产业结构合理化与产业结构高级化两个维度对典型地区产业分布特征和产业优化程度进行综合表征。产业结构合理化水平用泰尔指数进行计算：

$$\text{res}_{it} = \sum_{j=1}^{3} \frac{y_{ijt}}{Y_{it}} \log\left(\frac{y_{ijt}}{l_{ijt}} \times \frac{L_{it}}{Y_{it}} \right)$$

其中，$i=1$，2，$\cdots$，n 表示第 i 个地区；$j=1$，2，3 代表第 j 个产业；$t=1$，2，$\cdots$，n 代表第 t 年；res_{it} 表示 i 地区在 t 年的产业结构合理化程度；y_{ijt} 为第 i 个地区第 t 年在第 j 个产业的产值；Y_{it} 表示第 i 个地区第 t 年的总产值；l_{ijt} 为第 i 个地区第 t 年在第 j 个产业的从业人员数；L_{it} 是第 i 个地区第 t 年的总从业人员数。

此外，产业结构高级化水平则是用各地区第三产业产值与第二产业产值的比值表示，即 $\text{adv}_{it}=y_{i3t}/y_{i2t}$ 其中，y_{i3t} 为 i 地区第三产业在 t 年的产值，y_{i2t} 为 i 地区第二产业在 t 年的产值。2011~2023 年样本区域的产业结构优化情况见表 3-3。

表 3-3　2011~2023 年样本区域产业结构优化情况

区域	样本区域总体		赣州市		兴安盟		遵义市	
指标	高级化	合理化	高级化	合理化	高级化	合理化	高级化	合理化
2011 年	0.832	0.266	0.841	0.127	0.619	0.189	0.87	0.611
2012 年	0.826	0.240	0.846	0.115	0.625	0.177	0.842	0.545
2013 年	0.845	0.244	0.858	0.110	0.639	0.136	0.871	0.561
2014 年	0.843	0.220	0.865	0.097	0.653	0.151	0.855	0.489
2015 年	0.843	0.192	0.87	0.081	0.676	0.156	0.842	0.425
2016 年	0.848	0.096	0.875	0.067	0.673	0.146	0.848	0.143
2017 年	0.856	0.093	0.881	0.060	0.686	0.145	0.856	0.140
2018 年	0.867	0.089	0.893	0.053	0.676	0.105	0.870	0.152
2019 年	0.869	0.083	0.891	0.040	0.672	0.114	0.876	0.158
2020 年	0.862	0.066	0.887	0.024	0.655	0.104	0.869	0.146

区域	样本区域总体		赣州市		兴安盟		遵义市	
指标	高级化	合理化	高级化	合理化	高级化	合理化	高级化	合理化
2021 年	0.874	0.073	0.908	0.037	0.641	0.114	0.874	0.151
2022 年	0.870	0.082	0.900	0.025	0.628	0.116	0.876	0.203
2023 年	0.872	0.082	0.901	0.025	0.632	0.108	0.880	0.206

数据显示，2011~2023 年样本区域总体的产业结构合理化水平，即泰尔指数（res）呈现下降趋势，说明选取的连片特困区产业结构总体上趋于合理，在相关发展帮扶政策的支持下，产业结构泰尔指数从 2011 年的 0.266 降至 2023 年的 0.082，降幅达到 69.2%。同期，样本区域总体的产业结构高级化水平（adv）从 2011 年的 0.832 提高到 2023 年的 0.872，产业结构高级化呈现稳定发展态势。

罗霄山区赣州市的产业结构泰尔指数（res）呈现下降趋势，尤其是在党的十八大以来，泰尔指数（res）下降速度加快，从 2011 年的 0.127 降到 2023 年的 0.025，降幅达 80.3%。同期，罗霄山区赣州市形成与粤港澳大湾区协作共进、优势互补的现代产业体系，因此产业结构高级化水平（adv）也有较大提升，从 2011 年的 0.841 提高到 2023 年的 0.901，增幅为 7.1%。

大兴安岭南麓山区兴安盟的产业结构泰尔指数（res）呈现下降趋势，从 2011 年的 0.189 降到 2023 年的 0.108，降幅达 42.9%，产业结构趋于合理。同期，大兴安岭南麓山区兴安盟的产业结构高级化水平（adv）呈现"先上升后下降"趋势，从 2011 年的 0.619 提高到 2017 年的 0.686 再降至 2023 年的 0.632，总体增幅为 2.1%。

乌蒙山区遵义市的产业结构泰尔指数（res）呈现"先下降后上升"趋势，产业结构趋于合理，从 2011 年的 0.611 降到 2017 年的 0.14 随后升至 2023 年的 0.206，总体降幅高达 66.3%。同期，乌蒙山区遵义市的产业结构高级化水平（adv）呈现在波动中上升的趋势，从 2011 年的 0.87 提高到 2023 年的 0.88，总体保持相对稳定。

3.1.1.3 产业结构变迁对于区域经济增长及居民收入的影响

区域经济的发展离不开生产效率的提高，发挥市场在区域要素配置中的决定性作用和优化产业结构是提升生产效率的关键[①]。产业结构转型升级的前提是资源要素的有序流动与合理配置，其表现形式是资源要素由低效率产业向高效率产业流动、产业结构由低层次状态向高层次状态演进，本质是产业高级化与合理化的有机统一[②]。产业结构的合理化反映产业间的聚合质量与相互协调，主要通过提高产业内和产业间的资源整合优化，不断丰富产业形态并呈现"多元投资效应"，借助要素交互促进知识扩散、技术进步与资源共享。产业结构的高级化重点指向资源要素在不同产业部门间流动以实现高效配置，推动产业转型与效率提升，进而在高附加值产业替代低附加值产业的过程中发挥"结构红利"[③] 作用。产业结构的合理化与高级化的有效协同，是引导区域发展走向多样化且富有韧性的发展道路的重要诱因。另一方面，产业结构变迁对于区域经济增长也会产生一定的负面影响，主要表现为产业结构合理化过程中，区域运用行政引导、市场激励等方式调整产业结构、提高资源配置效率，其间带来的资源配置交易成本及管理成本上升或将在一定程度上阻滞区域的正常发展节奏，体制性、结构性和周期性问题叠加，遭遇经济下行压力[④]；同时产业结构高级化过程中服务业的快速发展，也有可能带来区域产业结构"脱实向虚"，落入"空心化陷阱"[⑤]。值得注意的是，推动区域发展的因素并不仅仅是产业结构变迁。基于全要素生产率分析视角，探讨区域经济增长的产业结构变迁影响（要素重置效应），仍不能忽略区域非均衡发展过程中的要素再配置效应，只有不断提高全社会劳动生产率，才能实现区域内涵式增长与高质量发展[⑥]。据此假设产业结构合理化和高级化水平及物质资本投资水平、人力资本水平、国际贸易形势等因素对区域经济增长会产生影响，构建分析模型如下：

---

① 吉亚辉、羊洋：《区域经济增长的要素再配置效应研究——以甘肃为例》，《西北师大学报》（社会科学版）2019 年第 4 期。

② 赵政楠、茹少峰、张青：《市场规模变化对中国产业结构升级的影响研究》，《统计与信息论坛》2023 年第 9 期。

③ Peneder M. , "Industrial Structure and Aggregate Growth," *Structural Change & Economic Dynamics* 4（2003）：427-448.

④ 宋丽敏、乔中娜：《区域经济增长要素贡献率差异分析——以东北地区为例》，《辽宁大学学报》（哲学社会科学版）2020 年第 1 期。

⑤ 胡立君、薛福根、王宇：《后工业化阶段的产业空心化机理及治理——以日本和美国为例》，《中国工业经济》2013 年第 8 期。

⑥ 张翼、何有良：《产业结构变迁、要素重置与中国经济增长》，《经济经纬》2010 年第 3 期。

$$\ln Y_g = \alpha + \theta_1 \ln X_r + \theta_2 \ln X_a + \theta_3 \ln X_m + \theta_4 \ln X_h + \theta_5 \ln X_t + \varepsilon$$

其中，$\ln Y_g$ 表示地区经济增长，以地区 GDP 衡量；$\ln X_r$ 表示产业结构合理化水平；$\ln X_a$ 表示产业结构高级化水平；$\ln X_m$ 表示物质资本投资水平，以全社会固定投资额衡量；$\ln X_h$ 表示人力资本水平，以地区高中以上学历人数占比衡量；$\ln X_t$ 表示国际贸易形势，以地区贸易总额表示。α 为常数项，θ_n 表示各因素的影响系数，ε 表示扰动项。主要变量的描述性统计见表 3-4。

表 3-4 主要变量的描述性统计

	最小值	最大值	均值	标准差
$\ln Y_g$	2953000	37200500	17470728.7	11808279.84
$\ln X_r$	0.0242	0.6878	0.3326	0.2144
$\ln X_a$	0.1757	1.3255	0.7792	0.3243
$\ln X_m$	297867.8700	33715996.0000	15057847.8641	11370284.2690
$\ln X_h$	0.1555	0.3760	0.2638	0.0629
$\ln X_t$	25294.0000	5030310.0000	1060229.3536	1473349.8380

由表 3-5 回归结果可见，产业结构合理化和高级化水平对区域经济增长具有显著影响，系数分别为 -0.4556 和 -1.0943。人力资本水平对区域经济增长影响显著，系数为 2.4200。正如前述理论分析，连片特困区正处于经济转型与结构调整的阵痛期，说明当前的产业结构越是沿着合理化的方面迈进，区域经济增长速度就会越快。

表 3-5 片区产业结构变迁对于区域经济增长的影响分析

	系数	T 值
$\ln X_r$	-0.4556***	-4.32
$\ln X_a$	-1.0943***	-8.89
$\ln X_m$	0.0167	0.55
$\ln X_h$	2.4200***	6.58
$\ln X_t$	-0.0201	-0.47
cons	18.5480***	19.01

注：*、**、*** 分别表示在 10%、5%、1%水平上显著。

借鉴已有研究成果的思路①，另据新古典增长理论和内生增长理论，物质资本投资、人力资本投资、人口增长和技术进步是促进经济增长的最根本因素。在此基础上，本书构建了一个同时包含物质资本、人力资本和产业结构变迁的经济增长模型，并据此得到关于人均实际产出的回归方程式，给出如下的总产出函数：

$$Y = K^\alpha H^\beta (AL)^{1-\alpha-\beta}$$

其中 Y、K、H、A 和 L 分别表示总产出水平、物质资本、人力资本水平、外生技术水平和劳动力数量。假定初始技术水平为 $A(0)$，技术进步的速度为 g，从而 $A(t) = A(0)e^{gt}$；初始的劳动数量为 $L(0)$，劳动力的增长率为 n，从而 $L(t) = L(0)e^{nt}$。分别给出如下的物质资本和人力资本动态积累方程：

$$K = s_K Y - \delta_K K$$

$$H = s_H Y - \delta_H H$$

其中 s_K、s_H 分别表示总产出中用于物质资本积累和人力资本投资的比例，δ_K、δ_H 分别表示物质资本和人力资本的折旧率。假设两种资本的折旧率相等，$\delta_K = \delta_H = \delta$。定义 $k = K/(AL)$，$h = H/(AL)$ 分别表示人均有效劳动的物质资本和人力资本，可以得到人均有效劳动的产出 $y = Y/(AL) = k^\alpha h^\beta$。根据上述定义，可以得到人均有效劳动物质资本和人力资本的动态积累方程：

$$k = s_K y - (n+g+\delta)k$$

$$h = s_K y - (n+g+\delta)h$$

用 k^* 和 h^* 分别表示均衡状态（steady state）人均有效劳动的物质资本和人力资本。令 $k = 0$，$h = 0$，从而可以得到均衡状态值：

$$k^* = \{ s_K^{1-\beta} s_H^\beta / (n+g+\delta) \}^{1/1-\alpha-\beta}$$

$$h^* = \{ s_K^\alpha s_H^{1-\alpha} / (n+g+\delta) \}^{1/1-\alpha-\beta}$$

进而可求得 y^*：

$$y^* = \{ [s_K / (n+g+\delta)]^\alpha [s_H / (n+g+\delta)]^\beta \}^{1/1-\alpha-\beta}$$

人均有效劳动的产出水平与总产出中用于要素投入的比例正相关，与要

---

① 严成樑：《产业结构变迁、经济增长与区域发展差距》，《经济社会体制比较》2016 年第 4 期。

素投入的产出弹性正相关，而与人口增长率、外生技术进步速度以及资本折旧率负相关。将方程两端分别乘以 $A(t)$，可以得到人均产出水平的表达式。就该方程两端分别取自然对数，[①] 假设 $\ln A(0) = a+\varepsilon$，可以得到如下关于人均产出水平的回归方程：

$$\ln(Y/L) = a+gt+(\alpha/1-\alpha-\beta)\ln s_K+(\beta/1-\alpha-\beta)\ln s_H-(\alpha+\beta/1-\alpha-\beta)\ln(n+g+\delta)+\varepsilon$$

进而可以得到如下的回归方程：

$$\ln(Y/L) = a+gt+(\alpha/1-\alpha)\ln s_K+(\beta/1-\alpha)\ln h^*-(\alpha/1-\alpha)\ln(n+g+\delta)+\varepsilon$$

将人均实际 GDP 表示成物质资本投资率、人力资本水平、人口增长和技术进步的方程。为考察产业结构变迁对人均实际 GDP 的影响，引入产业结构变迁 structure 和国际贸易形势 X_t，从而将方程拓展为：

$$\ln(Y/L) = a+gt+(\alpha/1-\alpha)\ln s_K+(\beta/1-\alpha)\ln h^*-(\alpha/1-\alpha)\ln(n+g+\delta)+\theta_2\ln X_t+\theta_1\ln structure+\varepsilon$$

选用地区 GDP 与地区总就业人数的比值表示人均实际收入，第三产业就业占总就业的比例变化表示产业结构变迁，用全社会固定资产投资与 GDP 的比值表示物质资本投资率，用地区高中及以上学历人数占比表示人力资本水平，人均实际 GDP 按照可比价格计算。主要变量的描述性统计见表 3-6。

表 3-6　主要变量的描述性统计

	最小值	最大值	均值	标准差
$\ln(Y/L)$	34487. 2220	279720. 7281	114748. 5207	80684. 2780
$\ln structure$	0. 2276	0. 5393	0. 3825	0. 1041
$\ln s_K$	0. 0086	10. 2566	2. 4892	3. 4067
$\ln h^*$	0. 1555	0. 3760	0. 2638	0. 0629
$\ln X_t$	25294. 0000	5030310. 0000	1060229. 3536	1473349. 8380
$\ln(n+g+\delta)$	23. 5300	983. 0700	535. 3973	393. 0951

如表 3-7 所示，片区产业结构变迁对人均实际收入产生了显著的正向影响，系数为 4. 2802，表明产业结构逐渐向第三产业变迁有益于人均实际收入。国际贸易形势对人均实际收入产生显著正向影响，系数为 0. 1512。人力

---

①　Gregory Mankiw, David Romer, David Weil, "A Contribution to the Empirical of Economic Growth," *Quarterly Journal of Economics* 107 (1992): 407-37.

资本水平对人均实际收入产生了负向影响，系数为 -1.5590。片区发展实践也有力回应了以上结论，2020 年，连片特困区农村居民人均可支配收入为 12420 元，2013~2020 年年均增长 11.6%，比全国农村居民人均可支配收入平均增长水平高 2.3 个百分点。2021~2023 年脱贫县农村居民人均可支配收入从 12550 元增长到 16396 元，年均增长 10.2%，较全国农村平均水平高出 5.3 个百分点。

表 3-7 片区产业结构变迁对人均实际收入的影响分析

	系数	T 值
ln$structure$	4.2802***	5.6
lns_K	-0.0511	-1.4
lnh^*	-1.5590**	-2.56
lnX_t	0.1512**	2.55
ln$(n+g+\delta)$	-4.7352*	-1.76
cons	37.7333***	2.52

注：*、**、***分别表示在 10%、5%、1%水平上显著。

3.1.2 片区乡村产业结构变迁

乡村产业根植于县域，以农业农村资源为依托，以农民为主体，以农村一二三产业融合发展为路径，地域特色鲜明、创新创业活跃、业态类型丰富、利益联结紧密，是提升农业、繁荣农村、富裕农民的产业。乡村产业始终是维系城乡双向自由流动的关键纽带[1]。党和国家精准把握"三农"发展新局面和时代特征，将发展产业作为实现脱贫的根本之策，要求 70% 的扶贫资金用于产业扶贫；将强化帮扶产业基础设施建设和全产业链开发、健全并落实联农带农益农机制作为巩固拓展脱贫攻坚成果同乡村振兴有效衔接过渡期的核心工作，切实提升脱贫群众的参与程度和获益水平；将产业兴旺置于全面推进乡村振兴的"五大振兴"之首，是乡村振兴任务的重中之重，也是推动实现农业农村现代化首要前提，对于建设农业强国、推进农村共同富裕具有重要意义。

---

① 刘明辉、乔露：《农业强国目标下乡村产业振兴的三重逻辑、现实难题与实践路径》，《当代经济研究》2023 年第 9 期。

3.1.2.1 片区乡村产业结构变迁特征

产业是发展的根基，乡村产业发展是有效解决城乡发展不平衡、农村发展不充分的重要途径，也是促进全体人民共同富裕的重要前提。我国的乡村产业经历了从以传统种养业为主到乡镇企业引领的工业化发展阶段，再到多元化融合发展的新阶段[1]。要实现乡村产业高质量发展，需要把握乡村产业的产业增值空间、经营主体利益联结、资源配置效率等关键议题，解决乡村产业发展过程中农户主体性发挥不足、组织化程度偏弱、市场对接不够、科技赋能水平较低、品牌建设水平不高等问题[2]，理顺乡村产业发展的理论逻辑与现实路径，而其中的关键抓手就是乡村产业结构变迁。伴随着第一产业是保障粮食和重要农产品稳定安全供给的重要基础、科技兴农是增强农业韧性的关键举措、第一二三产业融合高效发展是农业强国建设的重要标志等有关乡村产业的认知水平提升，关乎工业化、城镇化、乡村振兴等多重战略影响下的乡村产业发展过程中分工深化、资源要素的配置优化、产业链条重构进程中的空间溢出等系列效应发生机制的认识深化[3]，以及乡村产业发展实践在恢复发展与初步完善期（1949～1977 年）、乡镇工业化快速推进期（1978～1992 年）、优化调整期（1993～2012 年）以及高质量发展期（2013年至今）等各个阶段中的探索，乡村产业结构也在不断实现着智慧化升级、产业链延伸和价值链拓展，在推进乡村经济社会发展、促进农民增收领域的旁侧效应显著。我国乡村产业发展阶段性特征见表 3-8。

表 3-8 我国乡村产业发展阶段性特征

阶段	恢复发展与初步完善期	乡镇工业化快速推进期	优化调整期	高质量发展期
时间	1949～1977 年	1978～1992 年	1993～2012 年	2013 年至今
阶段性特征	重视一产；产业体量逐步增加，但生产效率在低端徘徊	农工商协同发展，开始转向发展乡村轻工业	重视市场导向，统筹城乡发展	贸工农一体化，农业产业化，推进乡村产业融合发展

[1] 廖菁、邹宝玲：《国外乡村产业发展经验及对中国乡村产业振兴的启示》，《世界农业》2022年第 5 期。

[2] 罗贤贵、王国勇、李圳雨：《农村产业革命的政府逻辑与经验反思》，《农村经济》2020 年第 11 期。

[3] 梁海兵：《乡村产业高质量发展的困境与优化：一个嵌入机制的分析框架》，《学海》2022年第 5 期。

续表

阶段	恢复发展与初步完善期	乡镇工业化快速推进期	优化调整期	高质量发展期
实践创新	以粮为纲，统购统销，农业生产互助合作，农村经济管理体制上社营与队营并存	取消统购统销，实施家庭联产承包责任制，大力发展乡镇企业	工业反哺农业、城市支持农村，全面取消农业税，开展社会主义新农村建设	乡村产业供给侧结构性改革，农业集体产权制度改革，推动乡村一二三产业融合发展
典型数据	①到 1956 年底，全国入社农户占到全部农民的 97%，建立农业合作社 190 多万个。②1965 年至 1976 年，社办工业产值由 5.3 亿元增加到 123.9 亿元[①]	①1992 年，乡镇企业创造的产值已占到全部工业增加值的三分之一。②粮食实现大幅度增产，由 1978 年的 30477 万吨增加到 1992 年的 44258 万吨	2012 年，乡村生产总值为 130314.6 亿元，一产产值占比 39.1%，非农产业产值占比 61.9%，与 1980 年乡村生产总值相比上升了 43.9 个百分点	2020 年全国农业及相关产业增加值为 17 万亿元，是当年农林牧渔业增加值的 2.05 倍，占国内生产总值比重达到 16.47%。乡村产业总值与农业总产值之比为 2.7：1。2020 年我国乡村产业总产值为 29 万亿元，比 2010 年增长 20%

注：①张旭、隋筱童：《我国农村集体经济发展的理论逻辑、历史脉络与改革方向》，《当代经济研究》2018 年第 2 期。

连片特困区大多处于偏远地区、省际交界地区，地形以山地、丘陵、高原为主，中心城市难以对其产生有效的带动和辐射作用，多维因素使其形成发展"塌陷区"。为了更好地促进片区融入发展主流系统，带动贫困人口增收致富，片区从发展产业促就业的角度出发，大力发展传统产业的同时，瞄准外界环境影响下快速变化的区域资源要素禀赋，持续推进区域产业转移承接、转型升级与业态更新等；大力推进区域性经济结构调整，实施大规模、区域性、产业化连片开发。随着产业结构的变迁，乡村产业发展的合理化与高级化水平提高，片区贫困人口会相应做出生计响应，变换生计策略并使之与发展环境相匹配，多维提高收入水平。因为已有数据统计体系里面尚且没有完整的片区乡村产业产值统计指标，鉴于产业结构变迁与人均实际收入的紧密关联，故选择连片特困区人均可支配收入中的"经营净收入"指标做一补充分析。纵观连片特困区乡村产业发展，可知片区经过 10 年扶贫开发，产业融合发展趋势明显。2014～2019 年，片区人均可支配收入中的二三产净收入比重由 19.2% 升至 29.3%，增幅为 52.6%；且从时间上看，2018～2019年全国城乡居民收入呈快速增长特征，也在一定程度上说明了片区产业结构优化调整的溢出效应逐步显现。2014~2019 年连片特困区人均可支配收入中"经营净收入"指标变动情况见表3-9。

表3-9 2014~2019 年连片特困区人均可支配收入中"经营净收入"指标变动情况

单位：元，%

年份	经营净收入	一产净收入	一产净收入比重	二三产净收入	二三产净收入比重
2014	3019	2439	80.8	580	19.2
2015	3264	2565	78.6	699	21.4
2016	3429	2647	77.2	782	22.8
2017	3715	2777	74.8	938	25.2
2018	3915	2767	70.7	1148	29.3
2019	4226	2986	70.7	1240	29.3

3.1.2.2 片区乡村产业结构调整实践

贫困地区产业发展是决战决胜脱贫攻坚和切实保障脱贫人口稳定脱贫，以及逐步推进乡村振兴的基础支撑。1949 年以来尤其是自 20 世纪 80 年代推进开发式扶贫以来，我国扶贫开发经历了从外部救济到内源式激发、从经济为主到多维减贫、从政府主导到社会扶贫大格局形成、从扶贫政策到系统的精准扶贫制度体系的转变[①]，逐步得出了扶贫开发的一条重要经验：实现贫困地区的发展和贫困人群的减贫脱贫，要促进市场与政府在资源配置中的高效协同，在经济发展尤其是产业发展的过程中不断提升贫困群众的可行能力，重视基础设施和公共服务的大规模普惠式供给，促进区域与贫困人口的可持续发展。2011~2020 年依据相关产业发展规划，各连片特困区高效融合"区域传统产业、扶贫产业与新兴产业"，按照自然条件、发展方向的类似性，存在问题和主要解决措施的共同性，以劳动地域分异规律为基本依据，充分尊重自然规律和经济规律，以市场为导向、资源为依托、科技为支撑，自然区划和行业规划为基础，突出特色，规模发展，加大财政贴息和信贷融资力度，大力发展贫困地区优势、特色产业，着力打造一批连续开发、龙头带动、农户参与、融合发展的特色产业，构建高质量发展的乡村产业体系，扎实推进贫困人口脱贫，

[①] 王曙光、王丹莉：《中国扶贫开发政策框架的历史演进与制度创新（1949—2019）》，《社会科学战线》2019 年第 5 期。

走向共同富裕之路。特别是精准扶贫、精准脱贫方略实施以来，扶贫开发成为推动区域经济社会发展的重要手段和综合性的发展模式，乡村的所有产业都不同程度受到了扶贫开发政策尤其是产业扶贫政策的影响，贫困覆盖面广、脱贫工作任务重的连片特困区更是如此，故精准扶贫期间的片区乡村产业可以与扶贫产业融合阐释。部分连片特困区乡村产业发展的典型探索见表 3-10。

表 3-10　部分连片特困区乡村产业发展的典型探索

片区	主要做法
六盘山区	"交通+产业（特色农业、乡村旅游、电商以及助力返乡创业）"融合发展
秦巴山区	推进"一乡一品、一村一品"的全域化、差异化乡村生态绿色产业发展
武陵山区	打造"产业四区"，高质量承接产业转移；探索出"四跟四走"产业扶贫新路子
乌蒙山区	深入推进农村产业革命，围绕"八要素"，落实"五个三"，实现传统农业向现代农业的"六个转变"
滇黔桂石漠化区	探索石漠化治理的立体种植模式，走产业生态融合发展之路
滇西边境山区	发展"1+N"产业，探索"产业链+资金链+服务链+利益链"四链融合发展新模式
大兴安岭南麓山区	特色农牧业引领，发展壮大畜牧养殖、特色种植、新能源等一批优势产业
燕山—太行山区	探索"双带四起来""三零"产业发展模式，着力形成"长短结合、多点支撑、绿色循环"的产业体系
吕梁山区	推进"一乡一特一园区""一村一品一基地"建设，与国家农发行合作创造风险补偿产业扶贫贷款模式
大别山区	政府引导、市场带动、银行支持、保险参与、群众主动作为，结成"利益共同体"
罗霄山区	变民生工程为民心工程、变"输血式"扶贫为"造血式"脱贫、志智双扶，推行"产业扶贫信贷通"、产业保险等金融政策

注：①"产业四区"即工业园区、农业园区、旅游景区、商贸物流区；②"四跟四走"即资金跟着穷人走，穷人跟着能人走，能人跟着产业项目走，产业项目跟着市场走；③"八要素"即选择产业、培训农民、技术服务、筹措资金、组织方式、产销对接、利益联结、基层党建；④"五个三"即拓展省内、东部、黔货出山进军营三大市场，提高标准化、规模化、品牌化三化水平，壮大流通型龙头企业、农村经纪人队伍、农村电商三大销售主力，促进三次产业融合发展，强化资金支持、科技服务、农业设施三个保障；⑤"六个转变"即推动农业从自给自足向参与现代市场经济转变、从主要种植低效作物向种植高效经济作物转变、从粗放量小向集约规模转变、从"提篮小卖"向现代商贸物流转变、从村民"户自为战"向形成紧密相连的产业发展共同体转变、从单一种植养殖向一二三产业融合发展转变。⑥"双带四起来"即景区带村、能人带户，把群众组织起来、把产业培育起来、把利益连接起来、把文化和内生动力弘扬起来；⑦"三零"即零成本投入、零风险经营、零距离就业。

"产业发展"是片区农村巩固拓展脱贫攻坚成果和全面推进乡村振兴的

"主引擎",以罗霄山区赣州市为例,所属片区县在2011～2020年坚持以脱贫攻坚为抓手,以促进农户增收为目标,以绿色有机品牌创建和富硒品牌培育为引领,抢抓粤港澳大湾区、海西经济区和赣州副省域中心城市建设先机,积极调整产业结构,通过"公司+基地+农户+专业合作社"的模式,突出发展脐橙、油茶、蔬菜、畜禽、稻米,形成五大主导产业,积极发展休闲观光农业、体验农业、乡村旅游业等新型业态,聚焦"建设全国重要的特色农产品深加工基地"目标,推进实施农产品深加工,提升农产品的附加值,兴村富民。再如乌蒙山区遵义市,协同贵州省开展的"产业革命",以坝区产业结构调整为突破口和主战场,深入推进农业结构性改革,发挥比较优势,规划建设了一批"7+16+N"单品规模化产业基地和产业示范带,重点发展了茶、辣椒、蔬菜(食用菌)、生态畜牧渔、中药材(石斛)、竹、红粱、特色林业(花椒、刺梨)等八大重点特色优势产业。又如大兴安岭南麓山区的兴安盟,围绕兴产业、促就业、带民富的要求,加快新旧动能转变,不断完善循环产业链核心节点,通过政策扶持、示范带动等方式,大力发展骆驼、肉牛、肉羊养殖,中药材种植等特色生态产业以及设施农业和文旅产业等,提高农畜产品加工转化率,引导企业与嘎查集体以及农牧民搭建利益联结平台,探索"一村一品"的差异化发展道路,促进农村经济的多样化和现代化调整、升级,实现生态治理、环境保护与经济发展共赢。2021年和2023年样本区域乡村产业融合发展典型成效见表3-11。

表3-11　2021年和2023年样本区域乡村产业融合发展典型成效

区域	2021年典型成效	区域	2023年典型成效
罗霄山区赣州市	①主要农作物耕种收综合机械化率达到76.3%,农产品加工转化率达到62.8%,农业科技进步贡献率达到65%。②"赣南脐橙"等区域公共品牌影响力不断增强,绿色有机地理标志农产品超过800个,全市规模以上农产品加工企业约400家,主营业务收入突破860亿元。③积极探索政策红利型、出租出让型、股权分红型、提供服务型等农村集体经济的有效实现形式,全市所有行政村经营性收入均超过10万元。④基本形成现代农业产业园、优势特色产业集群基础上的区镇村联动发展的产业格局	罗霄山区赣州市	①主要农作物耕种收综合机械化率达到79%,农产品加工转化率达到65%,农业科技进步贡献率达到68%。②全市累计认证绿色有机农产品1260个、粤港澳"菜篮子"生产基地60家,"赣南脐橙"等区域公共品牌影响力不断增强。③积极探索政策红利型、出租出让型、股权分红型、提供服务型等农村集体经济的有效实现形式,全市大多数村经营性收入超过15万元、100多个村超过百万元、少数村超过千万元,全市村集体经济总收入超过17亿元。④持续做好"乡村产业+"文章,有力链接产业上下游资源要素,走出接二连三、农文旅融合发展的致富之路

续表

区域	2021 年典型成效	区域	2023 年典型成效
乌蒙山区遵义市	①主要农作物耕种收综合机械化率达到44%，农产品加工转化率达到57%，农业科技进步贡献率达到55%，土地流转率达71%以上。②"遵义红""遵义朝天椒"等区域公共品牌影响力不断增强，成功创建贵州省名牌产品57个，贵州省著名商标产品64个。③全市市级以上龙头企业达846家，农产品加工业总产值达543亿元。④100%村组建成立村级集体股份经济合作社并予登记注册，实现集体经济组织法人化、资产权属股份化、集体成员全面股东化	乌蒙山区遵义市	①桐梓县重点以"方竹、果蔬、生态畜牧、乡村旅游"为主导产业，配套发展特色产业；习水县建立"政府扶龙头、龙头建基地、基地连农户"的产业化扶贫体系，带动3.2万贫困户发展特色产业；赤水市因地制宜发展金钗石斛、生态家禽和生态水产等为主导产业和特色优势产业，群众以土地入股、基地务工、企业就业、劳务输出和自主发展产业等方式，在农业现代化、新型工业化、旅游产业化中实现增收致富。②全市共争取中央和省级财政衔接到位资金15.82亿元，投入产业资金9.53亿元，支持企业135家、合作社282家、家庭农场189家，带动脱贫户15.51万户共计46.46万人
大兴安岭南麓山区兴安盟	①实施菜单式扶贫模式，农牧群众从"以种为主"转变为"种养结合"，实现了贫困人口产业施策全覆盖。②每个旗县市培育出"拳头"产业，绝大部分贫困户与此紧密利益联结；同时加快发展家门口的"小产业"——"庭院经济"，实现增收致富。③探索推广农资供应联盟、扶贫车间、产业联合体等多种带贫模式，实现了带贫机制全覆盖，全盟63家龙头企业、319家合作社、72个家庭农牧场带动贫困户2.2万户	大兴安岭南麓山区兴安盟	①兴安盟立足资源区位优势，大力发展水稻、玉米产业，建成高标准农田730万亩，测土配方技术覆盖率达到90%，农作物耕种收综合机械化率超过90%。②农牧业产业化重点龙头企业95家，全盟"三品一标"用标企业达161家，生态农产品品牌店25家，努力打造"一县一业""一镇一特""一村一品"的农牧业发展格局。③全盟合作社达到2502家，认定家庭农牧场5531家。兴安盟农企利益联结比例达到100%，紧密型利益联结比例达到69%

　　乡村产业结构优化调整与转型升级过程中，劳动资本、物质资本等资源要素在各产业之间的重新配置，高素质的资源要素将流向资本密集型和技术密集型行业，低素质劳动力留在劳动密集型行业，劳动力就业结构因此发生改变[①]。罗霄山区赣州市乡村就业人口分布的相关数据可以清晰地反映出乡村产业结构的变化：农业自营人口比重由 2014 年的 47.7%降至 2020 年的 39.6%，其他雇员由 2014 年的 39.4%升至 2020 年的 48.7%，平均每户就业人口数由 2014 年的 2.38 转变为 2020 年的 1.79（见表 3-12）。

---

　　①　肖维泽、王景景、赵昕东：《产业结构、就业结构与城乡收入差距》，《宏观经济研究》2022年第 9 期。

表 3-12　罗霄山区赣州市乡村就业人口分布变化情况

年份	调查户数（户）	常住从业人员（人）	其中：雇主（人）	行政事业单位人员（人）	国有企业雇员（人）	其他雇员（人）	农业自营（人）	非农自营（人）	平均每户就业人口（人）
2014	1193	2836	51	30	7	1116	1354	278	2.38
	各类人员就业比重（%）		1.8	1.1	0.2	39.4	47.7	9.8	——
2015	1193	2815	58	36	13	1114	1392	202	2.36
	各类人员就业比重（%）		2.1	1.3	0.5	39.6	49.4	7.2	——
2016	1198	2760	55	30	6	1039	1419	211	2.3
	各类人员就业比重（%）		2.0	1.1	0.2	37.6	51.4	7.6	——
2017	1198	2756	58	36	1	1010	1455	196	2.3
	各类人员就业比重（%）		2.1	1.3	0.0	36.6	52.8	7.1	——
2018	1130	2337	60	50	3	863	1169	192	2.07
	各类人员就业比重（%）		2.6	2.1	0.1	36.9	50.0	8.2	——
2019	1130	2110	37	48	2	898	954	171	1.87
	各类人员就业比重（%）		1.8	2.3	0.1	42.6	45.2	8.1	——
2020	1130	2028	23	28	1	987	803	186	1.79
	各类人员就业比重（%）		1.1	1.4	0.0	48.7	39.6	9.2	——

站在片区区域发展的角度审视产业结构的调整优化影响，可以看到其在提高区域基础设施水平、增强区域综合竞争力的同时，也促进了乡村居民增收，进一步缩小了城乡居民收入差距，持续增进民生福祉，不断提升生活品质。

3.2　共同富裕视角下产业结构优化与要素禀赋改善的关联

结合现实考察，产业结构变迁与区域经济社会发展之间的良好互动表现为：产业结构是区域发展的重要动力，产业结构的转型升级能够促进要素流动进而有助于区域发展过程中资源配置效率提升，成为推动解决区域发展不均衡、不充分问题的关键。

3.2.1　要素禀赋、产业结构与区域共同富裕

3.2.1.1　要素禀赋改善促进连片特困区共同富裕

要素禀赋改善可以缓解连片特困区发展不平衡不充分问题，促进连片特

困区共同富裕。区域发展不充分环境下，政策引导下的要素创新和市场化改革促使要素向高效率部门流入，技术进步偏向高效率要素可以实现要素的提质增效。要素禀赋变化朝要素发展的效率水平匹配可以激发要素活力并释放产能[1]，增加创收创富机会，关联区域群众的生计策略调整，推动群众收入增加。区际发展不平衡条件下，要素流动使得落后地区为发达地区提供劳动力等初级要素，发达地区也向落后地区提供技术或资本等高级要素[2]，促使区域联动和比较优势互补。基于发达地区要素投入边际效益递减规律和高级要素溢出效应，落后地区要素赶超发展，积极利用后发优势，区际之间存在经济收敛可能，可以缩小发展鸿沟。受益于要素品质提升和要素禀赋改善，连片特困区共同富裕程度有所提高。基于此，提出如下研究假设。

H1：要素禀赋改善可以促进连片特困区共同富裕。

3.2.1.2　要素禀赋与产业结构的互馈协变及其对共同富裕的作用机制

区域要素禀赋与产业结构存在相互反馈且协同变化的关系。一方面，要素禀赋变化会作用于产业结构变化，要素禀赋产生的静态和动态比较优势共同影响产业结构发展变化。某一时点的要素配比和要素质量产生的要素禀赋具有静态比较优势，决定了该时点的产业结构[3]。各区域利用好自身静态比较优势在短期内可实现经济增长，但区域传统生产中专业化价值链嵌入产生的资源配置效应易固化要素禀赋发展特征，使其一直处于相对静止状态，产业链和价值链易陷入"低端锁定"困境。随着时间推移，要素品质提升与要素结构优化会以要素选择、要素增益或要素重组的形式影响产业发展[4]。要素流动和集聚会强化上下游产业的协同发展，促使产业加快转型，要素使用及配置效率影响产业结构变迁速度。要素禀赋动态变化形成的动态比较优势或使落后性产业萎缩凋零，或使新兴产业破土萌芽及适配性产业发展壮大，区域产业结构或将因此而陷入低水平徘徊状态或持续优化升级。落后地区若正确引导要素禀赋动态变化，以较低的成本和较快的速度学习并模仿经济发

---

①　刘文革、贾卫萍：《偏向性技术进步、要素配置与经济增长》，《管理现代化》2023 年第 1 期。

②　叶兴庆：《畅通城乡要素流动重在消除体制机制障碍》，《中国农村经济》2022 年第 12 期。

③　林毅夫：《新结构经济学的理论基础和发展方向》，《经济评论》2017 年第 3 期。

④　陈启斐、张为付、唐庆庆：《本地服务要素供给与高技术产业出口——来自中国省际细分高技术行业的证据》，《中国工业经济》2017 年第 9 期。

达地区要素禀赋改善过程，可通过发挥人才集聚效应、生产率增长效应和本地市场放大效应[1]推动基础产业向价值链高端延伸，产业结构向高阶演进，利用后发优势推动产业结构加快转型[2]。基于此，提出如下研究假设。

H2：要素禀赋改善可以促使产业结构调整升级。

另一方面，产业结构的变化结果会对要素禀赋进行反馈并使其产生新变化。产业在适应要素禀赋比较优势后进行技术选择，此时产业技术进步的要求会成为产业内技能型劳动、技术型资本及高新技术等要素流动和投入的导向，产业通过发挥产业内技术效应和产业间结构效应影响要素禀赋动态变化[3]。产业结构的合理化与高级化发展，会使产业基于组织价值最大化的目标追求，进行空间转移或者倒逼支撑其发展的要素禀赋变化，或使区域陷入"贫困恶性循环"，或进入要素禀赋改善与产业结构优化这一良性互动的发展局面。要促进产业可持续发展并持续提升区域经济社会竞争力，需合理审视要素禀赋比较优势和潜在后发优势，通过适当的政策干预匹配合适的产业结构。追求价值增值的原动力会促使要素禀赋在市场、政府和社会的三方协同下优化配置，并以优化升级的产业结构为重要的平台与载体，加快形成现代化产业体系，使产业高质量发展成为促进区域共同富裕的重要路径[4]。

历史分析连片特困区要素禀赋与产业结构的关系，在自然环境、区位优势、政策土地和社会资源等原始要素的综合影响下，较低水平的要素组合推动了区域单一产业结构形成，产业基础薄弱，区域综合竞争力不强。在国家和地方政府特殊的发展战略定位下，连片特困区的基础设施完善及市场环境改善，为要素和产业提质升级提供了保障。连片特困区在要素禀赋改善后承接来自发达地区的转移产业[5]，不断引进优势资源并充分利用特殊要素，要素禀赋动态发展呈现新的比较优势。进一步挖掘后发优势，产生推动产业结

① 李娜、赵康杰、景普秋：《地方品质与资源型城市产业结构转型——基于人口集聚的视角》，《城市问题》2023 年第 4 期。
② 樊纲：《比较优势与后发优势》，《管理世界》2023 年第 2 期。
③ 袁礼、欧阳峣：《大国比较优势演变中的结构效应与技术效应：基于要素禀赋结构的分析》，《求是学刊》2023 年第 1 期。
④ 徐鹏杰、杨宏力、韦倩：《我国共同富裕的影响因素研究——基于现代产业体系与消费的视角》，《经济体制改革》2022 年第 3 期。
⑤ 王春凯、梁晓慧：《产业转移与区域共同富裕：区位选择、实现机制与可行路径》，《河南社会科学》2022 年第 10 期。

构优化升级的内生动力，促使产业体系更加完善，区域经济社会发展水平提高。要素禀赋改善不仅直接作用于区域共同富裕目标的实现，亦可通过推动产业结构优化间接促进区域共同富裕。基于此，提出如下研究假设。

H3：产业结构在要素禀赋改善对于促进区域共同富裕影响中存在中介效应，即要素禀赋改善促进区域共同富裕的途径之一是通过产业结构优化间接实现。

3.2.1.3　耦合协调中促进区域共同富裕

基本的柯布—道格拉斯生产函数意在通过对资源进行合理配置，使产业获得最大化的效益和产值①。较之于要素禀赋变化，区域产业结构滞后或超前的发展状态易造成其与要素禀赋的结构性错配问题，短缺要素易成为发展短板，过剩要素造成经济资源浪费，产业结构红利向负利转变②。产业结构过度追求高级化导致不协调的"早熟化"发展，对区域发展产生阻滞作用。尽管可通过要素流动在一定程度上实现优势互补，但流通成本、流通损耗及其他客观限制因素的存在也将降低资源配置效率。产业结构的高级化和合理化发展要避免偏离社会经济现实基础，应适应要素禀赋的变化发展，实现二者耦合协调。要素禀赋方面，要以比较优势动态发展为基础，选择相匹配的产业技术发展和产业结构优化方向。产业结构方面，以产业技术发展和产业结构优化产生的比较优势为利益导向，倒逼要素禀赋改善，提升资源配置效率，催生并提高区域核心竞争力。同时有效发挥政府干预和市场激励在资源配置中的作用，避免政策偏误和资源错配，推进连片特困区要素禀赋和产业结构在良性耦合中协调发展，在区域高质量发展中促进共同富裕。基于此，提出如下研究假设。

H4：要素禀赋与产业结构耦合协调度提高可以促进区域共同富裕。

要素禀赋与产业结构耦合协调度对要素禀赋改善促进区域共同富裕具有非线性影响。耦合协调度低时，表明要素禀赋相对于产业结构存在结构性错配问题。一方面，若产业结构发展不足，低级要素缺乏实现质效跃升的平台，高级要素作用发挥受限，在市场机制作用下，高级要素加快流失，比较

---

① 王宏宇、刘刊、范德成：《地区工业发展与资源禀赋协同吗？——基于产业、要素、技术资源的视角》，《运筹与管理》2019 年第 5 期。
② 车明好、邓晓兰、陈宝东：《产业结构合理化、高级化与经济增长：基于门限效应的视角》，《管理学刊》2019 年第 4 期。

优势退化，经济社会低质发展。另一方面，若产业结构过度高级，缺乏价值发挥平台的低级要素易被当地产业体系淘汰。囿于要素流通和禀赋改善的时间成本，未流通和还未提质增效的低级要素发展无门而被浪费，具有更高发展效率的适应性高级要素推动产业进一步升级却忽视合理化发展，导致产业结构朝"头重脚轻"的形态扭曲发展，不仅拉大区域产业和经济发展差距，还需为脱实向虚的泡沫化发展付出代价。要素禀赋与产业结构若趋近耦合协调，表明要素禀赋改善，产业结构随之升级并实现合理化发展。各级资源被产业有效吸收和利用并实现质效双升。要素禀赋比较优势有效发挥并实现与产业结构的联动升级，有利于进一步挖掘其后发优势和先发优势，提升区域核心竞争力，促进连片特困区共同富裕。基于此，提出如下研究假设。

H5：要素禀赋与产业结构的耦合协调度在要素禀赋改善促进区域共同富裕的作用中存在门限效应。

3.2.2 基于民生福祉增进向度的指标体系设计与模型构建

脱贫攻坚使得连片特困地区农村基础设施及群众生产生活条件等领域均发生了翻天覆地的变化，要素禀赋大为改善，产业结构不断优化，区域综合竞争力和人民生活水平不断提高。为体现样本选择的空间分布代表性，特选取中部罗霄山区赣州市、西南部乌蒙山区遵义市和西北部大兴安岭南麓山区兴安盟三个地区为样本区域。鉴于《中国农村扶贫开发纲要（2011—2020年）》文件颁布为样本区域转型发展的关键事件，为方便开展比较研究，将分析时间范围设置在 2011 年前 5 年及其后 10 年，即 2006~2020 年。分析数据根据历年《中国农村贫困监测报告》《赣州统计年鉴》《遵义统计年鉴》《兴安盟统计年鉴》《中国城市统计年鉴》《国民经济和社会发展统计公报》公开披露的相关指标计算所得。对于存在缺失值的个别数据采用插值法填补。

3.2.2.1 指标体系设计与说明

被解释变量指标。区域共同富裕是经济、政治、文化、社会、生态五位一体的全面富裕，因此选择人均可支配收入、全员劳动生产率和恩格尔系数考查共同富裕中的发展充分性，选择城乡居民可支配收入比以及最高生产总值县区与最低生产总值县区居民人均生产总值比，考查共同富裕中的发展平衡性。

解释变量指标。解释变量指标从自然资源、人力资源、资本要素、技术要素、信息要素五个维度考查该区域的各种资源以及要素禀赋。要素禀赋与产业结构耦合程度是推动经济发展的重要动力，故采用耦合协调度测算结果表示耦合协调度。耦合协调度测算的基本模型如下：

$$C = 2\left[\frac{U_1 U_2}{(U_1 + U_2)^2}\right]^{\frac{1}{2}}$$

$$T = (\alpha U_1 + \beta U_2)$$

$$D = \sqrt{C * T}$$

其中，U_1、U_2 分别代表要素禀赋、产业结构的子系统总值，C 代表要素禀赋和产业结构两个子系统之间的耦合度指数，取值范围为 [0，1]，数值越大表示耦合度越高；T 为要素禀赋和产业结构两个子系统之间的协调度指数，取值范围为 [0，1]，α、β 为待定系数，由于要素禀赋和产业结构两个子系统重要程度相同，因此 α、β 均赋值 0.5；综合反映两个子系统间的耦合协调度，取值范围为 [0，1]，数值越大表示耦合协调度越高。

中介变量指标。基于前述理论框架，要素禀赋改善对促进区域共同富裕有直接作用，并能通过推动产业结构优化间接促进区域共同富裕，产业结构是要素禀赋对区域共同富裕发挥作用的中介变量，而产业结构优化水平常体现为产业结构高级化和合理化[①]，产业结构高级化水平采用第三产业产值与第二产业产值的比值表示，产业结构合理化水平选择泰尔指数表示。其中，Y 表示某产业产值，L 表示就业人数，i 表示产业结构，n 表示部门数。泰尔指数非 0 时，表示产业结构尚未达到均衡状态，即产业结构不合理；当泰尔指数趋于 0 时，产业结构趋于均衡状态。

$$\text{TL} = \sum_{i=1}^{n}\left(\frac{Y_i}{Y}\right)\ln\left(\frac{Y_i}{L_i}\bigg/\frac{Y}{L}\right)$$

控制变量指标。主要采用制度、基础设施和营商环境三方面指标。

基于增进民生福祉向度的指标体系见表 3-13。

---

① 刘志华、徐军委、张彩虹：《科技创新、产业结构升级与碳排放效率——基于省际面板数据的 PVAR 分析》，《自然资源学报》2022 年第 2 期。

表 3-13　基于增进民生福祉向度的指标体系

	综合指标	一级指标	二级指标	指标解释与测度
被解释变量指标	共同富裕综合指标（Cp）	共同富裕	发展充分性	人均可支配收入
				全员劳动生产率
				恩格尔系数
			发展平衡性	城乡居民可支配收入比
				最高生产总值县区与最低生产总值县区居民人均生产总值比
解释变量指标	要素禀赋综合指标（Re）	自然资源	土地资源	人均耕地面积
				建成区面积（实际建设用地所达到的境界范围）
			矿产资源	矿产生产总值占工业生产总值比重
		人力资源	劳动力投入	从业人数占总人口比
		资本要素	社会投入资本	固定资产投资（含外资）
			政府投入资本	政府财政投入
		技术要素	科技投入	政府科技支出
		信息要素	互联网覆盖程度	互联网用户数
	耦合协调度指标（D）	要素禀赋与产业结构耦合程度	耦合协调度	耦合协调度测算
中介变量指标	产业结构综合指标（M）	产业结构	产业结构高级化	第三产业产值与第二产业产值的比值
			产业结构合理化	泰尔指数
控制变量指标	控制变量细分指标（C_i）	制度	对外开放程度	进出口总额占 GDP 比重（NC_1，使用标准化数据）
		基础设施	交通	公路总里程（NC_2，使用标准化数据）
		营商环境	市场环境指数	赋予"实际使用外资、固定资产投资和人均国内生产总值"不同权重计算得出①（NC_3，使用标准化数据）

样本区域总体及分地区的变量描述性统计结果如表 3-14 所示。

---

① 李志军、张世国、李逸飞：《中国城市营商环境评价及有关建议》，《江苏社会科学》2019年 2 期。

表 3-14　变量描述性统计结果

地区		共同富裕综合指标	要素禀赋综合指标	耦合协调度指标	产业结构综合指标	进出口总额/GDP 的标准化结果	公路总里程标准化结果	市场环境标准化结果
		C_p	R_e	D	M	NC_1	NC_2	NC_3
三个地区总体情况	均值	0.563	0.689	0.558	0.819	0.342	0.581	0.473
	标准差	0.179	0.212	0.169	0.203	0.283	0.335	0.295
	最小值	0.192	0.404	0.100	0.331	0.100	0.100	0.100
	最大值	0.974	1.121	0.912	1.092	1.100	1.100	1.100
罗霄山片区赣州市	均值	0.429	0.804	0.515	1.020	0.700	0.816	0.630
	标准差	0.164	0.226	0.067	0.065	0.183	0.219	0.327
	最小值	0.192	0.456	0.371	0.909	0.565	0.585	0.100
	最大值	0.688	1.121	0.599	1.092	1.100	1.100	1.100
乌蒙山区遵义市	均值	0.623	0.692	0.428	0.711	0.204	0.753	0.606
	标准差	0.149	0.192	0.148	0.242	0.083	0.181	0.172
	最小值	0.352	0.405	0.100	0.331	0.136	0.497	0.248
	最大值	0.786	0.984	0.571	0.912	0.442	0.994	0.808
大兴安岭山区兴安盟	均值	0.639	0.573	0.733	0.725	0.123	0.173	0.182
	标准差	0.152	0.161	0.104	0.045	0.035	0.050	0.025
	最小值	0.499	0.416	0.636	0.627	0.100	0.100	0.137
	最大值	0.974	0.875	0.912	0.785	0.198	0.233	0.235

　　基于样本区域基础数据比较分析，共同富裕方面，赣州市共同富裕程度历年均值低于总体平均水平。赣州市人口数量庞大导致人均指标较低，区县较多且发展水平不一导致发展充分性和平衡性指标低于其他两地，综合指标测度结果更低。遵义市历年共同富裕程度变化较其他两地更为平稳但也有明显提升，政府对贫困地区实行差别化扶持和精准化帮扶，项目开发吸引社会资本投入增加，当地的旅游扶贫政策正好匹配具有比较优势的劳动力资源，大量人力资源涌入第三产业刺激当地经济发展，要素禀赋和产业结构的耦合协同使得该地区共同富裕程度稳步提高。兴安盟共同富裕指数高于其他两地。这是由于兴安盟地区地广人稀，自然资源丰富，人均生产资源较为充分，并且更多人外出务工带来更高的收入。而当地第一产业和第三产业更为发达，发展较为平缓，群众拥有相似资源，使得当地发展较为平衡，加之发

展扶持政策的倾斜和特色农业、旅游产业的开发，该地区发展水平正在逐步改善。要素禀赋方面，赣州市的要素禀赋历年发展均值高于其他两地，且历年发展差距最大。赣州市位于赣粤闽湘边界，地理位置相对优越，其产生的区位优势可以畅通要素流通渠道，不断为要素禀赋改善提供有利条件，比较容易积累发展条件，同时赣南苏区振兴政策为要素提质增效赋能。遵义市历年要素禀赋指标最小值低于其他两地，最大值和均值高于兴安盟，年变化较为平稳，要素禀赋稳步提高。由于遵义市聚焦深度贫困地区，实行创新性易地扶贫搬迁政策和长远发展战略，为进一步发展蓄积动能，要素禀赋数值变化差距虽小，但各要素发展实现了从增量到提质的转变，要素禀赋不断改善。兴安盟要素禀赋指标均值低于总体均值和其他两地均值，要素禀赋有一定提升但历年发展差距较其他两地小。这是由于兴安盟为边境地区，受限于地理区位环境，早期自然资源较为丰富，其余生产要素匮乏，发展较为落后，积累较为缓慢。产业结构方面，赣州市产业结构指标均值远高于总体平均水平和其他两地水平，且其最小值也较高。赣州市依托政策红利和地区资源优势，承接自粤港澳大湾区的转移产业，产业层次和竞争力迅速跃升，发展了如南康家具产业、稀土产业及赣南脐橙产业等具有全球影响力的优势产业，有较好的产业基础，产业结构较其他两地更为合理高级。遵义市产业结构发展水平历年均值最低，原有产业结构水平低于兴安盟，但其发展最大值已经超过兴安盟，发展较快。由于遵义市易地扶贫搬迁政策使得区域布局和内需结构改善，统筹区域资源，更优质的环境使得要素提质增效，推进产业集聚并快速发展，该市处于发展上升期。兴安盟产业结构指标均值低于总体平均水平，且最大值也低于其他两地。兴安盟兼顾资源环保和产业发展，产业发展较为缓慢，但其农牧业、特色旅游产业及融合性产业等正在稳步发展。要素禀赋和产业结构耦合协调度方面，兴安盟耦合协调度最大值高于其他两地，遵义市耦合协调度变化差距最大，赣州市发展态势较为平稳。

3.2.2.2　模型建构

鉴于各变量呈现随时间变化的趋势，选用双向固定效应模型，分析样本区域要素禀赋改善对促进区域共同富裕的影响。按照理论框架的作用机理假设，要素禀赋改善将以产业结构优化作为中介对促进区域共同富裕产生作用，故实证部分采用中介效应模型对要素禀赋改善、产业结构优化与促进区域共同富裕的作用机制进行研究。参考温忠麟①关于中介效应模型的相关研究，初步设定模型如下：

$$Cp_{it} = \beta_0 + \beta_1 Re_{it} + \beta_j C_{it} + Year_t + Area_i + \varepsilon_{it}$$

$$M_{it} = \alpha_0 + \alpha_1 Re_{it} + \alpha_j C_{it} + Year_t + Area_i + \sigma_{it}$$

$$Cp_{it} = \eta_0 + \eta_1 Re_{it} + \eta_2 M_{it} + \eta_j C_{it} + Year_t + Area_i + \mu_{it}$$

其中，Cp_{it} 表示 i 地区 t 时期的共同富裕综合指标；β_0、a_0、η_0 表示常数项，Re_{it} 表示 i 地区 t 时期的要素禀赋综合指标；M_{it} 表示 i 地区 t 时期的产业结构综合指标，C_{it} 表示控制变量，β、α、η 代表各变量的变化系数；$Year_t$ 表示时间效应，$Area_i$ 表示个体效应，ε_{it}、σ_{it}、μ_{it} 表示随机扰动项。

根据江艇提出的学界普遍采用的中介效应检验操作建议②，对模型进行调整。考虑到变量具有时间效应，滞后一期的要素禀赋对被解释变量仍有较大的影响，故将滞后一期的核心解释变量加入模型，因此采用优化后的方法进行中介效应检验：

$$Cp_{it} = \beta_0 + \beta_1 Re_{it} + \beta_2 Re_{i,t-1} + \beta_j C_{it} + Year_t + Area_i + \varepsilon_{it}$$

$$M_{it} = \alpha_0 + \alpha_1 Re_{it} + \alpha_2 Re_{i,t-1} + \alpha_j Cit + Year_t + Area_i + \sigma_{it}$$

回归检验要素禀赋与产业结构耦合协调度对共同富裕的影响，考虑到要素禀赋滞后一期的影响，同样加入滞后一期耦合协调度参与回归：

$$Cp_{it} = c_0 + c_1 D_{it} + c_2 D_{i,t-1} + c_j C_{it} + Year_t + Area_i + \mu_{it}$$

其中，c_0 表示常数项，c 为变量系数，D_{it} 和 $D_{i,t-1}$ 分别为要素禀赋和产业结构耦合协调度以及滞后一期耦合协调度。针对要素禀赋与产业结构两个系统中各细分指标的指标属性标准化处理，采用熵权法对要素禀赋和产业结构的综合指标及二者耦合协调度进行测算。区域发展政策调整等其他外生因素导致要素禀赋和产业结构变化明显，二者耦合度指数呈现明显上升趋势。要素积累与要素优化组合具有时空异质性特征，特殊类型地区产业结构优化因为自身综合水平落后往往受到产业转移和政策干预的影响较大，对于要素禀赋的适应滞后，三个地区要素禀赋和产业结构协调度总是滞后于耦合度。比较而言，赣州市产业结构协调度逐步向好、稳步提升，2011 年濒临失调，

①　温忠麟：《实证研究中的因果推理与分析》，《心理科学》2017 年第 1 期。

②　江艇：《因果推断经验研究中的中介效应与调节效应》，《中国工业经济》2022 年第 2 期。

在政策的大力帮扶及自身内生动力激活的影响下，除特殊年份受突发事件影响耦合协调度小有波动，总体来看赣州市2013年实现初级协调，2016年实现良好协调，2020年逐步走向优质协调，呈现较好的协调发展景象。遵义市在2011年处于严重失调状态，经过缓慢调整，2016年才达到初级协调，2015～2019年有较快发展，在2018年和2019年实现了良好协调，其余年份均为中级协调。兴安盟在2011年为勉强协调状态，之后其耦合协调度在缓慢升高，2017年进入初级协调，2019年起一直保持中级协调。总体来看，样本区域要素禀赋和产业结构联系紧密，呈高度耦合状态，但协调水平仍有较大进步空间。样本区域要素禀赋与产业结构耦合协调程度变化情况见图3-1。

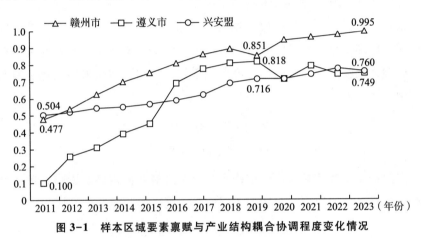

图3-1 样本区域要素禀赋与产业结构耦合协调程度变化情况

3.2.3 要素禀赋、产业结构和区域共同富裕关系探讨

3.2.3.1 时间效应分析

如表3-15所示，通过设置时间为虚拟变量（变量=年份-2011）进行回归分析，得出以下结论：2010～2023年，在扶贫工作开展之后，财政资金合理有效投入，贫困地区生态生存环境改善，交通、通信等设施完善，信息技术涌入渠道通畅，贫困人口综合素质提高，特色产业开发和边境贸易发展吸引大量社会资本及其他高级要素涌入等，样本区域受技术与信息等高级要素的渗透加强，各要素品质提升和利用效率提高，劳动力素质持续提升，带动技术创新和资本集聚，要素组合优化，使得该地区要素禀赋明显改善。要素禀赋改善推动产业结构向高阶演进，由检验结果得知，产业结构水平随时间

变化显著提升、日趋高级化。由于样本区域产业结构多样化水平不高,产业结构合理化发展缓慢,甚至可能会受到阻滞。在政策创新引导和市场配置机制的双重作用下,基础设施完善、市场环境优化,充分利用后发优势引导要素禀赋动态变化,加速推进特殊类型地区要素禀赋和产业结构互馈协变、双向升级,产业结构和要素禀赋越发耦合协同。与此同时,样本区域城乡发展和区域发展更加均衡,经济发展更加充分,民生福祉逐步提高,区域共同富裕程度也不断提高。

表 3-15　时间效应分析结果

变量	要素禀赋	产业结构高级化	产业结构合理化	产业结构综合水平	要素禀赋与产业结构耦合协调度	区域共同富裕指数
Year	14.210 *** (1.775)	7.081 *** (2.166)	-1.165 (2.045)	8.946 *** (2.696)	11.592 *** (3.147)	16.950 *** (2.076)
_cons	-3.793 *** (1.279)	-0.052 (1.929)	6.461 *** (0.063)	-1.323 (2.272)	-0.474 (1.835)	-3.550 *** (0.037)
F	64.04 ***	10.69 ***	0.324	0.0194	13.57 ***	66.71 ***
r^2	0.634	0.224	0.379	0.255	0.268	0.643
r^2_a	0.624	0.203	0.346	0.235	0.249	0.634

注:*、**、*** 分别代表在 10%、5%、1%统计水平上显著,括号内为标准误。

3.2.3.2　基础回归和机制检验

为确保模型稳健性,要素禀赋对共同富裕回归模型逐一加入控制变量进行回归。为更好说明要素禀赋对产业结构变化的影响,分别检验当期、滞后一期的要素禀赋对产业结构的影响;最后检验要素禀赋与产业结构耦合协调程度对共同富裕的影响。回归结果见表 3-16。

表 3-16　回归结果

变量	Cp_{it}	Cp_{it}（滞后一期）	M_{it}	M_{it}（滞后一期）	Cp_{it}	Cp_{it}（滞后一期）
Re_{it}	0.308 *	0.257 **	0.161	0.273 **		
	0.102	0.053	0.254	0.045		
$Re_{i,t-1}$		0.257		0.167		
		0.147		0.118		

续表

变量	Cp_{it}	Cp_{it} （滞后一期）	M_{it}	M_{it} （滞后一期）	Cp_{it}	Cp_{it} （滞后一期）
NC_1	0.0875	0.0944	−0.161	−0.0607	0.138	0.181
	0.154	0.129	0.096	0.044	0.162	0.12
NC_2	−0.0103	−0.0844	−0.652	−0.137	0.0428	0.017
	0.068	0.118	0.521	0.119	0.172	0.171
NC_3	−0.0302	−0.072	−0.046	−0.134 *	0.0441	0.024
	0.093	0.068	0.073	0.037	0.047	0.042
D_t					0.550 *	0.501 **
					−0.182	0.106
D_{t-1}						0.151
						0.175
Year	YES	YES	YES	YES	YES	YES
Area	YES	YES	YES	YES	YES	YES
_cons	0.172 **	0.170 **	0.357	0.508 *	0.078	0.022
	0.037	0.032	0.356	0.129	0.038	0.049
F	14.83 ***	16.03 ***	5.14 ***	4.32 ***	15.33 ***	13.13 ***
r^2	0.949	0.956	0.700	0.437	0.964	0.962
r^2_a	0.912	0.920	0.482	0.347	0.938	0.931

注：*、**、*** 分别表示在 10%、5%、1%统计水平上显著，括号内为标准误。

前两列为要素禀赋对区域共同富裕的基础回归，由基础回归结果可知，无论是否将滞后一期要素禀赋作为控制变量加入模型，样本区域要素禀赋改善对促进区域共同富裕均有显著的正向影响，初始模型回归系数为 0.308，控制滞后一期变量后，回归系数为 0.257，显著性增强，表明模型更为稳健。H1 假设成立表明要素禀赋改善可以促进特殊类型地区共同富裕。第三、四列为要素禀赋对产业结构的回归，用来说明产业结构升级在要素禀赋改善促进区域共同富裕之中的中介效果。在单独检验当期要素禀赋对产业结构的影响时，系数不显著。为解决一定的内生性问题，控制了滞后一期要素禀赋变量的模型中，要素禀赋对产业结构有显著正向影响，系数为 0.273，滞后一期要素禀赋系数为 0.167，影响不显著。因此，H2 假设成立的条件是控制滞后一期要素禀赋变量时，当期要素禀赋对产业结构升级有正向作用。滞后一期要素禀赋对产业结构的影响虽然不明显，但仍要注意它的影响，及时改善要素禀赋，使其与产业结构和经济发展更加适配。以上两类回归结果表明，要素禀赋改善对促进区域共同富裕有直接正向影响。要素禀赋改善促使产业结构优化升级，并推进现代化产业体系加速形成，促进区域共同富裕，即要素禀赋改善通过产业结构升级进一步促进区域共同富裕，这里体现其间接效应。H1 和 H2 假设的成立体现了要素禀赋改善对促进区域共同富裕的直接效应和将产业结构升级作为中介的间接效应，可以说明 H3 假设成立。

　　为进一步说明要素禀赋与产业结构互馈协变关系对促进区域共同富裕的作用，第五列进行二者耦合协调度对区域共同富裕的回归，系数为 0.550。为避免内生性问题，将滞后一期耦合协调度同时加入模型进行检验，结果表明当期耦合协调度提高对促进区域共同富裕有正向显著影响，系数为 0.501，较前一个模型更为显著和稳健。这一结果直接验证了要素禀赋与产业结构耦合协调程度越高，共同富裕程度越高，H4 假设成立；同时也间接验证了产业结构在要素禀赋改善促进区域共同富裕过程中起到了中介作用。

3.2.3.3　耦合协调度的门限效应检验

　　为检验要素禀赋改善对促进区域共同富裕的影响中是否存在要素禀赋和产业结构耦合协调度的非线性影响，这里使用面板门限模型对耦合协调度非线性影响机制进行考察，进一步构建模型，其中以耦合协调度作为门限变量，γ 为门限值，a 为各变量系数，μ 为随机误差项。此回归采用稳健标准误结果。门限效应检验结果见表 3-17。

$$Cp_{it} = a_0 + a_1 D_{it} + a_2 D_{i,t-1} + a_3 \cdot I(Dt \leq \gamma) + a_4 \cdot I(Dt > \gamma) + a_j C_{it} + \mu_{it}$$

表 3-17　门限效应检验结果

变量名称	非线性单一门限面板模型	
	初始模型	控制滞后一期
ifi（$D_t \leq 0.4259$）	0.678 (0.235)	0.268 ** (0.024)
ifi（$D_t > 0.4259$）	0.571 * (0.186)	0.405 *** (0.025)
$Re_{i,t-1}$		0.411 (0.222)

续表

变量名称	非线性单一门限面板模型	
	初始模型	控制滞后一期
NC_1	0.129 (0.080)	0.065 (0.037)
NC_2	0.226 (0.157)	0.072 (0.130)
NC_3	−0.022 (0.082)	0.004 (0.40)
_cons	−0.024 (0.075)	0.004 (0.039)
r^2	0.919	0.940
r^2_a	0.907	0.930

注：*、**、***分别代表在10%、5%、1%统计水平上显著，括号内为标准误。

由第一列初始模型检验得出的门限值和回归结果可知，当耦合协调度小于等于临界值0.4259时，要素禀赋改善对促进区域共同富裕影响并不显著，大于临界值0.4259时，要素禀赋改善对促进区域共同富裕有显著的正向影响，系数为0.571。第二列控制滞后一期的要素禀赋再次对模型进行回归，临界值依旧是0.4259，当耦合协调度小于等于临界值时，要素禀赋对促进区域共同富裕有显著影响，系数为0.268，大于临界值时，有更为显著的影响，影响增至0.405。两列回归结果中的系数均高于线性回归模型中的系数。这表明要素禀赋和产业结构耦合协调度需大于0.4259，才能更好地发挥要素禀赋改善促进区域共同富裕的显著作用。

3.2.3.4　稳健性与内生性问题讨论

在前面的基准回归模型中，核心解释变量使用的是利用熵权法计算得出的综合指标体系，一定程度上削弱了数据质量对估计结果的影响。选取双向固定效应模型并逐一添加控制变量，同时将滞后一期解释变量加入模型中，核心解释变量结果均显著，一定程度上验证了模型的稳健性。共同富裕可能会单独影响要素禀赋或产业结构的动态变化过程，但难以影响二者的动态交互与耦合结果，因此耦合协调度和共同富裕的双向因果问题不需要考虑，但还需解决要素禀赋与产业结构、共同富裕的双向因果问题。因此选取滞后两期人口数量作为检验要素禀赋对共同富裕和产业结构影响的工具变量。一方

面，人口数量与劳动力要素、土地资源分配、政府财政投入、社会资本投入
和互联网使用人数等息息相关，与要素禀赋指标具有高度相关性。另一方
面，滞后两期变量有效避免了双向因果问题，人口数量多少并不能直接影响
产业结构，而只能通过和其他要素的组合或要素升级来影响产业结构；其对
共同富裕程度也没有直接影响，主要通过其创收价值和资源分配结果来影响
共同富裕程度，可以认为滞后两期人口数量符合外生性条件。同时控制时
间、地区虚拟变量与其他变量，使用两阶段最小二乘法再次对区域共同富裕
和产业结构进行回归，所选取的工具变量在第一阶段回归系数均显著，且通
过检验（见表 3-18）。核心解释变量系数估计值较基准回归系数估计值更大
且更为显著，说明此前基准回归低估了要素禀赋改善对推动产业结构升级、
促进区域共同富裕的作用。

表 3-18　内生性检验结果

变量	Cp_{it}		M_{it}	
IV	第一阶段	第二阶段	第一阶段	第二阶段
Re_{it}		0.408 * (0.102)		0.323 *** (0.055)
$Re_{i,t-1}$	1.121 * (0.152)		1.21 * (0.152)	0.166 (0.352)
Control 1~4	YES	YES	YES	YES
Year	YES	YES	YES	YES
Area	YES	YES	YES	YES
_cons	−2.061 ** (1.086)	−1.351 (1.008)	−2.061 ** (1.086)	0.004 (1.198)
r^2	0.9553	0.9335	0.9553	0.9138

注：*、**、*** 分别表示在 10%、5%、1%统计水平上显著，括号内为稳健标准误。

3.2.4　产业结构优化与要素禀赋改善良性互动路径

采用赣州市、遵义市和兴安盟三个地区 2010~2023 年的面板数据，测算
要素禀赋与产业结构耦合协调度，实证检验了要素禀赋及产业结构对共同富
裕的影响机制及耦合协调度的门限效应。研究表明：第一，要素禀赋改善对
样本地区共同富裕具有促进作用。与要素禀赋较差的地区相比，要素禀赋较
好的地区共同富裕程度显著提高。第二，产业结构在要素禀赋改善促进样本

地区共同富裕中发挥中介作用。要素禀赋提升有利于推动产业结构优化升级，加快现代化产业体系和现代化经济体系形成，进而推动地区共同富裕。第三，进一步研究发现，要素禀赋与产业结构的耦合协调度提高有利于促进区域共同富裕，且耦合协调度在要素禀赋改善促进区域共同富裕的作用中存在门限效应。

当要素禀赋与产业结构不协调时，要素禀赋改善对促进区域共同富裕的影响并不显著。当二者趋近耦合协调时，当期耦合协调度对促进区域共同富裕的影响更为显著。

关注要素品质提升，促进要素结构优化。特殊类型地区需要进一步消除并打通"要素禀赋—产业结构—共同富裕"环路中存在的要素提升不足甚至出现倒退的不利点与风险点，进一步发挥要素禀赋改善对产业结构优化升级和促进区域共同富裕的作用。一要提升区域基本要素保障能力，利用好传统要素的原始积累优势，强化要素聚集和互动作用，补齐短板，提升要素使用效率。二要畅通要素流动渠道，引进高级要素，加强渗透，加快利用后发优势，提升要素质量。要加强教育、技术方面的财政投入，利用技术赋能提升人力资本水平；发挥信息要素作用，对劳动力供需市场进行精准匹配，提高人力资源运转效率，使得人尽其才，激发经济发展的内生动力。三要注重区域要素结构优化，增加技术和信息等高级要素的参与比例，促使其与其他要素的有机结合，发挥其对全要素生产率的提升作用，努力寻找质变突破口，依据地区发展特色打造先发优势。

聚焦产业结构调整，推进产业高阶演进。要进一步深化供给侧结构性改革，持续推动产业结构调整，倒逼要素流通升级和组合优化，推动产业结构向"高级化、合理化、多样化"方向升级。一要积极利用要素禀赋比较优势，集中资源因地制宜发展符合区域比较优势的特色产业。如支持革命老区加快红色资源开发利用，推进生态退化和资源依赖型地区绿色转型发展，促进边境地区和民族地区挖掘特色产业；利用好区域地方特色风土人情的地域优势和政策优势，盘活闲散资源，整合优质资源，培育若干基础强、链条长、能有效抵御经济周期影响的支柱产业，持续增进产业韧性，降低不具备比较优势的产业比重。二要利用好区域土地、劳动力要素，加快成熟产业的承接和集聚。利用产业集聚动能培育新增长极，催生助力特殊类型地区发展的"新模式、新业态和新技术"。抓住技术创新先机，站在产业链、价值链高端，提早规划部署产业发展，进行产业多样化发展，实现错位竞争，通过提升效率和拓展市场谋求建设更具备区域竞争力的产业体系。

注重要素禀赋和产业结构的耦合协调，重视产业布局的整体性、协调性和发展性。一要注重政府引导，既要根据特殊类型地区共性特征强化"统"的力度，又要因地制宜细化"分"的举措。因势利导创造良好社会发展环境，根据产业发展前景，以要素品质提升和要素结构优化为切入点助力未来产业结构转化升级，立足于样本地区要素禀赋改善和产业结构优化。二要注重当前产业结构和要素禀赋的适配程度，警惕过早去工业化和产业盲目升级导致"脱实向虚"、效率降低和不协调发展。利用好要素禀赋与产业结构的互馈协变关系，稳中推进产业朝高阶演进。三要推进统一的大市场体系形成。加强区域合作中的要素流通，深化多维要素优化组合，形成要素禀赋与产业结构及投资与消费的双重耦合协调发展，推动构建双循环新发展格局。加快推进现代化经济体系建设，力争连片特困区在要素禀赋改善与产业结构优化良性互动中实现高质量发展，在现代化进程中与全国同步实现共同富裕。

3.3　产业结构变迁中全要素生产率研究

区域产业结构调整优化是国家推进乡村发展的重要支撑，也是深化供给侧结构性改革的重点，其变动关系直接影响到产业结构研究的路径与方向。全要素生产率与空间经济学相结合，对探究不同地理位置间的生产效率差异、空间溢出效应以及区域经济发展不平衡等问题具有重要意义。全要素生产率提升促进技术传播、知识共享、劳动力流动、市场一体化和经济聚集，对周边地区产业结构的资源配置、协调区域发展和缩小经济发展差距水平具有重要作用。全要素生产率虽不是直接表述空间生产指标，但在空间视角下，对分析和评估不同地区生产效率、空间关联性和经济发展潜力具有重要意义。选取全要素生产率表征空间生产，可以更好地反映资源配置、区域协调发展和空间生产模式。在巩固拓展脱贫攻坚成果与全面推进乡村振兴战略背景下，片区产业结构与全要素生产率之间存在怎样的关系？产业转型升级能否提升全要素生产率？探究片区全要素生产率与产业结构升级之间的互馈协变关系，对明晰两者之间形成互促互益合力，推动片区经济持续发展具有十分重要的意义。

3.3.1　全要素生产率分析模型构建

1. DEA-Malmquist 指数

采用数据包络分析法（DEA）构建 DEA-Malmquist 模型测量全要素生产率，该模型具备可传递性和可累乘优势。片区全要素生产率水平依据资本和劳动力两大要素的投入和产出进行测量，在计算片区全要素生产率（TFP）时选取 2010 年作为起始年。全要素生产率变动指数表示为：

$$M_t = \frac{D_t(x_{t+1}, y_{t+1})}{D_t(x_t, y_t)}$$

$$M_{t+1} = \frac{D_{t+1}(x_{t+1}, y_{t+1})}{D_{t+1}(x_t, y_t)}$$

其中，D 为距离函数，即实际要素生产率与前沿面的比值，从 t 时期到 $t+1$ 时期的全要素生产率指数（设为 M'）为 M_t 与 M_{t+1} 的几何平均数：

$$M' = M(x_{t+1}, y_{t+1}, x_t, y_t) = \sqrt{\left[\left(\frac{D_t(x_{t+1}, y_{t+1})}{D_t(x_t, y_t)} \right) \left(\frac{D_{t+1}(x_{t+1}, y_{t+1})}{D_{t+1}(x_t, y_t)} \right) \right]}$$

若 $M(x_{t+1}, y_{t+1}, x_t, y_t) > 1$，表明全要素生产率增长；$M(x_{t+1}, y_{t+1}, x_t, y_t) < 1$，表明全要素生产率降低；$M(x_{t+1}, y_{t+1}, x_t, y_t) = 1$，表明全要素生产率无变化。

2. PVAR 模型构建

采用面板向量自回归模型（简称 PVAR 模型），探究样本区域产业转型升级与其全要素生产率互馈协变关系。PVAR 模型实质是将传统的基于时间序列数据的 VAR 模型延伸至面板数据维度，能够更全面地囊括所有样本个体对模型参数的影响，并深入剖析各变量之间的互动关系，准确揭示各变量在遭受其他变量冲击时的具体反应效果。结合研究主题，构建模型如下：

$$Y_{it} = \alpha_i + \beta_0 + \sum_{j=1}^{q} \beta_{ij} Y_{i,t-j} + u_i + \varepsilon_{it}$$

其中，i 代表区域，t 表示时间，j 为滞后阶数，α_i 和 u_i 表示个体效应和时间效应，β_0 为截距列向量，q 表示内生变量的滞后阶数，β_{ij} 为滞后内生变量的估计系数，ε_{it} 为 PVAR 模型的随机扰动项。Y_{it} 为随时间和地区变化的内生变量，包括产业结构高级化、产业结构合理化和全要素生产率变动指数。$Y_{i,t-j}$ 为滞后 j 期的各内生变量。

3.3.2 数据来源及指标构建

1. 区域介绍及研究数据来源

选取罗霄山区赣州市、乌蒙山区遵义市和大兴安岭南麓山区兴安盟三个区域作为样本，数据主要来源于历年各城市的统计年鉴和地方各年度《国民经济和社会发展统计公报》等。针对个别年份资料中的少数缺失值，采用插值方法进行合理填补以确保数据的科学性和完整性。

2. 研究指标构建

（1）片区全要素生产率（TFP）

选取劳动力投入、经济投入和产出以及能源投入等指标数据，测算全要素生产率并进行建模分析，具体如下：劳动力投入采用三个片区就业总人数来测量；经济投入采用三个片区固定资产投资额来度量；能源投入采用三个片区全社会能源消耗总量来表征；经济产出采用三个片区生产总值和农村居民人均可支配收入来表示。

（2）产业结构优化

依据现有研究，将产业结构优化用产业结构高级化（adv）和产业结构合理化（res）进行衡量[①]。产业结构高级化是描述产业结构从低级形态演化为高级形态的升级过程[②]。相比于 20 世纪 70 年代依赖于配第-克拉克定理来衡量产业结构优化的程度，现代信息技术革命对片区内产业结构带来了深刻影响，并显著推动了"经济服务化"进程，原有方法难以度量这一新型经济结构变动。在信息技术革命驱动下，连片特困地区产业结构升级的一个关键特征表现为区域范围内工业和服务业比重迅速提升，其中尤为突出的现象是区域内第二三产业的增速和总值普遍超过农业。为准确反映产业结构升级，采用区域内第二三产业的总产值与区域生产总值之比表征产业结构高级化，该衡量方法可以看出第二三产业在区域内的占比，明晰产业结构是否朝着产业结构升级方向发展。公式为：

[①] 张国建、胡玉梅、艾永芳：《地方政府债务扩张会促进产业结构转型升级吗》，《山西财经大学学报》2020 年 10 期。

[②] 彭冲、李春风、李玉双：《产业结构变迁对经济波动的动态影响研究》，《产业经济研究》2013 年第 3 期。

$$\text{adv} = \frac{\text{第二产业总产值} + \text{第三产业总产值}}{\text{片区生产总产值}}$$

产业结构合理化重点关注片区内各产业之间资源要素协调发展程度。在泰尔指数的基础上结合相关学者的处理方法[①]，将产业结构合理化公式表达为：

$$\text{res} = \text{TL} = \sum_{i=1}^{n} \left(\frac{Y_i}{Y}\right) \ln\left(\frac{Y_i}{L_i} \bigg/ \frac{Y}{L}\right)$$

其中，Y 表示片区产业总产值，L 表示片区产业就业总人数，i 表示产业部门，n 表示产业部门数（此处为3）。当 $\frac{Y_i}{L_i} = \frac{Y}{L}$ 时，经济达到均衡，$TL = 0$。当 TL 不为零时，说明产业结构发展不均衡，产业结构不合理。TL 值越大经济发展越容易偏离均衡状态，产业结构越不合理；反之亦然。经济发展不均衡是发展常态，尤其是在发展中地区，因此重点分析 TL 不为 0 时的产业结构状态。指标选取与阐释详见表3-19。

表 3-19 指标选取与阐释

变量		变量说明	单位	最大值	最小值	均值
全要素生产率（TFP）	投入	片区就业总人数	万人	457.37	69	290.15
		片区固定资产投资额	万元	41276874	3237105	17683452.15
		片区全社会能源消耗总量	万吨标准煤	896.97	263.002	507.45
	产出	片区生产总值	万元	46062100	2557906	20821284.51
		农村居民人均可支配收入	元	18478	4359	10416.41
产业结构优化	产业结构高级化（adv）	第二产业+第三产业产值与片区生产总产值之比	%	90.08	61.93	79.82
	产业结构合理化（res）	泰尔指数（TL）	–	0.6129	0.0215	0.2136

3.3.3 变量描述性统计分析及实证检验

3.3.3.1 片区全要素生产率描述性统计

利用 DEAP 软件测算样本区域 2011~2023 年 DEA-Malmquist 指数。整体来

---

① 干春晖、郑若谷、余典范：《中国产业结构变迁对经济增长和波动的影响》，《经济研究》2011 年第 5 期。

看,样本区域全要素生产率处于较高水平,均大于标准值 1,表明 2011~2023
年连片特困区攻坚成果和推进乡村全面振兴效果显著(见图 3-2)。

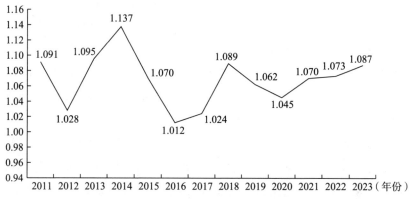

图 3-2　样本区域全要素生产率变化趋势

2011~2023 年样本区域内全要素生产率增减变化呈现周期规律。2011~
2018 年,区域全要素生产率呈现"W 型"变化,特别是 2014 年全要素生产
率指数达到最大值 1.137。党的十八大以来,脱贫攻坚摆在治国理政突出位
置,一方面,扎实解决贫困地区农村突出问题,完善交通物流网络与基础设
施建设,加速区域生产要素集聚,形成规模效应,为农村特色优势产业转型
升级提供要素禀赋基础,要素禀赋嵌入产业结构转型升级,助推区域内产业
结构向高级化与合理化方向发展,推动区域高质量发展。另一方面,连片特
困地区农村产业结构转型初期,学习成本、要素聚集成本和结构调整成本增
大,乡村产业生产成本上升,技术转型速度减缓,要素聚集与利用状态失
衡,造成要素禀赋与产业结构在时间与空间上的错配,生产要素利用率降
低,全要素生产率呈"起伏式"变化。

2018~2020 年全要素生产率呈现下降态势。国家对连片特困地区要素投
入力度在脱贫攻坚后期出现要素投入边际递减效应,即农村要素利用率下
降,产生人、土地、生产设备等生产要素累积现象,技术转型进展未能与市
场和要素堆积状态相适应;同时城乡融合导致农村边缘区域城镇化率上升,
连片特困地区农村居民原有的生活、生产空间扩大,造成农村边缘区域土地
"非农化"现象,土地要素减少,农村剩余劳动力增长。连片特困区增加农
村产业生产要素投入的同时,一方面突出技术进步和技术效率作为产业结构
优化的引擎,另一方面探究土地、劳动力、资金和市场供需间的适配性,增

强要素动态流动韧性和合理要素空间布局，推动要素投入与技术创新互促互益作为片区新经济增长点。

2020~2023 年区域全要素生产率呈现上升趋势。政策引导脱贫地区因地制宜发展劳动密集型农业和农产品加工业，积极承接大中城市产业转移。连片特困地区范围内农村在做好产业结构转型升级的同时，要保证劳动密集型益贫性产业发展，增加产业转型与区域生产要素耦合协调，增加农村居民收入。区域促进产业结构合理化的同时，辐射带动农村剩余劳动力就业创业，促进劳动力要素合理流动，解决农村区域发展不平衡不充分问题。生产要素存量与利用率高水平匹配，促进资源要素在连片特困地区合理流动，激发生产要素活力，改善区域群众生活质量，促进区域高质量发展，提升内生动力。

深入分析赣州市、遵义市和兴安盟三个地区 2011~2023 年全要素生产率演变趋势，可知大多数年份三地的全要素生产率变动指数大于 1，全要素生产率实现正增长（见图 3-3）。遵义市全要素生产率始终大于 1，要素利用率处于较高水平。赣州市和兴安盟两地全要素生产率交替上升，兴安盟全要素生产率较平稳，赣州市全要素生产率变动幅度较大，反映出样本区域要素利用率水平存在较大差异，且与区域内不同地区产业发展实际相符。

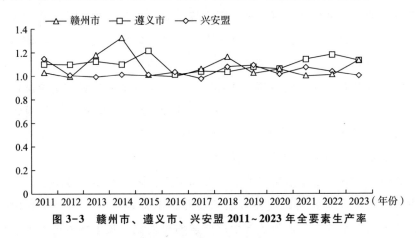

图 3-3　赣州市、遵义市、兴安盟 2011~2023 年全要素生产率

3.3.3.2　区域产业结构优化描述性统计分析

2011~2023 年区域产业结构描述性统计分析结果见表 3-20。产业结构高级化整体呈现倒 U 形变化。2011~2019 年产业结构高级化呈上升趋势，表明区域内产业发展向工业化、服务化方向迈进，产业结构在升级。尽管连片特困地区气候恶劣、土壤贫瘠，农业产业生产盈利能力较弱，但产业结构高

级化能够提供要素能源供给，提高全要素生产率，促进农民收入的增长。脱贫攻坚期间片区通过产业政策、金融支持推动区域产业结构保持合理化发展，促进连片特困区内劳动密集型产业向劳动密集型和资本密集型的益贫性产业转变。产业结构高级化在推动区域产业生产效率提升的同时，第二三产业的快速发展解决了区域内剩余劳动人口的就业难题，辐射带动特殊类型地区"多散弱小"产业高质量发展，促进产业转型升级。而 2020~2023 年产业结构高级化呈现波动趋势，主要是因为脱贫攻坚战略和扶贫开发政策在时间和空间上"匹配错位"，且存在一定的滞后性，造成错配现象。

表 3-20　2011~2023 年区域产业结构描述性统计分析结果

年份	产业结构高级化（adv）	产业结构合理化（res）
2011	0.776	0.310
2012	0.779	0.296
2013	0.789	0.274
2014	0.790	0.245
2015	0.795	0.220
2016	0.798	0.204
2017	0.807	0.192
2018	0.812	0.176
2019	0.813	0.169
2020	0.803	0.158
2021	0.804	0.169
2022	0.801	0.177
2023	0.803	0.180
均值	0.798	0.213

产业结构合理化呈现 U 形变化趋势。2011~2020 年区域内产业结构合理化指数呈现递减趋势，产业结构趋近合理化。连片特困区依托区域资源优势和政策红利，探索差异化产业振兴发展途径。如赣闽粤原中央苏区推动特色产业、稀土产业与有色金属产业基地建设，深度参与粤港澳大湾区建设，承接大中城市产业转移，发展赣南脐橙、有色金属加工和现代家具等产业形态，产业结构层次和竞争力提升，增强了连片特困地区农村内生发展动力和对外开放水平。依托红色文化发展红色旅游，促进红色旅游与乡村旅游、生

态旅游等融合发展，充分利用农村土地、劳动力和生态资源的同时辐射带动农村地区群众就地就业创业。连片特困地区促进传统产业转型升级、培育和发展新兴产业，推动区域内要素禀赋与产业结构形态匹配，强化产业结构优化升级的同时避免"低级要素排斥"，促进产业结构优化和要素禀赋结构合理互嵌，推动区域产业高质量发展。2021～2023年产业结构合理化逐渐上升，产业结构和要素禀赋呈现匹配不合理状态。"十四五"时期，为加快落实生态文明建设战略部署，在加强环境保护的背景下，连片特困区高污染、高能耗的产业需要转型或被淘汰，短期内会导致产业结构合理化指数下降。城市产业转移过程中可能会存在各种摩擦，如连片特困区承接产业的拉力与产业转出去的推力间的摩擦，加之过渡期内频繁变动或不连贯的产业政策，给企业带来不确定性，增加市场风险，抑制投资和创新活动，不利于产业结构的调整和优化。正确认识产业转型升级中的"阵痛期"，充分发挥市场在资源配置中的决定性作用，深化供给侧结构性改革，强化产业结构优化调整，正向加压要素市场与高质量发展重组，有利于推动资源禀赋与产业结构优化协调发展，促进区域高质量发展。

3.3.3.3 面板数据单位根检验

因各变量之间不平稳性容易造成"伪回归"现象，从而使结果产生较大偏差。在进行面板向量自回归 GMM 估计结果之前，研究采用 ADF 检验方法、IPS 检验方法和 LLC 检验方法对模型中的 TFP、adv 和 res 三个变量进行单位根平稳性检验，检验结果表明 adv 变量未通过 ADF 检验、IPS 检验和 LLC 检验，res 变量未通过 LLC 检验（见表 3-21）。一阶差分后，对变量进行检验，TFP 变量通过检验，res 变量和 adv 变量未通过相关检验，但通过了 Kao 和 Pedroni 协整检验，即各变量通过了平稳性检验。至此，将一阶差分数据代入 PVAR 模型中进行实证研究。

表 3-21　单位根检验结果

检验	ADF 检验				IPS 检验值	LLC 检验值	结论
变量	P	Z	L*	Pm	t 值	t 值	
TFP	24.757***	-3.602***	-4.016***	5.414***	-2.906***	-3.078***	平稳
adv	7.724	0.452	0.405	0.497	0.237	-1.208	不平稳
res	22.994***	-3.1276***	-3.629***	4.905***	-2.414***	2.349	不平稳

检验	ADF 检验				IPS 检验值	LLC 检验值	结论
变量	P	Z	L*	Pm	t 值	t 值	
dTFP	26.766***	-3.6072***	-4.285***	5.994***	-3.4992***	-1.700**	平稳
dadv（通过协整检验）	6.2722	-0.4513	-0.439	0.078	-2.918***	-0.348	平稳
dres（通过协整检验）	5.8597	-0.4285	-0.395	-0.040	-3.200***	0.753	平稳

注：*、**、*** 分别表示在 10%、5%、1% 置信水平上拒绝原假设。

3.3.3.4　最佳滞后期选择

在使用广义矩估计方法之前，需确定 PVAR 模型最优滞后阶数，以确保参数估计的准确性。运用 stata16 软件，采取 MBIC 准则、MAIC 准则和 MQIC 准则来确定 PVAR 模型最佳滞后阶数。如表 3-22 所示，在这三个准则下，对全要素生产率、产业结构高级化和产业结构合理化三者之间的互动关系进行分析最佳滞后阶数均为 1 阶，因此构建一阶 PVAR 模型进行研究。

表 3-22　MBIC、MAIC 和 MQIC 准则测量结果

Selection Order Criteria for Panel VAR			
lag	MBIC	MAIC	MQIC
1	-29.81226*	-12.14145*	-16.82952*
2	-12.58952	-3.165092	-5.665396
3	-4.852101	-1.31794	-2.255554

注：* 代表最佳滞后阶数。

3.3.3.5　面板向量自回归 GMM 估计结果

使用动态面板广义矩估计方法（GMM）对模型进行进一步检验，并设定 dTFP、dres、dadv 为内生解释变量。系统 GMM 参数估计结果见表 3-23。

表 3-23　系统 GMM 参数估计结果

被解释变量	解释变量	系数/P 值	z 值
dTFP	L1_dTFP	-0.1258***	-2.80
	L1_dres	-0.3784**	-2.21
	L1_dadv	0.5511	1.35

被解释变量	解释变量	系数/P 值	z 值
dres	L1_dTFP	-0.0457 ***	-4.15
	L1_dres	0.4498 ***	12.48
	L1_dadv	0.9997 ***	2.13
dadv	L1_dTFP	0.0166	1.16
	L1_dres	0.0628 **	1.84
	L1_dadv	0.7709 ***	6.94

注：*、**、*** 分别表示在 10%、5%、1%统计水平上显著。

　　片区技术更新周期长，经济增长存在约束，资源与经济增长之间存在"路径依赖"和"资源依赖"等困境。随着环境约束和资源约束的加强，片区农村产业结构发展较为单一，产业发展乏力。区域高质量发展背景下，传统的投资拉动型、粗放型的产业生产模式已难以为继。产业结构调整可以通过要素禀赋重置、产业技术溢出以及分工专业化等多种途径对全要素生产率产生正向影响。着力抢抓新一轮技术更新和农村产业转型战略是片区提升全要素生产率的关键。产业结构合理化对全要素生产率提升具有积极作用，脱贫攻坚时期和全面推进乡村振兴战略阶段，片区农村地区产业发展和传统产业转型升级往往伴随政府的有效规划和政策引导，良好的政策氛围对维持健康的市场竞争环境和优化资源配置、产生规模经济与集聚效应、促进要素的合理流动与有效利用具有重要指引作用，能减少资源错配机会，使一二三产业间产业结构布局合理、资源得以有效利用，促进全要素生产率提高。

　　全要素生产率对产业结构的合理变动具有正向积极影响。片区产业发展基础设施落后，产业发展过程中伴随资本、劳动力和技术集聚时，资本聚集能够优化资源配置，产生产业结构升级、产业结构合理化的连带效应，促使片区资源禀赋从生产率较低部门转移至生产率较高部门，促进产业结构的合理调整。全要素生产率提升能够为产业结构优化提供动力。产业结构高级化对产业结构合理化存在一定抑制作用，可能原因是片区较多关注高新技术产业发展，对辐射带动就业能力强、覆盖面广的益贫性产业关注较少，使得资源在配置的过程中没能打破原有的低级均衡状态，造成"低端锁定"现象。

　　产业结构高级化对产业发展具有促进作用。产业结构合理化对产业结构高级化呈现抑制作用，可能的原因在于，一方面，连片特困地区产业普遍具有"多散弱小"等特征，鼓励发展劳动密集型产业，高新技术产业发展基础薄弱，兼顾"老弱病残"群体的就业能力，致使资源要素不能及时转移至新兴产业中去，过分强调短期稳定而忽视长期发展需要，可能会暂时延缓某些具有前瞻性产业的高级化进程。另一方面，在劳动资源重新分配的过程中，片区未能从根本上减少对传统资源的依赖，未能有效突破原有的低端平衡状态，进而也未能有力地驱动产业升级向更高端领域迈进，致使产业结构转型升级与要素之间存在错配现象，抑制了片区内产业结构转型升级。

3.3.3.6　脉冲响应结果分析

为更加细致的探究产业结构优化与区域全要素生产率间的动态相互关系及时滞效应，PVAR 模型的脉冲响应函数（IRF）直观刻画内生变量对于误差项变动响应特性的工具，具体展示当扰动因素遭受一个单位标准差的突发性变化时，这一变动如何在即时及未来各个时点上逐期影响内生变量值的过程与幅度[①]。在进行脉冲响应函数预测分析时，为保证分析结果的稳健性，对 stata 16 命令程序进行 300 次蒙特卡洛（Monte-Carlo）模拟，模拟的时间跨度为 0~10 期，旨在全面捕捉变量响应随时间演变的全貌。图 3-4 显示样本区域脉冲响应结果具有良好的收敛性。水平轴代表滞后期数（10 期），垂直轴代表内生变量对冲击的反应程度。中间线显示各影响因素受到冲击时的振幅，上下虚线为蒙特卡洛 95% 置信区间的上下限，以进一步验证结果的统计显著性与稳定性。值得注意的是，产业结构合理化数值越大产业结构越不合理，即产业结构合理化被视为负向指标。

产业结构合理化、全要素生产率受到产业结构高级化冲击的脉冲响应。在产业结构高级化冲击下，产业结构合理化未立即作出响应，在第 1 期时正响应达到最大值，随后开始减弱直至消失，显示出明显的滞后性。面对产业结构高级化的冲击，全要素生产率同样未立即响应，第 1 期的正效应达到最大值，但未突破 0.01。表明产业结构高级化对全要素生产率的提升具有促进作用，但其效果不明显且持续时间较短，这与特殊类型地区的经济发展实际相符。

产业结构高级化、全要素生产率受到产业结构合理化冲击的脉冲响应。

---

① 魏下海：《贸易开放、人力资本与全要素生产率的动态关系——基于非参数 Malmquist 指数与 VAR 方法》，《世界经济研究》2009 年第 3 期。

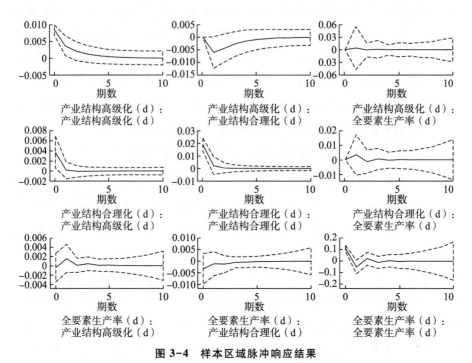

图3-4 样本区域脉冲响应结果

注：产业结构高级化（d）、产业结构合理化（d）、全要素生产率（d）表示一阶差分。上下虚线为95%的置信区间。

产业结构高级化在受到产业结构合理化冲击时开始产生负向作用，在第1期上升至零点附近，随后趋于稳定，表明产业结构合理化对产业结构高级化的负向影响持续时间较短。调整和优化产业结构以确保各产业间资源分配的均衡与协调，是实现资源优化配置和产业间协同效应的关键。在产业结构合理化对全要素生产率的冲击下，初始未见响应，随后出现负效应。在第1期时，负效应最明显，随后开始向0值上下浮动，显示出滞后性且持续周期较短。

产业结构高级化、产业结构合理化受到全要素生产率冲击的脉冲响应。产业结构高级化受到全要素生产率冲击时开始产生负响应，随后逐渐上升至第1期达到最大值，第2期递减至0值上下波动，全要素生产率推动区域产业结构高级化演变的作用不稳定。全要素生产率对产业结构合理化冲击时产生正响应，并且延续至第二阶段，之后逐渐趋近零值。

各变量自身脉冲响应分析。在自身冲击下，产业结构高级化产生正效应，随后逐渐减弱至第 4 期趋于稳定。产业结构合理化在 0 至 1 期为正效应，之后趋于 0。全要素生产率面对自身冲击时也会有正响应，但在第 1 期转为负效应，随后在第 3 期趋于 0。这些结果揭示了各变量间复杂的相互作用关系，为深入理解特殊类型地区的产业结构与全要素生产率之间的动态关系提供了科学依据。

3.3.3.7　PVAR 模型稳健性单位圆分析

采用 PVAR 模型生成自回归（AR）根轨迹图。当 AR 根轨迹图中的所有点均落于单位圆之内，且所有根的模的逆值都不超过 1 时，可确认该模型是稳定的。根据稳定性检验结果可知，所有单位根均落在圆周以内，这有力地证实构建的 PVAR 模型稳定性良好（见图 3-5）。

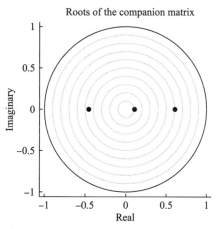

图 3-5　PVAR 模型的 AR 根轨迹图

3.3.3.8　变量方差分解

由于全要素生产率、产业结构高级化与产业结构合理化方差贡献度波动至第 8 期趋于稳定，研究选取第 0、1、2、4、6、8 滞后区间进行变量方差分解（见表 3-24），分析三者之间相互贡献的程度，区域全要素生产率、产业结构高级化与合理化的贡献度主要来自自身。对于全要素生产率提升的贡献度看，产业结构高级化对全要素生产率提升的贡献度大于产业结构合理化。对全要素生产率进行方差分解，其贡献度主要来源于自身，在滞后 1 期时最大值为 1，随后逐渐递减至滞后 8 期的 0.9976，自身贡献度仍然占据主导地位。产业结构高级化和产业结构合理化在第 2 期对全要生产率贡献度分别为 0.0014 和 0.0008，滞后 8 期的贡献度分别为 0.0014 和 0.0009，两者随滞后期数的增加对全要素生产率提升的促进效果不明显。对于产业结构高级化进行方差分解，在滞后 8 期时仍然达到 0.8370，贡献度主要来自自身。全要素生产率对产业结构高级化的贡献率由滞后 1 期的 0.0021 增加到第 8 期的 0.0282，贡献度明显增加。产业结构合理化对产业结构高级化的贡献度随着期数的增加逐渐减弱，由滞后 1 期的 0.1705 逐渐递减至滞后 8 期的 0.1346，并且存在明显的滞后阶数。产业结构合理化方差分解显示，贡献度主要来自产业结构合理化自身，其自身贡献度的影响由滞后 1 期的 0.9696 逐渐递减至滞后 8 期的 0.8189。全要素生产率对产业结构合理化的贡献度由第 1 期的 0.0303 上升至第 8 期的 0.0325。产业结构高级化对产业结构合理化的贡献度由第 1 期的 0 增加至第 8 期的 0.1484，贡献度增加特别明显，并且随着期数的增加贡献度明显上升。

表 3-24 变量方差分解结果

解释变量	期数	被解释变量		
		dTFP	dadv	dres
dTFP	0	0	0	0
dadv		0	0	0
dres		0	0	0
dTFP	1	1	0.0021	0.0303
dadv		0	0.8273	0
dres		0	0.1705	0.9696
dTFP	2	0.9977	0.0277	0.0301
dadv		0.0014	0.8281	0.0886
dres		0.0008	0.1440	0.8811
dTFP	4	0.9976	0.0281	0.0323
dadv		0.0014	0.8359	0.1406
dres		0.0009	0.1358	0.8270
dTFP	6	0.9976	0.0282	0.0325
dadv		0.0014	0.8369	0.2193
dres		0.0009	0.1348	0.8199

解释变量	期数	被解释变量		
		dTFP	dadv	dres
dTFP		0.9976	0.0282	0.0325
dadv	8	0.0014	0.8370	0.1484
dres		0.0009	0.1346	0.8189

3.3.3.9　格兰杰因果检验

如表 3-25 所示，采用格兰杰因果检验作为分析工具，进一步对其在产业结构高级化、产业结构合理化以及全要素生产率之间的因果关系进行深入探究，可知产业结构高级化与产业结构合理化互为因果关系。该结论与GMM 参数估计结果、脉冲响应和方差分解的结果是一致的。

表 3-25　格兰杰因果检验结果

	被解释变量	解释变量	chi2
三大片区	dTFP	dres	0.012
		dadv	0.206
		ALL	0.450
	dres	dTFP	0.048
		dadv	4.031**
		ALL	4.128
	dadv	dTFP	1.199
		dres	4.439**
		ALL	4.511

综合分析片区全要素生产率与产业结构优化的互动关系，产业结构优化与全要素生产率之间存在相互促进的关系。产业结构合理化对全要素生产率的推动作用优于产业结构高级化，全要素生产率对产业结构合理化的正面影响也大于对产业结构高级化的影响。长期来看，区域全要素生产率的提升在受到产业结构合理化的正向冲击后，将对产业结构高级化产生持续的正向影响，进一步推动区域全要素生产率的提升。

第4章 益贫性产业结构调整与区域扶贫开发的互馈协变

4.1 空间生产改善与产业结构优化的协同互促

4.1.1 空间生产改善支撑全域发展质量提升

连片特困地区地理位置不同、自然禀赋差异、贫困程度不同、产业结构发展滞后，是巩固拓展脱贫攻坚成果的主战场和实现乡村全面振兴的重点区域。片区乡村发展面临"边缘化、脆弱化、衰败化"等突出问题，主要原因是片区乡村发展过程中政策、经济、社会要素缺乏或匹配失衡，重构片区乡村发展格局是巩固拓展脱贫攻坚成果向乡村振兴战略转型的关键环节和重要任务。脱贫攻坚是面向贫困区域、乡村和农民的聚焦性战略选择，是推动片区空间重构的基础，乡村振兴战略直指脱贫攻坚战略延伸上的空间再生产，是解决新时代区域发展不平衡不充分问题的战略抉择，二者在时间上具有顺承性、空间上具有互补性。空间生产是一个打破原有政策、经济和社会单一空间形态，对空间结构关系进行重组与整合的过程。马克思把空间看作所有人类活动和生产的必要条件[①]，列斐伏尔在马克思主义的基础上强调"空间的生产"，认为空间是一种特殊产品，每个特定的时期都会生产属于自己的"空间模式"，提出空间实践、空间表征和表征空间等三重空间。

4.1.1.1 脱贫攻坚与乡村振兴战略实施推进片区空间生产提质增效

促进区域协调发展是区域高质量发展的主基调。新时期连片特困地区夯

---

① 《马克思恩格斯文集》（第五卷），人民出版社，2009，第875页。

实脱贫攻坚成果与全面推进乡村振兴是后脱贫时期片区发展的重要政策"方向标"。脱贫攻坚和乡村振兴时间上不仅顺承，空间上也是高度重叠。区域经济学中的空间被视为一种生产资源，在片区脱贫攻坚与乡村振兴产业结构优化中承担重要角色。"脱贫攻坚"围绕片区内贫困问题展开，而"乡村振兴"的目标是实现乡村整体发展、实现共同富裕。扶贫开发是中国特色社会主义实现减贫脱贫、提高区域乡村人民生活水平和实现共同富裕的重要途径[①]。空间社会学视角下区域范围内空间生产改善是一项囊括政治、经济和社会等多层面的综合实践。片区空间结构重组分为制度空间、经济空间和社会空间等三方面的重构。空间结构重组是脱贫攻坚与乡村振兴的重要抓手。厘清片区空间结构从脱贫攻坚到乡村振兴过程的变化，有助于片区促进区域乡村振兴、推动区域高质量发展和实现共同富裕。

1. 片区制度空间生产改善：从脱贫攻坚到乡村振兴

制度空间指的是政府根据片区发展现实形成的空间，通过方针政策抉择、制定、设计和规划等多种形式，将空间生产的决策和意识体现出来，主导着经济空间和社会空间生产，是进行空间生产的途径[②]。精准扶贫是国家对贫困人口强干预和调控的一揽子系统性工程。政策制度是区域内生产与再生产的正当性依据，政治高位推动贫困乡村经济、社会空间发生重构，增强贫困区域内生发展动力和对外开放新格局，推动片区生产生活持续向好发展。《乌蒙山片区区域发展与扶贫攻坚规划（2011—2020 年）》指出，乌蒙山片区空间布局按照不同功能区域分为重点开发区、农业生态区和生态保护区，实行差异化产业发展战略。《中华人民共和国国民经济和社会发展第十四个五年规划和 2035 年远景目标纲要》提出，支撑特殊类型地区加快发展，加大金融支持力度，实现巩固拓展脱贫攻坚成果同乡村振兴有效衔接。[③] 另外，"脱贫攻坚"转向"乡村振兴"过程中，国家层面的帮扶机构也从最初的国务院扶贫办转向国家乡村振兴局，最后并入农业农村部等一系列组织机

---

① 王禹潇：《共同富裕与中国特色反贫困理论对西方减贫理论的超越》，《中共中央党校（国家行政学院）学报》2022 年第 2 期。
② 高慎香、仇凤仙：《乡村产业振兴的空间生产解析——基于 W 市 T 镇经验研究》，《山东农业大学学报》（社会科学版）2023 年第 2 期。
③ 《中华人民共和国国民经济和社会发展第十四个五年规划和 2035 年远景目标纲要》，https://www.gov.cn/xinwen/2021-03/13/content_5592681.htm，最后访问日期：2024 年 5 月 17 日。

构创新，"部局融合"有利于理顺职责、形成合力，统筹农业农村产业结构、资源和生产空间配置，加速推进乡村全面振兴和建设现代化农业强国。创新性的制度或组织结构设计与实施，优化空间生产方式，如片区倾斜政策、基础设施建设、要素资源投入、生态环境保护、特殊优势产业发展等，促进区域均衡发展，实现片区乡村全面振兴。国家制度战略支持驱使片区制度空间的生产，片区内生动力和外在拉力作用所掌握的意识形态和知识表象化介入并改变空间结构①。不同阶段制度空间重组会导致空间结构的重塑，具体表现为要素、资本和产业结构活动在空间中属性的改变，并体现在外部连接、空间结构和空间形式上②。制度的实施作用于片区产业空间生产，在内生和外在动力的驱使下重组片区制度空间，制度空间触发塑造空间发展轨迹。

2. 片区经济空间的生产优化：从脱贫攻坚到乡村振兴的无缝衔接

经济空间重构是缩小贫富差距的具体举措之一，有助于获得公平正义的发展机会③。产业结构优化是片区空间生产改善的表征，具体表现为产业结构多样化、合理化、专业化和高级化。产业结构代表一个片区内产业基础生产要素分布，是片区实现资源配置、资源增值的载体④。2018 年，片区第一二三产业总值分别增加 7.79%、6.06%、10.12%，第三产业增速较第一二产业较快，且第三产业总值最大，产业结构高级化和合理化凸显，空间形态和构造在经济空间实践中发生了重大变化。产业发展是片区农村巩固拓展脱贫攻坚成果和全面推进乡村振兴的核心动力。罗霄山区通过区域发展与扶贫规划扩大诸如蜜橘、茶叶、白莲、甜叶菊、蔬菜及中药材等具有地方特色的农产品生产规模和建设特色农业基地，努力构建发展平台多样化、产品多样化和品牌多样化格局，提升龙头企业联农带农水平。强力推动油茶、毛竹、苗木花卉等特种林业产业发展以及林下经济蓬勃兴起，并着重扶持油茶示范县的建设。积极申报国家农产品地理标志，提升产品的市场竞争力与品牌影响力。大兴安岭南麓山区因地制宜发展绿色生态农业、特色养殖、农产品加工

---

① 刘少杰主编《西方空间社会学理论评析》，中国人民大学出版社，2020，第 266 页。

② 周敏、黄亚平、林凯旋：《制度影响下大城市制造业空间演化机制研究—基于新制度经济学视角》，《城市问题》2020 年第 11 期。

③ 李军、蒋焕洲：《经济空间重构：传统村落旅游利益分配正义的西江样本》，《中南民族大学学报》（人文社会科学版）2020 年第 4 期。

④ 张振、赵儒煜、杨守云：《东北地区产业结构对区域经济韧性的空间溢出效应研究》，《科技进步与对策》2020 年第 5 期。

及庭院经济等特色产业模式，促进脱贫人口稳定脱贫。迈入乡村振兴阶段，各级政府仍然持续聚焦并强化乡村产业，推动其转型升级，从扩量到提质，使之成为农民持续增收的稳定来源。具体措施包括：农业上改造升级传统耕作技术，扩大优质水稻等粮食作物种植，调整经济作物结构；扩大中药材、蔬菜、食用菌及瓜果等优势经济作物的区域，扩展棚膜养殖与发展庭院经济。畜牧业上扩大"两牛"养殖规模，建立绿色奶源与肉牛养殖基地；促进猪、鸡等常规畜禽业及鹿等特色养殖的适度规模化经营。

空间是被有意识地创造建构出来的，属于社会实践产物，片区产业与产业振兴在片区空间生产过程中相互作用[①]。片区生产依托特色资源优势推进产业融合发展，发展乡村旅游、红色旅游、生态旅游等多样化旅游新业态。重构片区农村产业发展趋势的新型产业空间结构，建构"多维一体"的农村产业经济结构。片区内以经济空间生产为中心的乡村产业空间生产，既加强了制度空间的集聚，又为社会空间生产提供了经济基础。新的经济空间通过资本连接供需关系，本质是由人与人内在联系所生成的新社会关系空间[②]。

3. 片区社会空间生产重构：从脱贫攻坚到乡村振兴深度探索

社会空间是社会结构在空间中的映射，也是人们在活动过程中组成团体与活动的社会范围。通过以片区为基本单元的精准施策，贫困地区不仅获得物质资源的输入，更重要的是激发社区内部的凝聚力与创造力。依据《中国农村贫困监测报告》统计数据，2013~2020 年连片特困地区的自然村通公路、通电话的农户比重、能接收有线电视的信号、进村主干道路硬化的农户比重均超过 99%，居住竹草土坯房农户和炊用柴草农户比重分别下降了 6.6% 和 28.2%，独用厕所和使用净化自来水农户比重分别提高了 5% 和 33%。片区农村常住居民可支配收入从 2013 年的 5956 元增长到 2019 年的 11443 元，平均年增长率为 11.97%。从脱贫攻坚转向乡村振兴，关键在于依托产业帮扶，深度融入乡村社会，驱动治理结构变革。通过产业带动与利益联结机制，增强脱贫人口能力素质，同步优化政策、经济空间布局，重建乡村治理框架。契合 2035 年远景目标，实现农业农村现代化、片区农村社

---

① 黄剑锋、陆林：《旅游业"新常态"：空间生产与空间重构的新动力》，《南京社会科学》2015 年第 6 期。

② 鲁品越：《从经济空间到文化空间的生产——兼论"文化-科技-经济"统一体的发展》，《哲学动态》2013 年第 1 期。

会结构改变的同时，乡村产业、环境、基础设施建设、教育和文化在很大程度上发生调整，进而影响"制度空间、经济空间和社会空间"的整体布局。"三大空间改善"一方面巩固拓展脱贫攻坚成果，另一方面奠定乡村振兴基础，而片区居民是从脱贫攻坚到乡村振兴的主要参与者和享有者，其原有的社会空间结构特定属性被打破，涵盖了连片特困地区居民的居住、养老、空间和生产劳动空间。战略的转变是一个社会空间生产从"有"到"优"，从单一到多元，从物质到精神的全面跃升。片区社会空间生产重构是探索中国特色社会主义乡村振兴道路的重要途径，尊重乡村发展规律，创新社会空间治理模式，实现经济、社会、文化、生态的和谐共生，最终构建充满活力、公平正义、可持续发展的乡村社会新图景。

4.1.1.2 空间生产改善支撑片区脱贫攻坚与乡村振兴战略顺利实施

片区空间生产改善作用于脱贫攻坚和乡村振兴全过程，表现为片区制度完善、产业结构升级和人居生活质量提高，三者以产业发展为主导构成多元复合"三维空间"。制度空间、经济空间和社会空间重构为产业兴旺奠定基础。产业兴旺是承接巩固拓展脱贫攻坚、全面推进乡村振兴的核心支撑，片区产业结构优化是片区空间生产方式改善的表征。从脱贫攻坚到乡村振兴的过渡，产业结构趋于合理，同时片区空间生产改善涵盖政府、企业、社会组织和公众多方参与，跨区域合作与政策协同，表现为区域协调发展的整体性、政策需求驱动性，倒逼政策制度逐渐完善。空间重构过程中伴随着片区内土地、劳动力、资金等生产要素及其组合状态在作用路径上发生不同程度的改变，这种改变促使要素发生优化组合机会的出现。如罗霄山区加快国家高速公路、国家铁路等重大工程建设，加强与中西部和东南沿海城市的交通运输通道建设，促进邻近区域要素集聚、市场整合。突破制度壁垒，兼顾制度与市场的双重影响，助推产业发展中要素组合优化，释放片区产业发展潜能，推动片区产业合理化和高级化水平，与益贫性产业专业化和多样化高度契合，实现片区益贫性产业结构优化和产业振兴。

产业兴旺是乡村振兴的基础和关键，片区乡村生产空间是产业振兴的空间集合体，稳定有序的空间集合体是全面实现产业振兴的基础保障[①]。伴随

---

① 张其仔、伍业君：《乡村振兴与脱贫攻坚衔接的理论基础及实现路径——基于产品空间理论的产业发展视角》，《江西财经大学学报》2022年第1期。

脱贫攻坚取得决定性胜利，乡村振兴战略的实施要求空间生产改善进入新的发展阶段——促进产业空间的优化与重组，推动产业结构升级。乌蒙山区区域通过对农业、工业、旅游业与民族文化产业和现代服务业改造升级，发展循环经济，加快片区经济发展，助推乡村振兴。生产效率提升是产业结构迭代升级的关键，以合理规划产业布局、引导资源高效配置、形成特色产业集聚区为抓手提高空间效率，激发乡村经济的内生动力和提升片区经济社会竞争力。辩证看待要素禀赋比较优势和潜在后发优势，通过合理的制度干预匹配合适的产业结构，倚重持续演进升级的产业结构这一关键平台与载体，加速构建起完善的现代化产业体系，推动产业实现高品质的发展跃升，最终实现产业振兴的目标①。片区空间生产是产业兴旺的过程，也是实现产业振兴的重要途径，更是推进乡村全面振兴的关键支撑。

合理的空间规划，能够促进城乡融合发展，改进要素禀赋结构，打破城乡二元经济壁垒，推动城乡要素自由流动②。城市技术、资本等高级生产要素向片区农村区域渗透，使片区空间体系结构发生根本性改变，乡村产业生产效率在技术、资本等高级要素渗透下得到显著提高，发展要素聚集与产业集群，基础设施逐步改善、区域发展趋于均衡、消费成本显著降低、就业机会明显增加，产业结构升级向低碳、绿色方向转型，保障经济可持续发展的同时提升人民生活质量，促进乡村振兴战略在片区农村扎根，推动片区从脱贫攻坚到乡村振兴蝶变。

4.1.2　空间生产改善与产业结构优化互促互益

空间生产通过改善片区内制度空间、经济空间和社会空间环境，支撑产业结构优化升级。片区产业结构优化通过改善空间生产结构，提高产业生产效率和竞争力。优化片区生产空间，有利于片区形成生产、生态和生活相协调，以及社会效益、经济效益和生态效益相统一的发展格局。

4.1.2.1　空间生产改善促进产业结构优化

空间生产是指在特定区域空间内，通过人为组织、调整使空间结构发生

---

① 徐鹏杰、杨宏力、韦倩：《我国共同富裕的影响因素研究——基于现代产业体系与消费的视角》，《经济体制改革》2022 年第 3 期。

② 王志章：《连片特困地区空间生产与城乡一体化的理论逻辑》，《吉首大学学报》（社会科学版）2017 年第 3 期。

改变的过程。片区空间生产从有为政府、有效市场和有爱社会等三个视角出发倒逼片区空间结构发生嬗变，形成片区经济大格局，推动产业迭代升级。益贫性产业发展是空间生产—生活—生态改善的表征，是实现"脱贫攻坚"与"产业兴旺"良性互动的重要途径，片区益贫性产业发展有利于脱贫攻坚成果与产业振兴互相促进，提高片区资源配置效率①。

1. 制度空间生产改善为产业结构优化提供环境保障

制度空间会对片区发展周期、动力机制和空间全景呈现产生深远影响。政策变化是片区空间重构现象的重要诱因之一，公平、高效的制度空间环境为片区产业结构优化和经济长期繁荣奠定了坚实基础。政策作用于片区产业结构以产业政策形态表现，产业政策对产业结构优化升级的影响建立在市场化的基础之上并取决于地方政府效率②。充分发挥市场机制在特殊类型地区资源配置中的决定性作用，构建生产要素自由流动和平等参与市场竞争的制度环境尤为重要。片区政府合理利用自身组织协调能力，对片区内资源不协调、信息不对称、市场不完全等问题进行纠偏，降低市场失灵风险，实施差别化产业发展政策，提高益贫性产业要素输出效率。在土地、投资、劳动力和信贷等方面给予政策倾斜，支持片区扶贫龙头企业与农民专业合作社组织有效衔接，积极引进科技水平高、综合实力强的加工企业，推进资源整合和企业技术改造升级。结合产业结构调整就业结构，提高第二三产业的就业比重，有序推进农村劳动力向城镇转移。益贫性产业作为巩固脱贫攻坚与产业发展良性互动的关键，生产过程中具有高附加值、技术聚集和资本聚集等特征。大力推进片区生产力布局调整和产业结构优化升级，促进区域协调发展和技术转移与创新，强化政策编制、资源整合、平台搭建和服务完善等方面的保障作用③，助推片区益贫性产业良性发展。在片区农村范围内进行广泛的实用技术培训，助力农户掌握农机、种植和养殖等实用技术的培训，提高农户生产技能水平，促进片区农业产业质量提升和效率转化，使益贫性产业在连片特困区具有广阔的发展空间和可持续发展的益贫能力。

① 郑瑞强：《新时代推进乡村益贫性产业发展的学理阐释》，《内蒙古社会科学》2021年第4期。
② 吴义爽、柏林：《中国省际营商环境改善推动地方产业结构升级了吗？——基于政府效率和互联网发展视角》，《经济问题探索》2021年第4期。
③ 曹康、刘梦琳：《空间生产视角下特色小镇发展机制研究——以杭州梦想小镇为例》，《现代城市研究》2019年第5期。

2. 经济空间生产改善为产业结构优化提供要素条件

经济空间生产改善是多种因素长期共同作用的结果，包括自然条件、区位、规模经济、外部经济、分工与专业化等因素。片区资源要素禀赋与产业结构转型相互影响，乡村产业发展与区域要素禀赋动态协调是产业兴旺的关键。依据资源配置理论，片区资源要素总是从生产效率较低的部门或区域流向生产效率较高的部门或区域。益贫性产业以集约、高效、加快经济增长等为特征，一方面在政策指导下促进片区资源禀赋向益贫性产业聚集，另一方面益贫性产业与片区经济发展规划统筹，促进产业发展与资源环境相协调、与脱贫攻坚相结合，推动区域经济又好又快发展，形成互促互益的片区经济发展格局。如大兴安岭南麓山区统筹规划产业园区建设、支持国家级和省级开发区适当扩大空间生产，积极承接"哈大齐工业长廊"及周边大城市产业转移，推进跨省跨区产业合作。有效市场是经济空间中的基本组成部分和动力，是经济活动的主要场所。有效市场为片区提供公平竞争的环境，使供需双方能够在平等的条件下进行交易，市场化手段有利于实现资源的合理分配与充分利用，片区企业将会重新权衡边际投入与产出，加大科技型要素投入，减少资源型要素投入，在提升地区生态效率的同时提升企业全要素生产率[1]，推动第一二三产业迭代升级，为片区产业结构转型升级提供产业基础，建立良好的生态产业体系，提升区域产业核心竞争力，实现经济效益的最大化。再如大兴安岭南麓山区兴安盟，构建农牧民利益联结机制、建设扶贫车间、发展产业化联合体，为当地农牧产业发展和产业扶贫提供要素条件和外部环境。鼓励采取"企业+基地+农户"的发展模式，运用产业带动策略，通过签订市场导向的农产品收购协议等方式，有效提升脱贫农户的经济收入，实现减贫增收与产业兴旺的有机结合。经济空间生产的合理布局有助于缓解区域发展不平衡问题，通过构建合理的城市体系和产业布局，不同区域可以依据自身的资源禀赋和比较优势发展特色经济，形成互补而非同质化的产业结构，进而促进片区范围内产业结构的整体优化。

3. 社会空间生产改善为产业结构优化提供发展空间

片区空间结构是片区社会结构在空间上的映射，是不同社会阶层在居住

---

[1]　王圣云、韩亚杰、任慧敏、李晶：《中国省域生态福利绩效评估及其驱动效应分解》，《资源科学》2020 年第 5 期。

空间选择上的表现形式,个体因素、家庭差异和地区分化相互作用形成特定的空间结构推动片区社会空间结构持续演化①。产业结构变化与人口变化共同作用于片区社会空间结构。乌蒙山区围绕"八要素"、落实"五个三"和"六个转变"发展乡村产业;罗霄山区将民生工程转变为民心工程、变"输血式"扶贫为"造血式"脱贫、"志智双扶"提升片区人口质量和素质,推行"产业扶贫信贷通"融资模式支持助力产业发展;兴安盟围绕兴产业、促就业、带民富的要求以及快速变化的区域资源要素禀赋,持续推进区域产业转移承接、转型升级与业态更迭,大力推进区域性经济结构调整,实施大规模、区域性、产业化连片开发。物理空间的优化调整有助于优化经济空间结构的整体布局,助推片区农村居民社会空间与经济空间相互嵌套,形成稳定的空间格局体系,为产业结构优化向农村延伸提供发展空间。至 2020 年底,连片特困地区农村贫困人口全面脱贫,区域性整体贫困得到根本解决。片区农村迎来新的历史变化,社会关系发生改变,引发片区农村原居民社会空间的变动,改善交通、社会治安等公共服务,为片区从脱贫攻坚到乡村振兴战略转变提供发展空间,为片区益贫性产业发展提供社会基础。乡村产业结构合理化与高级化水平提高,变换生计策略并使之与发展环境相匹配,片区贫困人口会相应做出生计响应,多维提高收入水平,推动片区产业结构迭代升级。调整市场空间,打破城乡二元结构,推动构建新型城乡关系,促进劳动力、土地资金等生产要素的自由流动,影响组成经济空间的要素得以重组,拓宽和延伸经济空间②,为产业结构优化提供条件。

4.1.2.2 产业结构优化加速空间生产改善

推进区域供给侧结构性改革,促进区域产业结构转型升级,鼓励技术进步和科技创新,发展片区现代农业、农产品加工业、服务业,实现片区产业结构的优化升级③。制度、经济、社会在其中不断"正向"作用于产业发展,片区产业结构对制度、经济、社会空间有一种"反作用力",表现为对制度空间的完善、经济空间的促进和社会空间的拓展。益贫性产业兼顾"正

---

① 冯健、钟奕纯:《北京社会空间重构(2000-2010)》,《地理学报》2018 年第 4 期。
② 郭明飞、向继友:《"双循环"新发展格局下巩固拓展脱贫攻坚成果的实施路径——基于经济空间视角》,《经济体制改革》2021 年第 6 期。
③ 郭振、刘晓娟:《供给侧结构性改革推进东北地区产业结构调整》,《哈尔滨商业大学学报》(社会科学版)2017 年第 1 期。

向作用力"和"反向作用力"。以益贫性产业为主导的高端制造业在结构优化的同时，兼顾低级要素排斥的特点。片区兼顾"老弱病残"群体和"多散弱小"产业。益贫性产业结构优化直接作用于片区贫困人口和弱势产业，看似直接导致就业和产业发展机会减少，但是间接地在很大程度上为益贫人口和产业的发展提供了较多便利，这种"隐性利益"表现在益贫性产业结构发展促进片区经济收入增长，增强区域财政性收入，为片区二次分配和再次分配提供良好的经济基础，区域政府转移支付增加，推进落实区域产业发展的财政和金融政策，提高片区居民生活质量，对于片区空间重构具有"正向作用"。另外，产业结构具有高级化、专业化、多样化和合理化等特征。片区产业结构高级化和专业化为片区"老弱病残"群体和弱势产业提供就业空间和发展动力，而产业结构多样化和合理化为片区"多散弱小"产业转向规模化、专业化、集约化生产提供发展空间，如片区发展国家地理标识农产品，同时，产业结构多样化作用于片区"土特产"产业发展，扶持弱势产业的同时带动片区脱贫人口就业，增加片区居民劳动性收入，提高经营性收入比例。产业结构和空间生产形成"互促互益"格局，不断吸纳弱势群体和支持片区地方产业，为乡村振兴不断开拓新的"蓝海空间"。

4.2　产业结构优化的"空间重构"益贫机理

从空间中的生产转向空间本身的生产，脱贫攻坚和乡村振兴战略的实施改变着传统的社会经济形态和空间生产。稳定脱贫，决胜脱贫攻坚，产业兴旺，推进乡村振兴，既着眼建档立卡贫困人口生计可持续发展与群众持续增收的瓶颈约束破解，又长远谋划城乡融合背景下乡村产业高质量发展和乡村治理水平现代化，以更好地解决乡村发展不平衡不充分问题和不断满足人民日益增长的美好生活需要。结合扶贫开发过程中逐步形成的新时代扶贫开发的全域空间协调发展思想，通过拓展新空间培育发展新动力、利用发展新动力开拓更广新空间，稳定脱贫需要贫困人口生计空间与区域发展空间协同耦合；考虑乡村产业发展过程中核心支撑要素不断升级带来的发展张力，结合传统产业同质化竞争严重、科技创新不足、融合水平不高等低水平发展带来的结构性发展困境，产业兴旺需要转变传统经验主义发展模式，在更高层次、更广领域的异质空间融合中推进要素组合优化驱动基础上的高质量发展。空间重构是脱贫攻坚和乡村振兴的重要抓手，只有生产出一个合适的空间，才能使人们的生活方式得到改变，换句话说，要改变贫困人口生计脆弱性特征和促进乡村产业振兴，空间重构同样可以作为稳定脱贫和产业兴旺的重要途径。强化稳定脱贫与产业兴旺同频共振，关联分析稳定脱贫和产业兴旺，应坚持把产业扶贫作为脱贫根本之策，认同畅通要素交流、促进要素增益是产业高质量发展之基的发展理念，关键在于深刻揭示脱贫人口生计要素变化逻辑与驱动机制，并基于比较优势视角解构产业发展与区域要素禀赋互动关联，尤其是要关注益贫性产业结构优化升级与居民生计方式转型之间的联动发展问题。

4.2.1 脱贫人口生计空间与区域发展空间匹配协同

要实现精准扶贫基础上的稳定脱贫，需要着力于打破传统发展空间束缚，强化区域自然、社会与经济空间协同，以及区域整体空间和贫困人口个性化生计空间同步发展，并逐步向空间平等、空间自由和空间公正方向发展。一方面，在扶贫开发过程中逐步形成了新时代扶贫开发的全域空间发展思想，致力于运用生态扶贫、教育扶贫、产业扶贫等"组合式扶贫"方式改善贫困人口生计空间和区域发展空间，辅之以公共服务均等化等社会空间治理机制优化；同时紧扣新时代构建新型工农城乡关系的发展契机，不断推进贫困人口个性化生计空间与区域发展空间的关联重建和增强，注重区际联合和资源整合，且始终立足于所在空间的资源禀赋，直面市场经济背景下区域空间发展过程中经常出现的"中心—边缘"的圈层结构，进而在实践中逐步探索出区域"积极福利"政策环境下自然、社会与经济等多维空间的理想组合，最终服务于贫困人口生计转型和可持续发展。另一方面，新时期扶贫开发与乡村振兴把脱贫攻坚摆在了治国理政的突出位置，践行为人民服务的宗旨，打造共建共治共享的社会治理格局，运用治理机制有效协调贫困人口、企业及其他力量参与扶贫开发，逐步形成政府、市场和社会协同推进的大扶贫格局，推动涵盖贫困人口在内的各利益相关者分享资源与发展成果，进而形成内部交互、跨域合作、系统多样的网络协作式价值创造系统，并随着多主体参与的社会化，逐步推动资源整合，实现各利益相关者在扶贫开发中共创价值的局面。实践证明，产业扶贫是在精准扶贫工作推进中能够有效关联贫困人口生计空间与区域发展空间的重要举措，"十三五"时期，产业扶贫政策覆盖了 98%的贫困户，每个贫困县都形成了特色鲜明、带贫能力强的主导产业，产业扶贫成为覆盖面最广、带动人数最多、取得成效最大的扶贫举措。

4.2.2　区域资源要素组合优化与全域治理能力提升

区域资源要素禀赋与产业发展互为影响，乡村产业发展与区域要素禀赋动态协调是产业兴旺的关键。乡村产业根植于县域，以农业农村资源为依托，以农民为主体，以农村第一二三产业融合发展为路径，地域特色鲜明、创新创业活跃、业态类型丰富、利益联结紧密，是提升农业、繁荣农村、富裕农民的产业。旨在实现农业农村现代化的乡村振兴战略，要义是充分激活农村区域发展各类资源要素，目标指向为差异化区域空间要素等值交流与协同发展以及新时代城乡居民全面发展的实现，然而，能够有效关联各类资源要素、贯通城乡行政区割、促动乡村区域治理优化的基础是乡村产业发展和现代化产业体系建设。纵观国内外乡村产业发展历程，产业发展过程中出现的"内卷化"现象常被视为产业发展滞后的原因与综合表现，多维阐释乡村产业突破路径，"小农意识"解放、规模经济和范围经济实现、以及链式整合、社会化协同等"去内卷化"方式为探索方向[①]。基于空间生产视角探讨乡村产业兴旺问题，可将其理解为在特定阶段相对稳定的发展秩序下要素（人力资源、自然资源、知识资源、资本资源和基础设施）组合的发展过程，立足于空间现实并且尝试突破和逐渐形成新型空间秩序成为必要。政策变化是区域空间重构现象出现的重要诱因之一，随着区域空间的变换与社会关系的调整，劳动力、资本、土地、市场、政策等生产要素本身特质，联系网络原有要素组合状态及其作用路径与机制发生不同程度转变，要素组合优化机会出现。受人多地少国情、计划经济体制以及经验主义带来的发展惯性等因素影响，传统乡村产业发展属于粗放式要素投入型增长。振兴乡村产业，激发要素生产潜能，需要精准认识和充分发挥市场机制动力的关键作用，强化市场选择和激励效应等功能发挥，通过劳动力、土地、生态和市场等资源禀赋优势，吸引外部资本、人力、技术等生产要素流入，大力发展乡村特色产业，以乡村自产初级产品深加工或来料加工等方式为基础，逐步壮大第二三

---

① 黄宗智：《小农经济理论与"内卷化"及"去内卷化"》，《开放时代》2020 年第 4 期。

产业,从"特色资源、特色产品、特殊项目、特殊区位、特殊政策、特色服务"等方面精准切入,全过程提升乡村自身资源承接能力和特色资源要素禀赋塑造水平,逐步融入区域宏观产业链条,纵横交互,梯度推进第一二三产业融合发展。基于高质量发展视角探寻未来乡村产业发展趋势,不完全市场竞争状态下(竞争不充分或竞争过度)粗放式投入型增长模式将导致要素价格扭曲,尤其是乡村劳动力成本、环保成本、技术创新成本等隐性成本将随着经济社会领域改革的深入而逐步显现,故而传统产业转型升级逐步重视技术、知识和人力资本等内生因素,以催发土地、资本等新旧资源要素组合优化带来的增长效应,同时在一定程度上消减资源配置效率下降带来的负面效应。深入考察乡村产业发展资源要素组合优化的驱动机制,要防范作为关键的"要素组合者"的政府及其行为(主导、引导甚或是搭台等)的"内生化"风险,必须提升区域治理水平。进一步推动"放、管、服"综合服务改革,打破制度壁垒和实施有效政策引导,创造更多的发展机会,助推产业发展中要素组合优化,激发区域发展潜能,通过推进区域治理体系和治理能力现代化为产业发展提供适合先进生产要素成长的市场与制度环境,实现乡村区域内外要素组合优化基础上的协同发展。

4.2.3 益贫性产业发展与利益联结机制健全

脱贫攻坚夯实了产业兴旺的发展基础,产业兴旺保障稳定脱贫目标实现,益贫性产业发展和利益联结是稳定脱贫与产业兴旺良性互动的关键。从影响范围上看,扶贫开发战略与乡村振兴战略在涉及区域和对象上有较多重叠,依据《中国农村扶贫开发纲要(2011—2020年)》和精准扶贫之初贫困人口识别结果,贫困地区中的14个连片特困区共覆盖全国21个省份680个县,占全国行政区划总面积的比重接近40%;全国592个扶贫重点县行政区划面积为249万平方公里,占全国行政区划总面积的比重为26%;现行贫困标准下(以2011年2300元不变价为基准)精准识别贫困人口总数为9899万人,占2019年农村人口总数的17.9%,近13万个贫困村占全国行政村总数的25.6%[①]。为了打赢脱贫攻坚战和如期实现全面建成小康社会目标,国

---

① 国家统计局住户调查办公室:《中国农村贫困监测报告(2019)》,中国统计出版社,2019,第23~51页。

家大力实施产业扶贫，县域层面培育主导产业，村镇层面完善产业环境，贫困户层面积极融入产业价值链，这是国家对于落后区域和贫困人口发展的政策倾斜和对乡村产业发展的支持。只是在产业扶贫初期，鉴于贫困区域发展水平和贫困人口综合素质偏低的现实，选择的扶贫产业多是对于资本、技术等资源要素要求不高的传统种养业。随着脱贫攻坚战取得全面胜利，区域发展水平与脱贫群众综合素质均有较大提升，日益丰裕的生产要素要求更好的增益平台。劳动力、资本等传统要素升级，信息、网络等现代性生产要素增进，民生需求不断提高，从供给侧和需求侧两端对于传统扶贫产业的发展转型提出了要求，扶贫产业之外的其他乡村产业在同期也面临着同样的发展环境。此外，虽然扶贫产业不断发展壮大，新产业新业态新发展模式持续涌现，也要正视其规模小、布局散、链条短、品质较低以及一些地方产业同质化较突出等问题，顺应产业发展规律，在乡村振兴战略实施过程中精准把握扶贫产业与乡村产业振兴在发展规划、分类分级、利益联结、要素市场、组织保障等领域的接续转换，提高产业市场竞争力和抗风险能力，促进扶贫产业有效融入，逐步实现乡村产业兴旺。要素与功能双重视角下稳定脱贫与产业兴旺良性互动关联分析示意见图 4-1。

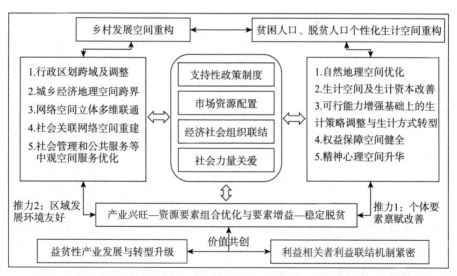

图 4-1　要素与功能双重视角下稳定脱贫与产业兴旺良性互动关联分析示意

一方面，稳定脱贫持续发力贫困人口（含脱贫人口与新发生贫困人口）个性化生计空间的重塑，改善其生计资本情况，并注重通过发展益贫性产业推动其再次融入社会主流发展系统。扶贫富民不仅关注贫困人口生产生活条件是否达到脱贫标准，更加注重贫困人口在扶贫开发过程中自我发展能力的提升和社会经济发展主流系统的融入。从城乡分割、城乡一体化走向城乡融合发展背景下，乡村产业也应逐步脱离传统"内卷式自循环"，跨越城乡与行政区割并延伸产业链条，提高抗风险能力，打造良好产业生态，推进乡村产业提质增效。产业发展有其自身的规律，表征为结构演变和区域分工，影响产业发展水平的约束性因素则为差异化的区域资源要素禀赋。共享式发展要求经济实现益贫式增长①，兼顾多方发展诉求、发展益贫性产业成为共识。采取政策帮扶、技能培训、资金支持等方式帮扶和壮大乡村产业发展，让产业内的大多数人受益，同时强调对贫困群体的关注，如在同等条件下提供就业机会、降低资产收益风险等，在益贫性产业发展过程中实现最大化保障贫困人口长远生计的目标。精准扶贫通过构建社会"大扶贫格局"，整合社会多元帮扶力量，系统推进"五个一批"工程，逐步实现贫困人口生计资本改善：通过实施教育扶贫、技能培训、健康扶贫等提高贫困群体人力资本水平，完善区域公共基础设施、健全公共服务、推行高标准农田建设和设施农业发展、开展易地扶贫搬迁等，夯实贫困人口发展的物质基础，加大扶贫小额贷款力度、增加资产性收益等提升贫困人口发展的金融支持，健全各类新型经营主体与贫困人口利益联结机制、完善社会保障体系等促进脱贫人口社会融入，践行"绿水青山就是金山银山"理念，开展生态文明建设、发展旅游扶贫、城乡协同推进人居环境整治等，确保自然资本保值增值，持续提高贫困人口思想认识和可行能力，助推脱贫人口现代化生计要素增进和传统生计方式转型升级，逐步改善的生计要素按照市场原则将会逐步流向边际收益或规模效益递增的地方。

另一方面，乡村振兴战略又通过新型城乡关系建设、乡村社会治理改革等行为调整和变革原有的空间秩序与社会关系环境，复杂多变、崇尚竞争的发展氛围逐渐取代传统稳定、简单的环境。劳动力等资源要素升级、发展环境冲击、产业自身内驱力等对益贫性产业发展提出了要求：考虑"市场融入和政策激励"双重影响，注重与持续升级的区域资源要素高效交互和精准匹配，推进高级化和合理化益贫性产业结构建设，契合要素禀赋调整益贫性产

---

① 范从来：《益贫式增长与中国共同富裕道路的探索》，《经济研究》2017 年第 12 期。

业专业化和多样化水平。值得注意的是，益贫性产业并不能被狭隘地理解为
"扶贫产业或者产业扶贫涉及的产业"，作为乡村产业的重要组成，判定标准
为产业发展中的益贫增长水平（间接溢出效应）及其与贫困群体的利益联结
关系（直接助贫能力）。益贫性产业与扶贫产业的最大区别是其除了包含受
到财政支持的扶贫产业，还包含没有受到财政支持但具有益贫功效的产业。
区域层面的益贫性产业发展和组织层面的经营主体行为兼具"益贫性"和
"效益性"，益贫性产业发展也会因其目标约束，在产业选择、产业经营中导
致阶段性经济效率下降，尤其是在联贫带贫的初期，需要关注产业发展"市
场逻辑"与"社会公平逻辑"的均衡。"市场逻辑"要求区域益贫性产业发
展首先要注重经营管理与生产高效，在市场竞争中具备竞争优势，并在此基
础上实现经济收益的提高与资本的增值，进而增进社会福利，助力减贫脱
贫；"社会公平逻辑"则关注通过市场来开展益贫性产业扶贫，更加注重产
业发展联贫带贫助贫的直接效应。协调益贫性产业发展"市场逻辑"与
"社会公平逻辑"，走向"产业兴旺"的乡村产业发展是基础。

　　益贫性产业发展特别关注贫困人口自我激励基础上的现代要素增进和生
计方式转型，持续增强其从益贫性产业发展中的获益能力。在市场经济条件
下，乡村产业发展虽有政策性保护优势，着眼长远也应有参与市场竞争的意
识和能力。益贫性产业兼具营利性和公益性，本质是产业经营主体承担经
济责任和社会责任的外显。针对益贫性经营主体提供的阶段性优惠政策、
资金支持等举措，目的是激励产业在乡村区域萌发、促进经营主体与贫困
人口的利益关联。微观层面思考产业发展与贫困群众利益联结，充分发挥
发展引领、组织依托、风险消减与增收稳定作用，可有效破解片区产业发
展低水平循环与发展主体生计响应欠缺问题；宏观层面探讨产业发展与农
户家庭利益联结，主要是通过合同契约降低市场风险促进稳定增收，带动
农户参与产业链，增强其增收能力，增加优质服务和要素供给以优化农户经
营和发展环境，发展农业生产性服务业形成农户节本增效降险机制，不断增
强农民参与发展的能力，促进小农户生产和现代农业发展有效衔接。考虑到
稳定脱贫之后的结构性贫困特征，益贫性产业发展应与所在区域及产业涉及
个体的变化着的资源要素禀赋实现高效匹配，在产业选择、经营互益行为、
联结机制选择和稳固化策略优化等领域及时做出调整与优化，有效衔接
战略产业布局，加大制度创新供给，注重产业发展过程中多元主体

利益联结机制建设。

4.3 连片特困区扶贫产业市场融入与益贫性产业结构嬗变

4.3.1 构建新发展格局营造良好环境

构建以国内大循环为主体、国内国际双循环相互促进的新发展格局，是习近平新时代中国特色社会主义经济思想的又一重大理论成果，是应对新发展阶段机遇和挑战、贯彻新发展理念的战略选择，对我国实现更高质量、更有效率、更加公平、更可持续、更为安全的发展，意义重大而深远。在现代市场经济条件下，国民经济是一个各类要素和商品不断循环流转的动态体系，需要生产、分配、流通、消费各环节的有机衔接。所谓新发展格局，是国民经济各环节各要素之间以及国内外经济之间，在一定的发展阶段形成的相对稳定高效的循环流转关系，即资源从哪里来，生产在哪里进行，产品往哪里去①。

4.3.1.1 新发展格局的提出与战略内涵

逆全球化势头下的贸易保护主义、新冠疫情冲击等多重因素影响使得全球经济持续萎缩，全球产业链和供应链受到强烈冲击并进入重构阶段，全球对外贸易投资发展压力骤增。面对复杂严峻的经济社会发展形势，在科学研判和准确把握我国"外贸依存度高、高能级产业链和产业链高附加值环节竞争力弱、内需市场广阔和国内大循环基础趋于牢固"等特征的基础上，国家提出"构建以国内大循环为主体、国内国际双循环相互促进的新发展格局"战略，这既是贯彻新发展理念实现高质量发展的内在要求，更是促进全球经济复苏和社会秩序稳定的积极探索。这个新发展格局是根据我国发展阶段、环境、条件变化提出来的，是重塑我国国际合作和竞争新优势的战略抉择。新发展格局绝不是封闭的国内循环，而是开放的国内国际双循环。深刻理解和把握"双循环"新发展格局战略丰富内涵，对于思考和推进未来经济社会领域工作非常重要。

---

① 全国干部培训教材编审指导委员会办公室：《构建新发展格局干部读本》，党建读物出版社，2021，第1~5页。

作为"不断扩大内需""畅通国民经济循环、促进形成强大国内市场"等重大方针的升华①，新发展格局是以全球视野、辩证思维对未来中国经济发展空间进行的新的历史定位。聚焦新发展格局理论要义，共识性的认知是：推动形成新发展格局的关键在于"破而后立"，转危为机，于变局中开新局；着眼高质量发展理念引领，系统审视和重构传统经济社会发展秩序，以期提高资源配置效率、获取核心竞争优势，更好满足和实现人民对于美好生活的向往，分析维度多选择技术创新、市场体系、内外循环相互促进、积极开发等领域②。资源传递优化和核心竞争力获取视角下思考新发展格局战略内涵，主要表现为通过促进商流、物流、信息流、资金流等"流"的作用疏通、畅通传统产业链供应链的"堵点""痛点"，灵活整合和优化资源配置，突破"体制藩篱和空间区割"，聚焦核心技术创新与市场需求挖潜提升，双向提高"两侧（供给侧和需求侧）市场竞争力"，增进国家和区域发展的动态协调发展能力。

一是促进核心技术创新，加速高能级产业链建设与完善。长期以来，消费、投资和净出口是我国经济发展的主要驱动力，尤其是 1978 年改革开放以来，我国充分利用具有比较优势的廉价劳动力、低成本土地、优惠政策甚至在初期是超国民待遇的政策支持等发展要素，大量引进国外投资以及附着其上的技术、管理方式，完善了产业体系，加速了工业化进程，使得我国短时间内能够参与并逐步融入全球产业链中的低端环节。其间国民财富大大增加，我国国内生产总值由 1978 年的 3645 亿元升至 2021 年的 1143670 亿元、人均国内生产总值由 1978 年的 381 元升至 2021 年的 80976 元，外贸依存度也由 1978 年的 9.8%升至 2021 年的 31.3%。③ 但当前多数产业具有高附加值的服务环节"两头在外"，即处于产业链"微笑曲线"中段低值环节，产业发展水平与具有较高竞争力的面向产品全生命周期的全新服务模式相比还有较大距离。针对我国产业发展"两端要素流通趋紧、中段产业生产趋同"的特征，国家在持续深化供给侧结构性改革的基础上提出和部署新发展格局战

---

① 蔡普华：《推动内外双循环实现良性互动》，《联合时报》2020 年 8 月 25 日，第 6 版。
② 甄新伟：《从五个维度深刻理解"双循环"战略内涵》，《第一财经日报》2020 年 8 月 20 日，第 A11 版。
③ 郑瑞强、郭如良：《"双循环"格局下脱贫攻坚与乡村振兴有效衔接的进路研究》，《华中农业大学学报》（社会科学版）2021 年第 3 期。

略，短期内或因资源短缺、外部市场萎缩、内需不足等原因导致产能相对过剩基础上的产业竞争态势更趋激烈。依据市场竞争优势获取理论，虽不乏低端产业"局部塌陷"的风险，但着眼长远分析参与竞争的企业等市场主体，理性视角下市场主体将会在竞争状态下整合资源并用于技术创新、服务升级等领域，以科技创新催生新发展动能，提升产业链水平，以避免在竞争中因比较优势丧失而被淘汰，通过内强自身、外联高端，逐步走向和占据区域产业网络中心位置与产业链高端环节，获取更高利润并且显著提高资源配置效率，在促进产业结构优化升级的同时也将大大提升我国产业的市场竞争力。

二是深耕国内市场与拓宽国际市场，提高民众福利水平。国家推动实施新发展格局战略，根本在于高标准市场化体系建设，促进形成强大国内市场，持续释放内需潜力，积极拓宽国际市场；底气源自我国已经形成的较为完整的现代产业体系和以近 14 亿人口为基数的庞大消费市场。鉴于区域发展水平、产业梯度转移及资源禀赋差异等因素影响，加之市场体系建设水平的参差不齐，区域间要素顺畅交流和要素等值交换很难实现，较为直接地表现为收入分配差距较大，分工精细化基础上的劳动力价格不高且收入不稳定。正如李克强总理在 2020 年十三届全国人大三次会议闭幕后的记者会上披露的信息，"中国是一个人口众多的发展中国家，我们人均年可支配收入是 3 万元人民币，但是有 6 亿中低收入及以下人群，他们平均每个月的收入也就 1000 元左右"[1]，因此，扎实做好"六稳""六保"尤其是采取增加就业机会、提高就业质量等方式促进民众增收是深耕国内市场的基础，通过复工复产推动居民消费回升、构建多元化投融资模式支持扩大公共消费等全方位激活内需。在贸易壁垒下"出口高增长"即将结束的转型期，调整产业结构，扩大内需，建立一个以国内循环为主的新格局需要放松经济管制[2]，注重为市场主体提供开放有序的发展环境，激活市场主体活力，实现"发展环境友好—高质量产品和服务提供—有效需求增加—产业结构（尤其是就业弹性大的服务产业）优化升级—市场竞争力增强—企业收益和劳动力价格双提升、消费者需求得到有效满足"的良性循环，因此，减税让利激活民间社会

---

① 《李克强细数今年民生这本"大账"》，https://www.gov.cn/premier/2020-05-29/content_5516003.htm，最后访问日期：2024 年 12 月 18 日。

② 郑秉文：《不设增速目标与保就业：应对危机的良性循环市场化改革新路子——学习〈政府工作报告〉体会》，《保险研究》2020 年第 6 期。

活力、调节收入分配稳定社会秩序以及增加财政转移支付惠及民生等举措无疑将成为新发展格局建设题中应有之义。基于传统优势基础不断强化产业转型升级，提升和畅通产业链，巩固和提高我国在全球产业链和供应链的位置，努力稳定国外市场，亦可在一定程度上为高水平国内循环格局建设与完善提供资源支撑、赢得缓冲时间，协同推进国内国际双循环相互促进的新发展格局战略实施。

4.3.1.2　新发展格局对于巩固拓展脱贫攻坚成果同乡村振兴有效衔接的机遇与挑战

乡村振兴之于脱贫人口和乡村发展的影响，重在改善与重构脱贫人口生计空间与乡村区域发展空间。基于全球视野和资源要素交流视角，系统思考我国构建国内国际双循环相互促进的新发展格局战略，既是改善发展环境、转为危机的现实举措，更是破解当前发展不平衡不充分主要矛盾的长远考虑。构建新发展格局，将通过打破传统固化的资源流动渠道和市场交易网络，立足国内国外两个市场尤其是着重内需激活，通过"不破不立"甚至"牺牲短期利益换取逐步赢得核心竞争优势基础上的长远优势"发展思路，基于产业比较优势和竞争优势优化产业链和供应链，不断推进产业升级和区域高质量发展。推进巩固拓展脱贫攻坚成果同乡村振兴有效衔接，需要加强两大系统转换与接续发展过程中资源配置、产业发展、社会治理、民生保障等领域的政策与机制创新。在巩固拓展脱贫攻坚成果同乡村振兴有效衔接的关键过渡期，恰逢新发展格局提出和推进实施，对于作为巩固拓展脱贫攻坚成果同乡村振兴有效衔接重点领域的发展空间重构、实现稳定脱贫和乡村治理创新等领域带来诸多机遇与挑战，要善于整合资源，谋求协同推进。

一是重构城乡发展空间，乡村资源承接转化能力仍需提升。高质量发展是区域均衡、产业体系健全、生态优势彰显、民间活力激发、群众生活水平提升的全面发展。决胜全面建成小康社会、决战脱贫攻坚进程中，乡村发展水平和城乡融合水平稳步提高，城乡要素交流愈加畅通，城乡协同发展状态下的生态、土地、人口等乡村资源禀赋优势凸显，尤其是乡村产业"多态、高质、高值"发展使得国民经济产业链和供应链中乡村融入水平不断提高。"双循环"新发展格局战略就是要为我国经济可持续高质量发展找到相匹配的内源动力和外向动力，并有序提高两种动力之间自主可控、安全高效的灵活转换机制①。由于城乡二元经济结构影响，城乡居民收入水平和消费支出差距明显，农村居民的边际消费倾向高于城镇居民的边际消费倾向，因此挖掘国内需求潜力，必须有效启动广大的农村市场。要让农村居民"敢消费、愿消费"，促增收强保障是前提，收入分配体制改革是核心。新发展格局战略推进将以继续深化供给侧结构性改革为重要任务，扩大有效投资，优化稳定产业链，既强化出口拉动，又重视"本地市场效应"。对于乡村发展而言，围绕重点产业链、带动性强的大中型企业、重大投资工程项目以及以智慧基础设施为代表的"新型基础设施建设"等的财政投资将明显增加，教育与技能培训、医疗卫生、就业创业和高标准市场体系建设等公共服务水平将大为提高，区域内部或区际之间的产业链各环节整合优化和产业转型升级步伐将明显加快，诸多行为的背后是涌动的资源与变化的发展秩序，人力、资本、物质、技术和管理等要素的变化影响和重构着脱贫人口生计空间和乡村区域发展空间。耗散结构理论表明，系统从原来的平衡态逐渐演化到新的平衡态，需要不断与外界交换物质和能量，并通过内部的作用产生自组织现象，使系统从原来的无序状态自发转变为时空上和功能上的宏观有序状态。脱贫攻坚同乡村振兴有机衔接需要强化资源的承接转化能力，对于新发展格局战略带来的资源投入与政策调整，能够准确把握变换的发展环境，感知和捕捉政策信息与资源流向，抓好人才队伍建设，分阶段梯次推进，有效"吸收"，着力脱贫攻坚和乡村振兴的重点任务高效"转化"，实现系统稳定有序基础上的产出最大化。差异化的资源承接转化能力将会影响和决定乡村发展水平，如浙江省湖州市创新农业"标准地"破解农业发展用地难题，不仅增加了集体资产和就业岗位、降低了经营主体成本，而且促进了乡村产业规模化发展和高效化经营，也为全国农村一二三产业融合发展用地破题提供了经验借鉴。

二是巩固拓展脱贫攻坚成果，相对贫困治理问题仍需重视。新发展格局下，直面传统行政区划下"区域性竞争"发展战略带来的"地区分割""区域间产业结构雷同"等负面影响，面向国内国外多样化、个性化的市场需

---

① 王济光：《加快形成双循环相互促进的新发展格局》，《人民政协报》2020 年 8 月 27 日，第3 版。

求，刀刃向内，对于地理上分散的资源按照集中在一起的情况来看待和处理，将并行的活动联系起来而不是将任务集成，围绕结果而不是任务进行组织，提高产业社会化水平，尽可能让使用流程最终产品的人参与流程的进行等形式，开展区域和产业发展的组织再造和流程再造。新发展格局强调市场在资源配置中起决定性作用和更好发挥政府作用，基于动态能力提升视角，对于传统资源流向、产业组织、政策体制等进行有机协调，通过流程再造和组织再造，打破现行体制内组织区割和组织内体制区割，将提升国家和区域发展中的动态能力作为业务流程再造的载体，同时又把业务流程再造视作动态能力的外在表现，实现新发展格局下资源观念、组织系统理念、商业运作模式等发生根本性转变，更好适应市场化、全球化和网络化发展趋势的冲击。国内国外发展资源的循环畅通，为资源要素顺畅交流提供了前提和基础，贫困人口因其所在发展环境动态能力提升，与其关联的政府部门、带贫企业、合作社、家庭农场及其他帮扶主体也将从发展意识、市场竞争行为能力、发展主体间协作中受到影响，灵活的发展观念、逐步提高的生计可行能力、拓宽的就业渠道和致富门路、日益增长的劳动力等要素价格以及以区域发展水平提升为基础的民生保障改善等，夯实了脱贫人口稳定脱贫的基础。

新发展格局下区域动态能力提升也会在一定程度上增加系统发展风险，如区域市场失序、企业倒闭、部门社会政策失控等，涵盖贫困人口在内的弱势群体在相关负面影响发生时首当其冲：综合素质与技能水平不高，导致失业风险骤增，贫困标准收入水平降低与消费支出相对增加，生计脆弱型脱贫人口和略高于贫困标准的"边缘户"面临进入贫困或返贫风险，收入型贫困与支出型贫困现象并存。持续"减少贫困人口的绝对数量"以及做好由广大低收入群体组成的相对贫困治理工作成为接续减贫的重点任务，相对贫困治理要解决的不只是基本生存问题，更是发展问题以及发展成果的共享问题；不仅要持续解决收入上的相对贫困，还要着力解决多维的相对贫困；不仅要尽力减少相对贫困人口，还要努力缩小贫富差距，着力构建长效机制，不断提升相对贫困治理的能力和水平[①]。

三是建设新型城乡关系，乡村治理现代化创新仍需加强。亚当·斯密认为，城市和农村是一种依存关系，城乡之间是一种基于产业分工而形成的互

---

① 评论员：《把解决相对贫困纳入乡村振兴战略》，《农民日报》2020 年 9 月 2 日，第 1 版。

为市场的互利关系，是一种通过人的活动形成和维系的存在于城市和乡村两种实体之间的关系①，体现为要素流动形成的发展系统间共生交互与“空间关系”重组过程②。受力于传统城乡二元经济社会结构尤其是城市偏向政策的长期影响，城乡发展不平衡矛盾突出，影响区域协调和民众共享发展。随着城乡一体化与城乡融合推进，城乡协调、互惠共生的新局面正在逐步形成，新发展格局旨在通过各种“流”（人员流、资金流、信息流、商品流等）紧密城乡关联，立足于“生产—发展—生活”视角，通过要素市场改革、基础设施改善、民生保障健全、制度政策创新等，逐步改善城乡基础设施的非均衡性、城乡公共服务体系的非包容性、城乡生产方式的非开放性、城乡空间布局的非协调性和城乡生活形态的非共享性③，推进形成共建共治共享的“对称互惠共生”的城乡关系，为实现稳定脱贫和乡村振兴提供坚实保障。实现城乡非均衡发展向融合发展转变，需要协同推进新发展格局、脱贫攻坚、乡村振兴和区域协调发展等重大战略，重心任务是完善乡村治理体系、提高乡村治理水平，如乡村党建与多元整合型乡村治理结构重构、村庄公共服务和居民自我服务水平改善、村级集体经济发展、城乡贫困治理一体化推进、乡村精神文明建设、城乡要素流动的社会管理机制建设等，逐步将扶贫开发和乡村振兴相关工作纳入“双循环”新发展格局中统筹考虑，让贫困治理、乡村发展不平衡不充分的相关问题在区域整体发展进程中得到解决。

4.3.2　传统产业的“脱域”与扶贫产业“再嵌”

4.3.2.1　片区产业从“脱域”到“产业发展利益共同体”的理论阐释

“脱域”（disembedding）源自社会学家吉登斯的著作《现代性的后果》，意为在现代社会发展过程中，时空重组、抽象体系的拓展以及社会行动的反思性监测共同构成了现代性的独特动力，受到无时无刻不在变化的时代发展影响，超越了彼此关联互动的地域空间影响，立足于却又超脱于“在场”的现

---

① 亚当·斯密：《国民财富的性质及其原因的研究》，王亚南译，商务印书馆，2014，第 145~147 页。

② Henri Lefebvre, *The Production of Space*, translated by Donald Nicholson' Smith (Oxford: Wiley-Blackwell, 1991), p.73.

③ 杨发祥、杨发萍：《乡村振兴视野下的新型城乡关系研究——一个社会学的分析视角》，《人文杂志》2020 年第 3 期。

实关联，从而走向更加宽广、多维的境界①，具有异域异质社会关系套嵌和重视虚拟空间基础上社会关联重构特征。社会关系的主体及其行为摆脱了空间直接作用与互动的地域性限制，不确定地在时空维度上联结和延展，造成社会交往的时空错位与异时空套嵌，导致社会关系的空间重构②。而这种"脱域"理念的提出，建基于人与人之间、人与物之间甚至物与物之间关联互通、及时供应的社会发展"泛在"状态。"泛在"状态的物质基础一般归因于网络经济时代下的具有社会根植性、网络根植性和领域根植性的全球生产网络（global production networks），逐步由 1.0 到 2.0 转变的全球生产网络中的多元主体关联更为紧密和动态，强调彼此之间的战略耦合。既能够有效克服空间对于主体诉求尤其是物质需求满足的束缚，同时又因为行为主体的"脱域"使之超越传统资源依赖，强化了不同区域的人们生产和消费方式的世界趋同，加剧了涵盖地理和非地理空间的"全域"竞争和博弈，从而为传统的产品和服务的产供销模式创新开拓了新的空间。

如若将片区传统产业发展体系视为时代环境下政府、企业、乡村、农户等多元社会主体考虑各自诉求以及彼此利益交换基础上形成的"平衡治理"的经济运行态势，传统产业的"脱域"则反映出现代乡村产业发展过程受到变革性力量的冲击，其运行系统中的权力、资源和利益关系的平衡状态被打破，系统无序致使协同混乱，处于相对弱势的关键利益相关者——农户逐渐被"边缘化"。"理性人"假设下的行为主体倾向于利己主义考虑，陷入"丛林状态"的乡村传统产业将呈现出"集体行动困局"的发展状态③。借鉴"具有相似和共同利益的主体会采取相同或类似的行为，并在此基础上形成共识集体"④ 以及"理性的个体导致非理性的集体"⑤ 等经典理论。一是市场化解决，强调私有化；二是政府提供公共产品和服务；三是选择性激励⑥；四

① 安东尼·吉登斯：《现代性的后果》，田禾译，译林出版社，2011，第 18 页。

② 刘明远：《论中国特色社会主义政治经济学的起点范畴与总体结构》，《武汉大学学报》（哲学社会科学版）2018 年第 5 期。

③ 张国亚：《农村集体行动的困局：动力机制与现实约束——以 A 村的个案研究为例》，《中共南京市委党校学报》2018 年第 3 期。

④ Bentley A., *The Process of Government*（Evanston：Principia Press, 1949），pp. 23-35.

⑤ Hardin G., "The Tragedy of the Commons," *Science* 162（1968）：1243-1248.

⑥ 曼瑟尔·奥尔森：《集体行动的逻辑》，陈郁、郭宇峰、李崇新译，格致出版社、上海人民出版社，1995，第 5~14 页。

是多中心治理，即"公共池塘治理"模式①。社会行为主体由于自身知识、惯习、规则等影响，表现为"信息不可以完全获取、手段不可以完全知晓、未来不可以完全预测"的"有限理性"，使得依靠单一主体或者通过"选择性激励"方式解决组织"脱域"状态的假设更多被"多重心治理"模式所取代。

基于社会行为的嵌入理论，任何社会行为主体都存在于一定的社会关联网络之中，并受到社会网络的影响，并在不断联系的过程中产生社会网络、社会关系和信任等②。作为一种资本性和社会性的资源，表现为信任、规范、理解和同情、关系和网络等形式的社会资本被引入集体行动分析。正如齐美尔所说，"没有基本的信任，社会将会瓦解，因为没有任何事情是建立在一个主体对于另外一个主体完全了解的基础之上"③，鉴于社会资本的信任、规范、理解和同情、关系和网络等要件能够约束处于社会关系网络中的行为主体资源效应发挥，"个人资源及行为决定组织目标实现"观念产生的基础被突破，每个行为主体在做出行为之前需要做出"行为影响和可能风险"的考量，"外界影响和自我约束"综合作用下的社会主体的行为倾向于围绕共同目标的实现展开"理性权衡"基础上的行为协同，尽可能通过协调的行动来提高组织的效率，进而最大化实现各自利益诉求。自此，在共同目标指引下形成的具有凝聚力的实体即"共同体"。基于行为主体视角历史分析乡村产业体系的转变，可以发现其基本经历了这些曲折："资本话语权"背景下的乡村产业主体更多的是企业，"政府主导"发展背景下的乡村产业主体更多的是农户和合作组织，"新时代治理"背景下产业发展主体更多强调多元主体合作和多中心治理，形成产业发展的"利益共同体"，运行机制由政府主导转变为市场发挥资源配置的基础性作用，产业发展进程中的利益关系跨越时空边界且重视网络资源的协整增益。

鲍曼认为人们的行动共同体建立在理性认知的基础之上，但是考虑网络时代的生产关系的脱域特征和社会生产的泛在化，这种共同体已经不再是滕尼斯所提出的那种建构于当前现实之上的共同体，而是经由行为主体理性选

---

① Ostrome Polycentricity, "Complexity and the Commons," *Good Society* 2 (1999): 37-41.
② 张兵:《从脱域到共同体：我国职业体育组织演化的经济社会学分析》,《体育科学》2016 年第 6 期。
③ George Simmel, *The Philosophy of Money* (London: Routledge, 1978), pp. 178-179.

择之后且有计划地组织形成，是"脱域"和"在场"的两种社会关系和发展现实的有机融合：面对面、直接沟通交流等"在场"形式增进了人们的情感和认知，在参与中强化了社会关联；而将人们现实中社会关系抽象出来的"脱域"将人们从彼此互动的地域性关联中解脱出来，使得其发展诉求可以在更宽广的领域内得到满足，进而为人们的生产关系和社会关系重构提供重要驱动；"再嵌入"则是将立足而又超脱于现实的"脱域"和经由行为主体重新经过价值判断和建构后的"在场"的再结合，因为作为行为主体的人的社会关系网络源于参与，因受益而不断拓宽，在与其他网络主体的互益交往中形成信任，并因网络密度加深使得行为主体彼此束缚，社会网络规范由此逐步完善和强化①，即逐步实现着"否定之否定"的螺旋式发展，不断提高着参与人群发展需求的满足程度，开拓着人们的行为自由空间，因为个体的全面发展受到其社会交往程度和水平的影响，个体社会交往程度越高，社会关联越丰富，视野就越开阔，获取的信息、知识、技能、经验就越多，能力的发展就越快，进步就越全面、越迅速。乡村产业发展走向利益共同体建构的逻辑演进见图 4-2。

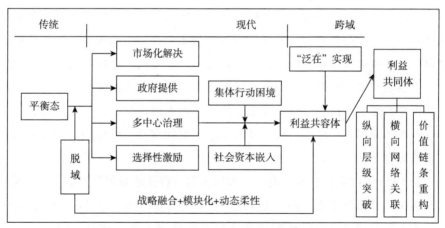

图 4-2　乡村产业发展走向利益共同体建构的逻辑演进

共建、共赢和共享可以作为产业发展利益共同体的原则要求，反映出产业发展利益共同体建设应属于一种理性结构和理想状态，是追求"帕累托最

---

① 罗伯特·D. 帕特南：《使民主运转起来》，王列、赖海荣译，江西人民出版社，2001，第195~196页。

优"的过程。这种转变也不是一蹴而就的，而是一个多元主体在合作中逐步进行利益兼容走向利益共同体的过程，"共同利益即自私利益的交换"，而空间内部不同行动主体之间的交往和联系是区域良性运行和逻辑发展的内在动力[①]。

4.3.2.2　片区产业从"传统"到"高质量发展"的实践脉络

巩固拓展脱贫攻坚成果，实现稳定脱贫，形成贫困人口积极参与的区域高质量发展实践至为关键；产业兴旺是乡村全面振兴的坚实基础与核心支撑，助推生产要素的合理流动与优化组配，缩小空间差异和促进脱贫人口市场参与。伴随着市场在资源配置中的决定性地位确立与资源发挥，城乡要素交流、公共资源合理配置与市场空间进一步扩大，为乡村产业实现高质量发展提供了新机遇。产业兴则乡村兴，产业旺则农村强，国家高度重视乡村产业发展，明确提出"产业兴旺是乡村振兴的基础"，将产业兴旺置于乡村振兴战略 20 字总方针之首，并通过《中共中央 国务院关于坚持农业农村优先发展做好"三农"工作的若干意见》《国务院关于促进乡村产业振兴的指导意见》文件强调了发展壮大乡村产业、发展长效扶贫产业对于拓宽农民增收渠道、提高贫困人口参与度和直接受益水平的重要意义，针对乡村产业发展基础薄弱、产业门类不全、要素活力不足和质量效益不高等问题，系统提出乡村产业发展中突出特色优势、科学合理布局、促进产业融合发展、推进质量兴农绿色兴农、推动创新创业升级等意见和要求。多维考察未来乡村振兴中的产业兴旺，不仅能体现要素组合优化基础上的现代产业体系活力，而且能够反映产业形态、组成结构、经营主体、空间布局、效用功能等领域的多重价值集合。

受 1953 年以来具有重工业侧重和城乡偏向特征的发展战略影响，"城乡二元结构"背景下工农产品"剪刀差"、发展要素"由乡到城"单向流动、公共服务等基础设施建设的城镇聚焦以及户籍制度的"城乡区割"等因素造成乡村发展"区域塌陷"，城乡关系由 1949~1953 年新中国成立初期的自然演化转变为"二元分割"，严禁"社员弃农经商"、严禁农产品"长途贩运"、合作化与人民公社化的"狭隘平均和发展强制"等政策限制使得广袤

---

① 斐迪南·腾尼斯：《共同体与社会：纯粹社会学的基本概念》，林荣远译，商务印书馆，1999，第 58 页。

的乡村成为城镇发展的原材料供应基地，第一产业生产效率低下，第二三产
业衰落萧条，城乡居民收入差距扩大。从 1978 年改革开放至 2012 年是城乡
关系的缓和改善期，农村实行的家庭联产承包责任制大大激发了群众生产积
极性，乡镇企业发展激活了沉寂的资源要素并实现要素增益，改变了传统
"农村—农业"和"城市—工业"的产业布局逻辑，初步显现了市场化提高
资源配置效率和促进城镇化发展的力量，但户籍制度和城市改革滞后使得乡
村产业经济不得不进行"自循环"。党的十六届四中全会明确提出"两个趋
向"后，国家实行"工业反哺农业、城市支持农村"的发展方针，城乡关系
也由此前的"城乡统筹"转向"城乡一体化"，国家大力推进的社会主义新
农村建设为乡村产业发展提供了契机。

步入城乡融合发展阶段之后，在"重塑新型城乡关系走城乡融合发展道
路"的背景下，我国坚持推进高质量发展，坚持农业农村优先发展，重点是
完善产权制度和要素市场化配置，着力推进乡村产业兴旺。一是将大力发展
乡村产业作为巩固拓展脱贫攻坚成果和有效激发群众内生动力的重要抓手。
产业扶贫实践证明，发展产业是实现脱贫的根本之策。另据农业农村部公开
信息，党的十八大以来，广大乡村发展了一大批特色鲜明的扶贫产业，带动
了一大批贫困户增收脱贫，培育了一大批产业发展带头人，引进了一大批企
业和科技专家，积累了一大批发展设施条件。全国 832 个贫困县累计建成各
类产业扶贫基地 30 多万个，90% 以上的建档立卡贫困户享受到产业和就业
扶持，2015~2019 年，贫困户人均纯收入由 3416 元增加到 9808 元，年均增
长 30.2%，主要是靠产业和打工。① 发展扶贫产业，重在群众受益，难在持
续稳定，要延伸产业链条，提高抗风险能力，建立更加稳定的利益联结机
制。促进贫困人口稳定脱贫、乡村群众持续增收和城乡均衡发展，要求低端
化、同质化与松散化的乡村产业向高值高质兼顾、柔性组合与紧密联结、多
样化与个性化并存的方向转变，转型升级过程中不断增进乡村产业现代化要
素，强化益贫型产业结构调整与优化，使变化中的贫困区域资源要素、贫困
人口生计资本与向高阶演化的乡村产业良性互动、协同共进。二是视产业兴
旺为乡村振兴的坚实基础。产业兴则乡村兴，基于国情、农情、乡情创新，

---

① 《产业扶贫帮扶政策覆盖超 98% 的贫困户——产业对了头 小康有奔头》，https://www.gov.cn/
xinwen/2020-11/17/content_5561938.htm，最后访问日期：2024 年 5 月 17 日。

丰富乡村产业新形式和新业态,充分挖掘乡村产业多种功能和价值,发展具有市场竞争力的现代农业产业体系、生态体系和经营体系,最终形成产业门类合理布局、资源要素有效集聚、创新能力稳步提升、内生动力充分激发、综合效益明显提高的中国乡村产业发展新格局。提升全要素生产力,不仅是推进乡村经济持续发展的动力源泉,与乡村发展主体、资源要素、制度规范等治理要素相得益彰,也是乡村振兴战略实现的重要标志。三是产业兴旺构成新发展格局建设的重要基础。"加快形成以国内大循环为主体、国内国际双循环相互促进的新发展格局"是国家准确研判"国内外发展态势和我国进入高质量新发展阶段"等特征基础上打破传统资源要素流动固化的"破而后立"的重要战略部署,将在"要素交流、渠道重整、组合优化"基础上进一步增进发展机会和提升资源配置效率。乡村产业发展进程中通过商流、物流、信息流和资金流等"流"的畅通和联结,让生产要素在区域和城乡之间高效流通、合理配置,充分发挥各自优势,打造产业集群,有助于破除发展的空间区割,形成次第互融的规模效应和耦合渗透,推进城乡融合与强化区际协同,加速"双循环"新发展格局建设。

4.3.2.3 片区益贫性产业结构调整的影响机理

片区益贫性产业结构调整的影响因素有很多,如若暂且抛却产业自身可能的演进驱动,产业扶贫政策的驱动作用最重要。在 1978~1985 年的体制改革减贫阶段,国家利用专项资金专门扶持极端贫困地区产业发展。自 1986 年推动实施开发式扶贫战略以来,区域经济开发尤其是产业发展以及基础设施建设就成为扶贫开发政策的核心内容。《国家八七扶贫攻坚计划(1994—2000年)》提出要重点发展投资少、见效快、覆盖广、效益高、有助于直接解决群众温饱问题的种植业、养殖业和相关的加工业、运销业,产业扶贫越发受到重视。《中国农村扶贫开发纲要(2001—2010年)》明确继续把发展种养业作为扶贫开发的重点,积极推进农业产业化经营,连片规划建设,兼顾科技扶贫与提高贫困地区群众的科技文化素质。《中国农村扶贫开发纲要(2011—2020年)》再度明确坚持开发式扶贫方针,鼓励和帮助有劳动能力的扶贫对象通过自身努力摆脱贫困,计划到2020年,贫困地区初步构建特色支柱产业体系。2013年精准扶贫、精准脱贫以来,开启了"产业精准扶贫"新阶段,产业自身高质量发展以及赋能产业发展的电商、旅游、光伏、资产收益、消费扶贫等模式多样，产业扶贫的内涵愈加丰富①。

伴随着扶贫开发政策在农村发展领域的"局部用力"转向"全域驱动"，产业扶贫政策指向和影响领域也由原来的传统"多散弱小"种养业转向乡村一二三产业，运行模式由"促进贫困人口贴近产业"转变为"推动产业联结贫困人口"，由"政策支持、贫困人口执行"转变为"政策支持、社会力量与贫困人口共同执行，强调党建引领，龙头企业、专业合作社等组织示范带动"，产业扶贫政策已经影响到乡村发展的各个领域及所有产业。以罗霄山区赣州市为例，该地区在精准扶贫过程中，大力推行"选准一项优势主导产业、设立一笔贷款风险金、组建一个合作组织、落实一种帮扶价值"的"四位一体"产业扶贫模式，实现了贫困村扶贫产业全覆盖、贫困户家家有稳定增收产业。在种养业方面，依托贫困地区资源禀赋和发展条件，结合当地种养习惯和农民意愿，因地制宜发展高效特色种植业，发展功能稻、有机稻、双低油菜等特色粮油，设施蔬菜、城郊蔬菜等特色蔬菜、赣南脐橙等特色果业，车前子、半夏等特色中药材；大力发展赣南奶牛等草食性畜牧业，扩大崇仁麻鸡、泰和乌鸡、宁都黄鸡等家禽产业规模以及特种水产品养殖规模。在休闲农业和乡村旅游业方面，充分挖掘贫困地区农业生态、旅游观光、文化教育等多种产业功能，整合"红、绿、古"资源，把红色历史文化遗址、自然生态景观、古村落遗迹与旅游产业相结合，推进特色产业与休闲旅游、健康养生等产业深入融合。同时结合区域资源要素特征，发展好林业产业和光伏产业。

1978 年改革开放以来的扶贫开发政策设计之所以如此关注产业发展，主要是受到了国家对于扶贫开发规律的认知深化、市场经济体制改革下宏观环境变化、企业等市场主体的发展自觉等多维因素综合影响。1949~1978 年的救济式扶贫，在一定程度上缓解了贫困群众特别是极贫人口生产生活困难。基于可持续发展视角，这种短、平、快的外部扶贫方式容易让帮扶对象形成"等、靠、要"思想，且生计可持续发展能力提升有限。究其根本，贫困群众自身的发展积极性没有得到有效激发。为了更好地提高扶贫开发的精准

---

① 刘红岩：《中国产业扶贫的减贫逻辑和实践路径》，《清华大学学报》（哲学社会科学版）2021 年第 1 期。

性、参与性和安全性[①]，以及更好地实现增收效应[②]以及空间溢出效应[③]，即便在此过程中也存在帮扶对象瞄准不准[④]、产业扶贫资源门槛设定较高导致的"共谋俘获"现象[⑤]、扶贫资源错配低配问题、不能进行有效规划而带来的产业发展短视效应等不足，国家仍然择其优点并逐步重视起产业扶贫工作。

产业扶贫政策的有效实施，离不开作为市场主体的企业的参与和支持。但产业发展具有天然的"完全自立"特征[⑥]，产业扶贫政策的核心要义是希望贫困人口参与到产业发展链条中分享收益、实现脱贫致富。增强产业的益贫性，使得乡村产业逐步转变为益贫性产业，需要"逐利"追求的产业主体的经营行为具有益贫性。受中国特色的社会主义市场经济环境，尤其是构建专项扶贫、行业扶贫、社会扶贫等多方力量、多种举措有机结合和互为支撑的"三位一体"大扶贫格局以及国家政策强干预能力[⑦]和政策影响，乡村产业因市场经营独立性和政府政策依赖性的特点时刻受到市场与政府的协同作用约束[⑧]。根据新制度理论，组织尤其是市场主体的行为选择受到外部环境特定的影响，这个环境不仅指技术环境，而且包括制度环境。组织面临的这两种环境对组织的要求是不同的，技术环境要求组织活动的有效性，即选择与社会技术发展水平相应的恰当方法和程序合理的组织内部的活动，使组织资源尽可能得到有效利用。制度环境则要求组织内部以符合社会规范或"外界公认或赞许的社会事实"，即"社会制度"的方式进行其内部活动。否则就会出现"合法性"危机，引起社会的非议，不利于组织的社会存在与发

---

① 张琦、万君：《产业扶贫脱贫概览》，中国农业出版社，2018，第15页。

② Laffont, J. J., "Privatization and Incentives," *Journal of Law Economics & Organization* 33 (1991): 221-240.

③ 党杨、高维龙、李士梅：《产业集聚、人力资本积累及空间溢出效应》，《商业研究》2020年第6期。

④ 杨龙、李宝仪、赵阳、汪三贵：《农业产业扶贫的多维贫困瞄准研究》，《中国人口·资源与环境》2019年第2期。

⑤ 何毅：《"共谋俘获"：项目调整中的基层政府行为研究》，《中国农业大学学报》（社会科学版）2022年第2期。

⑥ Joaquin Maudos, "The Social Costs of Bank Market Power: Evidence from Mexico," *Journal of comparatave Economics* (3) 2008: 67-88.

⑦ 朋文欢、黄祖辉：《农民专业合作社有助于提高农户收入吗？——基于内生转换模型和合作社服务功能的考察》，《西北农林科技大学学报》（社会科学版）2017年第4期。

⑧ 蒋永甫、龚丽华：《家庭特征、治理主体异质性和村民依赖》，《农村经济》2018年第11期。

展。鲍威尔和迪马吉奥指出，制度就是"能约束行动并提供秩序的共享规则体系，这个规则体系既限制行动主体追求最佳结果的企图和能力，又为一些自身利益受到通行的奖惩体制保护的社会集团提供特权"。存在于一定环境中的组织，在安排其内部活动时，不仅要追求技术约束下的效率，而且要努力使自己的行为选择和行为表现与社会"共享的规则体系"相一致，以"仪式性"或实质的方式遵从外部环境的要求[①]。在一些情况下，技术环境的合理性压力与制度环境的合法性压力对组织活动效率可能产生的影响表面上来看是不同的甚至是相反的：合理性压力诱使组织选择了恰当的技术程序与方法，从而有利于提高组织资源利用效率；合法性压力则驱动企业选择与外部其他组织相似但在逻辑上与本组织的使命与活动可能并不完全适配的结构与行为，从而对资源利用效率的提升并不一定能带来积极的意义。然而，结构和行为的趋同不仅导致了环境对组织的认同，而且有利于组织与外部的沟通，从而可以帮助组织节约与之相关的交易成本。

概而论之，片区益贫性产业发展逻辑可以表达为：首先，从政府视角看，对于正常发展的乡村产业及企业主体，囿于联贫益贫带贫要求，可能因为贫困人口的综合素质、投资的产业领域等影响产业组织经营效益，故而将在贫困人口技能培训、经营项目奖补、资金贷款等方面予以帮扶支持，为其相关损失进行补偿。其次，从产业及企业主体视角看，在经营的过程中参与扶贫开发，有助于自身履行社会责任，树立良好的社会形象，同时有助于以低成本使用区域具有比较优势的资源要素，进一步在政府及社会力量的支持下拓展市场空间，获取竞争优势。最后，从贫困人口视角看，存在增长见识、提升技能、稳定就业、增加收入等资本重构机会，同时在通过产业融入区域发展主流系统的过程中，还有政府的引导和社会的支持。在政府、企业、农户等多元利益共同体的基础上，益贫性产业发展势头迅猛，产业扶贫政策发挥作用的水平也愈加提高，同时也在不断助推着区域整体发展。益贫性产业发展水平常常以产业发展过程享受产业扶贫政策的程度以及联贫带贫水平（或者利益联结紧密度）等指标来反映。比如 2013~2020 年，依托订单生产、土地流转、生产托管、就地务工、股份合作、资产租赁等方式，累计建成各类扶贫

---

① 沃尔特·W. 鲍威尔、保罗·J. 迪马吉奥：《组织分析的新制度主义》，姚伟译，上海人民出版社，2008，第 45~68 页。

产业基地 10 万个以上，全国 72% 的贫困户与新型农业经营主体建立了利益联结关系，70% 以上的贫困户接受了生产指导和技术培训，累计培养各类产业致富带头人 90 多万人[①]；产业扶贫政策已覆盖 98% 的贫困户，有劳动能力和意愿的贫困群众基本参与到产业扶贫之中。其中，直接参与种植业、养殖业、加工业的贫困户分别为 1158 万户、935 万户、168 万户；贫困劳动力在本县内乡村企业、扶贫车间务工的超过 1300 万人，占务工总人数近一半。[②]

4.3.3 益贫性产业结构的减贫效应及影响因素

4.3.3.1 模型构建

乡村发展产业的益贫性转型，势必会引起产业结构的益贫性变化。由于专业化、相关多样化、不相关多样化与贫困减缓的关系在短期和中长期有所不同，并且不同产业结构的减贫弹性受市场规模和技术前沿距离的影响[③]。更好厘清传统产业向益贫性产业转变过程中的产业益贫水平，探寻益贫水平的影响因素及影响程度，从产业合理化和产业高级化视角分析产业减贫效应，构建计量模型如下：

$$Pov_{it} = \beta_0 + \beta_1 industry \cdot_{it} + \sum_{n=1}^{n} \beta_n X_{it} + \varepsilon_{it}$$

其中，Pov_{it} 为代表贫困程度的恩格尔系数和贫困发生率，$industry \cdot_{it}$ 为产业结构，以产业结构合理化和产业结构高级化两个指标表示，X_{it} 为其他控制变量，包括经济水平、对外开放程度、固定资产投资能力，ε 为随机扰动项，i 代表地区，t 代表年份。同时设定不同的门限变量，能够识别产业结构减贫弹性的异质表现，构建计量模型如下：

$$Y_{it} = \alpha_i + \sum_{n=1}^{n} \beta_n X_{it} + \beta_1 industry \cdot_{it} (industry \cdot_{it} \leq \gamma_1) + \beta_2 industry \cdot_{it} (\gamma_1 < industry \cdot_{it}$$

$$\leq \gamma_2) + industry \cdot_{it} (industry \cdot_{it} > \gamma_2) + \varepsilon_{it}$$

[①] 《832 个贫困县建成产业基地超 30 万个 产业扶贫政策覆盖 98% 贫困户》，https://www.gov.cn/xinwen/2020-12/17/content_5570043.htm，最后访问日期：2024 年 12 月 7 日。

[②] 《国务院新闻办就产业扶贫进展成效举行发布会》，https://www.gov.cn/xinwen/2020-12/16/content_5569989.htm，最后访问日期：2024 年 11 月 15 日。

[③] 单德朋、王英、郑长德：《专业化、多样化与产业结构减贫效应的动态异质表现研究》，《中国人口·资源与环境》2017 年第 7 期。

其中，γ 为未知门限，其他参数选择与上式相同。

4.3.3.2　指标选择

紧扣研究指向，考虑样本区域数据的完整性和可得性，选取指标如下。

被解释变量。文中选择恩格尔系数和贫困发生率共同作为被解释变量的贫困程度。恩格尔系数越高或贫困发生率越高，贫困程度越深。选取恩格尔系数和贫困发生率共同测度贫困程度原因在于，前者可反映地区相对贫困程度，后者可反映绝对贫困程度，且两者可互为稳健性检验。

解释变量。解释变量是产业结构合理化和产业结构高级化，产业结构合理化指数越低，表示产业越趋近合理，产业结构高级化指数越高，表示产业结构高级化水平越高。

门限变量和控制变量。为进一步研究产业结构的益贫效应，选取经济规模和技术前沿距离为门限变量。以经济密度反映经济规模，计算方式为地区生产总值除以行政面积。以财政投入中的技术支出反映技术前沿距离。

控制变量选取可能影响地区贫困发生率的经济水平、贸易水平和固定资产投资能力。经济水平以地区生产总值反映，贸易水平以地区进出口贸易总额反映，固定投资能力以地区固定资产投资额反映。

分析数据根据历年《中国农村贫困监测评估报告》《赣州统计年鉴》《遵义统计年鉴》《兴安盟统计年鉴》《中国城市统计年鉴》和地方年度《国民经济和社会发展统计公报》公开披露的相关指标计算所得。对于存在缺失值的个别省份采用插值法填补。描述性统计结果见表 4-1。

表 4-1　描述性统计结果

	最小值	最大值	均值	标准偏差
贫困发生率	0.0000	24.5500	7.0107	7.8219
恩格尔系数	0.2512	0.4590	0.3426	0.0582
产业结构合理化	0.0242	0.6878	0.3326	0.2144
产业结构高级化	0.1757	1.3255	0.7792	0.3243
经济规模（万元/平方公里）	51036.9858	328536.3636	161896.6031	79318.8880
技术前沿距离（万元）	3313.0000	296120.0000	66596.6000	80932.1920

	最小值	最大值	均值	标准偏差
地区生产总值（万元）	2953000.0000	37200500.0000	17470728.7011	11808279.8355
固定资产投资额（万元）	297867.8700	33715996.0000	15057847.8641	11370284.2690
进出口贸易总额（万元）	25294.0000	5030310.0000	1060229.3536	1473349.8380

4.3.3.3 实证检验与结果分析

如表 4-2 所示，模型 1 和模型 2 展示了产业结构合理化（res）和产业结构高级化（adv）对以恩格尔系数为代表的贫困程度的影响。由结果可见，产业结构合理化和产业结构高级化均对地区贫困程度产生了显著影响，影响系数分别为 0.3852 和-0.6919，即地区产业发展趋近合理化和高级化，具有减贫效应。

模型 3 和模型 4 展示了产业结构合理化和产业结构高级化对以贫困发生率为代表的贫困程度的影响。由结果可见，产业结构合理化和产业结构高级化同样对地区贫困程度产生了显著影响，影响系数分别为 0.2525 和-0.3478。同样表明产业发展趋近合理化和高级化，具有减贫效应。

表 4-2　产业结构合理化和产业结构高级化的减贫效应回归结果

	模型 1	模型 2	模型 3	模型 4
Industry	0.3852 **	−0.6919 ***	0.2525 **	−0.3478 *
lnrgdp	−0.4049 *	−0.5694 ***	−1.2004 ***	−1.2996 ***
lnrinvest	−0.0010	−0.0485	−0.1598	−0.1920 *
lnrtrade	−0.3191	0.3556	−0.2063	0.1310
R^2	0.5927	0.6459	0.9105	0.9089
被解释变量	恩格尔系数	恩格尔系数	贫困发生率	贫困发生率
解释变量	res	adv	res	adv

注：①模型 1 与模型 3 对应的指标是产业结构合理化，模型 2 与模型 4 对应的指标是产业结构高级化。②*、**、*** 分别表示在 10%、5%、1% 水平上显著。

综上，产业结构优化升级是实现减贫的有效路径，产业结构合理化和产业结构高级化进程的加快，有助于区域解决绝对贫困和相对贫困问题。且产业结构合理化和产业结构高级化对恩格尔系数和贫困发生率均能产生显著影响，说明数据运行结果是稳健可靠的。除核心解释变量外，地区经济水平也对恩格尔系数和贫困发生率产生了显著的影响，由影响系数可见地区经济水平提升有利于实现减贫。

经济规模和前沿技术距离是影响产业结构升级的重要因素，选取技术前沿距离和经济规模作为门限变量，进一步研究产业结构合理化和产业结构高级化的减贫效应，结果如表4-3所示。

表4-3　产业结构合理化和产业结构高级化减贫效应的门限回归结果

	模型1	模型2	模型3	模型4	模型5
lnrgdp	0.2584	−0.2464	−0.6724***	−1.5383***	−1.0864***
lnrinvest	0.1456	−0.0104	0.1047*	0.1795	−0.1156
lnrtrade	−0.3526*	0.8448***	−0.6306***	−1.4703***	0.6410**
Industry−1	0.3160***	−0.7199***	0.1629*	−0.1625	−0.3717**
Industry−2	1.6007***	−3.9894***	2.0001***	1.5577***	−2.4660***
Industry−3		−1.7343***	1.3866***	0.5812**	−1.3312***
R^2	0.8011	0.8842	0.9587	0.9089	0.9616
解释变量	res	adv	res	adv	adv
被解释变量	恩格尔系数	恩格尔系数	贫困发生率	贫困发生率	贫困发生率
门限变量	技术前沿距离	技术前沿距离	经济规模	经济规模	技术前沿距离
门限值	14984	35480	175639	155217	29850
		82503	788169	182409	89348

注：①以技术前沿距离和经济规模为门限变量对产业结构合理化和产业结构高级化的减贫效应进行分析，表中展示为存在门限效应的结果。②industry−1和industry−2分别表示产业结构在第一阶段和第二阶段的减贫效应。③*、**、***分别表示在10%、5%、1%水平上显著。

从相对贫困出发，模型1为以技术前沿距离作为门限变量，产业结构合理化对恩格尔系数的门限回归结果。产业结构合理化减贫效应因前沿技术距离不同存在异质性表现，具有基于前沿技术距离的单门限特征，表明产业结构合理化的减贫效应随着技术投入的增加逐渐增强。模型2为以技术前沿距离作为门限变量，产业结构高级化对恩格尔系数的门限回归结果。产业结构高级化的减贫效应具有基于技术前沿距离的双门限特征。总体上在技术投入的影响下，产业结构高级化的减贫效应表现为"弱-强-弱"的特征。

从绝对贫困出发，模型 3 为以经济规模作为门限变量，产业结构合理化对贫困发生率的门限回归结果。产业结构合理化的减贫效应具有基于经济规模的双门限特征。在经济密度影响下，产业结构合理化的减贫效应同样表现为"弱-强-弱"。模型 4 为以经济规模作为门限变量，产业结构高级化对贫困发生率的门限回归结果。产业结构高级化的减贫效应具有基于经济规模的双门限特征。表明在经济密度影响下，产业结构高级化的减贫效应逐渐增强。产业结构高级化出现增贫效应的原因可能是，在某一经济密度下，市场环境竞争激烈，迫使产业升级进程加快，加速淘汰低端产业和低水平劳动力，但这一现象并不利于产业结构高级化的减贫效应。模型 5 为以技术前沿距离为门限变量，产业结构高级化对贫困发生率的门限回归结果。产业结构高级化的减贫效应具有基于技术前沿距离的双门限特征。总体表现为，在技术投入影响下，产业结构高级化的减贫效应具有"弱-强-弱"的特征。

4.3.3.4 关联度分析

异质性分析各地区贫困发生原因，除了产业结构合理化和高级化影响还应综合考虑地区发展环境和发展水平，以及数据的完整性和可靠性。此外还要选取可能造成贫困发生的其他指标，包括经济水平，以各地区生产总值表示；固定资产投资能力，以各地区固定资产投资额表示；贸易水平，以各地区进出口贸易总额表示；基础设施建设水平，以各地区公路里程数表示；财政支持水平，以各地区农林水事务、交通运输支出、社会性教育支出之和表示；医疗水平，以医疗卫生机构人员数量表示；人力资本水平，以高中学历以上人口占比表示；农业科技水平，以农机总动力与农作物总播种面积比值表示；人均耕地面积，以农作物总播种面积与第一产业从业人员数比值表示。因为兴安盟产业相对单一，故不进行单独分析。

灰色关联度分析是通过比较数据集之间集合形状相似程度来判断变量之间关联程度的方法。在系统发展过程中，若两个因素变化的趋势具有一致性，即同步变化程度较高，即表示二者关联程度较高；反之，则较低。

首要的步骤是确定参考数据序列和比较数据序列。能够反映系统行为特征的数据序列即为参考数据序列，将参考数据序列记为 x_0，并将其第 k 个时

刻值记为 $x_0(k)$，其中 $k = 1，2，\cdots，m$，则参考数据序列 x_0 可表示为 $x_0 = [x_0(1)，x_0(2)，\cdots，x_0(k)]$。比较数据序列是影响系统行为的因素组成的数据序列，将比较数据列记为 $x_1，x_2，\cdots，x_i$，其中 $i = 1，2，\cdots，n$，类比参考序列，比较数据序列可表示为 $x_1 = [x_1(1)，x_1(2)，\cdots，x_1(k)]$。关联系数计算公式如下：

逐个计算每个评价对象比较数据序列与参考数据序列的绝对差值

$$\Delta ik = |x_0(k) - x_i(k)|$$

确定两级最小差

$$\Delta \min = \min_{ik} |x_0(k) - x_i(k)|$$

和最大差

$$\Delta \max = \max_{ik} |x_0(k) - x_i(k)|$$

分别计算每个比较数据序列和参考数据序列对应元素的关联系数。

$$\gamma[x_0(k)，x_i(k)] = \frac{\Delta \min + \rho \Delta \max}{\Delta_{ik} + \rho \Delta \max}$$

然后计算关联度。分别计算各个指标与参考数据序列对应元素的关联系数的加权平均值，以反映关联关系，并称其为关联度：

$$\gamma_{0i} = \frac{1}{m} \sum_{k=1}^{m} W_k \vartheta_i(k)$$

最后分析计算结果。根据灰色加权关联度的大小，建立各评价对象的关联度，关联度越大表明评价对象对评价标准的重要程度越大。其中，对数据的标准化处理方法通常有两种，一是初值化，适用于稳定递增或递减的数据；二是标准化，适用于没有明显升降趋势的数据。描述性统计结果见表 4-4。

表 4-4　描述性统计结果

指标	赣州市			遵义市		
	最小值	最大值	均值	最小值	最大值	均值
经济水平	15195070	36452004	25208011.6	11214632	37200500	23448893.2
固定资产投资能力	297867.87	33715996	18175904.39	8136200	32369100	23389403.82
贸易水平	1935543.908	5030310	2952457.261	25294	449500	106719.1

续表

指标	赣州市			遵义市		
	最小值	最大值	均值	最小值	最大值	均值
医疗水平	31563	70364	49905.5	23766	65923	49237.2
财政支持水平	1934500	6071394	4005230.2	1508549	4619407	3044560.6
农业科技水平	0.7639	4.4908	3.7457	3.7795	8.6964	6.1301
人均耕地面积	0.0783	0.0819	0.0798	0.0925	0.1271	0.1149
人力资本水平	0.2436	0.3080	0.2694	0.1555	0.2357	0.1949
基础设施水平	27119.82	44022	32360.415	23994	40015	30989.4
产业结构合理化	0.0242	0.1265	0.0775	0.36	0.6055	0.4480
产业结构高级化	0.8327	1.3255	1.0395	0.8502	0.9995	0.9079

按照灰色关联度分析模型的分析步骤，运用 SPSSPRO 软件将经济水平、固定资产投资能力、贸易水平、医疗水平、财政支持水平、农业科技水平、人均耕地面积、人力资本水平、基础设施水平、产业结构合理化、产业结构高级化的数据进行标准化处理，由于比较数据序列的数据存在一定变化趋势，因此采用初值化的无量纲处理方式，分辨系数选取 $\rho = 0.50$。2011~2020 年赣州市和遵义市评价项与贫困发生率的关联度见表4-5。

表4-5针对11个评价项（经济水平、固定资产投资能力、贸易水平、医疗水平、财政支持水平、农业科技水平、人均耕地面积、人力资本水平、基础设施水平、产业结构合理化、产业结构高级化）以及2个地区10年的数据进行了灰色关联度分析。接下来以贫困发生率作为参考项，研究这2个地区11个评价项与贫困发生率的关联度，结果见表4-6。

将贫困发生率作为参考数据序列，经济水平、固定资产投资能力、贸易水平、医疗水平、财政支持水平、农业科技水平、人均耕地面积、人力资本水平、基础设施水平、产业结构合理化、产业结构高级化作为比较数据系列。在进行加权处理后，得到参考项和各评价项的关联度，根据关联度大小对11个评价项分别进行评价关联度的排序。其中，关联度超过 0.5 表示较强相关，关联度介于 0.3 和 0.5 之间表示低度相关，小于 0.3 表示弱相关或不相关。2个地区关联度有异质性表现，各评价项在不同地区的关联度不同，排名也有差异。赣州市的11个评价项与贫困发生率的关联度由高到低依次为：人均耕地面积、人力资本水平、产业结构合理化、基础设施水平、贸易

表 4-5　2011～2020 年赣州市和遵义市评价项与贫困发生率的关联度

地区	年份	经济水平	固定资产投资能力	贸易水平	医疗水平	财政支持水平	农业科技水平	人均耕地面积	人力资本水平	基础设施水平	产业结构合理化	产业结构高级化
赣州市	2011	1.0000	1.0000	1.0000	1.0000	1.0000	1.0000	1.0000	1.0000	1.0000	1.0000	1.0000
	2012	0.9208	0.8809	0.9350	0.8834	0.8682	0.4136	0.9589	0.9437	0.9446	0.9538	0.8399
	2013	0.8593	0.7771	0.9094	0.8428	0.8081	0.4070	0.9350	0.9180	0.9126	0.8965	0.7736
	2014	0.7702	0.6708	0.8036	0.7716	0.7136	0.3816	0.8680	0.8459	0.8393	0.7613	0.6049
	2015	0.7224	0.6051	0.7569	0.7253	0.6558	0.3643	0.8354	0.8101	0.8072	0.7631	0.5018
	2016	0.6728	0.5456	0.7175	0.6844	0.6000	0.3806	0.8006	0.7760	0.7682	0.7327	0.4302
	2017	0.6416	0.4784	0.6692	0.6561	0.5714	0.3690	0.7933	0.7666	0.7570	0.7465	0.4157
	2018	0.5981	0.4457	0.6329	0.6311	0.5413	0.3578	0.7755	0.7446	0.7398	0.7203	0.3642
	2019	0.5643	0.9934	0.5895	0.6056	0.5025	0.3444	0.7573	0.7021	0.6466	0.7233	0.3464
	2020	0.5506	0.4168	0.5307	0.5687	0.4836	0.3333	0.7546	0.6993	0.6462	0.8063	0.3333
遵义市	2011	1.0000	1.0000	1.0000	1.0000	1.0000	1.0000	1.0000	1.0000	1.0000	1.0000	1.0000
	2012	0.9629	0.9222	0.9610	0.9407	0.9581	0.9654	0.9848	0.9756	0.9808	0.8345	0.8475
	2013	0.9130	0.8474	0.9057	0.8892	0.9168	0.9328	0.9528	0.9386	0.9433	0.5931	0.6227
	2014	0.8787	0.7674	0.8660	0.8645	0.8870	0.9011	0.9390	0.9263	0.9287	0.5911	0.5335
	2015	0.8483	0.7097	0.6165	0.8388	0.8523	0.8888	0.9306	0.9122	0.9100	0.6065	0.4801
	2016	0.8230	0.7936	0.6628	0.8157	0.8303	0.8791	0.9216	0.8921	0.8917	0.5633	0.4206
	2017	0.7939	0.7503	0.6669	0.7934	0.7868	0.8491	0.9182	0.8840	0.8785	0.5255	0.3995
	2018	0.7742	0.7133	0.8525	0.7825	0.7803	0.8087	0.9282	0.8710	0.8677	0.4996	0.3835
	2019	0.7410	0.7049	0.8112	0.7659	0.7566	0.7943	0.9202	0.8622	0.8437	0.4620	0.3532
	2020	0.7282	0.6981	0.3333	0.7621	0.7437	0.7943	0.9228	0.8543	0.8420	0.4649	0.3333

表 4-6　评价项与贫困发生率的关联度

赣州市			遵义市		
评价项	关联度	排名	评价项	关联度	排名
人均耕地面积	0.848	1	人均耕地面积	0.942	1
人力资本水平	0.821	2	人力资本水平	0.912	2
产业结构合理化	0.810	3	基础设施水平	0.909	3
基础设施水平	0.806	4	农业科技水平	0.881	4
贸易水平	0.754	5	财政支持水平	0.851	5
医疗水平	0.737	6	经济水平	0.846	6
经济水平	0.730	7	医疗水平	0.845	7
固定资产投资能力	0.681	8	固定资产投资能力	0.791	8
财政支持水平	0.674	9	贸易水平	0.768	9
产业结构高级化	0.561	10	产业结构合理化	0.614	10
农业科技水平	0.435	11	产业结构高级化	0.537	11

水平、医疗水平、经济水平、固定资产投资能力、财政支持水平、产业结构高级化、农业科技水平。仅农业科技水平为低度相关，其余评价项均为较强相关。遵义市的 11 个评价项与贫困发生率的关联度由高到低依次为：人均耕地面积、人力资本水平、基础设施水平、农业科技水平、财政支持水平、经济水平、医疗水平、固定资产投资能力、贸易水平、产业结构合理化、产业结构高级化。各评价项均为较强相关。将参考项变为恩格尔系数后，所得关联系数、关联度及关联度排名与上述基本相似，故不再单独展示结果。

4.4　空间生产改善与益贫性产业结构优化协变共赢

协变是指处理好经济发展中的各种关系，以实现速度与结构、质量与效益的有机统一。产业结构调整与片区空间生产的协变意指两者的结构比例匹配且变动趋势相似，自强化机制在推动二者高质量发展过程中发挥着先进作用。[1] 片区空间生产改善与区域益贫性产业结构优化存在互促互益的协同关

---

[1]　向晓梅、李宗洋、姚逸禧：《粤港澳大湾区产业结构与就业结构的协调性研究》，《亚太经济》2023 年第 4 期。

系，但由于脱贫农户的生计水平和可行能力改善需要一个过程，正是这个跃升为片区空间生产改善与益贫性产业结构优化的协变关系再次留下了辩证思考空间，结合现实考察，除上述二者之间的互促互益关系外，还存在片区空间生产与产业结构优化中的匹配错位表现，需要在实现空间生产改善中促进益贫性产业结构优化。

4.4.1　片区空间生产与产业结构优化匹配效率缺失

阐释上述结论的原因要从片区发展实践出发，一方面片区经济发展受限，资源要素禀赋和产业结构暂时停留在低附加值产业、低级化形态，造成资源要素的浪费，即"低端锁定"，产业结构优化和资源要素禀赋投入容易造成时间和空间上的错位；另一方面，片区是国家区域经济发展的短板所在，产业支持政策的前瞻性和片区经济发展的实际之间不能有效衔接，造成资金要素投入与产业结构的错位。

片区在布局优化产业结构、提升空间生产效率的同时，时常出现上述"匹配错位"现象，即片区区域资源、产业布局与经济发展需求之间不协调，这不仅制约了经济潜力的释放，还可能导致资源配置效率低下和环境压力增大等乱象。基于对片区全要素生产率与产业结构优化的互动关系探究，发现全要素生产率与产业结构合理化相互促进，但中长期正向效应逐渐减弱并有滞后性；产业结构高级化与全要素生产率促进效果不明显，长期来看促进效应较小，存在滞后性。短期内全要素生产率提升和产业结构间为什么没有出现互促互益现象，在哪些领域和内容上二者之间存在"匹配错位"现象？结合片区实际发展情况，本书从政策制定与现实发展不匹配、产业结构与市场需求错位、资源要素与产业发展需求不匹配等方面进行深入探讨。

政策制定与现实发展不匹配。片区产业振兴过程受制度环境规制的影响，其中政策制度的制定起决定性作用，塑造片区产业振兴实践的具体内涵与特征。制度空间指引着政策的成型与实施，政策和制度又成为推动空间生产持续发展的基石和必要前提。片区人才振兴、产业扶贫、电子商务进农村、金融支持和特色产业培育等政策制度的制定往往具有前瞻性和长远性，支撑片区现实发展的资源要素、人才要素、空间要素和政策要素供给又具有滞后性，致使政策的推行和现实的发展在时间和空间上产生错位。同时，基础条件良好的先行示范区产业优先发展，而区位条件和基础条件较差的区域则处于劣势地位，造成"极化效应"，贫富差距逐渐扩大，不利于片区人民共同富裕。

产业结构与市场需求错位，也称"结构性错配"，片区多为自然条件恶劣、经济发展滞后、基础设施薄弱的区域，现有产业结构不能有效满足市场需求，致使资源分配不均衡、产能过剩或服务短缺。加之片区远离有效市场、物流运输成本增加，产业生产效率降低，劳动力技能与岗位不匹配，造成"有人无岗"与"有岗无人"现象。片区"土特产"产业不土、不特、量少的产业布局，与市场需求不匹配，是限制片区经济产业发展的通病。区位分布的特点使产业间在空间上缺乏有效协同，不能有效与市场需求对接，难以带动片区农民就业和推动产业扶贫。加之政府政策引导与市场机制未能有效衔接，过度干预或支持不足都可能导致产业结构与市场需求不匹配，资源配置扭曲，片区生产效率低下。

资源要素与产业发展需求不匹配。由于土地具有自然特性，片区内丰富的土地资源难以与产业发展区域在空间上形成有效融合，难以为产业结构优化提供良好的基础要素支撑。连片特困区经济发展机会有限、就业机会相对较少，致使大量劳动力外出务工，留在片区农村的多为"老弱病残"等弱势群体，而乡村振兴的关键在人，劳动力外流或劳动力结构失衡导致产业发展疲软现象时有发生，发展益贫性产业成为该地区经济发展的"引擎动力"。资本下乡难，资源要素难以聚集、人才流失和市场需求量有限，资本投入的增值性难以保障，致使片区农村贷款难、银行金融机构入驻难，造成恶性循环局面。相较于要素禀赋的变迁，片区产业结构发展与之不匹配，无论是滞后还是超前，都可能引发其与现有要素禀赋之间的结构失衡。这种失衡可能导致短缺的生产要素成为制约地区发展的瓶颈，而过剩的要素则会引发经济资源的低效配置，进而将原本应由产业结构优化带来的正面效应转变为负面效应①。

4.4.2 空间生产改善促进益贫性产业结构优化

空间生产改善不仅关乎资源的有效配置与利用，更是实现益贫性产业结构调整的关键途径。益贫性产业结构调整强调在促进经济增长的同时，确保特殊类型群体能够从产业发展中直接受益，即"商业模式与公益目标融合"，

---

① 车明好、邓晓兰、陈宝东：《产业结构合理化、高级化与经济增长：基于门限效应的视角》，《管理学刊》2019 年第 4 期。

实现包容性和可持续性的长远发展目标。发展益贫性产业结构要优先考虑片区内资源禀赋、劳动力特征和市场需求，通过发展劳动密集型、技术适宜型和环境友好型产业，确保为贫困人口提供稳定就业、增加收入的机会，改善片区农村生态环境，推进乡村全面振兴，实现共同富裕。

空间生产涉及空间资源、产业布局、基础设施建设与市场接入等多个方面，优化提升空间生产对产业结构调整具有基础性作用。益贫性产业结构优化要求在产业结构调整中，优先考虑贫困地区的资源条件、劳动力技能和市场需求，发展能直接惠及贫困人口的产业，如劳动密集型产业、特色产业等，促进产业结构向更有利于贫困群体的模式进行优化，从而为减贫、扶贫、脱贫工作提供新思路和实践路径。精准片区产业的发展定位，基于贫困地区资源禀赋和市场需求，科学选择适合本地发展的特色产业，如生态农业、乡村旅游业、手工业等，这些产业不仅能创造就业，还能促进文化传承。同时加强贫困地区交通、电力和通信网络建设，降低物流成本，提升区域吸引力，为产业发展打下坚实基础。

抢抓巩固拓展脱贫攻坚成果同乡村振兴有效衔接的政策机遇，推动片区益贫性产业快速发展。加快缩小片区政策推行与现实发展鸿沟，因地制宜发展特色优势产业，辐射带动益贫性群体就业创业。支持产业发展与市场机制联结，提供税收优惠、财政补贴、信贷支持等政策扶持，引入市场竞争机制，吸引社会资本参与，形成政府引导、市场驱动、脱贫人口参与的产业发展模式。如《集中连片特困地区交通建设扶贫规划纲要（2011—2020 年）》的出台，旨在加强片区内交通基础设施建设、提升运输服务能力和水平，强化利益联结机制，建立企业、合作社与贫困人口之间的紧密利益联结机制，确保脱贫人口在现代化进程中不掉队，共享发展成果。

强化要素聚集与空间适度分配，推动片区经济社会高质量发展。片区空间容量的延展性与发展益贫性产业要素特征的多元性、复杂性，可以增加片区内益贫性产业发展机会。要素聚集是激发经济活力的引擎，创新技术链、产业链和要素链深度融合，形成良性循环创新生态系统，增强片区益贫性产业发展竞争力。空间分配是促进片区均衡发展的关键，在考虑片区内资源要素环境承载能力基础上，合理规划产业布局和区域性功能，避免"大城市病"和"乡村空心化"，逐步形成片区产业发展多极支撑和发展功能区协同配合的区域格局。

第 5 章　产业结构优化与稳定脱贫的互动效应评价与行为偏差探寻

5.1　产业结构优化的经济增长及区际协同效应

5.1.1　产业结构合理化、高级化与经济增长

产业结构优化是指在社会生产过程中，政府为确保产业发展与国内外经济环境相适应，通过精准调整产业结构，促进各产业间的协调发展。在配第-克拉克定理中，以三次产业演进的基本规律为出发点，产业结构优化也可定义为第一产业产值下降，第二三产业产值上升的过程[①]。产业结构优化是一个动态演进的过程，政府不断根据经济形势对产业结构进行调整，以期达到社会总需求与总供给的相对平衡，最终实现产业结构的合理化、高级化。其中产业结构合理化的目标在于提升经济效益，它根据不同经济发展阶段的要素禀赋条件，通过合理配置各种生产要素，对原本不符合发展规律的产业结构进行持续的优化与调整，实现产业间的协调发展[②]。产业结构高级化指产业结构由低层次跃迁升级至更高层次[③]，这不仅代表着第一产业向第二三产业的逐步过渡，也涵盖了从制造初级产品向制造中级产品、

---

① 钱水土、王文中、方海光：《绿色信贷对我国产业结构优化效应的实证分析》，《金融理论与实践》2019 年第 1 期。

② 梁益琳、张新、李玲玲：《"两化"深度融合对产业结构调整的影响——基于系统建模和政策仿真的分析》，《技术经济与管理研究》2022 年第 1 期。

③ 梁桂保、李美妮：《人口集聚、产业结构与地区间经济差距——以成渝地区双城经济圈为例》，《重庆工商大学学报》（社会科学版）2024 年第 3 期。

最终产品的深刻转变。在产业结构高级化发展过程中，劳动密集型产业将向资本密集型、知识密集型产业转型升级①。产业结构合理化是高级化的基础支撑，高级化是合理化的最终目标，二者之间联系紧密，一旦产业结构高级化缺失了合理化的坚实支撑，将出现产业结构的"空洞化"现象，导致产业结构的"逆向演进"，阻碍经济的长期稳定增长。只有在产业结构合理化的基础上推进高级化，才能真正实现产业结构的优化升级，有效推动经济增长②。

驱动中国经济实现快速增长的因素主要分为市场性因素、政府性因素两大类③，市场性因素包括以要素资源投入与配置效率提升为主的供给侧因素和以消费、出口、投资为主的需求侧因素；政府性因素主要是政府官员之间的"晋升锦标赛"机制④，GDP 总量竞争驱动了区域经济增长。在快速发展模式下，我国不断出现环境污染、能源过度消耗等制约经济可持续发展的不利因素。为消除不利因素影响，实现经济可持续发展，中国经济发展模式由高速发展向高质量发展转轨，以更高质量、更有效率、更加公平、更可持续、更加安全的经济发展目标，扎实推进现代化经济体系建设。

产业结构与经济增长之间的关联始终是经济学界的核心议题，近现代产业结构优化与经济增长的相互关系的研究主要分为以下几方面。一是经济增长对产业结构优化的影响，古典经济学家威廉·配第认为在利润率波动和经济增长的推动下，区域的主导产业会经历由农业向工业，再进一步向商业发展的阶梯式转变过程。与此同时，劳动力也会发生相应的转移。在此之后，英国经济学家科林·克拉克通过对多个国家经济数据的实证研究，进一步验证了威廉·配第的观点，即劳动力在三次产业结构中的比重变化与人均国民收入的增长之间存在一致的变化趋势，这一重要发现后来被人们称为"配第-克拉克定理"。随着人均国民收入的逐步提升，第一产业吸纳劳动力数量与一产产值的相对比重逐步降低；与此同时，第二产业吸纳劳动力数量与其

① 韩永辉、黄亮雄、王贤彬：《产业政策推动地方产业结构升级了吗？——基于发展型地方政府的理论解释与实证检验》，《经济研究》2017 年第 8 期。

② 余泳泽、潘妍：《中国经济高速增长与服务业结构升级滞后并存之谜——基于地方经济增长目标约束视角的解释》，《经济研究》2019 年第 3 期。

③ 周黎安：《中国地方官员的晋升锦标赛模式研究》，《经济研究》2007 年第 7 期。

④ 张哲、白雪洁：《经济增长压力下"能耗双控"政策会加剧绿色全要素生产率南北分化吗？》，《南方经济》2024 年第 5 期。

产值的相对比重则逐步上升,经济将进一步增长,劳动力向第三产业聚集,第三产业劳动力吸纳数量与第三产业产值的相对比重也会开始稳步上升[①]。进入21世纪,保罗·罗默与查尔斯·琼斯着力于剖析经济增长如何触发产业结构的变化,提出了"新卡尔多事实"。上述经济学家从各自的视角出发,揭示了经济发展进程中产业结构演变的内在规律。二是产业结构优化对经济增长的影响;传统产业结构学派提出,主导产业部门的依次更替标志着产业结构演进,主导产业部门的更替促使生产要素向高生产率部门转移,高生产率产业优先发展将带动整体经济的增长。威廉·刘易斯的"二元经济"模型便刻画了此种增长模式:在许多欠发达国家,工业部门的劳动边际生产率和工资水平显著高于农业部门,农业部门中存在大量的潜在"隐性失业"人口,在工业资本家能够将大部分剩余转化为储蓄和资本积累且劳动力转移不存在阻碍的情况下,工农业部门之间的工资差异将持续吸引剩余劳动力向工业部门转移。随着时间的推移,两大产业部门的劳动生产率和工资水平将逐渐趋近,最终实现从二元经济结构向一元经济结构的转变。国内学者的研究也为传统学派的观点提供了佐证,产业结构高级化趋势下,服务业成为经济增长的重要驱动力,生产性服务业通过集聚效应和技术进步双轮驱动提升全要素生产率,为新常态下中国经济高质量发展提供新动能。聚焦发展中国家的产业结构与经济发展情况,研究认为众多发展中国家过早地推动去工业化、提高服务业比重将严重阻碍经济长期稳定增长。产业结构高级化发展往往伴随着产业结构性减速现象,产业结构服务化倾向已导致地区经济效率提升乏力,特别是在经济发达城市,适当放缓产业结构服务化进程显得尤为必要。过早地去工业化与服务业侧重性发展使得产业结构调整出现结构性减速现象,经济增长速度出现明显阻滞,更增加了落入中等收入陷阱的风险。要实现经济结构转型升级目标,根本在于根据各区域要素禀赋、产业基础,在资源高效配置的基础上,以产业结构优化升级促进经济增长。

---

① 王传智:《"配第-克拉克定理"悖论的经验与理论分析——兼论中国特色社会主义工业化道路发展方向》,《经济学家》2023年第9期。

5.1.2　产业结构优化与经济增长的协同共进

5.1.2.1　耦合协调度分析模型

产业结构优化与经济增长之间存在一种交互式的耦合协调关系，这意味着两者在相互依赖的状态下不断相互影响，并展现出不同程度的协调性。这种相互关系的紧密程度可以借鉴物理学中的容量耦合概念进行测度，而协调程度则可以通过具体的协调指数来衡量。在此基础上，我们设定产业结构优化与经济增长的耦合协调度研究框架，通过模型测度来检验产业结构优化与经济增长之间的相互影响程度及其协调程度。引入物理学中容量耦合的概念，构建产业结构优化（Opt）与经济增长（Gro）之间的耦合度模型：

$$C = \frac{2\sqrt{Opt \cdot Gro}}{(Opt \cdot Gro)^2}$$

耦合度能有效量化产业结构优化与片区经济增长之间相互作用的紧密程度，但无法反映两者之间协同发展水平高低。为更加精准地刻画产业结构优化与片区经济增长的协同演进情况、区分不同发展时期两者之间的耦合协调程度，构建耦合协调度模型：

$$T = \alpha Opt + \beta Gro$$

$$D = \sqrt{C \cdot T}$$

其中，T 值为两者间的协调度，D 值为产业结构优化与片区经济增长的耦合协调度。参考先前研究中的分类标准，对样本区域产业结构优化与经济增长的耦合度及耦合协调度进行分析。耦合协调类型划分标准见表 5-1。

表 5-1　耦合协调类型划分标准

D	耦合协调类型	D	耦合协调类型
$0.900 \leqslant D < 1.000$	优质协调	$0.400 \leqslant D < 0.500$	濒临失调
$0.800 \leqslant D < 0.900$	良好协调	$0.300 \leqslant D < 0.400$	轻度失调
$0.700 \leqslant D < 0.800$	中级协调	$0.200 \leqslant D < 0.300$	中度失调
$0.600 \leqslant D < 0.700$	初级协调	$0.100 \leqslant D < 0.200$	严重失调
$0.500 \leqslant D < 0.600$	勉强协调	$0.000 \leqslant D < 0.100$	极度失调

5.1.2.2 耦合协调度分析

1. 样本区域总体耦合协调度分析

本研究选取 2011~2023 年罗霄山区赣州市、大兴安岭南麓山区兴安盟、乌蒙山区遵义市作为分析区域，以产业结构优化（Opt）和经济增长（Gro）构建耦合模型。其中产业结构优化（Opt）以泰尔指数、产业结构高级化指数为基础，通过熵值法测算得到；经济增长（Gro）以地区生产总值的标准化值进行衡量，通过耦合协调模型计算出耦合协调度。

2011~2023 年，样本区域总体的产业结构优化和经济增长两项指标的耦合协调度均高于 0.5，其中高于 0.7 的有 8 个年份，在 2023 年达到峰值 0.887，耦合协调状态为良好。在《中国农村扶贫开发纲要（2011—2020 年）》实施的第一年，耦合协调度为 0.580，仅达到勉强协调水平；这说明在《中国农村扶贫开发纲要（2011—2020 年）》实施初期，片区产业结构尚未合理优化，经济发展也未进入增长期，片区产业结构优化与经济增长之间的耦合协调性不高，两者仅仅由失调迈入勉强协调。在 2012~2015 年，耦合协调度维持在 0.6~0.7，达到初级协调，片区产业结构优化与经济增长初步迈入协调发展阶段。经过四年的稳步发展，2016~2018 年耦合协调度达到中级协调。2019~2023 年，片区产业结构优化与经济增长之间耦合协调度达到良好协调，二者之间相互影响的作用显著：产业结构的优化进程能有效推动经济增长，对其产生积极的促进作用。片区经济的持续稳定增长也有能力引导资金和劳动力流向那些具有高生产率和高附加值的高新产业，实现产业结构的进一步优化提升。《中国农村扶贫开发纲要（2011—2020 年）》指引片区发展的十年间，片区按照政策指导，积极推动产业结构优化升级，激发经济发展活力，片区产业结构优化与经济增长之间的耦合协调度逐年攀升，耦合协调状态由 2011 年的勉强协调提升至 2023 年的良好协调，片区产业结构优化与经济增长之间不断相互促进、共同发展；但在此期间，扶贫以"输血式"为主要模式，片区发展能动性尚未被充分激发，产业结构优化与经济增长耦合协调度未能达到优质协调水平。样本区域总体耦合协调度分析结果见表 5-2。

表 5-2 样本区域总体耦合协调度分析结果

年份	耦合度 C 值	协调度 T 值	耦合协调度 D 值	耦合协调状态
2011	0.782	0.429	0.580	勉强协调
2012	0.831	0.445	0.608	初级协调
2013	0.852	0.486	0.643	初级协调
2014	0.883	0.508	0.670	初级协调
2015	0.910	0.535	0.698	初级协调
2016	0.919	0.584	0.733	中级协调
2017	0.938	0.620	0.763	中级协调
2018	0.953	0.665	0.796	中级协调
2019	0.966	0.694	0.819	良好协调
2020	0.975	0.707	0.830	良好协调
2021	0.985	0.759	0.864	良好协调
2022	0.992	0.777	0.878	良好协调
2023	0.993	0.791	0.887	良好协调

2. 片区耦合协调度单样本分析

为具体分析各区域产业结构优化与经济增长耦合协调水平,分别测算罗霄山区赣州市、乌蒙山区遵义市和大兴安岭南麓山区兴安盟的产业结构优化与经济增长的耦合协调度。

如表 5-3 所示,2011~2023 年罗霄山区赣州市的产业结构优化与经济增长这两个关键指标的耦合协调度呈现逐年上升的趋势。除 2011 年外,其余所有年份的耦合协调度都稳定地保持在 0.7 以上。在这段时期内,有五个年份的耦合协调状态达最佳的优质协调;赣州市年均耦合协调度为 0.855,产业结构优化与经济增长之间耦合协调度较好,两者之间相互正向影响:产业结构优化推动了经济增长,对经济增长产生了正向影响,反过来,赣州市经济的稳定增长不断拉动产业结构的转型升级。赣州市耦合协调度在样本区域中处于领先位置,并且显著高于样本区域的总体情况,赣州市的产业结构优化与经济增长二者之间相互正向影响的作用显著。

表 5-3　罗霄山区赣州市耦合协调度分析结果

年份	耦合度 C 值	协调度 T 值	耦合协调度 D 值	耦合协调状态
2011	0.889	0.537	0.691	初级协调
2012	0.910	0.567	0.719	中级协调
2013	0.928	0.608	0.751	中级协调
2014	0.943	0.643	0.779	中级协调
2015	0.954	0.675	0.802	良好协调
2016	0.965	0.711	0.829	良好协调
2017	0.976	0.751	0.856	良好协调
2018	0.985	0.809	0.893	良好协调
2019	0.992	0.844	0.915	优质协调
2020	0.995	0.864	0.927	优质协调
2021	0.999	0.949	0.973	优质协调
2022	1.000	0.980	0.990	优质协调
2023	1.000	0.991	0.995	优质协调

如表 5-4 所示，2011~2023 年大兴安岭南麓山区兴安盟的产业结构优化和经济增长两项指标的耦合协调度均位于 0.5 以下，耦合协调状态持续失调；耦合协调状态由 2011 年的极度失调迈入 2023 年的濒临失调，中间经历了长时间的中度失调及轻度失调状态。兴安盟受限于地理位置、资源禀赋，产业结构优化与经济增长在各自发展中未形成有效互馈：兴安盟产业结构优化未有效推动经济增长，区域经济增长也未拉动产业结构的转型升级。兴安盟耦合协调度极大落后于样本区域平均水平，产业结构优化与经济增长的良性互动需要进一步建立。

表 5-4　大兴安岭南麓山区兴安盟耦合协调度分析结果

年份	耦合度 C 值	协调度 T 值	耦合协调度 D 值	耦合协调状态
2011	0.000	0.098	0.000	极度失调
2012	0.337	0.111	0.193	严重失调
2013	0.411	0.141	0.241	中度失调
2014	0.484	0.159	0.278	中度失调
2015	0.519	0.190	0.314	轻度失调
2016	0.568	0.193	0.331	轻度失调

年份	耦合度 C 值	协调度 T 值	耦合协调度 D 值	耦合协调状态
2017	0.592	0.212	0.355	轻度失调
2018	0.645	0.214	0.371	轻度失调
2019	0.701	0.212	0.385	轻度失调
2020	0.753	0.196	0.384	轻度失调
2021	0.837	0.185	0.394	轻度失调
2022	0.898	0.175	0.396	轻度失调
2023	0.898	0.183	0.406	濒临失调

如表 5-5 所示，2011~2023 年乌蒙山区遵义市的产业结构优化和经济增长两项指标的耦合协调度有大幅上升，耦合协调状态由最初的勉强协调跃升至 2023 年的优质协调；耦合协调度在大部分年份高于 0.7，其中有 4 个年份耦合协调状态达最佳的优质协调。遵义市自 2015 年起，产业结构优化与经济增长之间耦合协调状态达到中级协调，两者之间相互正向影响：产业结构优化推动了经济增长，对经济增长产生了正向影响，经济的稳定增长不断拉动产业结构的优化。遵义市耦合协调度变化趋势与赣州市基本一致，显著高于样本区域的总体情况。

表 5-5　乌蒙山区遵义市耦合协调度分析结果

年份	耦合度 C 值	协调度 T 值	耦合协调度 D 值	耦合协调状态
2011	0.849	0.414	0.593	勉强协调
2012	0.917	0.424	0.623	初级协调
2013	0.927	0.479	0.666	初级协调
2014	0.957	0.504	0.695	初级协调
2015	0.981	0.544	0.730	中级协调
2016	0.975	0.649	0.795	中级协调
2017	0.987	0.702	0.832	良好协调
2018	0.993	0.758	0.867	良好协调
2019	0.997	0.800	0.893	良好协调
2020	1.000	0.821	0.906	优质协调
2021	1.000	0.873	0.934	优质协调
2022	0.998	0.895	0.945	优质协调
2023	0.996	0.921	0.958	优质协调

5.1.3 产业结构优化的经济增长及空间溢出效应评价

5.1.3.1 产业结构优化的经济增长效应

1. 产业结构优化的经济增长效应：影响路径分析

产业结构优化是经济增长的重要驱动因素，主要从以下几个方面影响经济增长：一是技术进步，随着产业结构优化升级，市场对高质量、高技术含量的产品和服务的需求也随之增长。市场需求变化倒逼企业进行新技术的研发与应用，极大地提高企业的生产效率，从而实现区域经济的快速增长。二是资本结构优化，产业结构优化将促进生产要素在各产业之间的合理配置，资本作为生产要素的重要组成部分，将由低附加值、高消耗的产业向高附加值、低消耗的新主导产业转移；新主导产业得到资本倾斜后，将加快自身发展并推动相关产业协同发展，促进区域经济的均衡增长。三是劳动力结构优化，产业结构优化表现为产业不断向第二三产业集聚，在此过程中，劳动力要素也将向第二三产业流动，劳动力要素的高层次流动会增强劳动力整体素质，显著提高社会劳动生产率，最终实现经济增长[①]。

从单一维度分析，产业结构的合理化与高级化会分别对经济增长产生影响。一是产业结构合理化对经济增长的影响，市场信息的不对称、外部性常造成资源无效配置的现象；而产业结构合理化能显著推动有效供给和资源的优化配置[②]，以此释放产业结构红利，促进经济持续增长。二是产业结构高级化对经济增长的影响，产业结构高级化将引导劳动密集型产业向资本密集型、知识密集型产业转型升级，新兴产业将逐步替代传统行业。替代效应能够促进经济结构的优化，充分激活经济发展的潜力。传统行业向新兴产业的转变需要以科技进步作为支撑，科技进步能促进分工深化，开拓新的产业部分，驱动经济高质量增长。

2. 模型构建

选取罗霄山区赣州市、大兴安岭南麓山区兴安盟、乌蒙山区遵义市作为分析区域，为了体现研究的全面性，稍微区别前述研究，将经济增长（以地

---

① 陈志英、易俊辰、崔宁波、冯锐：《环境规制与产业结构优化协调发展的经济增长效应研究》，《现代管理科学》2022年第6期。

② 曹文彬、张贵成：《产业结构变迁对经济增长的影响研究——以无锡市为例》，《生产力研究》2016年第2期。

区生产总值衡量，记为 Gro）作为被解释变量，产业结构优化程度（记为 Opt，采用泰尔指数的标准化值来衡量片区产业结构优化的特征及发展方向）作为核心解释变量。同时考虑多个控制变量影响，包括劳动力数量（记为 Lf，用地区就业人员数量表示）、交通状况（记为 Rd，用公路线路里程来衡量）、固定资产投资额（记为 Fa，采用全社会固定资产投资额表示）、政府财政支出（记为 Cb，以一般公共预算支出为代表）以及教育水平（记为 Ed，以各省份财政支出中教育支出金额来反映）。为了进行经济增长影响因素实证分析，并探索各区域经济增长的区域特征，本书构建面板数据模型，并考虑个体效应和时间效应，模型设定如下：

$$\ln \text{Gro}_{it} = \beta_0 + \beta_1 \text{Opt}_{it} + \sum_j v_j X_{ijt} + u_i + \gamma_t + \varepsilon_{it}$$

其中，β_0 表示截距，β_1 表示变量系数，$\ln \text{Gro}_{it}$ 表示 i 地区 t 年度的 GDP 的对数值，Opt_{it} 表示 i 省份 t 年度的产业结构优化程度；X_{ijt} 表示控制变量；u_i 表示各省份经济增长的个体效应，γ_t 表示各省份经济增长的时间效应，ε_{it} 是随机干扰项。

3. 实证分析

（1）基础回归模型

首先进行混合面板模型回归分析，回归结果显示，交通状况、固定资产投资额以及政府财政支出的 t 检验较为显著。产业结构优化程度、劳动力数量以及教育水平的检验结果却并未达到显著性水平，这表明在当前的混合面板模型框架下，这三个变量对于经济增长的解释作用相对较弱（见表 5-6）。

表 5-6　基础回归结果

variable	Coefficient	t	p>t
Opt	−0.0911139	−1.02	0.315
lnLf	0.0047018	0.06	0.953
lnRd	1.2495900	6.45	0.000
lnFa	0.0670583	3.30	0.002
lnCb	0.4454228	1.78	0.085
lnEd	0.0024558	0.01	0.993
_cons	−4.0033230	−3.81	0.001

续表

variable	Coefficient	t	p>t
R^2		0.9837	
F-statistic		643.45	
Prob		0.0000	

（2）模型检验

如表 5-7 所示，在进行 F 检验时，得到 F 统计值为 13.62，且其伴随概率为 0.0001，故采用个体固定效应模型进行分析，科学地探究经济增长的影响因素。同时，进行随机效应的判断，采用 Hausman 检验方法，通过分析数据，发现 Hausman 检验伴随概率为 0.0005，同样远低于 0.01 的显著性水平。结果表明，随机效应模型并不适用，而个体固定效应模型则是一个更为合理的选择。

表 5-7　F 检验及 LM 检验结果

F 检验			
Effects Test	Statistic	d. f.	Prob.
Cross-section F	13.62	(2, 30)	0.0001
Hausman 检验			
chi^2 (2)		15.23	
Prob		0.0005	

在完成相关检验后，需要进一步确定固定效应模型中关于个体和时间因素的影响，通过对比发现，三个模型中个体固定效应模型、个体时间双固定效应模型拟合优度较高，但考虑到个体固定效应模型中核心解释变量 Opt 及各控制变量的显著性水平均较高，因此选用个体固定效应模型。固定效应模型统计结果见表 5-8。

表 5-8　固定效应模型统计结果

	个体固定效应模型	时间固定效应模型	个体时间双固定效应模型
Opt	0.190 ** (0.0845)	−0.039 (0.0900)	0.420 *** (0.0567)
lnLf	−0.790 ** (0.3437)	0.206 (0.2591)	0.564 ** (0.2106)

	个体固定效应模型	时间固定效应模型	个体时间双固定效应模型
lnRd	0.735 *** (0.1733)	1.182 *** (0.2547)	−0.023 (0.0990)
lnFa	0.042 *** (0.0064)	0.051 *** (0.0144)	0.0004 (0.0055)
lnCb	0.508 ** (0.2034)	−0.002 (0.5291)	−0.044 (0.1430)
lnEd	0.062 (0.2294)	0.154 (0.3069)	0.058 (0.1248)
Adj. R^2	0.9914	0.9870	0.9992
F-statistic	1528.04 (8, 30)	904.88 (18, 20)	3899.80 (20, 18)
Prob (F-stat)	0.0000	0.0000	0.0000
个体固定	Yes	No	Yes
时间固定	No	Yes	Yes

注: *、**、*** 分别表示在10%、5%、1%水平上显著。

个体固定效应模型结果显示产业结构优化在5%的置信水平下对经济增长产生正向的促进作用，片区产业结构优化程度每上升1%，经济增长水平约上升19%。由此说明，片区产业结构优化具有经济增长效应，是经济增长的重要推动力，通过不断优化产业结构，促进产业结构的合理化和高级化，片区经济能够实现经济的快速增长。在控制变量方面，劳动力数量在5%的置信水平上对经济增长产生负向的抑制作用，政府财政支出在5%的置信水平下对经济增长产生正向的促进作用，交通状况、固定资产投资额在1%的置信水平下对经济增长产生正向的促进作用。

（3）稳健性检验

考虑到研究的需要和数据的可获得性，拟采用增加变量法，增加控制变量对外开放（Op），以区域进出口总额衡量对外开放程度，并构建新的回归模型。

对回归结果进行对比后（见表5-9），可以明显看出，核心解释变量的系数、符号以及显著性水平均未发生明显变化，由此可以判断个体固定模型的回归结果是稳健的、可信的。

表 5-9　稳健性检验回归结果

	个体固定效应模型	个体固定效应模型 X
Opt	0. 190 ** (0. 0845)	0. 209 ** (0. 0914)
lnLf	− 0. 790 ** (0. 3437)	− 0. 768 ** (0. 3511)
lnRd	0. 735 *** (0. 1733)	0. 727 *** (0. 1770)
lnFa	0. 042 *** (0. 0064)	0. 040 *** (0. 0077)
lnCb	0. 508 ** (0. 2034)	0. 462 ** (0. 2099)
lnEd	0. 062 (0. 2294)	0. 078 (0. 2249)
Adj. R^2	0. 9914	0. 9918
F-statistic	1528. 04 (8, 30)	1422. 06 (9, 29)
Prob (F-stat)	0. 0000	0. 0000
个体固定	Yes	Yes
时间固定	No	No

注：*、**、*** 分别表示在 10%、5%、1% 水平上显著。

（4）内生性检验

产业结构优化与经济增长之间存在相互依存、双向影响的紧密联系，产业结构优化通过提高经济系统的全要素生产率能够正向驱动经济增长，经济的快速增长也会促使企业加大研发创新力度，催生新技术、新产品和新产业的涌现，推动产业结构不断转型升级。从理论层面分析，上述计量过程可能伴随着内生性问题。为了更为系统地解决内生性问题，本书采用了两阶段最小二乘回归方法。第一阶段，构建了工具变量，该工具变量选取产业结构优化程度的一阶滞后项，以确保其既与内生解释变量（即产业结构优化指标）高度相关，又与被解释变量（即经济增长）的误差项不直接相关，从而削弱了内生性对回归结果的影响。在第二阶段，利用第一阶段估计得到的产业结构优化程度的预测值作为新的解释变量，保留在第一阶段中确认无显著内生性问题的其他控制变量，一并进行回归分析。

在采用两阶段最小二乘回归方法进行内生性处理前,产业结构优化程度作为关键解释变量对经济增长的回归系数为 0.190。经过严格的内生性处理后产业结构优化对经济增长的回归系数调整为了 0.166,系数均为正值,而且数值上调整幅度相对较小(见表 5-10)。基于上述分析,可以合理推断,个体固定效应模型在本研究中是适用的,其内生性问题并不构成主要障碍。

表 5-10 内生性检验回归结果

	个体固定效应模型	两阶段最小二乘法 内生性处理
Opt	0.190** (0.0845)	0.166* (0.0708)
lnLf	-0.790** (0.3437)	-0.942*** (0.3099)
lnRd	0.735*** (0.1733)	0.565*** (0.1469)
lnFa	0.042*** (0.0064)	0.037*** (0.0064)
lnCb	0.508** (0.2034)	0.477** (0.1908)
lnEd	0.062 (0.2294)	0.201 (0.2053)
Adj. R^2	0.9914	0.9926
F-statistic	1528.04 (8, 30)	1606.89 (8, 27)
Prob (F-stat)	0.0000	0.0000
个体固定	Yes	Yes
时间固定	No	No

注:*、**、*** 分别表示在 10%、5%、1% 水平上显著。

5.1.3.2 产业结构优化的区际促动效应

产业结构高级化是产业结构优化的重要组成,体现了各产业部门间要素的有效整合、高效配置及高效利用,有助于经济快速增长,并促进区域经济中心的形成。经济中心通过"扩散效应"对周边地区产生积极的辐射带动作用，引发不断上升的循环累积过程①。但在此过程中，经济中心可能通过"极化效应"加大与周边地区的经济差距，竞争优势将抑制周边地区经济发展，形成恶性循环。

1. 实证模型构建

根据空间相近原则，选取罗霄山区的赣州市、吉安市、萍乡市、郴州市作为分析区域；选取大兴安岭南麓山区的兴安盟、白城市、齐齐哈尔市、绥化市作为分析区域；选取乌蒙山区的遵义市、泸州市、毕节市、宜宾市作为分析区域。将经济增长作为被解释变量，设置产业结构优化程度为核心解释变量，控制变量包括交通状况、政府财政支出、城镇化率、教育水平等指标。各变量名称、符号、含义如下。被解释变量：经济增长（Gro），衡量地区经济发展的综合指标，采用地区生产总值表示。核心解释变量：产业结构优化程度（Opt），根据数据的可获得性，选用产业结构高级化指数的标准化值衡量片区产业结构优化的特征及发展方向。控制变量：固定资产投资额（Fa），用全社会固定资产投资额表示。交通状况（Rd），用公路线路里程表示。政府财政支出（Cb），用一般公共预算支出表示。教育水平（Ed），用各省份财政支出中教育支出金额表示。首先，要执行空间自相关检验，计算莫兰指数探究变量之间是否存在显著的空间相关性。其次，构建一个有效的空间权重矩阵非常关键。空间权重矩阵是衡量地理空间单元间相互影响程度的重要工具，其合理性直接影响到空间分析结果的准确性和可信度。最后，利用空间计量模型对产业结构优化与经济增长之间的非线性关系进行深入的实证分析。

（1）空间自相关检验

为了更精确地评估空间范围内变量间的相关程度，空间自相关检验是不可或缺的步骤。在空间自相关性检验的诸多方法中，莫兰指数、吉尔利指数以及热点分析是三种主流技术。值得注意的是，莫兰指数的数学期望保持恒定，这使得它在面对样本容量、数值波动以及空间矩阵权重变化时，相较于吉尔利指数展现出更高的稳定性和优越性。热点分析虽然也是一种有效的空

---

① 李波、王惠敏：《产业结构优化对扶贫效率的空间溢出效应——以武陵山片区为例》，《中南民族大学学报》（人文社会科学版）2022年第4期。

间自相关检验手段，但其独特之处在于它是通过比较相邻空间样本值的乘积来运作的，且其邻近空间位置的定义严格依赖于距离权重矩阵。尽管热点分析在识别相邻空间的极端区域方面表现出色，但它在判断空间负相关性时并不具备显著的优越性。综上所述，学术界普遍倾向于采用莫兰指数作为评估空间自相关性的方法，它提供了一个清晰、量化的途径，以深入探究空间数据的内在关联性。莫兰指数的计算流程如下所述。

$$Moran's = \frac{\sum_{s=1}^{n}\sum_{t=1}^{n}W_{st}(X_s - X)(X_t - X)}{\sum_{s=1}^{n}\sum_{t=1}^{n}W_{st}\sum_{s-1}^{n}(X_s - X)^2} = \frac{\sum_{s=1}^{n}\sum_{t=1}^{n}W_{st}(X_s - X)(X_t - X)}{S^2\sum_{s=1}^{n}\sum_{t=1}^{n}W_{st}}$$

其中，n 为样本量；S^2 是样本方差。X_s、X_t 是空间区域 s 和 t 的观察值，W_{st} 则是空间权重矩阵。

（2）空间权重矩阵的设定

空间权重矩阵构成了空间计量模型的关键组成部分，揭示了地理要素间存在的空间相互作用与关系。选用二元邻接空间权重矩阵来反映区域间的空间性关系，构建的空间权重矩阵如下所示。

$$W_{ij}' = \begin{cases} 1, 若\ i\ 和\ j\ 存在邻接关系 \\ 0, 若\ i\ 和\ j\ 不存在邻接关系 \end{cases}$$

式中，若省份 i 和省份 j 在空间上相邻，则空间矩阵的权重记录为 1；若省份 i 和省份 j 在空间上不相邻，则空间矩阵的权重记录为 0。

（3）空间计量模型的构建

在空间计量模型中，空间滞后模型相比于原模型只存在一个空间加权矩阵，而在解释变量中包含了一个被解释变量的空间滞后项，目的是考虑周边地区的被解释变量对于研究区域被解释变量的影响；空间误差模型将空间的效应放入误差项中，即将空间权重矩阵放在无法检测到的误差项中，考虑了周边地区的解释变量对研究区域解释变量的影响。空间误差模型与空间滞后模型的主要差异在于它们处理不同单元间空间相关性的方式；空间杜宾模型通过引入变量的空间滞后项，更深入地探究周边区域被解释变量对被研究区域解释变量的具体影响。空间杜宾模型通过综合考虑被解释变量和解释变量的空间效应，提供了一个更加全面的空间分析框架，相较于其他两种模型，其分析范围更广，故选取空间杜宾模型作为分析模型，表达如下。

$$Gro_{it} = C + \rho W Gro_{it} + \beta_0 Opt_{it} + \delta_0 W Opt_{it} + \beta_i X_{it} + \delta_i W X_{it} + \mu_i + v_t + \varepsilon_{it}$$

式中，C 为常数项；ρ 为空间自回归系数；W 为空间权重矩阵；Gro_{it} 表示区域经济增长水平，Opt_{it} 表示产业结构优化水平，X_{it} 表示控制变量；$W Gro_{it}$、$W Opt_{it}$、$W X_{it}$ 分别表示区域经济增长、产业结构优化水平、控制变量的空间滞后项；β_i 与 δ_i 为待估计系数；μ_i 和 v_t 分别为个体效应和时间效应；ε_{it} 为空间误差项。

2. 实证检验结果

（1）空间自相关检验

结果显示，2011~2023 年罗霄山区经济增长莫兰指数大多数在 10% 水平上显著；2011~2023 年大兴安岭南麓山区经济增长莫兰指数绝大多数在 1% 和 5% 的显著性水平上显著；2011~2023 年乌蒙山区经济增长莫兰指数均不显著，故下一步选取罗霄山区及大兴安岭南麓山区做进一步分析。三个片区经济增长莫兰指数分别见表 5-11、表 5-12、表 5-13。

表 5-11　罗霄山区经济增长莫兰指数

	I 值	Z 值	P 值
2011	0.207	1.954	0.051
2012	0.189	1.961	0.050
2013	0.179	1.951	0.051
2014	0.171	1.948	0.051
2015	0.171	1.951	0.051
2016	0.163	1.938	0.053
2017	0.125	1.839	0.066
2018	0.139	1.844	0.065
2019	0.089	1.739	0.082
2020	0.090	1.738	0.082
2021	0.060	1.628	0.103
2022	0.055	1.621	0.105
2023	0.079	1.709	0.088

表 5-12　大兴安岭南麓山区经济增长莫兰指数

	I 值	Z 值	P 值
2011	0.037	1.705	0.088
2012	0.052	1.799	0.072
2013	0.041	1.717	0.086
2014	0.072	1.939	0.053
2015	0.107	2.197	0.028
2016	0.140	2.518	0.012
2017	0.226	3.757	0.000
2018	0.256	4.418	0.000
2019	0.242	9.116	0.000
2020	0.237	8.678	0.000
2021	0.135	1.346	0.179
2022	0.110	1.293	0.196
2023	0.099	1.269	0.204

表 5-13　乌蒙山区经济增长莫兰指数

	I 值	Z 值	P 值
2011	−0.471	−0.525	0.599
2012	−0.504	−0.648	0.517
2013	−0.520	−0.666	0.505
2014	−0.512	−0.671	0.502
2015	−0.464	−0.551	0.582
2016	−0.444	−0.479	0.632
2017	−0.455	−0.508	0.611
2018	−0.551	−0.739	0.460
2019	−0.536	−0.699	0.484
2020	−0.543	−0.712	0.477
2021	−0.543	−0.704	0.481
2022	−0.536	−0.672	0.502
2023	−0.536	−0.639	0.523

（2）空间计量模型识别

为判断空间计量模型的适用性，本研究进行空间杜宾模型相关检验。如

表 5-14 所示，LM 检验表明罗霄山区和大兴安岭南麓山区存在空间自相关效应，即空间杜宾模型是适用的。LR 统计量均在 1%的显著性水平下拒绝原假设，表明空间杜宾模型不能简单由空间滞后模型替代。因此，本研究采用空间杜宾模型衡量产业结构优化的空间溢出效应。

表 5-14　空间杜宾模型检验结果

罗霄山区		大兴安岭南麓山区	
名称	统计量	名称	统计量
LM Spatial error	3.68*	LM Spatial error	7.55***
LM Spatial lag	3.62*	LM Spatial lag	7.26***
LR Spatial error	18.90***	LR Spatial error	20.58***
LR Spatial lag	18.28***	LR Spatial lag	26.22***

注：*、**、***分别表示在 10%、5%、1%水平上显著。

（3）模型估计结果与分析

如表 5-15 所示，基于空间杜宾模型罗霄山区各个解释变量对区域经济增长的间接效应，解释变量产业结构优化间接效应为-0.368，通过了 1%的显著性水平检验，意味着地区产业结构优化程度每提高 1%，就能促使周边地区经济发展水平降低 3.68%。表明在罗霄山区未深入推进区域产业体系建设及完善协同发展机制，产业结构优化会在区域内形成竞争优势，抑制周边地区经济发展。基于空间杜宾模型大兴安岭南麓山区各个解释变量对区域经济增长的间接效应，解释变量产业结构优化间接效应为-0.444，通过了 5%的显著性水平检验，意味着区域产业结构优化程度每提高 1%，将引起周边地区经济发展水平降低 4.44%；这也表明大兴安岭南麓山区受区位限制，协同发展机制尚未形成，区域内部地区未能协同发展，地区的产业结构优化将形成地区产业优势，抑制周边地区产业发展，进而对周边地区经济增长产生负向促动效应，与罗霄山区情况一致。

表 5-15　罗霄山区、大兴安岭南麓山区间接效应分析

变量	罗霄山区	大兴安岭南麓山区
Opt	-0.368***	-0.444**
	(-3.17)	(-2.32)

续表

变量	罗霄山区	大兴安岭南麓山区
lnRd	−0.057	0.523
	(−0.20)	(0.87)
lnFa	−0.22	−0.222*
	(−1.76)	(−1.70)
lnCb	0.008	0.976*
	(0.34)	(1.85)
lnEd	−0.484***	−1.328***
	(−2.79)	(−2.63)

注:*、**、***分别表示在10%、5%、1%水平上显著。

通过以上结果分析可知,片区相较于其他发达区域,产业结构优化易形成竞争优势,抑制周边地区产业发展,进而对周边地区经济增长产生负向促动效应。在片区经济基础、要素禀赋较为薄弱时,对周边地区的负向促动效应更为明显;当经济发展到一定水平后,对周边的负向促动效应也将消减,在此期间片区各部分更加专注于自身发展;可以预见的是,当片区经济发展及协同发展水平较高时,地区的产业结构优化对自身经济发展及周边区域的经济发展均有着明显的正向促动。

5.2　居民生计资本时空演变及与区域产业发展

5.2.1　生计资本与产业发展的逻辑演进

围绕农户生计资本与产业发展主题,已有研究主要聚焦三个方面:一是生计资本及其影响因素。生计资本作为综合性概念,共同构成居民面对生活挑战及实现生计改善的基础。农户各分项生计资本存量对其生计方式选择起着决定性作用。人力资本和金融资本的提升有助于农户选择更多元化、更高收益的生计方式,而自然资本和物质资本则在一定程度上制约着农户生计方式的转变①。

---

① 焦娜、郭其友:《农户生计策略识别及其动态转型》,《华南农业大学学报》(社会科学版)2020年第2期。

生计资本的影响因素多种多样，自然条件①、政策扶持②、技能培训、社会联系③以及区域内的产业结构调整④等因素共同影响农户生计资本的发展。二是生计转型。生计转型是指村民生计资本、生计结构、生计模式长期性或周期性的转变。生计资本是生计转型的基础，生计资本存量会影响农户生计方式的选择，进而影响产业发展。三是生计资本与产业结构优化的关系。产业结构优化是实现各产业之间协调发展的过程⑤。随着就业帮扶、产业帮扶、农村基础设施建设等精准扶贫政策的有效实施和深入推广，农户基本生活需求得到有效满足，各分项生计资本显著提高，产业结构趋向更高级和更合理的要素配置⑥。农户生计资本与产业发展之间建立良好的耦合协调关系是实现区域减贫与可持续发展的必要条件⑦，在农业、工业、服务业⑧综合产业结构布局中，农户可以通过扩大收入来源、提高职业技能、维护和改善生态环境等方式优化生计资本，促进生计方式的现代化转型。产业结构优化不仅促进居民生计转型，提升经济效益，还对其增强管理能力、深化生态文化意识等社会效应产生积极影响，实现经济与社会的双重增值⑨，通过提升农户生计资本、优化产业结构、强化区域协调，形成农户、产业和区域空间的良性互动与均衡充分发展。

---

① 钱莎：《民族地区农户生计策略调整及影响因素分析》，《湖北农业科学》2022 年第 2 期。

② 纪金雄、洪小燕、雷国铨：《多源扰动、生计资本与茶农生计转型研究》，《林业经济问题》2021 年第 3 期。

③ 侯甚帆、廖凌云、刘铠宇、滕琳曦、沈思源：《武夷山国家公园社区生计资本差异及影响因素分析》，《自然保护地》2021 年第 2 期。

④ 赵立娟、王苗苗、史俊宏：《农地转出视阈下农户生计资本现状及影响因素分析——基于CFPS 数据的微观实证》，《农业现代化研究》2019 年第 4 期。

⑤ 崔寅：《我国产业结构优化与居民消费升级的关系探究》，《商业经济研究》2024 年第 5 期。

⑥ 杨悦、员学锋、马超群、徐和平、任朝霞：《秦巴山区农户生计与乡村发展耦合协调分析：以陕西省洛南县为例》，《生态与农村环境学报》2021 年第 4 期。

⑦ 吴嘉莘、杨红娟：《中国城乡居民生计资本的时空演变及耦合协调度研究》，《经济问题探索》2020 年第 11 期。

⑧ 王文超、姜苏容：《旅游发展下居民生计资本和生计方式变迁》，《合作经济与科技》2023 年第 6 期。

⑨ 何思源、王博杰、王国萍、魏钰：《自然保护地社区生计转型与产业发展》，《生态学报》2021 年第 23 期。

5.2.2 片区居民生计资本时空演变

5.2.2.1 数据来源

本书以 2011～2023 年为研究时间段，数据来源于《内蒙古统计年鉴》《贵州统计年鉴》《江西统计年鉴》以及统计公报等国家和地方公开发布的统计资料，缺失数据均采用插值法补全。

5.2.2.2 指标选取与指标体系构建

基于可持续生计分析的理论框架，参考已有生计资本量化的研究成果，并结合三个样本区域的实际情况，选取 29 个指标对三个样本区域居民生计资本及各分项资本进行计算（见表 5-16）。产业发展既是支撑乡村振兴战略的经济基石，也是驱动农民收入增长与农村兴旺发达的关键着力点[1]。区域产业发展指三个样本区域产业结构、产业布局和产业发展水平的发展情况。对于区域产业发展的综合评价用产业结构概括，选取 6 个指标对产业发展进行综合评价[2]。

表 5-16 区域居民生计资本与产业发展评价指标体系

一级指标	二级指标	三级指标	单位	性质	权重
生计资本	自然资本	人均水资源量	米³/人	正向	0.0230
		林地面积	万公顷	正向	0.0305
		园地面积	公顷	正向	0.0679
		草地面积	公顷	正向	0.0785
		耕地面积	万公顷	正向	0.0348
		农作物总播种面积	千公顷	正向	0.0459
	金融资本	农村居民人均可支配收入	元/人	正向	0.0241
		城镇居民人均可支配收入	元/人	正向	0.0171
		农村居民人均消费支出	元/人	正向	0.0300
		在岗职工总额	万元	正向	0.0331
		金融机构人民币各项存款余额	亿元	正向	0.0379
		社会消费品零售总额	亿元	正向	0.0439

---

① 文琦、郑殿元、施琳娜：《1949—2019 年中国乡村振兴主题演化过程与研究展望》，《地理科学进展》2019 年第 9 期。

② 任保平、杜宇翔：《黄河流域经济增长 - 产业发展 - 生态环境的耦合协同关系》，《中国人口·资源与环境》2021 年第 2 期。

一级指标	二级指标	三级指标	单位	性质	权重
生计资本	物质资本	固定资产投资总额	万元	正向	0.0372
		全年液化石油气供应量	吨	正向	0.0227
		地表水供水总量	亿立方米	正向	0.0320
		大型牲畜年底头数	万头	正向	0.0192
		全年粮食总产量	万吨	正向	0.0600
		农村居民人均住房建筑面积	米²/人	正向	0.0254
	人力资本	城镇失业人口数量	万人	负向	0.0123
		职业学校毕业人数	人	正向	0.0400
		普通本专科毕业生人数	人	正向	0.0359
		普通高等学校平均在校学生数	人	正向	0.0251
		就业人数	万人	正向	0.0335
	社会资本	社会组织数	个	正向	0.0304
		社会保障和就业财政支出	万元	正向	0.0257
		医疗卫生财政支出	万元	正向	0.0324
		每千人卫生技术人口数	人	正向	0.0347
		城镇职工养老保险	万人	正向	0.0347
		城镇基本医疗保险	万人	正向	0.0322
产业发展	产业结构	产业结构高级化	/	正向	0.7410
		产业结构合理化	/	负向	0.2590

5.2.2.3 研究方法

1. 指标综合水平评价模型

采用熵值法计算各指标权重。权重 W_g 计算公式为：

$$W_g = \frac{1 - P_{ig}}{\sum_{g=1}^{n}(1 - P_{ig})}$$

其中，P_{ig} 为第 g 项指标的熵值，n 为样本数。

再计算居民生计资本综合值 $f(l)$，公式为：

$$f(l) = \sum_{g=1}^{n} W_g Y_{ig}$$

运用综合指数法测算产业发展水平。计算公式为：

$$f(c) = \sum_{i=1}^{n} \sum_{g=1}^{n} W_{ig} X_{ig}$$

2. 耦合度模型

耦合度 C 计算公式为:

$$C = 2 \times \sqrt{f(l) \times \frac{f(c)}{[f(l)+f(c)]^2}}$$

3. 耦合协调度模型

耦合协调度指相互影响的系统之间良性关系的耦合程度大小,体现系统之间耦合协调状态的好坏程度。计算公式为:

$$D = \sqrt{C \times T} = \sqrt{C \times [\beta_1 f(l) + \beta_2 f(c)]}$$

D 为耦合协调度；T 为两系统的综合评价得分。生计资本－产业发展系统耦合度与耦合协调类型划分[①]分别见表 5-17 与表 5-18。

表 5-17　生计资本-产业发展系统耦合度类型划分

耦合度	耦合等级	特征
0.0<C≤0.3	低水平耦合阶段	表明各系统之间呈现从无关到关联状态的发展
0.3<C≤0.5	拮抗阶段	表明各系统之间关联度提高,呈现由弱到强的状态发展
0.5<C≤0.8	磨合阶段	表明各系统之间处于磨合阶段,各系统矛盾显现
0.8<C≤0.9	中度耦合阶段	表明各系统之间关联度逐渐加强,各系统趋于有序发展
0.9<C≤1.0	高水平耦合阶段	表明各系统之间趋于良性共振耦合阶段

表 5-18　生计资本-产业发展系统耦合协调类型划分

划分标准	耦合协调等级	子类型	划分标准
0.0<D≤0.3	严重失调阶段	严重失调	$0 \leq |f(l)-f(c)| \leq 0.1$
		严重失调—产业发展滞后	$f(l)-f(c)>0.1$
		严重失调—生计资本滞后	$f(c)-f(l)>0.1$

---

① 王芳:《基于耦合协调度模型的生态系统与经济系统协同发展研究——以京津冀地区为例》,《湖北社会科学》2021 年第 6 期；乔家君、肖杰:《黄河中下游乡村振兴与新型城镇化耦合协调机制研究》,《地理科学进展》2024 年第 3 期。

划分标准	耦合协调等级	子类型	划分标准
0.3<D≤0.5	轻度失调阶段	轻度失调	$0 \leqslant \mid f(l) - f(c) \mid \leqslant 0.1$
		轻度失调—产业发展滞后	$f(l) - f(c) > 0.1$
		轻度失调—生计资本滞后	$f(c) - f(l) > 0.1$
0.5<D≤0.8	轻度协调阶段	轻度协调	$0 \leqslant \mid f(l) - f(c) \mid \leqslant 0.1$
		轻度协调—产业发展滞后	$f(l) - f(c) > 0.1$
		轻度协调—生计资本滞后	$f(c) - f(l) > 0.1$
0.8<D≤1.0	高度协调阶段	高度协调	$0 \leqslant \mid f(l) - f(c) \mid \leqslant 0.1$
		高度协调—产业发展滞后	$f(l) - f(c) > 0.1$
		高度协调—生计资本滞后	$f(c) - f(l) > 0.1$

4. 灰色关联度分析法

选择灰色关联度模型进行分析，筛选影响生计资本与产业发展耦合协调的主要内部驱动因素。以生计资本与产业发展耦合协调度作为参考序列 $y(k)$，以两系统内部各项指标作为比较序列 $x_i(k)$，$k = (1,2,3,\cdots,m)$[1]。构建灰色关联度模型步骤如下。

首先，需要对数据进行无量纲化处理：

$$x_i(k) = \frac{x_i(k)}{x_i(1)}$$

其次，确定指标间的关联系数：

$$\varepsilon_i(k) = \frac{\min_i \min_k \mid y(k) - x_i(k) \mid + \rho \max_i \max_k \mid y(k) - x_i(k) \mid}{\mid y(k) - x_i(k) \mid + \rho \min_i \min_k \mid y(k) - x_i(k) \mid}$$

其中分辨系数 $\rho = 0.5$。

最后，计算关联度：

$$H_i = \frac{1}{m} \sum_{k=1}^{m} \varepsilon_i(k)$$

将灰色关联度分为低关联［0，0.35）、中等关联［0.35，0.65）、较高

---

① 谯欣怡、许晓睿：《职业教育与乡村产业振兴耦合协调测度及驱动因素研究——基于2011—2020年31个省份的面板数据》，《高教探索》2024年第2期。

关联 [0.65, 0.85)、高关联 [0.85, 1.0][①]，对影响生计资本-产业发展系统的相关因素展开分析。H_i 值越大说明关联度越大，该项指标对两系统耦合协调度的驱动作用也越大。

5.2.2.4　片区居民生计资本的时序分析

1. 片区居民生计资本总体变化情况

如图 5-1 (a) 所示，片区居民生计资本时序研究为 2011~2023 年，由于 2011 年中共中央国务院印发《中国农村扶贫开发纲要 (2011—2020 年)》，故将研究时间分为 2011~2020 年和 2021~2023 年两个阶段。三个片区居民生计资本综合水平在这两个阶段总体上都呈上升趋势，生计资本实现显著整体增长，并呈现出持续上升的良好态势，这得益于各地扶贫政策的有效执行、脱贫攻坚战的胜利以及乡村振兴战略的持续推进。其中，2011~2020 年罗霄山区赣州市的生计资本综合值呈现波动上升趋势，2011~2012 年呈现增长态势，但 2012~2013 年因遭受长期高温干旱灾害，导致农作物大幅减产[②]，自然资本受损而出现下滑。2013~2020 年，片区通过积极调整产业结构，提升农民收入，促使生计资本综合值再次步入上升通道。2021~2023 年，片区居民生计资本综合水平持续提高。乌蒙山区遵义市在两个阶段都表现出持续稳定的上升趋势，主要归因于该地区金融资本的提高及金融服务的扩展，特别是针对农村、小微企业及低收入群体的小额信贷和普惠金融产品增多以及融资门槛降低，这些措施有效拓宽了居民获取生计资本的途径。2011~2020 年大兴安岭南麓山区兴安盟的生计资本综合值总体呈上升趋势，主要是因为《大兴安岭南麓片区区域发展与扶贫攻坚规划 (2011—2020 年)》的深入实施，促进产业结构的优化升级，带动居民收入显著增加，并伴随着技术水平的大幅提升。2021~2023 年大兴安岭南麓山区兴安盟的生计资本综合值呈现上升趋势。

2. 生计资本内部结构

(1) 自然资本

如图 5-1 (b) 所示，2011~2023 年罗霄山区赣州市的自然资本数值呈

---

① 王裕瑾、李梦玉：《中国数字经济与高质量发展的耦合协调研究》，《经济与管理评论》2023 年第 1 期。

② 左停、赵泽宇：《现代化进程中的乡村风险、损害及其 4R 应对策略——基于秦巴山区 SY 县的案例研究》，《西南民族大学学报》(人文社会科学版) 2023 年第 8 期。

现出不稳定的波动态势，其数值在 0.0700~0.1200 之间徘徊，总体呈现上升态势。2011~2020 年大兴安岭南麓山区兴安盟自然资本数值在 0.1100~0.1500 之间来回波动，呈现"上升—下降—上升"的趋势，2011~2013 年处于上升状态，2013~2014 年处于下降状态，2014~2021 年处于上升状态，2021~2023 年处于下降状态，主要是耕地的高度破碎化严重制约了农业向适度规模化生产和机械化经营模式的转变，进而导致了集约化土地利用效率的低下。2011~2020 年乌蒙山区遵义市自然资本数值呈现了"上升—下降"趋势，在 2011~2014 年处于上升状态，2014~2020 年处于下降状态，原因是片区频繁出现低温凝冻、大风冰雹、暴雨洪涝、滑坡、塌方及泥石流等多种自然灾害。2020~2023 年又呈现上升态势，主要是农民能够合理利用土地，调整了种植结构，转向种植更具生态效益和经济效益的作物，积极发展茶叶、酿酒原料作物、竹笋以及中药材等特色产业。

（2）金融资本

如图 5-1（c）所示，三个样本片区金融资本在两个研究阶段均呈稳步上升趋势。主要原因在于片区发展规划与精准扶贫举措的有效执行，加之乡村振兴战略的深入推行，共同促成居民金融资本的大幅增值。罗霄山区赣州市在 2016~2019 年被列为全国木本油料产业扶贫精准扶持的示范点，并在此期间成功获得了总额达 60 亿人民币的信贷资金支持，显著提高了当地的金融资本实力。如寻乌县紧抓金融扶贫试点契机，将此作为精确脱贫的核心举措，开辟了一条金融扶贫模式：政府搭台、银行唱戏、贫困户受益，有效推进了扶贫攻坚工作。乌蒙山区遵义市则通过发展赤水乌骨鸡养殖、红色旅游业及现代农业等特色产业得到一系列政策支持，金融机构体系日趋完善，金融服务质量与效率得到提升，银行、保险、证券、小额贷款公司等各类金融机构的增设或业务扩张，为当地企业和个人提供了更丰富的融资渠道与金融服务，进一步提高了金融资本水平。大兴安岭南麓山区兴安盟，其金融资本在研究阶段呈现稳步上升的趋势，主要得益于随着居民对"金惠工程"[①]、普惠金融与减贫相结合策略的理解与接纳，金融资本再次步入上升轨道，表现出该地区在克服初期挑战后，金融资本积累恢复并加速增长的

---

① 张传娜、张晓晖：《数字普惠金融的减贫机制研究——基于"金惠工程"大兴安岭南麓山区基线调查数据分析》，《甘肃金融》2023 年第 5 期。

积极态势。

（3）物质资本

如图 5-1（d）所示，2011~2023 年罗霄山区赣州市的物质资本数值呈现出不稳定的波动态势，其数值在 0.0500~0.1300 之间徘徊。其物质资本值在 2014~2015 年处于下降状态，是因为片区受工业反哺农业政策影响，多数年轻劳动力离开农业，转而从事非农产业，农业劳动主力转变为高龄老人和部分中老年女性，并且农户文化水平普遍较低，很难学会使用农用机械[①]，进一步限制了物质资本的提升。2021~2023 年呈稳步上升趋势。大兴安岭南麓山区兴安盟物质资本数值出现了四个时段的特征，2011~2014 年处于上升状态。2014~2015 年处于下降状态，主要原因是片区发生旱灾、低温、地震等自然灾害，严重损坏基础设施，影响粮食等重要农产品的稳定产出，导致物质资本下降。2015~2020 年又处于上升状态，主要得益于《兴安盟农牧业经济"十三五"发展规划（2016—2020 年）》引导，物质资本逐渐恢复增长。2021~2023 年呈稳步上升趋势。2011~2020 年乌蒙山区遵义市物质资本数值呈现波动上升趋势，2013~2015 年处于上升状态，2015~2016 年处于下降状态，2016~2017 年处于上升状态。2020~2023 年处于下降状态，片区牧民放弃纯农业的人数越来越多，此状况还没有得到缓解。乌蒙山区遵义市通过实施"双领"战略，即以党建引领和产业引领为核心，有效驱动乡村振兴的"产业引擎"，特别是在乌骨鸡养殖项目上取得了显著成效。作为短期内快速见效的扶贫产业，乌骨鸡养殖业有效助力农民增收，成为当地农业的主导产业和扶贫的关键支柱，惠及超过 3 万户农户。截至 2023 年末，赤水市已建立 29 个村集体代养场，面积达 11.5 万平方米，惠及 4032 户贫困家庭1.42 万贫困人口，年均增收超 1200 元。

（4）人力资本

如图 5-1（e）所示，大兴安岭南麓山区兴安盟人力资本水平保持相对稳定，这一现象可归因于片区人口密度较低的特点，加之人口结构相对比较稳定，没有显著的人口增长。乌蒙山区遵义市在 2011~2017 年处于上升状态，主要是因为"十三五"规划的有序推进，显著提升了居民的专业技

---

① 黄国勤：《论革命老区农业高质量发展——以江西赣州为例》，《农业现代化研究》2023 年第 6 期。

能水平，进而增强了人力资本的积累。罗霄山区赣州市的人力资本数值在
0.0800~0.1400之间波动。其人力资本变化出现了六个时段的特征，2011~
2012年处于上升状态，2012~2013年处于下降状态，主要原因是人口快速增
长与就业机会未能同步扩展，失业率上升，区域经济未能有效吸纳新增劳动
力。2013~2015年处于上升状态，由于《中共赣州市委赣州市人民政府贯
彻落实〈国务院关于支持赣南等原中央苏区振兴发展的若干意见〉的实施
意见》等政策的实施和推进，发展赣南脐橙、赣南茶油等特色产业，创造
了大量就业机会，成功吸纳了大量失业人口，进而促进了人力资本的显著
提升。2015~2016年处于下降状态，2016~2020年和2021~2023年都处
于上升状态，政策与产业发展合力扭转了前期的不利局面，助力了人力资
本提升。

（5）社会资本

如图5-1（f）所示，2011~2019年大兴安岭南麓山区兴安盟的社会资
本数值逐渐增长，增长速率较为平缓，2019~2020年出现下降，2021~2023
年呈稳步上升趋势。2011~2023年罗霄山区赣州市社会资本数值整体呈上升
趋势。随着区域内居民之间的联系日益紧密，社会网络的扩展和深化为信
息、资源和机会的交流提供了更多的渠道，有效促进了社会资本的积累。乌
蒙山区遵义市在两个研究阶段社会资本数值都不断增长，主要原因或许是
《新生代农民工职业技能提升计划（2019—2022年）》等政策的实施，促进
了教育的普及与文化交流，增强了个体间的相互理解和尊重。

（a）生计资本总体

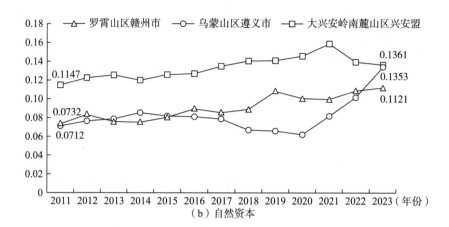

（b）自然资本

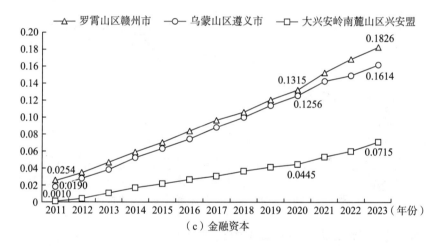

（c）金融资本

（d）物质资本

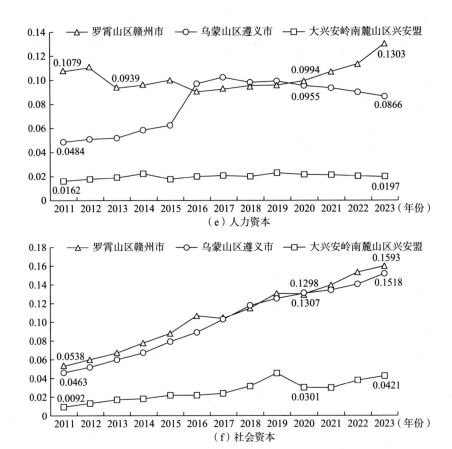

图 5-1　2011~2023 年三个片区居民生计资本情况

5.2.2.5　片区居民生计资本的空间分析

　　三个片区凭借各项资本积累，得以高效调动与整合各类资源，有力驱动地区产业稳步向前发展，不断增加居民的收入。丰富的自然资本是经济发展的基石，为不同产业提供了丰富的物质资源与优良的生态环境基础。尤其在大兴安岭南麓山区的兴安盟，凭借其得天独厚的自然资本优势，拥有发展特色农业的卓越潜力。片区可进一步挖掘和利用其自然资源，优化农业结构，发展乡村旅游业，提升农产品的产量与品质，从而有效提升农业生产的整体效能。这样不仅能够增强当地农业竞争力，还能增加农户从农业生产中获得的经济收益，促进农村经济的繁荣与居民生活水平的提升。罗霄山区赣州市作为金融资本积累最丰富的区域，其居民受益于充沛的资本资源，得以探索多元化的生计策略，促进传统农业向综合经营模式及非农产业成功转型，显著提高家庭收入，实现经济来源的多样化和稳定增长。乌蒙山区遵义市在物质资本方面优势明显，居民能够充分利用现代农业机械、智能技术和自动化设施，增强技术应用能力和操作熟练度，提升农业生产效率，加速农业现代化进程。在人力资本维度，罗霄山区赣州市依托高质量的教育资源、专业的职业技能和全面的个人素质，片区居民生计模式呈现出多元化格局，超越农业界限，积极向第二三产业拓展；培养新一代知识型农民与多技能农民，有效吸纳剩余劳动力，促进社会整体就业与进步。乌蒙山区遵义市在社会资本领域尤为突出，能够高效运用社交网络和合作关系网，优化资源配置，改善发展环境，提高发展质量。

5.2.3　片区居民生计资本与区域产业发展耦合协调

5.2.3.1　耦合度分析

依据 2011~2023 年连片特困区居民生计资本和产业发展的计算结果，对片区居民生计资本-产业发展耦合度进行分析，结果见表 5-19。罗霄山区赣州市的生计资本-产业发展 2011~2023 年处于高水平耦合阶段。从内部来看，生计资本和产业发展都在 2013 年涨幅最低，主要是因为 2013 年脐橙种植业受到黄龙病严重影响，大量居民不得不砍掉种了好几年的脐橙树[①]，进而导致生计资本的下降。农业灾害还迫使众多居民离开第一产业，转向第二三产业寻求生计，加剧了产业发展的不平衡状态。除 2013 年外，罗霄山区赣州市的生计资本和产业发展相对稳定。乌蒙山区遵义市的情况略有不同，2011年进入中度耦合阶段，2012~2023 年为高度耦合阶段。从内部来看，生计资本领域在 2011~2023 年处于持续上升状态；产业发展领域则多次出现起伏，在 2012 年、2014~2015 年、2020 年和 2022 年均处于下降状态，由于 2018~2019 年生计资本的增长速度变慢，因此产生连锁反应，2019 年第一二三产业均遭受不同程度的产值缩减。与乌蒙山区遵义市耦合阶段不同，大兴安岭南麓山区兴安盟的生计资本-产业发展在 2011~2023 年一直处于高水平耦合阶段。需要特别说明的是，大兴安岭南麓山区兴安盟产业发展评分显著低于罗霄山区赣州市和乌蒙山区遵义市，非常重要的原因在于大兴安岭南麓山区兴安盟更加注重第一产业的发展，而其他两个地区大部分关注第二

---

① 谢标洪、谢小坚、王芳：《赣州柑橘黄龙病的发生与防控》，《科学种养》2015 年第 6 期。

三产业的发展。

表 5-19　片区居民生计资本-产业发展耦合度分析

年份	罗霄山区赣州市		乌蒙山区遵义市		大兴安岭南麓山区兴安盟	
	耦合度	类型	耦合度	类型	耦合度	类型
2011	0.9057		0.8861	中度耦合阶段	0.9962	
2012	0.9178		0.9232		0.9985	
2013	0.9121		0.9174		0.9927	
2014	0.9250		0.9475		0.9899	
2015	0.9341		0.9636		0.9782	
2016	0.9449		0.9505		0.9839	
2017	0.9446	高水平耦合阶段	0.9610	高水平耦合阶段	0.9848	高水平耦合阶段
2018	0.9511		0.9580		0.9928	
2019	0.9660		0.9645		0.9988	
2020	0.9694		0.9684		1.0000	
2021	0.9713		0.9722		0.9931	
2022	0.9811		0.9781		0.9836	
2023	0.9864		0.9849		0.9834	

5.2.3.2　耦合协调度分析

虽然片区生计资本-产业发展耦合度均已进入高水平阶段，生计资本与产业发展之间的相互影响、相互作用显著，但三个片区的耦合协调度仍有明显的不同。罗霄山区赣州市和乌蒙山区遵义市处于高度协调发展阶段，而大兴安岭南麓山区兴安盟则处于轻度协调发展阶段。

具体来看，罗霄山区赣州市一直处于生计资本滞后状态，其经历了由轻度协调-生计资本滞后到高度协调-生计资本滞后的变化，且耦合协调度逐年提高；乌蒙山区遵义市一直处于生计资本滞后状态，经历了由轻度协调-生计资本滞后到高度协调-生计资本滞后的变化；大兴安岭南麓山区兴安盟经历了由轻度失调到轻度协调-生计资本滞后再到轻度协调最后到轻度协调-产业发展滞后的转变，自 2015 年起已进入轻度协调的发展阶段，整体来看协调发展逐步深化的趋势明显（见表 5-20）。

表 5-20　片区居民生计资本-产业发展耦合协调度分析

年份	罗霄山区赣州市		乌蒙山区遵义市		大兴安岭南麓山区兴安盟	
	耦合协调度	类型	耦合协调度	类型	耦合协调度	类型
2011	0.7056	轻度协调-生计资本滞后	0.6242	轻度协调-生计资本滞后	0.4131	轻度失调
2012	0.7253		0.6330		0.4426	
2013	0.7344		0.6622		0.4807	
2014	0.7582		0.6878		0.5015	
2015	0.7771		0.7050		0.5300	轻度协调-生计资本滞后
2016	0.7988		0.7586		0.5356	
2017	0.8066	高度协调-生计资本滞后	0.7835		0.5628	
2018	0.8303		0.7936		0.5722	
2019	0.8536		0.8094	高度协调-生计资本滞后	0.5817	轻度协调
2020	0.8582		0.8098		0.5639	
2021	0.8832		0.8210		0.5581	
2022	0.8970		0.8243		0.5393	轻度协调-产业发展滞后
2023	0.9118		0.8431		0.5527	

　　从三个连片特困区的生计资本评价与产业发展评价来看，罗霄山区赣州市除 2011～2016 年外，其生计资本-产业发展处于高度协调发展中，且耦合协调度逐年提高。而大兴安岭南麓山区兴安盟则有明显的变化，除 2011～2014 年外，其生计资本-产业发展处于轻度协调发展中，说明该地区一直在不断调整产业结构，以探寻更适合该地区的产业发展模式，且该地区的发展较为均衡。乌蒙山区遵义市生计资本-产业发展虽然已进入高水平耦合阶段，相互影响显著，但是 2011～2018 年耦合协调度不高。

5.2.3.3　生计资本与产业发展系统耦合协调的内部驱动因素分析

　　基于 2011～2023 年三个样本片区生计资本-产业发展耦合协调特征事实，运用灰色关联度模型分析研究区域生计资本-产业发展耦合协调度与不同因素间的关联性，各因素关联度均大于 0.5，表明各因素与生计资本-产业发展耦合协调均有重要影响（见表 5-21）。

　　整体来看，罗霄山区赣州市和乌蒙山区遵义市两个片区的生计资本 5 个二级指标的平均关联度分别为 0.8264 和 0.8539，产业发展的平均关联度分别为 0.8680 和 0.8902，表明这两个片区产业发展的整体驱动作用大于生计资本发展的驱动作用。而大兴安岭南麓山区兴安盟生计资本的平均关联度为0.8135，产业发展的平均关联度为0.7936，表明生计资本发展的整体驱动作用大于产业发展的驱动作用。

从生计资本子系统看，乌蒙山区遵义市，关联度由大到小依次为自然资本、物质资本、人力资本、社会资本和金融资本，对于三个样本片区耦合协调度提升影响最大的是自然资本。从产业发展子系统看，大兴安岭南麓山区兴安盟、罗霄山区赣州市和乌蒙山区遵义市都强调产业结构高级化。

表5-21 各指标与耦合协调度的灰色关联度

一级指标	二级指标	三级指标	关联度		
			罗霄山区赣州市	乌蒙山区遵义市	大兴安岭南麓山区兴安盟
生计资本	自然资本	人均水资源量	0.8542	0.9088	0.7147
		林地面积	0.9339	0.9572	0.8263
		园地面积	0.8850	0.8363	0.8976
		草地面积	0.8363	0.9377	0.8016
		耕地面积	0.9042	0.9210	0.8892
		农作物总播种面积	0.9441	0.9435	0.9305
		均值	0.8930	0.9174	0.8433
	金融资本	农村居民人均可支配收入	0.7068	0.7944	0.6395
		城镇居民人均可支配收入	0.7624	0.8717	0.6929
		农村居民人均消费支出	0.6869	0.7397	0.7049
		在岗职工总额	0.6041	0.7014	0.7204
		金融机构人民币各项存款余额	0.6545	0.6939	0.6886
		社会消费品零售总额	0.6951	0.7688	0.8709
		均值	0.6850	0.7616	0.7195
	物质资本	固定资产投资总额	0.5694	0.6840	0.8295
		全年液化石油气供应量	0.7453	0.9142	0.6541
		地表水供水总量	0.9375	0.9464	0.9093
		大型牲畜年底头数	0.9167	0.9499	0.8791
		全年粮食总产量	0.9468	0.9496	0.7769
		农村居民人均住房建筑面积	0.9164	0.9864	0.9439
		均值	0.8387	0.9051	0.8321

续表

一级指标	二级指标	三级指标	关联度		
			罗霄山区赣州市	乌蒙山区遵义市	大兴安岭南麓山区兴安盟
生计资本	人力资本	城镇失业人口数量	0.9346	0.9611	0.9017
		职业学校毕业人数	0.8384	0.6237	0.8237
		普通本专科毕业生人数	0.9099	0.8666	0.9005
		普通高等学校平均在校学生数	0.9142	0.8806	0.9107
		就业人数	0.9407	0.9613	0.8469
		均值	0.9076	0.8568	0.8767
	社会资本	社会组织数	0.9366	0.9572	0.8820
		社会保障和就业财政支出	0.7211	0.7529	0.6237
		医疗卫生财政支出	0.6319	0.7629	0.6548
		每千人卫生技术人口数	0.8039	0.8178	0.9387
		城镇职工养老保险	0.7736	0.7542	0.7599
		城镇基本医疗保险	0.9794	0.9265	0.9164
		均值	0.8077	0.8286	0.7959
产业发展	产业结构	产业结构高级化	0.9528	0.9431	0.8641
		产业结构合理化	0.7831	0.8373	0.7232
		均值	0.8680	0.8902	0.7936

5.3 产业结构优化与区域要素禀赋改善的匹配机制

5.3.1 产业结构优化与区域资源要素低配错配

产业结构优化是连片特困区经济由高速增长向高质量发展转轨的关键。要素禀赋是指地区所拥有的能用于生产的各种生产要素的总和,要素禀赋条件是产业发展的根本制约。对于经济稳定性较低的连片特困区,产业结构优化可能会导致地区资源错配的增加,造成要素价值发生扭曲[①]。传统的产业

---

① 廖常文、张治栋:《稳定经济增长、产业结构升级与资源错配》,《经济问题探索》2020 年第 11 期。

结构理论认为，地区产业结构优化升级在宏观层面上往往伴随区域间产业转移。连片特困区区域发展不平衡、不协调的问题导致区域产业转移过程中出现要素资源浪费及资源配置低效率现象。地区产业结构的转型升级在微观层面上反映为企业的跨行业转移，固有企业的行业转移相较新进企业的行业选择将存在效率上的损失，引发地区产业资源的错配①。

地区全要素生产率的增长受阻是出现资源错配的重要表现。2011~2023年，罗霄山区赣州市泰尔指数下降速度加快、产业结构高级化水平有较大提升，但区域全要素生产率年均增长率仅有 0.6%；大兴安岭南麓山区兴安盟泰尔指数降幅达 42.9%，产业结构高级化水平也有一定上升，与此同时区域全要素生产率年均增长率仅为 1.06%；乌蒙山区遵义市泰尔指数降幅高达66.3%，区域全要素生产率年均增长率虽高于赣州市及兴安盟，但也仅有2%。片区产业结构优化并未有效拉动全要素生产率的快速增长，区域全要素生产率的增长存在堵点，片区在发展中存在产业结构优化与要素禀赋改善的错位匹配情况。借此构建"区域内网络关联和企业中介双助力"交互模型，梳理要素价值扭曲、资源错配等低效交互表现，并据此探寻产业结构优化与要素禀赋改善的"多边动态匹配机制"，对减少区域资源错配、打通经济高质量发展堵点有重要意义。

5.3.2 低效交互表现及敏感性影响因素探析

5.3.2.1 劳动力要素错配：劳动力境况与片区现实需求存在矛盾

连片特困区因地区区位特殊、经济基础较弱，劳动力外流情况严重，以乌蒙山区遵义市为例，就业人员数量由 2015 年的 345.76 万人降至 2020 年的320.26 万人，就业人员净流出 25.5 万人。与此同时，相邻的省会城市贵阳市 2015~2020 年就业人员净流入 38.36 万人。区域网络关联激活劳动力流动，经济更为发达的地区吸纳临近经济欠发达地区的流出就业人员，实现人力资本的集聚。在此趋势下，片区人力资本存在两大困境：一是在总量上，片区的人力资本水平较低，农村存在的剩余劳动力占总失业人口的比重很大；二是在类型和结构上，片区人力资本的调整滞后，人力资本供给不能迅

---

① Joel David, Hugo A. Hopenhayn, and Venky Venkateswaran, "Information, Misallocation, and Aggregate Productivity," *The Quarterly Journal of Economics* 131, No. 2 (2016): 943–1005.

速地适应产业结构转化①。随着片区产业结构的优化，第一产业就业人员不断减少，第二产业就业人员比重基本不变，第三产业就业人员持续增加，总体上要求片区具备更高的人力资本水平、更快的人力资本供给调整速度。片区劳动力资本境况与其现实需求的矛盾致使人力资本成本上涨，劳动力要素价值发生正向扭曲；劳动力要素的跨域流动造成区域整体的劳动力资源错配，片区周边发达地区高层次人才堆积，产业发展无法完全吸纳其就业，连片特困区产业结构优化后对人力资本要求提高，低层次人力资本过剩，高层次人力资本供应不足。

5.3.2.2　土地要素错配：土地资源配置的制造业供地偏好

中国的市场经济由计划经济转型而来，政府掌握着的大量土地资源，由此成为政府调控经济、引导产业发展的重要工具②。在地方政府间的 GDP 竞争机制下③，片区政府土地配置呈现市场化供地特征，倾向于将土地出让给更高生产率或更高技术进步率的行业和企业，即制造业尤其是先进制造业。土地易获性促使创新型企业进入制造业以及现有制造企业增加创新投入，创新型企业进入与现有企业创新投入进一步加剧土地要素竞争。与此同时，片区产业结构正向高级化迈进，第三产业比重持续扩大，用地需求随之不断增长，土地要素在制造业的竞争使得第三产业的用地需求不能得到充分满足，土地资源的供需错配将导致其价值发生正向扭曲。土地要素成本上涨将加大片区产业结构高级化转型压力，抑制产业结构的优化升级。

5.3.2.3　**资本要素错配：片区政府对第二产业的资金投入偏好**

改革开放以来，我国第二产业对经济增长的贡献最为突出，1978～2019年平均贡献率达到 48.77%，而第三产业的平均贡献率为 41.47%，落后第二产业 7.3%④；片区产业对经济增长的拉动情况与国家总体情况基本一致，以乌蒙山区遵义市为例，2011～2020 年第二产业对经济增长平均贡献率为45.3%，而第三产业相对落后，为 40.7%。在区域生产总值竞争机制作用

①　靳卫东：《人力资本与产业结构转化的动态匹配效应——就业、增长和收入分配问题的评述》，《经济评论》2010 年第 6 期。

②　赵耀红、孟源祎、马光荣：《土地资源配置与城市创新：基于产业用地结构的研究》，《当代经济科学》2024 年第 3 期。

③　周黎安：《中国地方官员的晋升锦标赛模式研究》，《经济研究》2007 年第 7 期。

④　吴利学：《产业结构、生产率与经济增长》，《产业经济评论》2021 年第 6 期。

下，片区地方政府倾向于将资金投入对经济增长拉动更为明显的第二产业，资金投入偏好使得工业企业融资成本降低，服务业、商业企业融资成本上升；伴随着片区产业结构优化，尤其是产业结构的高级化，服务业、商业企业增长速度超过工业企业，融资成本差异导致更多的第三产业企业承担更高的融资成本，更少的第二产业企业承担更低的融资成本，资本要素在片区企业内发生错配，资本要素价值在第三产业企业内发生正向扭曲。

5.3.2.4 技术要素错配：信息技术高使用成本"负能"片区企业数字化转型

2011~2020 年，技术在连片特困区的主要存在形式为信息技术[①]，信息技术为扶贫政策的落实提供准确、全面的数据，发挥其独特的技术优势。但片区信息系统在此期间并未实现真正意义上的互享互联互通，数据无法通过流动产生价值，未释放出信息隐藏的意义，片区信息技术水平较低，企业在生产中使用信息技术的成本较高。随着片区产业结构优化升级，区域企业数字化、信息化生产成为必然趋势，过高的信息技术成本会阻碍企业数字化转型，降低企业生产效率，"负能"地区经济发展。产业结构优化下的企业信息技术需求与片区技术要素禀赋发生正向错配，阻碍片区发展。

5.3.2.5 数据要素错配：数据要素低效供给未能满足片区转型需求

在新一轮科技革命和产业变革的推动下，数据作为新兴要素成为推动经济增长的关键。数字经济的发展不断深化数据要素配置市场化，在区域网络关联的共同作用下，数据要素以实现价值增值为导向，由数字化发展较弱地区向较强地区单向流动，数字化水平较高地区实现"数据掠夺"，连片特困区作为经济欠发达区域，数字化水平相对薄弱，数据要素较为稀缺。2020年，国家发展改革委等13部门印发《关于支持新业态新模式健康发展 激活消费市场带动扩大就业的意见》，政策上引导各地区产业向数字化方向转型升级；片区产业结构优化将伴随产业数字化发展，数据要素将成为其迫切需要的资源。紧缺的数据要素对片区发展需求产生低效供给，供需不平衡将导致数据要素价值发生正向扭曲。

---

① 谢治菊、范飞:《建党 100 年的技术变迁与贫困治理》,《济南大学学报》(社会科学版) 2021 年第 5 期。

5.3.3　产业结构优化与要素禀赋改善的多边动态匹配机制

5.3.3.1　产业结构优化与劳动力要素禀赋改善：实现高层次劳动力要素自由流动

高层次劳动力的单向流动是产业结构优化与劳动力要素禀赋改善发生错配的主要原因，打破高层次劳动力的单向流动是实现劳动力资源有效配置的关键。片区劳动密集型产业具备发展所需的基础设施和发展机制，应作为片区产业发展的优先项；片区做大做强劳动密集型产业能够吸纳过剩的中、低层次劳动力，平稳区域经济发展。当片区经济发展到一定规模，片区政府应增加高层次人力资本的投资、企业应增设相应的岗位，以吸纳更多的高层次劳动力资本①，高层次劳动力资本积累与一定的经济基础将促进部分劳动密集型产业转型为知识密集型或资本密集型产业，提高区域生产效率，并能够反哺劳动密集型产业发展、保障片区就业，片区产业结构优化与劳动力总量、结构在此发展过程中保持步调一致。

5.3.3.2　产业结构优化与土地要素禀赋改善：片区实现土地要素的均衡供给

片区对制造业的供地偏好导致产业结构与土地要素禀赋发生错配，实现土地的均衡供给是实现土地资源有效配置的关键。在产业结构优化过程中，片区应把土地偏好配置的对象由制造业转向高技术制造业，配置对象的转移能挤出低效率制造业，倒逼企业进行技术创新，避免粗放出让带来的重复建设和效率损失，三次产业土地配置将更加合理。当第二三产业发展高效后，片区应积极探索第二三产业混合用地模式，促进生产、研发功能与城市生活服务功能协同发展，实现土地利用综合效益提升、第二三产业相互赋能的目标②。

5.3.3.3　产业结构优化与资本要素禀赋改善：对片区资本供给应"增量提质"

片区对资金的偏向供给导致产业结构与资本要素禀赋发生错配，实现资

---

① 靳卫东：《人力资本与产业结构转化的动态匹配效应——就业、增长和收入分配问题的评述》，《经济评论》2010 年第 6 期。

② 陈慧、陈凯、申云雷：《关于二三产业混合用地政策的实践与思考——以广州市为例》，《中国国土资源经济》2023 年第 12 期。

本供给的"增量提质"是实现资本要素有效配置的关键。国家需加大对片区一般性转移支付或专项转移支付力度，以投资促进作用增加片区可调配资金总量①。资金总量达到一定规模后，片区政府应深化资本要素市场化改革、建立公平竞争市场环境，提高资金配置效率；企业应主动进行创新，减少全要素生产率的损失。在三方协调下，增加资金配置"量"的同时完成"质"的优化，实现产业结构优化与资本要素的高效匹配。

5.3.3.4 产业结构优化与技术要素禀赋改善：构建政府和市场有效协同体系

片区信息技术水平较低造成产业结构与技术要素禀赋发生错配，提高片区信息技术水平是实现信息要素有效配置的关键。我国的技术市场脱胎于政府机构②，片区政府作为主要发力点需要加大创新研发投入并完善相关奖励机制，以促进高校"产学研"一体化建设及企业的联合创新，充分激活技术市场各参与主体的创新活力。随着技术市场厚度和顺畅度的增加，应在强化市场能力建设的基础上，构建政府扶持和市场机制有机衔接的运营体系，并通过分层治理、安全为要的原则保障运营机制平稳发展。在政府、高校和企业的多方协作下，技术市场发展由政府扶持向政府扶持和市场机制有机衔接机制过渡，片区信息技术水平提高，与产业结构优化的适配程度持续攀升。

5.3.3.5 产业结构优化与数据要素禀赋改善：片区建立"政府引导—市场响应"机制

片区数据要素的稀缺性造成产业结构与数据要素禀赋发生错配，提高片区数据要素总量是实现数据要素有效配置的关键。片区所在区域需建立"政府引导—市场响应"机制；区域政府着力构筑数字经济发展新生态，借力产业数字化、数字产业化融合发展优势推动数字经济发展走深走实，促进区域数据要素禀赋提升。当区域数据要素积累到一定程度，区域应完善要素市场化运作机制，疏通要素自由流通的制度壁垒③，使数据要素能自由地向片区

---

① 邓晓兰、金博涵、李铮：《转移支付的资源配置效应研究——基于区域间资本错配视角》，《中央财经大学学报》2019年第8期。

② 张庆国：《技术市场发展能否促进企业技术要素配置——基于中国上市公司样本的实证研究》，《中国科技论坛》2024年第4期。

③ 李健：《数字经济、要素市场化与产业结构转型升级》，《统计与信息论坛》2024年第5期。

流通。片区数据要素禀赋的改善将赋能产业结构优化，不断与产业结构优化形成良性互动。

5.4　益贫性产业发展中脱贫人口生计协同响应及促进路径

结合上述宏观领域内容分析，课题组为进一步探讨片区产业发展与农户对当地帮扶产业的生计响应情况，从微观层面针对片区益贫性产业发展中的农户生计协同响应进行专题调查，调查过程中存在脱贫人口和普通农户两类调查对象。

5.4.1　生计协同响应测度方法

乡村产业发展中农户生计协同响应是指农户在生计资本积累、生计策略选择、生计成果产出及生计活动空间等方面展现出有序式反应的过程或状态，主要分为感知、意愿和行动三个层次的响应强度。因此，构建"四维度—三响度"农户生计响应测度体系，针对样本户的回答进行李克特量表计算，并根据回答程度赋分。

生计响应指数的计算依据是将各响应维度及其强度的权重分配与对应要素组成的评分结果相结合，计算得出农户的综合生计响应指数。此外，运用上述方法继续对生计方式响应指数、生计产出响应指数、生计空间响应指数及其响应强度进行测算，以做进一步的对比分析。生计资本响应包含自然资本、物质资本、人力资本、社会资本和金融资本五个子维度，需先计算得出生计资本的综合响应指数。

$$LHR = \sum_{i=1}^{4} \sum_{j=1}^{3} W_{ij}S_{ij}$$

其中，W_{ij} 代表第 i 个响应维度第 j 类响应强度的权重，S_{ij} 代表第 i 个响应维度第 j 类响应强度的量表得分（若第 i 个响应维度第 j 类响应强度由多个测度要素组成，则取各要素量表得分均值）。

在权重设定方面，结合主观与客观评估策略，对各响应维度及其响应强度进行科学全面赋权。主观赋权选用专家打分法，综合 3 名专家的意见确定各自权重；客观赋权则采用熵值法进行。最终将主客观赋权以等权重原则（即分别取 50%）计算得出综合权重，形成生计协同响应测度的最终权重标准。农户生计响应要素组成与权重分配见表 5-22。

表 5-22　农户生计响应要素组成与权重分配

响应 维度		要素组成	响应 强度	主观 权重	客观 权重	综合 权重
总体响应		对村里扶贫产业发展情况的响应	感知	0.1	0.223	0.162
			意愿	0.3	0.184	0.242
			行动	0.6	0.593	0.597
总体响应权重				1.0	1.000	1.000
生计 资本	自然 资本	对所持有的自然资本受产业扶贫 影响变化的响应	感知	0.1	0.200	0.150
			意愿	0.3	0.247	0.274
			行动	0.6	0.553	0.577
	自然资本响应权重			0.2	0.253	0.227
	物质 资本	对所持有物质资本受产业扶贫 影响变化的响应	感知	0.1	0.229	0.165
			意愿	0.3	0.295	0.298
			行动	0.6	0.476	0.538
	物质资本响应权重			0.2	0.214	0.207
	人力 资本	对产业扶贫影响人力资本变化的响应	感知	0.1	0.343	0.222
			意愿	0.3	0.293	0.297
			行动	0.6	0.464	0.532
	人力资本响应权重			0.2	0.157	0.179
	社会 资本	对社会网络资源受产业扶贫 影响变化的响应	感知	0.1	0.228	0.164
			意愿	0.3	0.309	0.305
			行动	0.6	0.463	0.532
	社会资本响应权重			0.2	0.165	0.183
	金融 资本	对金融资本相关事物受产业扶贫 影响变化的响应	感知	0.1	0.240	0.170
			意愿	0.3	0.347	0.324
			行动	0.6	0.413	0.507
	金融资本响应权重			0.2	0.211	0.206
生计资本响应权重				0.25	0.190	0.220
生计 方式		对家庭的生计来源渠道受产业 扶贫影响变化的响应	感知	0.1	0.237	0.169
			意愿	0.3	0.284	0.292
			行动	0.6	0.479	0.540
生计方式响应权重				0.25	0.275	0.263

续表

响应 维度	要素组成	响应 强度	主观 权重	客观 权重	综合 权重
生计 产出	对产业扶贫引起的家庭收入变化的响应	感知	0.1	0.191	0.146
		意愿	0.3	0.314	0.307
		行动	0.6	0.495	0.548
生计产出响应权重			0.25	0.247	0.249
生计 空间	对生计活动的空间范围受产业扶贫 影响变化的响应	感知	0.1	0.244	0.172
		意愿	0.3	0.293	0.297
		行动	0.6	0.463	0.532
生计空间响应权重			0.25	0.288	0.269

5.4.2　生计协同响应测度结果

在生计响应测度前对量表进行了信度与效度检验，量表通过了信度（Cronbach's alpha = 0.923）和效度（KMO = 0.904）检验，数据质量良好。对所收集的调查数据依据对应权重进行整合测算，分别算出产业总体、各维度和综合生计响应度（见图 5-2）。

5.4.2.1　乡村产业发展中农户总体生计响应特征

从整体样本户的生计响应维度来看，各维度响应指数均处于一般偏上程度。样本户总体生计响应较好，农户感知高、意愿强，增收致富愿望强烈，乡村产业振兴整体成效较好。其中，生计响应各维度相应程度由高到低排序依次是：生计产出响应度、生计空间响应度、生计方式响应度、生计资本响应度。比较而言，样本户对产业发展中不同维度生计响应的感知程度强，参与产业发展的主观能动性高，对产业发展中自身生计产出、生计空间、生计方式、生计资本四个维度的响应度高于总体响应度。这是由于在四个维度中，样本户就产业发展对自身的影响会有更为详尽具体的认识，对各方面情况有更为细致的考量，因此响应度更高。

基于是否为建档立卡户而言，建档立卡户对产业发展的总体生计响应度更低，对各维度生计的综合响应度则更高。分维度看，建档立卡户在生计资本与生计产出上展现出高于非建档立卡户的生计响应度，在生计方式与生计空间上则低于非建档立卡户的生计响应度。建档立卡户在生计资本和生计产出上响应度更高主要归因于政策支持及其对乡村产业发展具有更强的认知与意愿；而生计方式和生计空间响应度较低则是因为样本户受制于资源环境、创新能力、社会网络、地理位置等条件而难以轻易改变现有生产生活方式和空间。

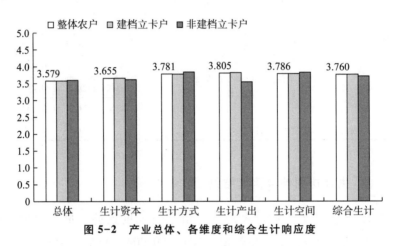

图 5-2　产业总体、各维度和综合生计响应度

5.4.2.2　基于"四维度—三响度"视角的样本户生计响应特征

一是样本户生计产出响应度高，获得感强。生计产出综合响应度高，感知和意愿响应度较高，行动响应度一般偏上，建档立卡户生计产出综合响应度更高。如图 5-3 所示，整体样本户生计产出综合响应度为 3.805，响应度一般偏上。从响应强度分析，生计产出中的感知和意愿响应度分别为 4.057 和 3.982，行动响应度为 3.638，说明益贫性产业发展中样本户对生计产出改善的感知和意愿响应度较高，行动响应度一般偏上。在调研访谈的过程中，多数样本户表示"通过参与产业发展，自身家庭收入增加了，与市场衔接更紧密了，收入渠道更多了，生活更幸福了"。从是否为建档立卡户来看，建档立卡户生计产出中感知、行动和综合响应度更高，意愿响应度更低。即使建档立卡户对产业扶贫带来的收益预期不如非建档立卡户，但从感知和行动指标来看，建档立卡户的增收效果更为明显，乡村产业发展有效保障了建档立卡户的收入稳定性。

二是样本户生计空间响应度较高，生活空间范围拓展成效明显。生计空间综合响应度较高，感知和意愿响应度较高，行动响应度一般偏上，建档立卡户生计空间综合响应度更低。如图 5-4 所示，整体样本户生计空间综合响

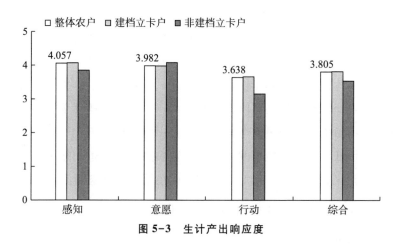

图 5-3　生计产出响应度

应度为 3.786，响应度一般偏上。生计空间中的感知和意愿响应度分别为4.007 和 3.915，行动响应度为 3.642，说明样本户对生计空间改善的感知和意愿响应度较高，行动响应度一般偏上。从是否为建档立卡户来看，建档立卡户生计空间中感知、意愿和综合响应度更低，行动响应度更高。表明建档立卡户通过参与村级产业，其生活空间范围拓展成效更为明显，有更多与外界接触与交流的机会。

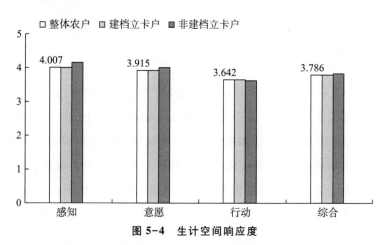

图 5-4　生计空间响应度

三是样本户生计方式响应度一般，产业发展方式存在较大转型空间。生计方式综合响应度一般，感知和意愿响应度较高，行动响应度一般偏上，建档立卡户生计方式综合响应度更低。如图 5-5 所示，整体样本户生计方式综合响应度为 3.781，生计方式中生计感知和生计意愿响应度分别为 4.106 和

4.007，生计行动响应度为 3.557，说明样本户生计方式受乡村产业发展影响的综合响应程度一般，其中样本户对产业发展的感知和意愿响应度较高，行动响应度低。从是否为建档立卡户两个类别看，建档立卡户生计方式中行动和综合响应度较低，感知和意愿响应度较高。这是由于生计方式的改变会破坏现有的稳定性，容易带来风险，因此样本户尤其是建档立卡户在行动上会更为保守。出于生计转型风险考虑，部分农户持观望态度，导致微观主体生计响应程度偏低，即产业发展并未明显拓宽农户收入渠道，样本户生计方式尚未趋向多元化与稳定化，产业发展方式存在较大转型空间。

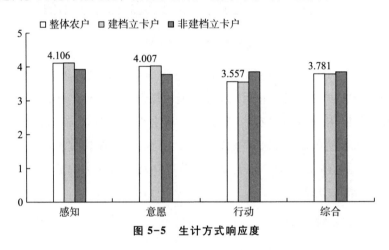

图 5-5　生计方式响应度

四是样本户生计资本综合响应度不敏感，各维度响应不均衡。如图 5-6 所示，乡村产业发展中农户生计资本综合响应度系数为 3.655，不同维度生计资本响应程度呈现为人力资本响应度（4.085）>社会资本响应度（3.802）>物质资本响应度（3.677）>自然资本响应度（3.428）>金融资本响应度（3.377）。对比生计资本响应下的五个指标，人力资本的改善对产业振兴效果贡献最大，自然资本与金融资本贡献偏低。乡村产业发展过程中样本户对金融资本的响应程度不强，感知、意愿和行动程度均不高。而对于产业项目中自然资本被征收或流转的感知和意愿响应度较高，但是由于自然资本补偿标准未能达成一致、征收程序复杂、政府管理能力不足等约束，样本户对自然资本的行动响应度较低。基于生计依赖与经济需求，相较于自然资本，样本户对产业振兴中物质资本及社会资本改善的感知、意愿和行动响应度较高。从是否为建档立卡户来看，建档立卡户自然资本的感知、行动和综合响应度更低，意愿响应度较高。表明建档立卡户在乡村产业发展过程中更愿意改变自然资本状态，但乡村产业发展较少影响建档立卡户的自然资本变化。建档立卡户物质资本的行动和综合响应度更低，感知、意愿响应度更高。表明建档立卡户对物质资本的改善更为敏感，但物质资本改善行动较少、成效较低。建档立卡户人力资本的感知、意愿、行动和综合响应度均更高，与非建档立卡户的差距最为明显。说明乡村产业发展更能让建档立卡户感知到人力资本提升，且样本户尤其是建档立卡户本身也更为重视人力资本发展，更愿意利用产业发展机会提升人力资本。建档立卡户社会资本的感知、意愿、行动和综合响应度均更高，与非建档立卡户的差距最为明显。

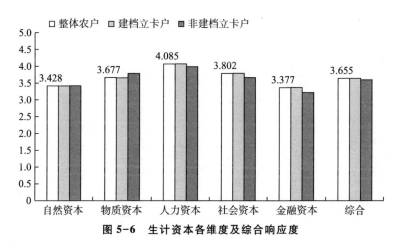

图 5-6　生计资本各维度及综合响应度

5.4.3　生计协同响应影响因素及促进机制

5.4.3.1　模型建构

结合现有研究，构建多元回归模型分析各因子对不同响应维度、不同响应强度的影响效应，具体模型如下。

$$\text{LHR}_\alpha = \beta_0 + \sum_i \beta_i \text{Exenviron}_i + \sum_j \beta_j \text{Famfactor}_j + \mu$$

其中被解释变量 LHR_α 指代综合生计响应指数、生计资本响应指数、生计方式响应指数、生计产出响应指数、生计空间响应指数，解释变量涉及外部环境（environment）和内部因素（factor）两大类。β_0 为截距项，β_i、β_j 为待定回归系数，μ 为随机扰动项。变量名称、指标含义与计算方法见表 5-23。

表 5-23　变量名称、指标含义与计算方法

变量名称		符号	指标含义或测度问题	计算方法或变量赋值
被解释变量	综合生计响应指数	LHR	样本户的生计响应综合指数	依据相关公式
	生计资本响应指数	LHR_c	样本户的生计资本响应指数	
	生计方式响应指数	LHR_w	样本户的生计方式响应指数	
	生计产出响应指数	LHR_p	样本户的生计产出响应指数	
	生计空间响应指数	LHR_s	样本户的生计空间响应指数	
解释变量（内部影响因素）	贫困程度	poor	是否为建档立卡户	否 = 0，是 = 1
	收入来源	inc_i	家庭收入主要来源	以种植业、养殖业收入（inc_1）为参照设置哑变量
	受教育程度	edu	家人最高受教育程度	小学及以下 = 1，初中 = 2，高中 = 3，大专或大学本科 = 4，研究生及以上 = 5
	年龄结构	age_i	家人年龄结构	以"有 14 岁以下小孩和 60 岁以上老人"（age_1）为参照设置哑变量
	健康状况	health	是否有家人长期生病	是 = 0，否 = 1
	劳动力数量	labor	家庭劳动力数量	0 人 = 0，1 人 = 1，2~3 人 = 2，3 人以上 = 3
	政策信任	pol_i	家人参加新农合和新农村社保的情况	以"都没参加"（pol_0）为参照设置哑变量
	信贷可得性	loan	您觉得您家里向银行借钱发展产业的难易程度如何	难 = 1，比较难 = 2，一般 = 3，比较容易 = 4，容易 = 5
	社会网络	social	家中亲戚朋友是干部或参与扶贫工作的情况	没有 = 0，有但几乎没有联系 = 1，有但联系不多 = 2，有且联系较多 = 3
	家庭资源禀赋	frs	家里自然资本的数量和质量情况	数量少且质量差 = 0，数量和质量都一般 = 1，数量多但质量差或者数量少但质量还好 = 2，数量和质量都还好 = 3
解释变量（外部影响因素）	地理区位	loc_i	家里到最近的集镇的时间	以"2 小时以上"（loc_1）为参照设置哑变量
	扶贫产业数量	ind	村里发展的扶贫产业类型数量	发展一种 = 1，发展两种 = 2，发展三种 = 3，发展四种 = 4，多种产业混合，但规模都不大 = 5

变量名称		符号	指标含义或测度问题	计算方法或变量赋值
解释变量（外部影响因素）	基层组织能力	org	对村内村两委及村干部工作能力和做事风格的感觉	办事能力、公正性、威信缺乏 = 1；能力强，做事不公正 = 2；能力一般，做事公正 = 3；能力强，公平公正，有威信 = 4
	乡村风气	village	村里风气情况	风气差，集体办不好事，"等、靠、要"思想严重 = 1；风气不好，邻里关系不太好，做事不积极 = 2；风气一般，基本和睦，上进心不足 = 3；风气好，团结和睦，积极上进 = 4

5.4.3.2　回归结果

1. 内部影响因素

家庭贫困程度、收入来源、年龄结构、政策信任、社会网络对乡村产业发展中样本户生计响应指标有所影响（见表 5-24）。

综合生计响应上，如模型一所示，相对于收入来源为种植业或养殖业的样本户，收入来源为务工的样本户对综合生计的响应度在 10% 的显著性水平上高出 0.287。这是因为外出务工拓宽农户视野，使其更易接受新鲜事物，对乡村产业发展的影响认知程度更深。社会网络则在 10% 的显著性水平上负向影响综合生计响应指数，系数为 -0.127，这表明与家中的干部亲戚朋友或参与扶贫工作的亲戚朋友联系越多，样本户综合生计协同响应的程度越低，可能是因为与相关干部或工作人员联系更多的农户贫困程度一般较低，而乡村产业发展红利更多向建档立卡户倾斜，带给非建档立卡户的边际产出不高。

生计资本响应上，如模型二所示，贫困程度对生计资本响应指数存在负向影响，相对非建档立卡户，建档立卡户对生计资本响应程度在 5% 的显著性水平上低 0.845。可能是因为建档立卡户较为保守，较为重视现有生计资本稳定，应对乡村产业发展带来的生计资本变化响应度不高。相对于收入来源为种植业或养殖业的样本户，收入来源为其他的样本户对综合生计响应指数在 10% 的显著性水平上低 0.798。可能原因是其他收入来源一般为固定资产收入、投资收入或亲戚朋友赠予收入，该部分样本户具有投机或怠懒心理，导致其生计资本响应度不高。

生计方式响应上，如模型三所示，相对于收入来源为种植业或养殖业的样本户，收入来源为务工的样本户对综合生计响应指数在5%的显著性水平上高0.357。社会网络在10%的显著性水平上正向影响综合生计响应指数，系数为0.135，这表明与家中的干部亲戚朋友或参与扶贫工作的亲戚朋友联系越多，乡村产业发展中样本户生计方式的响应度越高。

生计产出响应上，如模型四所示，相对于没有参加新农合和新农村社保的样本户，参加新农村社保对乡村产业发展中样本户生计产出的响应度在5%的显著性水平上高0.335。这是由于参与新农村社保会增加样本户的预期收入稳定性，提升样本户的参与积极性。

生计空间响应上，如模型五所示，相对于家庭有14岁以下小孩和60岁以上老人的样本户来说，家庭内无14岁以下小孩但有60岁以上老人的样本户对生计空间的响应度在10%的显著性水平上低0.394。这是由于家庭中的老人活动受限，对于生计空间扩展的需求较低。家庭人员年龄均在14~60岁范围内的样本户响应度则在10%的显著性水平上低0.366，这是由于此年龄段的人口大多离开村庄发展，对乡村产业发展带来生计空间变化的响应度不高。

2. 外部影响因素

基层组织能力对产业发展中样本户生计响应具有显著影响。基层组织能力在10%的显著性水平上正向影响样本户生计资本响应，系数为0.161，表明基层组织能力越强，样本户在乡村产业发展中生计资本响应程度越高（见表5-24）。

其他外部影响因素对样本户综合生计响应程度影响不显著的原因可能是外部环境因素均较为客观，且难以轻易改变，即使发展乡村产业，样本户仍易忽视客观因素与自身的发展相关性。比较而言，内部影响因素更容易影响样本户生计策略的判断和选择，这也说明样本户在乡村产业发展中更多相信并依靠家庭自我发展的内生动力，因此内部因素对样本户生计协同响应程度影响更大。

表5-24 回归结果

模型		模型一	模型二	模型三	模型四	模型五
变量名称		LHR	LHR$_c$	LHR$_w$	LHR$_p$	LHR$_S$
贫困程度	poor	0.176 (0.313)	−0.845** (0.364)	−0.145 (0.338)	0.078 (0.300)	0.530 (0.416)

续表

模型		模型一	模型二	模型三	模型四	模型五
变量名称		LHR	LHR_c	LHR_w	LHR_p	LHR_S
收入来源	inc_2	0.287* (0.169)	0.122 (0.206)	0.357** (0.203)	0.217 (0.168)	0.083 (0.214)
	inc_3	-0.762 (0.580)	0.365 (0.676)	0.737 (0.904)	0.692 (0.587)	-0.331 (0.718)
	inc_4	-0.281 (0.380)	0.241 (0.456)	0.422 (0.445)	-0.063 (0.304)	-0.413 (0.409)
	inc_5	-0.364 (0.378)	-0.798* (0.471)	0.225 (0.557)	-0.213 (0.471)	0.032 (0.586)
受教育程度	edu	0.126 (0.474)	-0.064 (0.460)	-0.614 (0.430)	-0.269 (0.464)	-0.292 (0.578)
年龄结构	age_2	-0.038 (0.265)	0.108 (0.325)	-0.063 (0.331)	0.026 (0.263)	-0.372 (0.321)
	age_3	0.065 (0.186)	0.299 (0.209)	-0.095 (0.221)	0.274 (0.179)	-0.394* (0.217)
	age_4	-0.088 (0.189)	0.241 (0.215)	-0.017 (0.223)	0.187 (0.178)	-0.366* (0.22)
健康状况	health	-0.065 (0.105)	0.011 (0.127)	-0.070 (0.124)	0.047 (0.096)	-0.012 (0.134)
劳动力数量	labor	0.129 (0.106)	0.040 (0.130)	-0.085 (0.125)	0.051 (0.107)	0.017 (0.132)
政策信任	pol_1	0.411 (0.266)	0.372 (0.232)	-0.114 (0.272)	-0.035 (0.231)	0.319 (0.275)
	pol_2	0.013 (0.176)	0.145 (0.201)	-0.01 (0.193)	0.335** (0.166)	-0.099 (0.211)
	pol_3	-0.134 (0.130)	-0.057 (0.161)	-0.217 (0.153)	-0.088 (0.132)	-0.139 (0.164)
信贷可得性	loan	0.091 (0.077)	-0.069 (0.088)	0.092 (0.086)	0.006 (0.074)	0.100 (0.092)
社会网络	social	-0.127* (0.065)	-0.033 (0.078)	0.135* (0.075)	0.024 (0.064)	0.030 (0.077)
家庭资源禀赋	frs	-0.013 (0.169)	-0.080 (0.089)	-0.042 (0.085)	-0.085 (0.076)	0.044 (0.097)
地理区位	loc_2	0.115 (0.207)	-0.187 (0.236)	0.088 (0.238)	0.029 (0.196)	0.088 (0.241)

模型		模型一	模型二	模型三	模型四	模型五
变量名称		LHR	LHR$_c$	LHR$_w$	LHR$_p$	LHR$_S$
地理区位	loc$_3$	-0.382 (0.367)	0.109 (0.376)	-0.324 (0.360)	-0.434 (0.345)	-0.707 (0.495)
扶贫产业数量	ind	0.030 (0.084)	0.072 (0.099)	0.051 (0.096)	0.025 (0.085)	0.150 (0.110)
基层组织能力	org	-0.049 (0.079)	0.161* (0.095)	0.075 (0.090)	0.104 (0.079)	-0.051 (0.097)
乡村风气	village	-0.080 (0.093)	-0.140 (0.117)	0.056 (0.114)	-0.058 (0.094)	-0.159 (0.121)
常数项	C	3.363*** (0.564)	4.210*** (0.672)	2.926*** (0.643)	3.060*** (0.571)	3.173*** (0.733)
Adj. R^2		0.221	0.201	0.152	0.121	0.180
p（F统计量）		0.000	0.000	0.000	0.000	0.000

注：*、**、***分别表示在10%、5%、1%水平上显著。

5.4.3.3 乡村产业发展中农户生计协同响应促进路径

全面夯实农户生计对乡村产业协同响应基础。一是加快道路、物流、网络等关键基础设施建设。通过建立技术研发中心，吸引并培养农业科技人才，融入智能化与绿色技术，深化农业及相关产业的技术革新，增强资源转化率。推进农业供给侧结构性改革，因地制宜调整优化区域产业结构，合理布局"短、平、快、优"等致富性强产业，提升乡村产业发展的生产效益，为农户生计协同响应奠定坚实的物质基础。二是拓宽乡村产业项目的融资渠道。创新设立乡村产业发展基金，积极吸引民间资本、金融机构及社会资本涌入乡村，鼓励社会资本加大在乡村基础设施建设和产业发展项目中的投入。与此同时，简化项目资金申请程序，提供财政补贴与税收优惠，以激发外来企业投资热情，为产业发展注入新活力。依托良好的外部环境，强化农户生计响应的开放性，促进农村剩余劳动力的就业转化，实现产业、就业高度融合。三是完善产销对接体系。结合现实需求，以市场为导向，利用农户与企业资源要素的比较优势，降低初级农产品滞销风险，夯实乡村产业可持续发展的市场根基。

加速积蓄农户生计对乡村产业协同响应动能。乡村产业发展若要取得持久性成效，需兼顾外力与内力协同发展。就改善产业发展的外部环境而言，需立足资源优势，提升产业特色和品牌影响力，夯实乡村产业可持续发展的产品根基。一方面，深耕片区"红古绿"资源优势，紧密结合地域革命文化，打造系列独具特色的地方旅游资源、深加工农产品及文创商品，以突破同质化竞争的局限。通过强化品牌塑造和数字营销策略，有效利用互联网平台与社交媒体的传播力，扩大区域公共品牌在全国乃至全球的品牌知名度。另一方面，深入推动一二三产业深度融合，创新农业观光、生态旅游、红色教育培训等多元业态，为游客提供沉浸式的参与体验，延长产业链，增加产品附加值。运用区块链和物联网等前沿互联网技术，构建透明可靠的产品溯源体系，提升消费者对省内品牌产品的信任度，全方位展现区域的独特魅力，将其打造成为国内外知名的特色乡村品牌，打好点面兼顾、长短结合、大小并举等产业发展"组合拳"，从而带动乡村经济的全面发展，助推农户可持续生计发展。就激活乡村产业发展主体的内生动力而言，需降低农户在乡村产业发展中的资源整合障碍，引导农户积极参与乡村产业发展，通过加大宣传等方式，增强农户对产业发展政策的信任程度，充分发挥农户的主观能动性。与此同时，加强对基层干部的培养与选拔，强化本土专业人才培育，实现"能人治村"。加快建设管理人才队伍，充分发挥人才的先锋模范作用，提升基层组织能力，畅通产业发展政策落实的"最后一公里"。健全乡村教育、医疗等社会保障体系，细化民生保障举措，加强职业技能培训力度，提升农户综合素质。

系统构建农户生计对乡村产业协同响应动力机制。一是健全系统化、全面化的多维度帮扶体系。完善结对帮扶体制，拓展农户社会网络关系，提升乡村产业发展中农户生计协同响应强度。打破行政区隔限制，实施分类差异化帮扶，结合乡村产业发展中农户生计响应的实际情况，促进产业致富效应规模化和路径精准化协同发展。二是保障农户在乡村产业发展进程中的主体性地位。构建紧密的利益联结机制，确保农户参与从生产到销售的全过程，直接享受产业链的增值收益。地方政府制定并执行明确的政策，规范合同条款，强化监督管理，防止企业等市场主体依托资金、技术优势获取过多利润，损害农户利益。同时，开展对农户的数字技术应用、电子商务操作、现代农业管理等方面的现代技能培训，提升农民在产业链中的竞争力，帮助其实现就近就业，助推技能人才本土化发展。三是设立专项帮扶基金，持续监测帮扶成效。强化脱贫跟踪的动态管理，对脱贫人口进行监控管理，依据实际情况灵活调整策略，确保产业发展红利均衡惠及每一个农户，实现全体人民共同富裕目标。健全产业发展风险预警机制，全面监管产业发展实施进程，定时开展产业发展项目效益评估，防范产业发展资源被"精英俘获"等风险，强化农户在复杂利益场域中的主体性地位，保障乡村产业发展成效可持续化。

第6章　产业结构优化与稳定脱贫良性互动演化机制及治理风险防控

6.1　产业结构优化与稳定脱贫的互动发展演化博弈

6.1.1　片区产业结构优化与稳定脱贫中重要利益相关群体

6.1.1.1　片区稳定脱贫背景与重要利益相关群体

贫困的复杂性与动态性禀赋决定了巩固拓展脱贫攻坚成果同乡村全面振兴的衔接工作具有区域、群体异质性。连片特困地区是曾经扶贫攻坚战的主战场，受制于生态环境脆弱、产业发展滞后等多方面现实困境，片区发展依旧存在显著的空间孤岛效应和发展马太效应[①]，严重制约巩固拓展脱贫攻坚成果同乡村全面振兴的衔接。而稳定脱贫是指一种能够应对外部风险冲击的稳固非贫困状态，与脱贫攻坚成果巩固拓展和乡村振兴息息相关。稳定脱贫本质上是以脱贫攻坚成果维持为基础进行有效改革，进而构建长效化和战略性的脱贫机制，实现高质量脱贫的系统动态过程。片区稳定脱贫并非简单的收入脱贫，其核心内涵不断向经济发展、社会公平、内生动力、脱贫户心理等多维度拓展[②]。区域经济状况、公共服务水平与可持续发展能力是片区脱贫稳定性的重要测度指标。而脱贫人口是巩固与拓展脱贫攻坚成果的主体，

---

① 潘卓、李玉恒、刘愿理、廖和平、朱琳：《深度贫困地区农户脱贫稳定性测度及影响机理研究》，《地理科学进展》2022 年第 8 期。

② Su Fang, and Yin Yajuan, "Optimal Livelihood Strategy for Different Poverty Groups among Farmers: A Case Study of the Qin Ba Mountain Area in South-Shaanxi, China," *Journal of Mountain Science* 17, No. 5 (2020): 1206-1220.

个体的收入水平、就业率、社会保障水平是衡量脱贫稳定性的基本内容，其社会参与程度、创收能力和发展观念能够有效评估稳定脱贫的维持效果。

作为基本覆盖全国经济发展相对落后的县和贫困人口较为集中的特殊区域，连片特困区大多是民族地区、革命老区与边疆地区，地区经济社会发展滞后，基础设施薄弱、生态环境脆弱，片区稳定脱贫工作面临着诸多现实阻力与风险挑战。且由脱贫扶贫向稳定脱贫转型是一个复杂且系统的贫困治理工作，离不开多方参与。深入剖析连片特困区脱贫稳定性涉及的重要利益相关群体成为巩固拓展脱贫攻坚成果同乡村振兴有效衔接过渡期（2020～2025年）需要关注的热点问题。保障连片特困区的脱贫稳定依旧可以延续"精准扶贫"逻辑，即促进公共政策制定精准化、乡村资源运营精准化、人群需求匹配精准化，探索"政府主导、市场运作、社会参与"的脱贫成果维持长效化模式。稳定脱贫的构成要素主要包括主体、载体与客体三大要素[①]，主体是指微观视角上的脱贫人口。回顾中国贫困治理进程，从 20 世纪 80 年代以贫困县为扶贫瞄准区域到 2001 年开始以贫困村为扶贫单元，再到 2011 年颁布新阶段 14 个连片特困地区的精准扶贫战略，我国始终坚持脱贫人口的主体地位，健全扶贫资源瞄准机制，提升扶贫精准度与扶贫效率。作为行动者的脱贫人口是实现高质量扶贫的实践主体与内生动力，也是片区稳定扶贫的最终受益者。由此可见，脱贫人口在稳定脱贫进程中占据重要利益主体地位，需充分发挥其主观能动性，主动参与到公共价值创造进程，从而提升个体增收能力与资源承载能力。客体则是指从宏观战略层面进行全方位部署相关稳定脱贫政策与方针的政府部门。政策优势是片区稳定脱贫的重要保障。一方面，政府部门能够有效地进行统筹规划，构建集经济、社会、文化与教育于一体的全面化政策保障体系，为稳定脱贫工作保驾护航。并且政府部门是片区的核心治理主体与政策的关键执行者，全面监管稳定脱贫工作的各个环节。另一方面，政府部门通过政府补贴、政府投资等宏观调控手段，整合多方资源优势，吸引资金、人才等要素涌入连片特困区，多方合力共促稳定脱贫进程。政府部门不仅在稳定脱贫过程中起到至关重要的领导作用，同时能实现国家富强、民族振兴与人民幸福的根本价值目标。

---

① 李博：《后扶贫时代深度贫困地区脱贫成果巩固中的韧性治理》，《南京农业大学学报》（社会科学版）2020 年第 4 期。

政府部门是片区稳定脱贫的重要利益主体。而基于中国现行治理模式，中央政府与地方政府需构建"自上而下"与"自下而上"的双向对话机制，充分保证制度弹性①。结合片区稳定脱贫治理实践，上级政府通过"自上而下"的政策激励与行政命令，从顶层设计促进基层政府执行中央政策；而基层政府工作人员通过综合片区现实发展、片区群众需求等多方因素，"自下而上"地推动政策体系改革与创新。其中涉及的主要利益主体包括上级政府、基层政府与基层工作人员。载体则是畅通要素交流渠道并构建联结机制的各行业企业与社会组织。企业在稳定脱贫进程中扮演着不可或缺的重要角色。依托其串联社会信息、关系与资源的交互功能，推动要素市场系统建设，促使片区与其他发达地区的要素进行自由交流，实现益贫性资源的有效配置。与此同时，企业的发展壮大推动片区经济增长，优化区域稳定增收的外部环境，通过创造就业岗位的方式，为脱贫人口提供稳定收入来源，实现持续稳定增收。基于充分发挥社会效益视角分析，部分帮扶企业与社会组织共同组建利益共享、风险共担的联结机制，降低脱贫人口的返贫风险；主动承担社会责任，组织开展捐赠、培训等公益活动，提升脱贫人口的就业竞争力，以"授人以鱼+授人以渔"的叠加方式，激发脱贫人口的内生发展潜能。

6.1.1.2　片区产业结构优化背景与重要利益相关群体

巩固拓展脱贫攻坚成果是乡村全面振兴的重要基石，乡村全面振兴是脱贫攻坚成果的延伸与拓展，实现二者的有机衔接离不开产业发展。产业结构优化为巩固拓展脱贫攻坚成果与乡村振兴提供持续动力，既是推动脱贫攻坚到乡村全面振兴过渡的有效途径，也是实现稳定脱贫的根本之策。党中央高度重视产业结构优化在脱贫攻坚与乡村振兴实践过程中的"造血式"作用。在全面打赢脱贫攻坚战的收官之年，《农业农村部办公厅 国务院扶贫办综合司关于做好 2020 年产业扶贫工作的意见》强调"必须要发挥好产业扶贫的普惠性、根本性作用""切实做好产业扶贫工作，为打赢脱贫攻坚战、巩固脱贫攻坚成果提供有力支撑"②。在乡村振兴战略实施进程中，产业兴旺是重

---

① 张敏、马万里：《财政纵向失衡约束下地方政府的经济行为逻辑——基于中国特色财政激励的视角》，《中央财经大学学报》2024 年第 4 期。

② 《农业农村部办公厅 国务院扶贫办综合司关于做好 2020 年产业扶贫工作的意见》，https://www.gov.cn/zhengce/zhengceku/2020-03/30/content_5497139.htm，最后访问日期：2024 年 11 月 15 日。

点，习近平总书记在 2022 年中央农村工作会议上明确指出"产业振兴是乡村振兴的重中之重"，[①] 2024 年中央一号文件再次强调了提升乡村产业发展水平的重要性。产业结构优化通过调整产业间的比例关系，促进产业相互融合，实现生产要素合理配置与高效利用，进而助推"输血式"扶贫转化为"造血式"致富。通过打破区域间要素流动壁垒的方式，促进资本、劳动力等生产要素自由流动，有效提升资源配置效率，进而改善片区经济状况，提升区域公共服务水平，为片区人口增收致富创造良好的外部发展环境。与此同时，产业结构优化意味着产业生产、管理、流通模式的革新升级，不断改善产业形态，带动产业链向知识与技术密集型等高附加值方向发展。一方面，拓宽增收渠道，直接提升片区居民的收入水平；另一方面，倒逼片区居民主动提高自身就业竞争力，强化片区经济繁荣与人口增收致富的内生动力，产业结构优化成为巩固拓展脱贫攻坚成果同乡村全面振兴有效衔接的关键，然而产业振兴的过程中依旧存在诸多的不确定性因素。基于片区产业发展的内生动力视角分析，受制于地缘位置偏远、区域发展落后等现实困境，片区产业项目普遍存在"散而弱"的问题，即产业分布零散、规模小，引发产业链条衔接错位，片区稳定脱贫产业项目增值能力欠缺，可持续性发展能力有待提升。且脱贫人口的发展空间受限，主要表现在产业发展过程中的"精英俘获"现象导致脱贫人口处于利益分配的弱势地位，他们只能接触到产业项目中的低端环节，不利于脱贫人口的社会参与，进而造成片区产业结构优化内生动力不足、陷入恶性循环。基于片区产业发展的外部环境视角分析，政策利好贯穿产业扶贫到产业振兴的转型全过程，片区产业项目主要依托政府财政支出与社会资本投资建设等外部力量扶持，产业发展的内生动力不足。当外部扶持力量减弱时，产业发展项目的可持续性与长效性会受到较大负面影响，从而导致缺乏稳定增收的长线产业[②]，严重阻碍共同富裕进程。为此，需要探寻片区产业结构优化共生发展的相关利益主体，促进多元主体相互协作，形成外部力量与内生动力相得益彰的协同效

---

① 《习近平出席中央农村工作会议并发表重要讲话》，https://www.gov.cn/xinwen/2022 – 12/ 24/content_5733398.htm，最后访问日期：2024 年 12 月 1 日。
② 申学锋、赵福昌、于长革、柳文、侯海波：《构建稳定脱贫机制的制约因素与思路原则》，《地方财政研究》2020 年第 3 期。

应，充分发挥片区产业发展的"造血式"作用。

片区产业结构优化中的利益共生主体包括政府部门、企业、社会组织、脱贫人口与片区其他群众。政府部门在片区产业结构优化的过程中发挥统筹引领作用。作为规划者，政府部门立足于我国发展实情，接续发布产业扶持政策，宏观调控产业结构优化方向；作为监督者，政府部门全面监管片区产业结构优化遇到的风险和挑战，以期达到经济效益、社会效益与生态效益共赢；作为资源调配者，政府部门协调各方主体的利益诉求，一方面，通过优惠政策给予企业金融支持，鼓励企业积极帮扶脱贫人口，另一方面，政府部门为片区脱贫人口提供社会保障。政府部门不仅是片区产业结构优化的推进者，也是主要的受益者。产业结构优化过程常伴随着新兴业态的转型与产业之间的相互融合，通过提供就业机会、提升资源有效配置的方式，能够实现区域经济繁荣发展、人民增收致富的政治目标。企业同时也扮演着助推者与受益者的双重角色。作为片区产业结构优化的主要执行者，信息依托企业之间互联互通的社会网络进行高效传播，破解片区与其他区域信息不对称困境，改善信息产能。在信息交互、资金充足、技术支撑的优质环境下，企业的创新活力得以激发，不断投资技术研发与创新领域，发展壮大专业人才队伍，创新产业形态，完善产业链条，进而推动资源优化配置与产业结构提质增效。而片区产业结构优化增进产业链上下游企业之间的密切交流，助推企业之间要素资源贡献，赋能企业核心竞争力，不断提升企业自身的盈利能力，促使企业获得更高的市场份额。社会组织助力片区资源整合，搭建资源共享平台，促进不同主体之间交流合作，实现产业协同发展。通过组织技术交流与创新培训活动，推动技术创新与知识共享，进而提升生产效率。伴随着产业结构不断优化，社会组织自身的社会责任得以履行，社会公信力不断提升，进而获得政府部门、企业、公众等资源支持，储备资源优势，保障社会组织的可持续发展。脱贫人口则是最直接的参与者和受益者，在参与产业结构优化的进程中，提升自身素质与技能，获取就业机会，直接改善生活条件。而伴随着政府政策与市场资源不断向脱贫人口倾斜，片区其他群众出于比较心理，认为自身利益受损，扶贫资源未得到充分利用，进而抑制其主动参与稳定扶贫产业项目的积极性，导致政府部门公信力降低、企业社会效益不足等一系列损害公共利益的难题。

6.1.2 高质量发展视角下多元利益主体演化博弈分析

6.1.2.1 多元主体利益表达分析

从产业扶贫到乡村振兴有效衔接的关键是产业结构优化与稳定脱贫的良性循环，产业结构优化与稳定脱贫的互促互进共同构建助推片区高质量发展的重要抓手。片区产业结构优化与稳定脱贫的良性循环中涉及的利益主体较为复杂，公共服务需求多样，利益主体之间的利益诉求既有一致的地方，也有相互矛盾之处，利益博弈激烈。二者的良性循环既不是以政府为主导的行政介入型模式，也不是企业与社会组织"各自为政"、逐步偏离公共价值的独立活动，而是政府、企业、社会组织与脱贫人口等多元角色互动融合、共创公共价值的运作模式[①]。平衡各主体间的利益诉求，实现经济效益、生态效益和社会效益多方共赢是创造公共价值的主要议题。学术界普遍认为产业结构优化在促进区域经济增长、改善贫困地区人民物质生活水平上发挥着重要作用，但是在具体实践中时常出现运作模式单一、偏离扶贫目标、实践行为异化等问题，严重制约产业结构优化与稳定脱贫的良性循环发展。

产业扶贫模式大致划分为以政府为主导的行政介入型、以企业为主导的资本介入型、以社会组织为主导的组织介入型三种[②]。依托行政介入手段的产业扶贫效果不佳，扶贫资源利用效率低下。现行行政体制下，地方政府的缺位与越位问题较多，产业扶贫的资金链紧张与治理能力欠缺的双重掣肘导致基层政府产业扶贫的供给能力薄弱，扶贫政策衔接性与稳定性不足，公共平台承接与运作进程受阻，无法实现片区资源合理配置，造成政府稳定扶贫实践行为产生偏差，负面影响群众对基层政府的政治信任，进而弱化产业扶贫的可持续性。在产业结构优化过程中，基层政府受到政治势能与政治目标的影响，容易出现打造亮点工程的政治动机，激化群众与政府部门的利益矛盾。且以政府主导产业稳定扶贫的行政介入模式单一，脱贫人口过度依赖政策红利，进而滋生"等、靠、要"思想，导致脱贫人口主体意愿式微，片区社会性参与程度降低，无法有效激活社会治理能力，产业稳定扶贫的内生动

---

① 林艳丽、杨童舒：《产业精准扶贫中企业、贫困户和地方政府行为的演化博弈分析》，《东北大学学报》（社会科学版）2020 年第 1 期。

② 陈弘、李玮琦：《产业扶贫研究现状、热点及发展趋势——基于 CiteSpace 可视化分析》，《湖南农业大学学报》（社会科学版）2022 年第 4 期。

力匮乏。当社会资本接续涌入片区后，以企业为主导的资本介入型运作模式和以社会组织为主导的组织介入型运作模式在不同阶段发挥效用，但是在市场化的冲击下，由不同主体间利益分配、利益冲突、利益差距引发的矛盾纠纷越发明显①。利益主体演化博弈的主要原因之一即治理主体目标理念不一致，例如企业奉行的经济效益最大化理念与社会组织公益化提供支持服务的专业理念格格不入，各利益主体的治理目标缺乏协调性，无法实现治理模式的同频共振。与此同时，产业扶贫政策指向性不明、相关法律规制缺乏，导致治理主体的权责定位不明晰。出于自身利益考量，利益主体"各自为政"，例如企业凭借自身资本、技术优势，借助政府平台资源整合优势，不断扩大市场规模，追逐经济效益最大化，忽视所需承担的社会责任，进而导致产业结构优化的市场化逻辑与扶贫济困的社会道德逻辑矛盾持续激化②。产业稳定扶贫的实践过程中存在突出的"精英俘获"问题，加剧复杂利益场域中脱贫人口的弱势地位，引发群众对基层政府的"信任危机"，降低群众社会活动参与的主观能动性，遮蔽脱贫人口的主体性表达。产业稳定扶贫将资金直接补助的"输血式"策略转化成积攒可持续脱贫能力的"造血式"策略，但是受惯性思维的影响，脱贫人口的可获得感下降，自身利益诉求无法得到满足，多方主体利益博弈不断演化。

将政府部门、企业、社会组织、脱贫人口与片区其他群众纳入多元角色互动框架，构建多方参与、有效衔接的产业稳定扶贫良性循环体系至关重要。实现片区产业结构优化与稳定脱贫的良性互动是实现全体人民共同富裕的必然要求，也是实现区域协调发展的必由之路。充分发挥政府的引导作用，宏观调控社会道德逻辑的公益化与市场逻辑的利益最大化之间的矛盾，以市场为依托，凝聚社会扶贫力量，有效配置扶贫资源，健全产业稳定扶贫利益主体联动机制。保障脱贫人口的主体性地位，确保民众诉求被广泛代表、民众积极性被广泛调动，将政府认为被需要的公共服务供给与公众的需求及期望连接起来，整合各利益主体之间的利益诉求，形成"让利于民、多方共赢"的良性循环。产业结构优化与稳定脱贫的良性互动多元主体利益表达见图 6-1。

①　公丕祥：《新中国 70 年进程中的乡村治理与自治》，《社会科学战线》2019 年第 5 期。

②　许汉泽、李小云：《精准扶贫背景下农村产业扶贫的实践困境——对华北李村产业扶贫项目的考察》，《西北农林科技大学学报》（社会科学版）2017 年第 1 期。

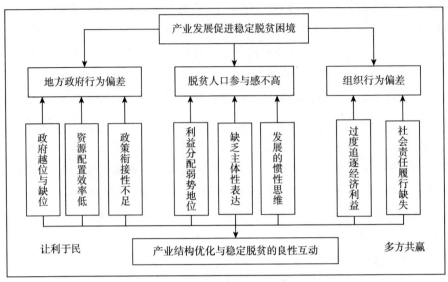

图 6-1　产业结构优化与稳定脱贫的良性互动多元主体利益表达

6.1.2.2　多元主体利益冲突分析

各利益相关者作为"理性经济人"，追求自身利益最大化的发展模式，但不同主体的利益需求存在差异，因而彼此之间存在利益冲突。究其本质，彼此之间的利益冲突是一种利益相关者在目标、资源配置等方面形成的对抗行为。各利益主体处于资源有限的复杂利益场域之中，多元利益主体在维护自身权益的过程中极易产生相应的冲突与矛盾。

（1）上级政府-地方政府冲突

上级政府与地方政府的政策目标存在偏差，上级政府追求社会整体利益的最大化，即兼顾经济利益、社会效益与生态效益共赢的协调性发展。且在中国特色"条块结合、以块为主、分级管理"的政府治理结构下，政府纵向职责体系中治理主体的权责配置关系异常复杂，上级政府与当地政府在产业稳定脱贫项目实践进程中扮演着不同角色。具体而言：作为产业扶贫政策的制定者，中央政府从宏观上颁布政策文件，统筹布局规划项目实施与运行，以委托人的身份将政策任务通过政府纵向职责体系层层传导至地方政府，受限于宏观调控者身份，上级政府资源配置与职能变更缺乏一定的灵活性。而地方政府则是政策任务的实际承包者与微观执行者，承担着考核压力与任务安排等责任，却未被赋予相应的执法权力和治理资源，导致地方政府面临"有责无权"的窘境。而地方政府的政策执行变通空间较大,通常采取"选择性执行策略"简单量化考核任务,以保障自身政绩目标得以实现,从而加剧政策执行过程中的扭曲与异化现象,造成政策实施效果与公共利益脱节。

(2)地方政府-社会组织-市场力量冲突

地方政府与市场力量之间的利益冲突,主要表现在利益目标分歧、资源配置等方面。政府部门以公众利益为立足点,旨在通过产业稳定脱贫项目实现政绩目标,促进片区经济发展,而市场力量则更关注项目的盈利与市场竞争力。地方政府鼓励企业参与到产业稳定脱贫项目中,但其所具有的干预特征激化了市场主体与政府部门之间的利益矛盾。一方面,政府指导的"一村一品"等部分产业项目过度依赖行政资源,忽视市场运作规律,市场主体的趋利本性导致"精英俘获"等现象频频发生,降低了片区产业稳定脱贫项目效果的真实性与可持续性。另一方面,行政干预限制市场主体的自由发展空间,抑制市场的创新活力,降低市场竞争力。

社会组织的兴起是社会治理模式逐渐趋于多样化的主要表现形式之一,能够有效弥补政府部门与市场力量难以涉及的部分领域,对于维系社会稳定、提升乡村治理效能至关重要。然而片区社会组织与地方政府的矛盾却在社会组织注册、监管与保障等方面不断加固,从而导致社会组织无法充分发挥相应职能作用。具体而言:社会组织的登记注册是一个复杂烦琐的过程,不仅需要相应的组织资金,且注册条件要求较高。而地方政府通常面临"权责不匹配"的现实困境,将有限的资源投向政策帮扶与经济利益较高的市场决策之中,无法给予社会组织相应的资金与技术支持,社会组织的积极性递减,社会公信力不断下降。地方政府事权宽泛而实权悬浮、"有心无力",即便是顺利注册的社会组织也极易陷入"自生自灭"的状态,引发社会组织成员对地方政府的不满。社会组织重点关注项目社会效益与可持续发展,市场主体则更注重项目的商业化发展,以期在经济利益最大化的前提下塑造品牌形象。社会逻辑与市场逻辑相悖,产业扶贫项目发展出现严重错位。而社会组织和市场力量同处复杂利益场域之中,政府所提供的资源有限,两者之间存在资源错配、权责不对等现象,利益冲突不断演化。

(3) 地方政府-市场力量-脱贫人口-片区其他群众冲突

产业稳定脱贫的关键在于以政治逻辑为引领，以市场逻辑为主导推进产业壮大发展，兼顾经济效益与社会责任，助推全体人民实现共同富裕。但片区实际政策执行中存在严重的政府"大包大揽"、市场作用被遮蔽现象，行政逻辑与市场逻辑互不兼容。地方政府的越位与市场力量的缺位导致扶贫产业呈现同质化发展，产业结构单一、规模小，难以形成具有辐射效应的产业集群。分散经营的市场主体无法精准对接大市场，缺乏市场竞争力的产品极易陷入滞销状态，市场逻辑逐渐失效，从而导致脱贫人口缺乏稳定的收入来源与就业岗位，脱贫人口与扶贫产业主体损失严重，抑制脱贫人口的项目参与积极性，社会公信力不断降低。市场主体的趋利性不断加剧脱贫人口在多重利益场域中的弱势地位，降低其在产业稳定脱贫项目中的参与度，脱贫人口的主体性表达式微，弱化产业稳定脱贫项目的"造血式"作用。作为产业稳定脱贫项目的重点关注群体，项目资源分配与就业机会向脱贫人口倾斜，可能会激化片区其他群众与脱贫人口、地方政府之间的利益冲突。当脱贫人口因项目资源分配、就业机会等受益时，片区其他群众却可能对扶贫资源分配的公平性产生怀疑，导致政府公信力下降，并加剧脱贫人口与其他群众之间的公共服务享受、社会资源分配等方面的竞争，阻碍片区社会稳定发展。

6.2 产业结构优化与稳定脱贫互动演化非合作博弈

6.2.1 互动演化非合作博弈模型假设

片区产业结构优化与稳定脱贫的互动发展演化博弈是由政府部门、企业、社会组织、脱贫人口与片区其他群众协同参与的动态过程，结合现实考察，将政府部门（政府层面）、企业（市场层面）与脱贫人口（微观主体）三个主要利益主体纳入模型分析框架，构建一个由政府部门、企业与脱贫人口组成的三方博弈模型，提出研究假设如下。

假设1：政府部门、企业、脱贫人口、社会组织和其他群众均在有限理性的前提下进行策略选择。政府部门的策略选择空间为（积极扶持，消极扶持），并以 x（$0 \leqslant x \leqslant 1$）的概率选择积极扶持；企业的策略选择空间为（积极合作，消极合作），并以 y（$0 \leqslant y \leqslant 1$）的概率选择积极合作；脱贫人口的策略选择空间为（主动参与，被动参与），并以 z（$0 \leq z \leq 1$）的概率选择主动参与。

假设 2：政府部门采取积极扶持措施的成本为 C，对产业稳定扶贫项目的良好管理会获得上级政府的扶持资金为 A；但当政府部门消极扶持时，被上级政府发现的概率是 μ（$0 < \mu < 1$），处罚金额记作 F，同时造成公信力损失为 U_2，降低主动参与产业稳定扶贫项目的脱贫人口福利为 U_3。政府部门通过给予企业创业补贴、劳动补贴等方式降低企业经营成本为 P，企业价值提升值为 e。政府部门针对企业采取积极合作与消极合作态度时所给予的奖励与惩罚分别记作 a 与 f，其中企业消极态度被发现的概率为 θ（$0 < \theta < 1$），导致的社会福利损失为 U_1。企业与脱贫人口的不配合对政府造成的机会损失为 C_1，而相互配合时使得社会整体福利提升记为 U。

假设 3：假设片区脱贫人口总数为 L，其中具有劳动能力的脱贫人口占比为 n（$0 \leq n \leq 1$），可以获得相应的劳动收益，劳动收益分为基本工资 w 与依据其主动参与度获得的企业奖金 J_1 或 J_2，产业稳定脱贫项目主动参与性高的脱贫人口能有效提升工作技能 s_1 与劳动力素质水平 s_2。需要特别注意的是，当企业消极合作时则无奖金分成；不具备劳动能力的脱贫人口占比为（$1-n$），以土地等要素折合资产 M 入股，获得项目分红。

假设 4：当企业采取积极合作态度时，参与产业稳定脱贫项目时投资额为 I_1，脱贫人口主动参与和被动参与时企业总收益分别记作 R_1 和 R_2，不论政府部门扶持何种措施，企业给予脱贫人口的分红比例为 σ_1；当企业采取消极合作态度时，参与产业稳定脱贫项目投资记作 I_2，脱贫人口主动参与和被动参与时企业总收益分别记作 R_3 和 R_4，若政府部门选择积极扶持，企业利润分红比例为 σ_2，而在政府部门的消极扶持下，企业基于利益最大化原则不给脱贫人口分红，并侵占脱贫人口的全部资产受益 R[①]，其中 $\sigma_1 = M/(I_1+M)$，$\sigma_2 = M/(I_2+M)$。

6.2.2　互动演化非合作博弈模型构建

基于上述假设，构建政府部门、企业与脱贫人口的三方演化博弈模型，混合策略博弈矩阵如表 6-1 所示。

---

① 张廷海、张乐、杨振：《基于三方演化博弈的产业扶贫策略研究》，《复杂系统与复杂性科学》2024 年第 2 期。

表6-1 政府部门、企业和脱贫人口的混合策略博弈矩阵

			脱贫人口	
		政府部门	主动参与 z	被动参与 $1-z$
扶贫企业	积极合作 y	积极扶持 x	$R_1-I_1+P+e+a$	$R_2-I_1+P+e+a$
			$\sigma_1 R_1+nLw+nLJ_1+s_1$	$\sigma_1 R_2+nLw+nLJ_2$
			$A+U-C-a$	$-C-a$
		消极扶持 $1-x$	R_1-I_1+P+e	R_2-I_1+P+e
			$\sigma_1 R_1+nLw+nLJ_1+s_1-U_3$	$\sigma_1 R_2+nLw+nLJ_2$
			$-\mu F-U_2$	$-\mu F-U_2$
	消极合作 $1-y$	积极扶持 x	$R_3-I_2+P-\theta f$	$R_4-I_2+P-\theta f$
			$\sigma_2 R_3+nLw+s_2$	$\sigma_2 R_4+nLw$
			$-C-U_1+\theta f$	$-C-C_1-U_1+\theta f$
		消极扶持 $1-x$	R_3-I_2+P+R	R_4-I_2+P+R
			$nLw+s_2-U_3$	nLw
			$-\mu F-U_1-U_2$	$-\mu FX-U_1-U_2$

6.2.3 互动演化非合作博弈模型分析

6.2.3.1 稳定扶贫企业的策略稳定性分析

设企业积极合作的期望收益为 E_{11}，消极合作的期望收益为 E_{10}，平均期望收益为 $\overline{E_1}$，则：

$$E_{11}=xz(R_1-I_1+P+e+a)+x(1-z)(R_2-I_1+P+e+a)+z(1-x)(R_1-I_1+P+e)+$$
$$(1-x)(1-z)(R_2-I_1+P+e)$$

$$E_{10}=xz(R_3-I_2+P-\theta f)+x(1-z)(R_4-I_2+P-\theta f)+z(1-x)(R_3-I_2+P+R)+$$
$$(1-x)(1-z)(R_4-I_2+P+R)$$

$$\overline{E_1}=yE_{11}+(1-y)E_{10}$$

稳定扶贫企业策略选择的复制动态方程为：

$$F(y)=y(E_{11}-\overline{E_1})=y(1-y)\{z[(R_1-R_2)-(R_3-R_4)]+(R_2-I_1)-(R_4-I_2+R)+x(a+\theta f)+e\}$$

令企业稳定选择积极合作的概率为 V_1，可得：

$$V_1=\frac{(R_1-I_1+e)-(R_3-I_2)}{(R_1-R_2)-(R_3-R_4)}+\frac{a-(R-\theta f)-R}{2[(R_1-R_2)-(R_3-R_4)]}$$

企业稳定选择积极合作的策略行为与脱贫人口参与、政府监管模式息息相关，企业稳定选择积极合作的概率与企业总收益、企业价值和政府奖励呈正相关关系，当企业总收益和价值得以提升时，企业选择积极合作的概率增加；而企业稳定选择积极合作的概率与其侵占脱贫人口分红收益呈负相关关系。

6.2.3.2 脱贫人口的策略稳定性分析

设脱贫人口主动参与的期望收益为 E_{21}，被动参与的期望收益为 E_{20}，平均期望收益为 $\bar{E}_2$，则：

$$E_{21} = xy(\sigma_1 R_1 + nLw + nLJ_1 + s_1) + y(1-x)(\sigma_1 R_1 + nLw + nLJ_1 + s_1 - U_3) + x(1-y)(\sigma_2 R_3 + nLw + s_2) +$$
$$(1-y)(1-x)(nLw + s_2 - U_3)$$

$$E_{20} = xy(\sigma_1 R_2 + nLw + nLJ_2) + y(1-x)(\sigma_1 R_2 + nLw + nLJ_2) + x(1-y)(\sigma_2 R_4 + nLw) +$$
$$nLw(1-y)(1-x)$$

$$\bar{E}_2 = zE_{21} + (1-z)E_{20}$$

脱贫人口策略选择的复制动态方程为：

$$F(z) = z(E_{21} - \bar{E}_2) = z(1-z)[y\sigma_1(R_1 - R_2) + ynL(J_1 - J_2) + x\sigma_2(1-y)(R_3 - R_4) +$$
$$y(s_1 - s_2) + xU_3 + s_2 - U_3]$$

令 $y\sigma_1(R_1 - R_2) + x\sigma_2(1-y)(R_3 - R_4) + s_2 = k$，脱贫人口稳定选择主动参与的概率为 V_2，则：

$$V_2 = \frac{nL(J_1 - J_2) + (s_1 - s_2) + 2k}{2U_3}$$

伴随着企业奖励、劳动者个人能力提升，脱贫人口主动参与产业稳定扶贫项目的概率增大。参与产业稳定扶贫项目提升个人技能是脱贫人口主动参与项目的重要内驱动力，企业通过提高奖金激励推动脱贫人口主动参与稳定扶贫项目。而脱贫人口主动参与产业稳定扶贫项目的概率与政府积极扶持而产生的公信力损失呈负相关关系。

6.2.3.3 政府部门的策略稳定性分析

设政府部门积极扶持的期望收益为 E_{31}，消极扶持的期望收益为 E_{30}，平均期望收益为 $\bar{E}_3$，则：

$$E_{31} = yz(A+U-C-a) + y(1-z)(-C-a) + z(1-y)(-C-U_1+\theta f) + (1-y)(1-z)(-C-C_1-U_1+\theta f)$$

$$E_{30} = yz(-\mu F-U_2) + y(1-z)(-\mu F-U_2) + z(1-y)(-\mu F-U_1-U_2) + (1-y)(1-z)(-\mu F-U_1-U_2)$$

$$\overline{E}_3 = xE_{31} + (1-x)E_{30}$$

政府部门策略选择的复制动态方程为：

$$F(x) = x(E_{31}-\overline{E}_3) = x(1-x)\left[yz(A+U)-y(a+\theta f-C_1)-C-C_1+\theta f+\mu F+U_2+z(1-y)C_1\right]$$

令 $z(1-y)C_1 = m$，政府部门稳定选择积极扶持的概率为 V_3，则：

$$V_3 = 1 - \frac{C+C_1-\theta f-\mu F-U_2-m}{A+U}\ln\left(1+\frac{A+U}{C_1-a-\theta f}\right)$$

政府部门稳定选择积极扶持的策略行为受到地方政府、上级政府、企业、脱贫人口选择等多方面影响，政府部门稳定选择积极扶持的概率与上级政府奖惩力度呈正相关关系，政府公信力的提升助推其选择积极扶持策略；政府部门稳定选择积极扶持的概率与监管企业行为所花费的各类成本呈负相关关系，稳定扶贫企业与脱贫人口不配合行为导致的机会损失严重抑制了政府部门的扶持积极性。

6.2.3.4 多方演化博弈系统均衡点的稳定性分析

各利益主体演化博弈系统的最终稳定状态离不开政府部门、企业、脱贫人口三方重要利益主体的共同作用。令 $F(x)=F(y)=F(z)=0$，可得到三方在博弈过程中存在一个有效纯策略纳什均衡点，分别为 (0，0，0)、(1，0，0)、(0，1，0)、(0，0，1)、(1，1，0)、(1，0，1)、(0，1，1)、(1，1，1)。根据复制动态方程 $F(x)$、$F(y)$、$F(z)$ 分别对 x、y、z 求导得到雅克比矩阵，结合片区产业稳定扶贫发展历程的理论基础分析，矩阵特征值均满足 $e-R>0$、$R_1-R_2>R_3-R_4$、$C-A-U-U_2+a-m-\mu F<0$、$k+s_1-s_2-U_3+nLJ_1-nLJ_2>0$，其中 $e-R>0$ 表示企业价值的提升正向影响企业内外部经营管理策略，当出现亏损时，企业会自动退出产业稳定扶贫机制，此时企业收益为 0，因此 $R_1-R_2>R_3-R_4$ 的假定是合理的。而 $C-A-U-U_2+a-m-\mu F<0$ 假设的合理性表现在产业稳定扶贫项目中三方互相配合促进实现项目的利益性与社会性双赢，成本投入是为了更大的"增收效应"；$k+s_1-s_2-U_3+nLJ_1-nLJ_2>0$ 假设的合理性也得到证明，基于边际效用递减法则，地方政府积极扶持行为对主动参与产业稳定扶贫项目的脱贫人口所带来的福利损失小于个体的综合收益。可得唯一稳定均衡点（1，1，1），对应的演化稳定策略为企业"积极合作"，脱贫人口"主动参与"，当地政府"积极扶持"，亦即政府、市场、脱贫人口等多元主体协同共赢。

6.3 "价值共创"导向下产业结构优化与稳定脱贫良性互动机制建设

6.3.1 片区产业结构优化与稳定脱贫良性互动机理

2019 年 4 月，习近平总书记在重庆考察时强调"要探索建立稳定脱贫长效机制，强化产业扶贫。"[①] 稳定脱贫是巩固脱贫攻坚成果的基本要求，而产业振兴则是切实做好巩固脱贫攻坚成果同乡村振兴有效衔接的根本之策。稳定脱贫是一个实现经济收入、社会生活与个体发展等多方面持续脱离贫困的稳定状态。脱贫人口的经济收入达标为稳定脱贫进程奠定基础，个体发展激活稳定脱贫主体的内生动力，社会生活则是衡量稳定脱贫的保障性指标。正如习总书记所言，"产业扶贫是最直接、最有效的办法，也是增强贫困地区造血功能、帮助群众就地就业的长远之计"。[②] 作为"造血式"扶贫方式的一种，产业结构优化通过拓宽脱贫人口增收渠道、提升产业链增值能力、助推公共服务效能等多种路径，助推脱贫主体"促就业、稳增收、提技能"，赋能片区脱贫基础更加稳固、脱贫成效更可持续。现有研究表明，产业结构优化赋能稳定脱贫的进程中依旧存在产业与稳定扶贫脱嵌问题，且这种脱嵌贯穿在整个产业链条之中[③]。基于各主体之间的利益诉求分析，地方政府的公共服务供给和扶贫企业的需求不匹配，市场机制未能发挥促进片区人口稳定脱贫的作用；与此同时，地方政府无法精准识别片区人口的稳定脱贫需求，社会组织的运行逻辑与企业的市场逻辑相互碰撞，在扶贫资源有限的条

---

① 《习近平在重庆考察并主持召开解决"两不愁三保障"突出问题座谈会》，https://www.gov. cn/xinwen/2019-04/17/content_5383915.htm，最后访问日期：2024 年 12 月 27 日。

② 《智志双扶：打好东西部扶贫协作组合拳》，https://news.gmw.cn/2020-09/29/content_ 34232690.htm? from=search，最后访问日期：2024 年 11 月 27 日。

③ 朱江瑞：《产业链治理视域下产业扶贫持续稳定脱贫路径》，《地方财政研究》2020 年第 3 期。

件下，多元主体之间的利益诉求存在结构性矛盾，进而导致资源严重错配，阻断产业扶贫完整链条的形成。为达到政绩目标，部分地方政府简单照搬其他地区"短平快"产业项目，短期内快速见效，但是脱贫效果缺乏稳定性与可持续性。且脱贫人口社会参与机制不健全，主体性地位被遮蔽，片区产业稳定扶贫在实践过程中出现实践变形。由于缺乏稳定的利益分享机制，产业稳定脱贫的实践过程中出现的"精英俘获""亲和性选择""弱者吸纳"等问题未能得到有效解决，扶贫企业的趋利性进一步加剧多元主体利益不合理分配现象，相关主体利用公共资源实现个体利益，造成资源无法真正嵌入片区经济社会发展。实现片区产业结构优化与稳定脱贫的良性互动是助推全体人民共同富裕的必然选择。在乡村全面振兴的战略背景下，亟待从激活互动主体、优化互动过程、创新互动模式三个方面探索两者在各个环节中的良性互动路径，以共赢效果为指向，通过互相交流、密切合作、一体参与等方式实现互进互促，进而构建出脱贫攻坚成果与乡村全面振兴有效衔接的长效化机制，迈向现代化新征程。

6.3.1.1　有效市场、有为政府与有爱社会的多维协同与优势治理

片区产业结构优化与稳定脱贫良性互动离不开不同要素的联结与互动。多维互动是指地方政府、企业、脱贫人口与社会组织、片区其他群众等多元主体在连片特困区这一特殊场域中形成协同联动的治理网络，激活社会治理活力，通过协调政府力量、规制市场力量、强化人民主体地位，构建有效市场、有为政府与有爱社会的多维协同共同体，培育多维协同共同体的归属感与认同感，推动片区主体实现利益共享与风险共担。

产业稳定脱贫的关键是发挥有效市场在资源配置中的核心作用。片区产业普遍存在持续发展动力不足、同质化严重、产业链条不完善等问题，这些问题导致脱贫人口收入来源不稳定、区域发展困难、资源配置效率低下，是影响稳定脱贫的重要阻碍因子。亟待以市场需求为导向，依托片区资源禀赋优势，因地制宜挖掘特色产业。在有效市场机制的指引下，提升片区资源配置效率，延伸特色产业链条，积极探索高附加值的新业态，发挥产业的辐射效应，为脱贫人口提供稳定的就业岗位。拓展市场范围边界，扩大片区特色农产品的消费市场，促进脱贫人口增收致富。有效市场离不开完善的市场监管体系，通过设立产业介入与退出标准，严格规范市场主体行为，建立公平的市场竞争环境，鼓励市场主体兼顾经济效益、社会效益与生态效益。有为

政府的宏观调控作用是产业稳定脱贫的重要保障。从宏观上推动产业政策的制定与实施，为产业稳定脱贫政策改革创新提供政策指引；制定相关法律法规进行全面监管，健全监督管理体系，确保资源真正惠及脱贫人口，保障市场秩序的良性运行。地方政府职能从传统的行政管理向服务型、引导型政府有机转变，发挥政府购买的乘数效应，提升社会投资预期，撬动社会资本涌入片区，实现要素资源的区域聚集，为片区稳定脱贫提供良好的外部环境。有为政府通过"看得见的手"助推片区基础设施建设与公共服务均等化，改善片区交通、通信等基础条件，建设一体化的公共服务网络，增进民生福祉，提升脱贫人口的生活质量。政府部门也扮演着激发市场相关主体创新活力的重要角色，能制定靶向性的投资政策体系。"扶贫先扶志"，重点关注片区教育投入，增加脱贫人口就业技能培训，为片区储备人才力量；有为政府提供普惠性金融服务，以优惠政策、政府贴息等方式鼓励企业入驻片区，激活区域创新潜能，从而增加脱贫人口收入来源，带动区域经济可持续发展。有爱社会作为稳定脱贫的依托，在稳定脱贫中的作用不容小觑。社会组织是有爱社会的重要组成部分，也是基层政府社会治理的补充力量，鼓励群众参与到公共事务当中，巩固脱贫人口的主体性地位，完善基层群众自治体制，助力基层政府"瘦身"与减负，夯实片区社会治理基础。社会组织也是地方政府与群众沟通的桥梁，通过收集并传达脱贫人口利益诉求，提升公共服务供给与需求的匹配程度，强化片区群众的知情权、参与权与监督权，助力化解复杂场域中各利益主体之间的矛盾纠纷。社会组织为片区产业结构优化与稳定脱贫的良性互动提供技术支撑，举办技能培训活动，助力片区企业规模化发展壮大，进而推动产业结构优化，保障脱贫人口稳定就业，维护社会和谐与稳定。

健全有效市场、有为政府与有爱社会之间的合作共赢机制，关键在于发挥各主体之间的优势治理效能，实现多方利益的协同。聚焦产业脱贫质量与脱贫产业可持续发展，充分发挥各方的优势资源和能力，形成协同合作、互补互利的局面，实现资源最大化利用。积极推动政府职能转变，处理好市场驱动机制与政府保障机制的关系，发挥市场机制在产业扶贫资源配置中的决定性作用，对标市场需求，构建科学的稳定脱贫产业精准选择机制，结合片区资源禀赋条件，加速区域特色产业的形成，保障产业项目的持久性帮扶效果。当出现市场失灵现象时，有为政府立即伸出"该伸的手"进行宏观调控管理，发挥引导与监督职能，以政策调整市场预期，以法治规范市场行为，优化营商环境。通过政策支持和项目扶持等多种方式，激发企业创新产业模式的积极性，鼓励企业在实现市场效益最大化的过程中主动承担起社会责任，进一步发挥产业的辐射效应，强化稳定脱贫的市场动力。坚持"内生"与"外引"共同发力，以有爱社会的公益属性弥补政府和市场的不足，通过志愿者服务、慈善捐赠等方式参与稳定脱贫工作，为企业发展提供技术支持，为脱贫人口提供教育、医疗、培训等社会服务。重视脱贫人口的主体性地位，动员片区群众参与到公共事务中，整合多方利益诉求，凝聚多方力量，共同推动片区产业结构优化与稳定脱贫工作的良性互动。健全信息共享平台，实现政府、企业、社会组织、脱贫人口与片区其他群众之间信息互联互通，资源与成果共建共享，提升信息交互效率与资源利用效率，进而构建责任分工明晰、资源合理配置、信息透明共享的互融互促型产业带动模式，确保稳定脱贫工作的可持续性发展。

6.3.1.2 建立产业稳定脱贫的数量与质量均衡发展机制

产业数量型发展和质量效益型发展是构建现代产业体系、实现片区高质量发展目标的必由之路，党和中央高度重视帮扶产业的长期培育与发展，明确指出帮扶产业是发展的根基，而产业增收则是稳定脱贫的主要途径与长久之策。2015 年，《中共中央 国务院关于打赢脱贫攻坚战的决定》中强调了产业扶贫是脱贫攻坚的重要举措之一，需加大产业帮扶的支持力度，确保帮扶项目的质量与效益。[①] 发展帮扶产业，重在群众受益，难在持续稳定。产业数量型发展与质量效益型发展的有机融合可以从源头上制止"短平快"产业项目规模化发展，解决帮扶产业同质化现象严重、可持续性较差的问题，提高生产效率，增强片区群众自我发展能力，改善其经济收入情况，促进帮扶产业提质增效与区域可持续发展，建立产业稳定脱贫的数量与质量均衡发展机制至关重要。

产业帮扶项目的数量与质量均衡发展是指在推动产业扶贫的过程中，不仅要关注帮扶项目的数量增长，也要追求帮扶质量的提升，两者互促互进、相得益彰，实现产业发展目标从短期向长期的有机转换，保障产业帮扶项目

---

① 《中共中央 国务院关于打赢脱贫攻坚战的决定》，https://www.gov.cn/zhengce/2015-12/07/content_5020963.htm，最后访问日期：2024 年 11 月 27 日。

的可持续性与脱贫效果的长效性，达到互动结果福利改善性成效①，进而巩固并拓展脱贫工作成果，促进脱贫效益长期稳定发展。其中，产业帮扶质量包含扶贫效果的效率与公平。一是明晰产业项目定位。注重帮扶产业的长期培育，充分挖掘片区资源禀赋、精神文化等优势，结合地方特色与产业现实基础，以市场需求为导向，因地制宜引入具有发展潜力的扶贫产业项目，充分考虑项目长期发展的可持续性和适应性，使引入项目真正满足片区稳定脱贫需求，保障产业稳定扶贫项目数量多、质量高，进而打造覆盖片区多维领域的富民特色产业集群。二是优化产业项目运行机制。动态调整帮扶产业项目的转向与退出，坚持"政府引领、市场主导"的运行模式，积极引入先进的生产技术和管理经验，构建产业帮扶项目阶段性发展成效监控机制，科学分析帮扶产业发展中的问题与阻碍，为难以适应市场需求的产业项目提供新发展方向，一定程度上避免资源的浪费和滥用，提升片区资源利用效率，实现产业帮扶项目的经济效益和社会效益双赢。三是拓展产业项目边界。产业帮扶项目的数量与质量均衡发展意味着产业结构既要具备多样性与综合性，产业之间也要存在高度关联，即实现产业从单维发展向多元融合的转变。推动帮扶产业多要素融合，大力发展以特色帮扶产业项目为核心的互动融合业态，增强其适应市场变化的能力，丰富片区经济形态。兼顾产业扶贫效果的效率与公平，动员企业、社会组织、脱贫人口、片区其他群众等多方主体积极参与，创新利益共享联结机制，探索多元合作扶贫共赢模式，增强项目社会影响力，共同推动产业稳定扶贫项目可持续发展。

6.3.2 产业结构优化与稳定脱贫良性互动机制构建逻辑

改革开放以来，在党和人民的不懈探索与艰苦奋斗下，中国脱贫工作取得了举世瞩目的成就，历史性地解决了绝对贫困问题，在中华大地上全面建成了小康社会，为全球减贫事业提供了中国经验。诸多成就的背后离不开产业发展的核心作用，产业结构优化是助推我国高质量脱贫事业的主要引擎。党的二十大报告中明确指出，全面建设社会主义现代化国家，是一项伟大而艰巨的事业，前途光明，任重道远。而确保不发生规模性返贫是推进中国式现代化建设的底线任务。虽然片区扶贫产业发展逐步取得阶段性进展，但总

---

① 刘合光：《乡村振兴与小城镇发展良性互动机制探究》，《国家治理》2022 年第 8 期。

体依旧处于初步探索阶段，构建片区产业结构优化与稳定脱贫的良性互动机制具有历史逻辑、现实逻辑与理论逻辑上的辩证统一性。

6.3.2.1 历史逻辑

作为公认覆盖面广、带动人多、可持续性强的扶贫举措，产业扶贫具有特定的历史与制度背景。综合分析产业扶贫政策演变过程与治理实践，产业扶贫发展历程大致可以分为制度变革减贫阶段（1978～1985 年）、开发式扶贫阶段（1986～2012 年）、精准产业扶贫阶段（2013～2020 年）[①]。改革开放以来，中国政府高度重视减贫工作，从救济式扶贫到开发式扶贫再到精准扶贫，不断完善贫困治理体系，提升区域贫困治理能力。为解决农村劳动力积极性不足、生产效率不高等阶段性难题，救济式扶贫开发阶段全面推广土地联产承包责任制以解决温饱问题，针对"老少边穷"地区以及"三西"地区展开重点帮扶，通过政府部门提供实物救济的直接"输血"方式推动区域特色种养业发展运行，产业扶贫概念与实践探索尚未见雏形，无法形成长效化、持续化的扶贫机制。1994 年，《国家八七扶贫攻坚计划》中指出"特别是 80 年代中期以来，国家在全国范围内开展了有组织、有计划、大规模的扶贫工作"。[②] 在开发式扶贫方针的指导下，帮扶措施实现由政府无偿救济到生产帮助的有机转换，扶贫指向逐渐明晰，关注区域逐渐具体，"农业产业化"首次在政策性文件中提出。发展初期主要是由政治逻辑和行政逻辑主导，通过扶持乡村产业实体经济满足温饱问题，但政治逻辑的考核压力与行政逻辑执行过程存在矛盾，加之市场逻辑空缺，容易出现扶贫任务简单量化、缺乏精准到深度贫困地区与群体的帮扶机制等问题。进入 21 世纪后，我国针对扶贫举措进行结构性调整，《中国农村扶贫开发纲要（2011—2020年）》中强调"从根本上改变连片特困地区面貌"，并将"产业扶贫"纳入专项扶贫项目，以提升贫困人口自身造血能力为目标，整合市场力量，助推农业产业化经营，产业发展已然成为区域扶贫的核心驱动力。依托产业发展的"涓滴效应"助推扶贫进程，但受制于贫困人口自身资源禀赋劣势，"精英俘获"现象相伴而生，扶贫资源未得到合理应用，扶贫效果大打折扣。针对减

[①] 章文光、倪大钊：《多重制度逻辑下产业扶贫和振兴政策的效率提升》，《新视野》2022 年第 3 期。

[②] 《国发〔1994〕30 号 国务院关于印发国家八七扶贫攻坚计划的通知》，https://www.ah.gov.cn/szf/zfgb/8107451.html，最后访问日期：2024 年 12 月 1 日。

贫速度递减以及顽固性的贫困"锅底效应"，2015 年 10 月 16 日，习近平总书记在减贫与发展高层论坛上提出中国将发挥政治优势和制度优势，全面实施精准扶贫方略，产业扶贫逐步演化为新时代精准扶贫的重点方向。产业帮扶日益受到党和政府部门的高度重视，依次发布鼓励扶持发展贫困地区产业的系列政策文件，强化脱贫攻坚的产业支撑作用。2020 年 3 月，国务院扶贫开发领导小组出台《关于建立防止返贫监测和帮扶机制的指导意见》，将产业扶贫列为五大帮扶措施之首。产业精准扶贫阶段，以政府引导为统领，整合市场力量与社会力量，深入实施深度贫困地区特色产业提升工程，致力于提升贫困人口的参与度与受益度，激活区域发展的内生动力，增强贫困地区造血功能。组建各主体利益联结体，构建可持续发展的精准帮扶机制。国务院扶贫办统计数据显示，截至 2020 年底，全国每个贫困县已形成 2~3 个特色优势扶贫产业，90%的贫困人口参与到产业发展之中。综上所述，作为一种兼具"输血"功能与"造血"功能的扶贫方式，产业扶贫在片区贫困治理历程中发挥决定性作用，是提升贫困地区造血能力、改善贫困地区落后面貌的长远之计，也是解决中国贫困问题的根本之策。产业扶贫发展历程见表 6-2。

表 6-2　产业扶贫发展历程

产业扶贫发展阶段	发展时间	主导逻辑	具体表现	存在问题
制度变革减贫阶段	1978~1985 年	政治逻辑主导	政府以"输血"方式直接提供实物救济为主，产业扶贫概念与理论尚未形成	扶贫效率低下，无法形成规模化扶贫产业
开发式扶贫阶段	1986~2000 年	政治逻辑和行政逻辑主导	首次在扶贫开发政策文件中提出"农业产业化"	"涓滴效应"无法覆盖所有贫困区域与群体，甚至出现"精英俘获"现象
	2001~2012 年	市场逻辑主导	宏观上对扶贫开发战略进行结构性调整，该阶段主要推广市场逻辑鲜明的"农业产业化经营"	
精准产业扶贫阶段	2013~2020 年	政府逻辑统领，与行政逻辑、市场逻辑和社会逻辑组成多重制度系统	致力于发挥产业发展的"造血"功能，优化利益联结机制	多重制度逻辑在合作中碰撞、在兼容中挤压，对产业扶贫效果同时造成积极作用和消极影响

6.3.2.2　现实逻辑

巩固拓展脱贫攻坚成果是全面推进乡村振兴的底线任务，亦是片区实现稳定脱贫的重要保障，其重要性不言而喻。党的二十大报告指出，全面推进乡村振兴，坚持农业农村优先发展，加快建设农业强国，扎实推动乡村产业、人才、文化、生态、组织振兴。① 产业发展是巩固拓展脱贫攻坚成果、助推乡村全面振兴的有效途径，在稳定脱贫实践过程中依旧大有可为。正如习近平总书记强调"发展产业是实现脱贫的根本之策"②，实现产业扶贫向产业振兴的有机转化是巩固拓展脱贫攻坚成果同乡村振兴有效衔接的关键。就时序性而言，巩固拓展脱贫攻坚成果包含从"产业扶贫"到"产业振兴"再到"产业兴旺"的演化过程，产业扶贫历史经验为新发展阶段稳定脱贫厚植物质基础和实践基础。基于物质基础分析，扶贫产业是片区走向产业兴旺的起点，也是激发内生动力、实现振兴向上的基础。作为核心扶贫方式，脱贫攻坚时期产业扶贫对全国贫困户的增收贡献率为 47.6%③，片区脱贫特色产业逐步发展壮大，脱贫产业体系改革不断深化，且伴随着政策利好持续释放，扶贫资源向片区倾斜，为产业结构优化赋能片区稳定脱贫进程奠定现实基础。从实践基础来看，产业扶贫体系趋于成熟，产业扶贫方向趋于明晰，其实践经验已然成为贫困治理工作的"指南针"。依托产业扶贫的益贫性与精准性，将脱贫人口纳入扶贫产业链条，健全利益联结机制，从而为稳定脱贫进程提供决策参考。具体表现在产业扶贫受益群体趋于精准细化、产业扶贫政策方向趋于差异化、产业扶贫手段越发综合多元化、产业扶贫资源配置趋向合理化、产业扶贫运作机制不断优化④。

构建片区产业结构优化与稳定脱贫的良性互动机制迫在眉睫。片区产业扶贫的早期发展过度依赖行政资源与政府部门支持，甚至产品以消费扶贫等帮扶机制销售，而政府主导模式对片区产业发展的边际效用递减，从而导致市场化程度不高，产业发展背离可持续市场化运作方向。且由于当地政府缺乏对片区整体产业体系的规划与思考，未能因地制宜实施"一村一品""一

① 《习近平：高举中国特色社会主义伟大旗帜 为全面建设社会主义现代化国家而团结奋斗——在中国共产党第二十次全国代表大会上的报告》，https://www.12371.cn/2022/10/25/ARTI1666705047474465.shtml，最后访问日期：2024 年 12 月 22 日。
② 《人民时评：产业扶贫贵在"精准"》，http://theory.people.com.cn/n1/2018/1205/c40531-30443159.html，最后访问日期：2024 年 10 月 12 日。
③ 李芸、吕开宇、张妹：《脱贫攻坚期间产业扶贫贡献率研究——基于 28 个贫困县的调查》，《农业技术经济》2022 年第 3 期。
④ 曾丽军、万俊毅：《中国农村产业扶贫政策演进与展望》，《中国西部》2023 年第 1 期。

镇一特"等产业扶贫项目,造成产业同质化现象严重,未能形成品牌效应,产品滞销现象时常发生。基于片区现实条件分析,相较于全国其他区域而言,连片特困区经济发展落后,地理区位条件差,产业发展基础设施薄弱,生产要素和产品流通体系尚不健全,教育教学、金融帮扶等配套设施有待细化落实。片区脱贫主体与扶贫主体的可行能力不足,从而导致产业稳定脱贫政策承接能力弱,片区产业稳定脱贫项目运作执行能力欠缺,限制产业结构优化对区域高质量发展与内生动力提升的促进作用。部分脱贫主体的发展方式没有发生根本性变化,在没有外界干预的情况下,依靠自身能力无法达到稳定脱贫状态,引发规模性返贫风险。多元主体参与融合度低,利益联结松散,产业价值链提升困难。以罗霄山区赣州市涉及的集中连片特困地区为例,片区多以脐橙、蔬菜、油茶等特色种养业作为主导产业,农产品加工业相对滞后,区域缺乏多样化与高附加值的产业支撑。片区产业发展仍以小农经济为主,部分扶贫龙头企业为实现利益最大化目标,将产业扶贫地区视作原材料提供地,将加工、销售等增值环节转向广东、福建等周边发达城市,加之产业发展多种主体参与的融合程度较低,导致扶贫产业链条脱离当地资源比较优势,无法形成集成优势以推动扶贫产业持续发展。边缘地区的脆弱性、脱贫群体的迷茫性与返贫风险致因的复杂性等对片区稳定脱贫事业提出了更高要求。针对片区原有扶贫产业特点与内生动力水平,因地制宜建立防贫预警机制是新阶段保障片区脱贫稳定性的客观需要。

6.3.2.3　理论逻辑

片区不仅具备长期产业扶贫的实践基础,并且逐步形成较为系统的理论体系。习近平总书记在 2015 年中央扶贫开发工作会议上就扶贫"怎么扶"的问题,提出实施"五个一批"工程,其中首个"一批"即通过发展生产脱贫一批,产业扶贫攻坚战正式拉开序幕。从脱贫攻坚中的产业扶贫到乡村振兴中的产业振兴和产业兴旺,足可见产业发展在脱贫攻坚和乡村振兴中一脉相承的基础性作用[1]。习近平总书记关于精准扶贫、扶贫治理的系列理论思想强调在稳定脱贫的进程中需以精准施策、全面覆盖为目标,充分发挥产业发展的"造血"功能,注重以政府为主导,多元主体协同共创共建共享脱

---

[1]　张其仔、伍业君:《乡村振兴与脱贫攻坚衔接的理论基础及实现路径——基于产品空间理论的产业发展视角》,《江西财经大学学报》2022 年第 1 期。

贫长效机制，为片区稳定脱贫事业提供科学指导。多元主体协同治理理论在产业稳定扶贫的发展实践之中发挥重要作用，该理论广泛应用于经济社会的各个领域，通过构建平等、互动、协商的公共治理框架，提升公众、企业、社会组织等多元主体的参与度，进而有效推进社会治理的长效化与规范化发展。产业稳定脱贫是一个复杂系统的动态过程，旨在促进片区产业结构优化共生性发展的相关利益主体相互协作，形成外部力量与内生动力相得益彰的协同效应。协同共治是现代社会推进社会治理改革的重要方式，也是实现国家治理现代化的关键途径，多元主体协同治理理论与片区产业稳定脱贫项目适配度较高。

习近平总书记关于扶贫事业的论述与多元主体协同治理理论为片区稳定脱贫奠定框架基础，但是结合对片区稳定脱贫工作发展历程中阻碍与挑战的现实考察，依旧存在多重逻辑碰撞挤压、多元主体利益博弈陷入恶性循环等问题。价值共创理论则在整合多方主体利益诉求中扮演重要角色。价值共创理论最早是在 21 世纪初由管理大师普拉哈拉德提出，即企业未来的竞争将依赖于一种新的价值创造方法，以个体为中心，由消费者与企业共同创造价值的理论：一是共同创造消费体验是消费者与企业共创价值的核心，二是价值网络成员间的互动是价值共创的基本实现方式。而后价值共创理论广泛运用在经济、管理等多个领域，专注于分析多方利益主体的利益诉求，抓住多元主体的利益共同点，以公共价值为核心，创新互动方式，促进多元利益主体共同创造价值。

产业结构优化、稳定脱贫等主体的相关研究成果亦为片区产业稳定脱贫进程奠定理论基础。学术界一致认为产业高质量发展是巩固拓展脱贫攻坚成果的重要举措，以产业发展助推人才振兴，带动就业和收入可持续增长，预防规模性返贫风险，且能在乡村全面振兴进程中起到一脉相承的作用[①]。具体而言，作为经济增长的"助推器"，产业扶贫的经济属性是根本，以市场需求为导向，能提升产业自身发展水平与核心竞争力，进而不断扩大市场份额，促进地区经济增长。在政府部门的引导下，产业发展积极发挥社会属性，即扶贫企业主动承担起带动贫困人口脱贫的社会责任，通过提供就业岗

---

① 王旭：《政府嵌入式产业扶贫中农户利益保障问题研究——以怀化市芷江侗族自治县扶贫产业为例》，《北京林业大学学报》（社会科学版）2024 年第 1 期。

位、职业培训等方式，构建紧密的利益联结机制，保障其在产业结构优化进程中的参与程度与受益水平，根植地区高质量发展基因，激活内生动力，促进可持续减贫进程。

6.4　产业结构优化与稳定脱贫互动治理行为风险解读

产业扶贫是增强贫困地区造血功能、帮助群众就地就业的长久之计。脱贫攻坚战的圆满胜利为产业脱贫稳定性奠定坚实基础，但是依据实地调研结果，在新发展阶段推动产业稳定脱贫的执行过程中，片区依旧面临产业韧性不强、稳定脱贫基础薄弱、产业结构优化与稳定脱贫互动失衡等现实挑战。

6.4.1　产业发展韧性不强，质量不优

依据现实考察，聚焦片区产业发展现状，在乡村全面振兴战略的指引下，片区抓住政策红利，以促进脱贫人口稳定增收为目标，结合地区资源禀赋优势，基本形成特色优势产业，片区产业结构得以不断优化，但仍存在产业韧性不强、质量不高等问题。产业韧性表示在不同的外部环境下，产业链能够自主构筑风险保护屏障与重塑恢复机制的适应能力。而产业质量则是指产业发展过程中不仅追求规模扩大与经济效益增长，更注重产业质量、科技水平、服务水平等效益提升，实现经济社会与生态环境的可持续发展。

一是片区扶贫产业结构单一，缺乏多样化的产业结构，主要依赖少数产业发展，因此其扶贫效果受自然因素、政策因素以及市场波动的影响较大，进而导致扶贫稳定性受到严重冲击。以罗霄山区赣州市涉及的集中连片特困地区为例，片区产业结构以农业等传统产业为主，突出发展脐橙、油茶、蔬菜、畜禽、稻米五大主导产业，市场需求价格弹性低，市场竞争力弱，群众收入一直在低位徘徊。根据赣州统计年鉴数据测算，2020～2023 年片区传统产业增长速度相对缓慢，其对地区经济贡献率逐年下降。

二是片区产业发展基础薄弱，规模化、专业化水平低，缺乏具有高附加值与技术优势的现代产业支撑。在片区开发的特色扶贫产业中，以销售初级产品为主，缺乏深加工的产业链条，技术含量不高，缺乏核心竞争力，难以在竞争激烈的市场上立足。以大兴安岭南麓山区的兴安盟为例，《2023 年兴安盟国民经济和社会发展统计公报》数据显示，2023 年兴安盟地区生产总值为

702.80 亿元，其中，第一产业增加值为 258.88 亿元，占 GDP 的比重约为 36.8%；第二产业增加值为 181.78 亿元，占 GDP 的比重约为 25.9%；第三产业增加值为 262.13 亿元，占 GDP 的比重约为 37.3%。数据表明，兴安盟产业结构对经济的贡献率呈现"哑铃型"，地区经济过度依赖第一产业和第三产业，第二产业占比较低，兴安盟涉及的集中连片特困区亦呈现以上发展趋势。此种发展趋势将抑制第二产业对第一产业的"放大效应"，削弱产业结构的要素协调与整合能力。地区产业结构中第三产业快速发展，可能会造成产业结构"脱实向虚"，影响关联产业的协调发展，进而导致区域经济易受到市场波动影响，抗风险能力弱，使当地居民整体收入水平无法得到有效提高，稳定扶农惠农增收机制逐渐逆向演变为"伤农"减收机制。

三是片区营商环境不完善，生产线基础设施短板明显，加工设备落后，未能形成完整的"产供销"一体化系统，严重影响产业化经营水平。片区产业稳定扶贫离不开经济效益高、持续带贫能力强的市场经营主体，较低的产业化经营水平阻碍优质稳定脱贫主体的培育与引进过程，无法形成"利益共享、风险共担"的产业联合机制，无法形成产业集聚效应。新型经营主体是构建区域利益联结机制的核心组成部分，亦是推动扶贫产业纵向延伸与横向拓展、促进三产融合的主要引擎，缺乏新型经营主体的引导，片区产业发展模式创新性不足，同质化现象严重。例如乌蒙山区遵义市涉及的集中连片特困区，结合当地红色文化优势发展乡村旅游业，但地区红色旅游资源开发方式落后，仅局限于挖掘红军山烈士陵园、遵义会议会址等实物资源，忽略红色文化精神内涵，导致休闲旅游项目单一，同质化现象严重。且遵义市位于西南地区云贵高原上相对贫困的省份——贵州，发展速度滞后，人才培育与引进力度不够，创新意识薄弱，缺乏特色化产业开发与运营。在产业发展进程中出现的忽视生态环境保护、产业有机融合度不高、劳动力技能难以匹配区域产业发展需要[①]等片区现实问题也不利于稳定脱贫产业韧性增强与高质量发展。

6.4.2 稳定脱贫基础薄弱，脆弱性高

连片特困区是脱贫攻坚的主战场，由于民族多样、地形复杂等多方面因

---

① 武汉大学国发院脱贫攻坚研究课题组：《以产业发展保障贫困人口稳定脱贫的战略思考》，《中国人口科学》2019 年第 6 期。

素，脱贫攻坚时期片区贫困类型众多，致贫原因复杂。全面推进乡村振兴阶段是实现稳定脱贫目标的关键时期，但是片区依旧存在不平衡不充分发展的矛盾，稳定脱贫基础薄弱，贫困脆弱性问题突出。

综合已有对稳定脱贫的研究，片区稳定脱贫面临的具体障碍如下：一是脱贫人口经济收入可持续性有待加强。片区脱贫人口经济收入主要来源是种植业与产业分红，在短期内脱贫人口能够获得可观的经营收入和分红收入，但是收入来源稳定性低、抵御市场风险能力弱。在政府行为的干预下，依托地区资源优势、气候条件，片区脱贫人口以体力型劳务传输为主，发展特色种植业，自然条件对农业收入产生重要影响，扶贫产业发展"靠天吃饭"的格局尚未完全改变。且受市场供求的影响，农产品价格呈现周期性波动，加之市场信息不对称，脱贫人口在市场竞争中处于弱势地位，严重降低脱贫人口的收入稳定性。以罗霄山区赣州市涉及的集中连片特困区为例，赣南脐橙具有良好的品牌效应，是脱贫人口增收致富的主导产业，但是干旱与暴雨交叠的自然灾害严重影响赣南脐橙的产量与品质，而农产品市场价格弹性低，果农成本亏损难以弥补。据赣州市果业发展中心发布的《全市柑橘抗旱情况汇报》数据显示，截至 2022 年 10 月 8 日，赣州市柑橘受灾面积 88.57 万亩，产量损失 18.83 万吨，直接经济损失 9.30 亿元。从产业分红角度分析，脱贫人口以自身劳动、土地资源等生产要素入股，与专业合作社、扶贫企业、村集体有限公司等经营主体组建利益共同体实现增收，但其仅能参与产业初级环节，获取价值最低的劳动收入。片区产业链价值增值环节脱离本地现象时有发生，脱贫人口稳定增收渠道有限。二是片区贫困再生能力有待提升。实现稳定脱贫目标，不仅要保障脱贫人口具有稳定的经济收入来源，而且需要其具备积极发展的信心与返贫风险抵御能力。片区脱贫人口稳定可持续脱贫的文化基础与智力支持不足、脱贫致富的坚定信念与内生动力欠缺等问题突出，只有脱贫人口实现"被动的受助者"与"积极的参与者"的有机转换，稳定脱贫工作才会取得实质性进展。究其原因，片区教育水平普遍落后，公共文化服务供给相对匮乏。根据《中国统计年鉴》数据比较测算，2020~2023 年 14 个原集中连片特困区教育一般公共预算支出均远低于全国平均教育一般公共预算支出，且劳动技能培训形式单一，从而导致脱贫人口文化素质较低，对稳定脱贫工作重要性与解决方案认识不足，极易陷入"贫困陷阱"。此种"贫困陷阱"存在代际延续的风险，进而使得片区稳定脱贫工作长期停滞不前。另外，脱贫攻坚阶段采取的"输血式"政策帮扶，易使脱贫人口产生"等、靠、要"思想，为稳定脱贫阶段留下内生动力不足的隐患，增强规模性返贫风险。三是返贫风险抵御力有待提高。财政扶贫资金在盘活片区资源、支持特色扶贫产业建设中发挥重要作用，但部分地区扶贫资金安排不精准、资源整合进程不通畅，金融支持等相关配套设施不完善，从而导致扶贫资源配置效率低下。加之片区返贫预警机制尚未完善，相关主体防范意识淡薄，贫困脆弱性较高，风险抵御能力亟待提升。

6.4.3 产业结构优化与稳定脱贫互动失衡

片区产业结构优化与稳定脱贫的关键在于促进有效市场、有为政府与有爱社会的多维协同与优势治理、建立产业稳定扶贫的数量与质量均衡发展机制，而片区发展现实中产业结构优化与稳定脱贫互动失衡现象层出不穷，具体表现为：在市场逻辑、政治逻辑、行政逻辑等多重逻辑挤压下，由于政治逻辑统领下的考核压力与政绩目标，片区地方政府选择性执行"扛着"脱贫人口走的稳定脱贫策略，基层工作人员分身乏术，难以实现对市场秩序的全面监管。在缺乏监管的市场条件下，扶贫企业基于趋利性目标，不愿意主动承担起带动脱贫人口稳定脱贫的社会责任，进而使稳定脱贫目标产生靶向偏离。不同层级参与主体的利益诉求存在现实矛盾，政策决策者以提升片区内生"造血"能力为导向，通过颁布产业稳定脱贫政策带动脱贫人口稳定增收，而出于政绩冲动与考核压力等多方面缘由，地方政府简单量化稳定脱贫工作，加剧片区"政府失灵"现象，逐步脱离产业稳定扶贫的能力提升目标。片区多数扶贫产业本身具有明显行政干预特征，在脱贫攻坚阶段依托政府部门主导规划得以开展，其产品也是通过各类帮扶机制进行销售，这些扶贫产业的发展逻辑与市场逻辑相悖。此外，片区教育发展滞后，创新意识严重不足，新型产业创新模式尚未完全构建，降低了产业扶贫效果的长效性与可持续性。新型产业经营主体则是推动扶贫产业长效发展的新生力量，而片区新型产业经营主体分散，经营规模小，互助性与融合性不足，难以发挥带动脱贫人口稳定增收的主体性作用。片区龙头企业、农民合作社等组织注册数量呈现"井喷式"增长态势，但是初级产品的生产经营类企业偏多，产业链增值能力较差，技术性不强，不能形成稳定脱贫产业集聚群；农民合作社等社会组织中大量存在缺乏市场活力的"僵尸化合作社"，仅存的合作社运行制度不规范、财务信息不公开透明，且生产效率低下，未能实现持续经营与持续增收。政府主导对稳定脱贫产业发展的边际效用递减，市场在资源配置中的决定性作用受限①。作为扶贫主体的基层工作人员因无法感知扶贫效果，进而对稳定扶贫工作存在消极悲观倾向；脱贫人口因自身生产技能、收入未能得到有效提升，对稳定脱贫产业的参与积极性和脱贫致富信心递减，由此造成社会公信力下降，构建"优势互补、风险共担、利益共享"的多元主体融合模式进程受阻，稳定扶贫产业的数量与质量未能得到均衡发展。

6.5 产业结构优化与稳定脱贫互动治理风险 "全域动态防控体系" 构建

6.5.1 合理规划片区产业布局，保障扶贫产业可持续发展

一是宏观灵活调控产业帮扶政策，协调发挥政府统筹引领作用及市场资源配置作用。积极推动政府职能转变，从片区现实发展情况及脱贫人口自身理性逻辑出发，着眼于政策的实际可行能力，针对性地调整产业稳定脱贫与片区公共服务政策体系，将普惠性政策向脱贫主体倾斜。构建精准化与动态化管理系统，推进政策激励与制度约束管理，既要将益贫性产业"扶上马"，更要"送一程"，保障其可持续发展。并且强化政府保驾护航的引领支撑作用，厘清政府部门、市场、经营主体与脱贫人口之间的权责界限，适度进行政府干预，协助稳定脱贫产业经营主体构建"产供销"一体化网络体系，在合理范围内尊重微观主体的自主性选择。处理好政府保障与市场驱动的关系，以市场需求为导向深入推进产业供给侧结构性改革，结合片区资源禀赋优势，精准选择不同类型片区稳定脱贫产业可持续发展方向，针对不适应市场需求的扶贫产业进行产业升级、退出等结构化动态调整。

二是创新益贫性产业发展模式，建立多主体紧密的利益联结关系。优化稳定脱贫产业链的生产空间治理，拓展片区本地化的益贫性产业增值链条，提升产业竞争能力，吸纳兼顾经济属性与社会属性的优质企业入驻片区，通

---

① 鲁云峰、刘娜娜：《新疆产业扶贫向产业振兴演进的路径研究》，《新疆农垦经济》2023 年第 4 期。

过要素自由交流和资源合理配置，助推片区益贫性产业链横向、纵向延伸，推动三产融合发展，形成稳定脱贫益贫性产业集群优势。良好的生态环境是产业可持续发展的前提，应将绿色发展理念贯穿稳定脱贫进程，积极探索环境友好型产业发展模式。而产业的高质量发展并不代表其具有稳定脱贫能力，构建紧密的利益共同体是促进益贫性产业效益惠及脱贫人口的关键一环。定期核查新型经营主体的实际运营情况，分类清理"僵尸化经营主体"，制定惩罚性赔偿与解散清算制度。动态调整片区经营主体人员结构，通过经营管理培训、跨地区交流等方式提升市场管理水平，鼓励脱贫人口参与经营与监督过程。引导政府部门、经营主体、社会组织与脱贫人口建立合理的利益分配机制，将脱贫人口深度嵌入益贫性产业发展链条之中，改善脱贫人口在产业链价值分配中的附属地位。

三是统筹分配帮扶资源，完善片区教育、金融等配套性基础设施建设。资金是帮扶产业规模化、专业化发展不可或缺的组成部分，因此需着力提升片区财政资金配置的精准性，将扶贫资金管理权限下放给地方政府，简化扶贫资金使用流程，并强化财政资金监管机制，确保扶贫资金准确流向帮扶主体手中。促进片区金融产品与服务供给，提高金融资源的覆盖率；创新农业生产设施、农产品抵押等资金担保模式，普惠性满足脱贫人口的资金需求，拓展金融服务的广度和深度。鼓励开发稳定脱贫产业专业化保险，为脱贫人口分担产业发展过程中的自然灾害、市场波动等风险。片区劳动力素养和扶贫产业就业结构的匹配度也是产业稳定脱贫的重要环节。有机调整财政资金中的教育支出比例，引导教育资源、教育机会向片区倾斜，改善片区教学基础设施，增强师资力量；根据市场需求和脱贫人口劳动力特征，建立多种形式的弹性培训机制，通过送训入户、集中培训等形式，提升脱贫人口参与就业培训的便捷性，助推帮扶产业需求与脱贫人口素质培训的精准对接，促进扶贫产业稳定、可持续发展。

6.5.2 激活片区稳定脱贫内生动力，健全返贫风险预警与保障机制

一是强化益贫性产业帮扶举措的精准度，提升片区公共服务供给水平，保障脱贫人口经济收入的稳定性。因地制宜规划布局益贫性产业发展路径，兼顾益贫性产业的经济效益、社会效益以及生态效益，适应市场发展规律，整合片区要素资源优势，发展具备市场适应性的特色产业集群，进而有效避

免产业同质化现象，探索构建多样化的绿色产业帮扶体系，提升稳定脱贫产业的市场竞争力。公共服务水平是维护脱贫人口切身利益的重要保障，优化片区公共服务供给体制至关重要。畅通公共服务供给渠道，可以鼓励市场力量参与稳定脱贫项目，提升企业助力稳定脱贫的积极性。促进片区公共服务供给与经济社会发展需求相匹配，合理整合公共服务资源，提升公共资源再分配的针对性与准确性。建立科学的公共服务供给评估体系，有利于研判片区公共服务工作的不足与修改方向。紧密结合稳定脱贫发展目标，实时监测与评估各阶段公共服务体系工作进程，进而提升片区基本公共服务供给水平。

二是增强脱贫人口发展的内生动力，调动其追求美好生活的主体意识与理想信念。脱贫人口是片区稳定脱贫的最终受益主体，提升脱贫主体的"造血"能力是实现稳定脱贫的内在保障。以共同的利益目标为导向，强化思想引导，引导脱贫主体摒弃"等、靠、要"思想，通过入户宣传、文明人物评比、集中观看脱贫致富案例等形式大力倡导文明风貌，培育脱贫人口正确的价值观念，增强群众稳定脱贫的信心。而教育是阻断贫困代际传递的重要途径，为此，需强化扶智的重要性，加大片区教育资源的投入力度，合理利用教育资金与数字资源，改善片区教学条件，引导优秀师资力量向片区倾斜，提升脱贫人口文化素质与片区整体教育水平。加强脱贫人口的就业技能培训，整合政府与市场资源，针对性地开展就业技能培训，提升脱贫人口内生动力，满足不同层次就业需求。

三是做好脱贫人口跟踪服务，实时监测并预防片区返贫风险。构建防贫管理信息监测平台，将原贫困人群纳入监测范围，定时收集并更新脱贫人口信息，引入信息技术，分析潜在返贫因子并导出参考建议，进而实现脱贫人口智能化、动态化管理，采取精准帮扶措施，及时阻断致贫返贫因子，从源头上降低脱贫人口的返贫风险。健全脱贫风险防控的社会保障体系是实现可持续脱贫的必然举措。做好扶贫政策衔接工作，促进稳定脱贫政策的连贯性与可持续性，针对脱贫过渡期的脱贫群体提供延续性的政策保障。完善教育、医疗等社会保障，创新脱贫主体的稳定脱贫保险。政府牵头引导社会力量，共同筑牢社会救助屏障，以脱贫人口为重点对象，促进脱贫主体的分类治理，切实增进民生福祉，提升脱贫主体的获得感，实现片区稳定脱贫。

6.5.3　强化产业稳定脱贫政策目标，促进多重逻辑有机融合发展

一是夯实政府决策引领作用，增强产业稳定脱贫政策的包容度。完善产

业扶贫与产业振兴、产业兴旺有机衔接的顶层设计，覆盖产业脱贫项目申请、准入、实施与监管等多环节的布局规划，加速巩固拓展脱贫攻坚成果同乡村振兴有效衔接的进程。提升产业助力稳定脱贫政策的灵活性和包容性，根据片区实际产业发展状况，促进产业政策适应性调整。注重产业帮扶政策执行弹性，合理规划政策考核次数，缓解基层工作人员的考核压力，规避地方政府因考核压力过大而采取"选择性执行"行为。

二是聚焦共同利益目标，协调发挥政府、市场、社会组织等主体的优势治理作用。政治逻辑、行政逻辑与市场逻辑的多重挤压导致产业助力稳定脱贫目标出现靶向偏离，解决产业扶贫可持续发展的关键在于实现多重逻辑的协同效应。聚合各方利益诉求，以共同目标为导向，充分调动各主体参与产业稳定脱贫项目的积极性与创造性，协调政府"有形之手"和企业"无形之手"的关系。针对区域客观实际情况，积极采取叠加支撑的产业稳定脱贫政策，形成多维保障与灵活自主相结合的制度优势，以科学精准的政府逻辑引导稳定脱贫产业发展壮大，灵活应用市场机制，强化要素资源深度融合，优化资源配置，实现经济效益与社会效益双赢，提升产业发展韧性与益贫性。借助政府逻辑与市场逻辑共同构建的良好外部环境，以技能培训、文化教育等多种形式，提升片区脱贫人口与其他群众的内生发展潜力，使其积极主动改善生计资本，从而合理调整利益联结共同体的价值分配结构，走出一条共建共治共享的共同富裕道路。

三是注重创新驱动对帮扶产业可持续发展的赋能效果。引进先进信息技术，增进稳定脱贫产业高质量发展新动能，创新优化帮扶产业发展带动模式，依据脱贫人口的生计资本与风险偏好特征健全多元差异化的利益联结机制，将片区其他群众纳入帮扶体系，助力脱贫主体与其他群众深度参与产业发展、共享增值收益，提升片区产业的稳定脱贫绩效。鼓励专业人才队伍参与扶贫产业发展进程，营造浓厚的创新创业氛围，以培训、座谈会等方式激发片区人民的创新潜力，带动脱贫人口就地创业，助推形成内生型共生机制，并提供针对性的创业保障服务，进而增强脱贫人口风险抵御能力和可持续发展能力。

第7章　拓展延伸：全面推进乡村振兴中促进农民农村共同富裕

7.1　统筹城乡，优化农村低收入人口和欠发达地区发展帮扶机制

共同富裕是社会主义的本质要求，中国式现代化是全体人民共同富裕的现代化，城乡融合发展是中国式现代化的必然要求，也是新征程中扎实推进共同富裕目标实现的强劲动能。全面建设社会主义现代化国家，实现全体人民共同富裕，正确认识把握"人民日益增长的美好生活需要和不平衡不充分的发展之间的矛盾"并在贯彻新发展理念提升发展质量和效益的过程中破解发展不平衡不充分问题至为关键，其中最大的不平衡是城乡发展不平衡，最大的不充分是农村发展不充分，突出表现为农村低收入人口稳定增收困难和欠发达地区发展滞后。党的二十届三中全会提出，通过进一步深化改革，以促进社会公平正义、增进人民福祉为出发点和落脚点，完善城乡融合发展体制机制，统筹新型工业化、新型城镇化和乡村全面振兴，建立农村低收入人口和欠发达地区分层分类帮扶制度，完善强农惠农富农支持制度。一系列发展帮扶政策将在巩固拓展脱贫攻坚成果同乡村振兴有效衔接"过渡期"后有所调整，聚焦提高人民生活品质，推动人的全面发展、全体人民共同富裕取得更为明显的实质性进展的改革目标，明确新阶段推进农村低收入人口和欠发达地区发展帮扶机制优化的价值意含，研判城乡融合视域下农村低收入人口和欠发达地区发展帮扶机制优化工作形势，系统探讨新征程农村低收入人口和欠发达地区发展帮扶机制优化策略，有助于提升农村低收入人口可行能力、实现欠发达地区可持续发展与深入推进国家治理体系和治理能力现代化。

7.1.1　发展帮扶机制优化的治理意蕴

7.1.1.1　推进农村低收入人口和欠发达地区发展帮扶机制优化是弱势群体帮扶和落后地区开发的政策延续

低收入、欠发达指收入水平、发展状态处于较低层次；低收入人口、欠发达地区常表现为政策性、统计性的概念，逐步指向满足某些条件的特定人群和典型区域；低收入人口帮扶、欠发达地区帮扶则更多涉及行为分析和制度建构，兼顾社会经济复合系统耦合协调。在社会经济发展中低水平阶段，低收入现象与贫困现象具有高度重合性，且在空间层面更多集中于欠发达地区[①]。纵观农村低收入人口和欠发达地区帮扶政策与实践，突出表现为群体瞄准和区域瞄准。一方面，随着传统救济型社会保障体系逐步向覆盖全民、统筹城乡、公平统一、安全规范、可持续的多层次社会保障体系转变[②]，尤其是改革开放后开展的扶贫开发、脱贫攻坚直至过渡期低收入人口综合帮扶等实践探索[③]，持续推动以贫困人口为重要组成的农村低收入人口识别、帮扶及监管等政策优化。另一方面，新中国成立之初，国家及时颁布《关于加强老根据地工作的指示》（1952 年）等文件，对以革命老区为代表的欠发达地区国民经济恢复和社会发展做出安排。改革开放以后，国家逐步加大对革命老区、民族地区、边疆地区、贫困地区等不发达地区的帮扶力度，综合考虑区域发展要素配置、政策效果空间溢出以及帮扶资源边际效益递减等多重效应影响，因地制宜采用扶贫开发工作重点县、连片特困区、深度贫困地区等标准对欠发达地区进行差异化划分，并针对区域要素禀赋和发展水平实施差异化区域帮扶政策。

党的十八大之后，精准扶贫、精准脱贫战略统领农村低收入人口与欠发达地区帮扶工作，"十四五"巩固拓展脱贫攻坚成果同乡村振兴有效衔接五年过渡期期间，"城乡区域发展和收入分配差距仍然较大"[④]，鉴于城乡收入

①　左停、李颖、李世雄：《农村低收入人口识别问题探析》，《中国农村经济》2023 年第 9 期。

②　崔开昌、吴建南：《中国式现代化社会保障体系建设：价值引领与未来进路》，《社会科学》2023 年第 5 期。

③　范和生、郭阳：《共同富裕背景下农村低收入人口综合帮扶机制建构》，《中南大学学报》（社会科学版）2023 年第 1 期。

④　习近平：《高举中国特色社会主义伟大旗帜为全面建设社会主义现代化国家而团结奋斗——在中国共产党第二十次全国代表大会上的报告》，《人民日报》2022 年 10 月 26 日，第 1 版。

差距明显、大多数低收入人口依然在农村的发展现实，低收入人口成为巩固拓展脱贫攻坚成果、防止出现规模性返贫和全面推进乡村振兴过程中的重点关注对象。国家对以脱贫地区为重点的欠发达地区和革命老区、边疆地区、生态退化地区、资源型地区、老工业城市等系统开展了特殊类型地区振兴发展部署，陆续出台了《关于加强低收入人口动态监测做好分层分类社会救助工作的意见》《"十四五"特殊类型地区振兴发展规划》等政策文件。立足新发展阶段，优化农村低收入人口和欠发达地区发展帮扶机制，是对此前工作探索和经验的总结，也是巩固拓展脱贫攻坚成果同乡村振兴有效衔接"过渡期"后"十五五"期间发展帮扶政策的延续。

7.1.1.2　推进农村低收入人口和欠发达地区发展帮扶机制优化是对高质量发展要求的回应

党的二十大报告提出，巩固拓展脱贫攻坚成果，增强脱贫地区和脱贫群众内生发展动力。按照"守底线、促增收、补短板"的思路，加强欠发达地区和农村低收入人口常态化帮扶。根据 2019 年中西部地区脱贫县近 2 万户的农户收入信息分析，人均纯收入最高的 25% 脱贫户比全国农村居民人均可支配收入高 20%，人均纯收入最低的 5% 和 10% 脱贫户的人均纯收入刚刚达到或超过当年的收入贫困标准，反映出部分非贫困户的收入状况还不如脱贫户的现实①。随着我国脱贫攻坚战取得全面胜利，现行标准 9899 万农村贫困人口全部脱贫，832 个贫困县全部摘帽，12.8 万个贫困村全部出列，区域性整体贫困得到解决，完成了消除绝对贫困的艰巨任务。在巩固拓展脱贫攻坚成果同乡村振兴有效衔接的过渡期，为防止出现规模性返贫现象，先是乡村振兴部门聚焦脱贫不稳定户、边缘易致贫户和突发严重困难户等重点群体进行防贫监测和帮扶，此后民政部门采用枚举法将范围扩展至最低生活保障对象、特困人员、防止返贫监测对象、最低生活保障边缘家庭成员、刚性支出困难家庭成员以及其他困难人员，并建立全国低收入人口动态监测信息平台。《中共中央 国务院关于实现巩固拓展脱贫攻坚成果同乡村振兴有效衔接的意见》提出以现有社会保障体系为基础，对农村低保对象、农村特困人

---

①　林万龙、梁琼莲、纪晓凯：《巩固拓展脱贫成果开局之年的政策调整与政策评价》，《华中师范大学学报》（人文社会科学版）2022 年第 1 期。

员、农村易返贫致贫人口，以及因病因灾因意外事故等刚性支出较大或收入大幅缩减导致基本生活出现严重困难人口等农村低收入人口开展动态监测；截至 2024 年 3 月，全国低收入人口动态监测信息平台监测对象达到 8015 万人，占总人口的 5.7%。其中，低保对象 4047.8 万人、特困人员 473 万人、低保边缘人口 728 万人、刚性支出困难人口 584 万人、未纳入基本生活救助的防止返贫监测对象 349 万人、获得救助帮扶的其他困难人员 838 万人[①]。低收入群体尤其是占比 70% 的农村低收入人口是实现共同富裕的重点帮扶保障人群，需要强化低收入群体监测，进一步加大发展帮扶力度，完善增收政策体系，拓宽增收路径，夯实增收工作基础，补齐共同富裕的最大短板，不断增进农村低收入人口的获得感、幸福感和安全感。

区域协调发展是统筹发展的重要内容，区域发展受到自然地理条件、市场经济规律、国家生产力布局的影响，区域差距过大是需要重视的治理议题，突出表现为东西部差距依然明显、南北差距扩大、区域内部日趋分化以及空间结构失衡加重[②]。2010~2023 年相关统计数据显示，全国城乡居民收入倍差由 3.22 降至 2.39，基尼系数在 0.47~0.61 高于警戒值的区间徘徊，城乡居民收入差距缩小的同时贫富差距仍然显著；受益于国家西部大开发、东北地区振兴、中部崛起、特殊类型地区振兴发展等战略实施，东中西部三大地带在非均衡发展中的均衡水平不断提高，但仍有较大差距。随着统筹城乡的基础设施和公共服务均等化供给、新发展格局下空间布局优化调整和区域增长极次第崛起等情况，发达地区和欠发达地区分布的地域交叉性愈加显著，发达地区和欠发达地区里面都存在发达和不发达的地方，有必要根据区域资源禀赋、产业基础、保障条件等对以脱贫地区为重点的欠发达地区分类分层实施精准帮扶，缩小区域发展差距，推动区域协调向更高水平和更高质量迈进。

7.1.1.3 推进农村低收入人口和欠发达地区发展帮扶机制优化是国家治理体系和治理能力现代化的重要组成

不管是在规律认知及理论创新上，还是在推进举措及工作成效上，农村

---

① 姜磊：《8015 万人纳入低收入人口动态监测 救助帮扶低收入人口政策升级》，《半月谈》2024 年第 10 期。
② 王娜、汪彬：《迈向现代化国家的区域协调发展实现路径研究》，《内蒙古社会科学》2023 年第 6 期。

低收入人口和欠发达地区发展帮扶领域均有较多的突破。一是帮扶对象识别标准愈加多元。由于顶层制度设计中缺乏权威统一的概念界定，低收入人口的认定识别面临诸多问题与挑战。有按照收入或支出等相关指标测算的，如将前一年农村人均可支配收入中位数的 40% 作为当年农村低收入人口识别标准、将收入最低的 20% 界定为低收入人口等①；也有按照群体划分将低保对象、享受脱贫政策人口、残疾人等社会保障政策群体界定为低收入人口。对于欠发达地区，则多在区域经济社会发展水平基础上进行地域性、政策性划分，1986 年国家按照收入标准划定 331 个国家级贫困县，1994 年按照“631指数法”评定国家级贫困县，即贫困人口占 60%，农民人均纯收入较低的县占 30%，人均 GDP 和人均财政收入低的县各占 10%，将分布在 27 个省的592 个贫困县列入《国家八七扶贫攻坚计划》，其中云南、陕西、贵州、四川、甘肃 5 省占比 43.1%。为配合《中国农村扶贫开发纲要（2001—2010年）》工作推进，将东部地区 33 个指标全部调往中西部地区。在连片特困区扶贫开发中，14 个片区 680 个县中国家扶贫开发工作重点县有 440 个、民族自治地方县 371 个、革命老区县 252 个、陆地边境县 57 个。开启全面建设社会主义现代化国家新征程后，国家把以脱贫地区为重点的欠发达地区（指原 832 个贫困县，重中之重为国家公布的西部地区 160 个乡村振兴重点帮扶县）的振兴发展放在重要位置，促进巩固拓展脱贫攻坚成果与全面实施乡村振兴战略的有效衔接，推动欠发达地区持续健康发展②。二是发展特征和帮扶方式趋于多维协同。从单纯的社会救济到救助、优抚、济困等全方位的社会保障，从重点改善基础设施到协同推进产业开发、就业帮扶、易地搬迁等全方位的发展支持，从政府力量主导到由政府、市场、社会等多元主体参与支持农村低收入人口和欠发达地区跨越式的全社会协同共建发展格局，从传统大范围的、“撒胡椒面式”帮扶模式转向定制式、个性化的精准帮扶模式等。

---

① 姜惠宸：《农村低收入人口增收：困难挑战与促进对策》，《南京农业大学学报》（社会科学版）2024 年第 1 期。

② 高国力、贾若祥、徐睿宁：《加快特殊类型地区高质量振兴发展研究》，《经济纵横》2022年第 7 期。

发展的效率和分配的公平是社会主义经济制度的两条主线①，农村低收入人口群体及收入水平不高本质是区域社会经济系统发展过程中资源配置低效的表征，欠发达地区发展落后是其在更广区域范围内结构变迁过程中的产业转型升级滞后所致，根本原因则是诸多发展要素流动及交互过程中未能在社会经济系统诸多利益相关群体及关联区域中形成均衡、公正的利益分配格局。推进农村低收入人口和欠发达地区发展帮扶机制优化是对于已有帮扶工作的全面调整和完善提升，关涉社会主义市场经济条件下多元行为主体和区域主体依法平等使用资源要素，公开公平公正参与竞争，在互补中发展，在协调中并进，共同为做大"蛋糕"和分好"蛋糕"施展自身力量，是新阶段推进共同富裕的关键内容，也是推动国家治理体系和治理能力现代化的重要组成。

7.1.2　发展帮扶机制优化现实形势

7.1.2.1　战略引导与强劲动能：重塑新型工农城乡关系，促进城乡融合区域协调发展

城乡关系折射出经济社会整体变迁的内在规律与前进方向，1949～2024年的城乡关系演变经历了城乡分治、城乡互动、统筹城乡发展和城乡融合发展阶段。长期以来具有城市偏向特征的政策建构，形成并固化了城乡二元结构，城乡发展差距在相当长的一段时间内不断扩大。城乡的对立将破坏工农业间必要的适应和相互依存关系②，"十一五"和"十二五"时期，国家研判分析以工促农、以城带乡发展阶段特征，把统筹城乡发展作为全面建设小康社会的根本任务，实行工业反哺农业、城市支持乡村和"多予少取放活"的方针，把建设社会主义新农村和推进城镇化作为保持经济平稳较快发展的持久动力；着力推进城乡基本公共服务均等化，健全城乡发展一体化体制机制，努力在经济发展新常态下保持城乡居民收入差距持续缩小。进入中国特

---

① 《两会报道：凝心聚力促进共同富裕》，https://mp.weixin.qq.com/s?_biz=MzA4MzA1MjIzOQ==&mid=2650737714&idx=2&sn=4bff906208bd22214300c934228eedb2&chksm=87f7ff92b080768474e861bbc780b7348c316093148499079ec49398ae5ce45ce5e8afb70bf9&scene=27，最后访问日期：2024年10月12日。

② 王大伟、孔翠芳、徐勤贤：《中国百年城乡关系：从农村包围城市到城乡融合发展——正确处理城乡关系是中国共产党的重要制胜法宝》，《区域经济评论》2021年第3期。

色社会主义新时代，国家明确提出实施乡村振兴战略，推进新型城镇化，建立健全城乡融合发展的体制机制和政策体系，完善强农惠农富农制度，贯穿其中的改革主线则是：注重乡村在社会经济系统有序发展中的功能和价值，正视城乡之间的要素双向流动和分工协作的互惠互利关系，着力构建城乡发展共同体，破除城乡发展不平衡不充分问题，充分发挥比较优势，着力补齐乡村发展短板，实现工农互促、城乡互补、协调发展、共同繁荣。

生产力和生产关系相互作用、相互制约，解放和发展社会生产力是社会主义的本质要求，农村低收入人口和欠发达地区发展帮扶是重塑城乡关系、促进城乡融合、区域协调发展的关键：一是更新传统认知，贯彻新发展理念，统筹推进新型城镇化、新型工业化和乡村振兴，将推动农村低收入人口和欠发达地区发展帮扶、促进城乡融合与区域协调发展作为拓展高质量发展空间及实现全体人民共同富裕的关键抓手，逐步缩小城乡差距、区域差距和收入差距；二是创新发展方式，建立市场一体化发展、区域合作互助等发展机制，引导城乡要素有序流动和高效配置，加快构建全民覆盖、普惠共享、城乡一体的基本公共服务体系，健全长效普惠性的扶持机制和精准有效的差别化支持机制，引导更多优质要素有效配置到农村低收入人口和欠发达地区发展帮扶领域；三是强化绩效导向，既要强调农村低收入人口和欠发达区域"量"的减少，也要注意农村低收入人口福祉和欠发达区域竞争力"质"的提高。

7.1.2.2　发展成效与现实困境：农村低收入人口可行能力和欠发达地区发展水平明显提升，帮扶对象生计脆弱和空间生产低效等困境仍需突破

可行能力代表了人们可以达到的不同的功能性活动（个人状态和活动）的组合，是一组功能性活动向量，它反映了一个人过某一种生活或者另一种生活的自由[①]；区域战略的提出，本质是对区域各类要素进行重新整合以及提供政策、财政、人力等层面的支持，为区域实体竞争力增强和周边的辐射带动效应提升提供新的发展空间。改革开放尤其是党的十八大以来，国家推动实施精准扶贫方略和区域协调发展战略等重要举措，涵盖低收入人口的农村居民综合素质和收入水平显著提高，以脱贫地区为重点的欠发达地区整体

---

① Amartya Sen, *Inequality Reexamined* (Cambridge, Harvard University Press, 1995), p. 40.

发展成效显著。72%的贫困户与新型农业经营主体建立了紧密的利益联结关系、70%以上的贫困户接受了生产指导和技术培训，收入水平尤其是转移性收入和工资性收入提高较快[①]，收入增速明显。全国贫困村通光纤、通4G和通宽带的比例超过98%、贫困地区建制村通客车的比例达到100%、每个贫困县形成2~3个联农带农产业，脱贫地区基础设施薄弱、公共服务不足、产业发展滞后等状况得到明显改善[②]。

城乡融合视域下实现农村低收入人口和欠发达地区的发展帮扶并逐步实现共同富裕，不仅需要实现低收入人口收入和欠发达地区经济水平提升，还要在更深层次更广领域统筹城乡发展资源，在更高层次实现收益合理分配、社会保障和公共服务的较好覆盖。针对低收入群体受教育程度不高、周边产业不发达、劳动力结构性失衡、刚性支出较大、公共服务托底保障不足等带来的自身创富能力受限、就业机会和收入来源受限、贫困代际传递惯性较大、支出型贫困依然存在和低收入群体精神文化资源不够丰富等风险[③]，以及欠发达地区增长动力不足、依赖转移支付、发展条件欠佳等"动能—要素—模式"空间错配和产出低效的共性特征[④]，有效协调多样化的帮扶对象生计策略、差异化的区域要素禀赋以及复杂化的资源环境支撑等因素并实现其良性互动尤为重要，也为农村低收入人口可行能力和欠发达地区发展帮扶机制优化提供了创新空间。

7.1.2.3 政策支持与基础保障：发展帮扶工作是为政策重点领域优先保障，社会经济技术帮扶系统聚合高效

由于自然条件、经济基础和资源禀赋之间的客观差别，在我国经济生活中长期存在地区之间、产业和行业之间以及大中小企业之间发展的不平衡，这种结构的不平衡反映了资源配置的差异，也是造成劳动者就业机会及其收

---

① 袁青川、李金红、贾坤：《低收入群体收入现状、问题与增收对策》，《经济论坛》2023年第12期。

② 《人间奇际》编写组编《人间奇迹：中国脱贫攻坚统计监测报告》，中国统计出版社，2021，第38~97页。

③ 朱晓燕：《民生财政视角下低收入群体实现共同富裕的指标体系构建与路径探析》，《中州学刊》2023年第1期。

④ 李鹏飞、陆铭：《大国空间治理的经济学分析》，《经济科学》2022年第6期。

入差别的重要原因①。推进中国式现代化，需要全面推进乡村振兴、促进城乡区域协调，实现高质量发展。随着国家综合实力的不断增强，各地在干部配备、要素配置、资金投入和公共服务等方面落实农业农村优先发展要求，破除妨碍城乡要素平等交流、双向流动的制度壁垒，着力破解发展不平衡不充分问题。作为满足社会公共利益需求而实施的分配，财政分配与共同富裕目标的实现密不可分，以中央财政资金投入扶贫开发工作为例，1980~1985 年中央财政扶贫资金投入共计 63 亿元，年均增速 19.2%。《关于帮助贫困地区尽快改变面貌的通知》（1984 年）颁布后，1986~1993 年中央财政扶贫资金投入共计 160.8 亿元，年均增速 15.4%。《国家八七扶贫攻坚计划》实施期间即 1994~2000 年，中央财政扶贫资金投入共计 465.95 亿元，年均增速 12.0%。2000~2012 年间中央财政扶贫资金投入共计 2133 亿元，年均增速 11.9%。党的十八大以来，2013~2020 年间中央财政扶贫资金投入共计 6606 亿元，年均增速 20.8%。2021~2023 年下达地方财政衔接推进乡村振兴补助资金 4696 亿元，在资金使用上进一步聚焦重点地区、重点任务和重点环节。在实现共同富裕的过程中，补齐人口、地域两个角度发展短板，是巩固拓展脱贫攻坚成果、全面推进乡村振兴的基础与前提，推进农村低收入人口和欠发达地区的发展帮扶机制优化任重道远。

　　作为复杂系统工程，农村低收入人口和欠发达地区发展帮扶适应高质量发展要求，始终重视健全社会体系、培育帮扶经济基础、优化帮扶服务方式，推动实现社会经济技术帮扶系统高效聚合。一是社会帮扶体系更加完善，针对人民群众对社会帮扶的需求从"有没有"逐步转向"好不好"的发展现实，关注城乡人口流动、老龄化、就业方式差异和地区发展水平差异问题，推动防止返贫帮扶政策和农村低收入人口帮扶政策衔接并轨，强化欠发达地区组合式帮扶，将更多的群众纳入保障范围，已经实现全国 98% 的人口持有社会保障卡，以中国特色社会保险为主体的社会共济帮扶体系基本建成。二是经济帮扶系统更加有力，主要表现为兼顾产业发展效益性与益贫性、多元参与主体差异化利益诉求、产业发展和贫困区域之间的"共赢式"发展体系日渐完善，通过政府引导，尊重市场规律和产业发展规律，强化联

---

①　孙伊凡：《财政再分配在推进共同富裕中的功能论析》，《河北大学学报》（哲学社会科学版）2023 年第 3 期。

农带农富农产业发展，紧密精准联结帮扶机制，促进农村低收入群体和欠发达地区快速发展。2023年脱贫地区"十大产业"共涉及760个脱贫县（脱贫县总数的91.34%），产值达1.52万亿元（占脱贫地区主导产业总产值的89.4%），带动脱贫人口2480万人（占脱贫县帮扶产业带动脱贫人口总数的86.1%）。富民产业不仅实现农村低收入人口更多分享产业增值收益，还能促进区域产业升级和消费市场开拓，助力欠发达地区快速赶超。三是技术赋能社会帮扶提质增效，通过跨界融合打破行政分割和市场壁垒，促进资源要素合理配置[1]，尤其是随着数字技术赋能社会帮扶工作从"数字应用"向"数智管理"转变，通过构建低收入人口监测平台和欠发达地区帮扶数据库等智慧帮扶系统建设工程，实现从"人找政策"变为"政策找人"，推动农村低收入人口和欠发达地区发展帮扶更精准高效。

7.1.2.4 治理空间重塑及帮扶工作转型升级：城乡融合发展释放更多改革红利，推动农村低收入人口和欠发达地区发展帮扶工作在更广领域更高层次上提质增效

完善城乡融合发展体制机制，是补齐农业农村发展短板、拓展现代化发展空间和推动高质量发展的迫切需要。城乡融合发展重构传统城乡关系，逐步打破城乡发展要素非均衡单向流动及彼此相对孤立的发展状态，推动形成基于城乡要素等值交流的多元发展主体间相对均衡的利益格局，重塑治理空间，优化资源配置，全面提高城乡融合发展过程中的全要素生产率水平。立足高水平社会主义市场经济体制深化改革阶段，发挥生产要素、公共服务与制度供给的协同效应尤为关键，完善全域覆盖、多元主体参与的大帮扶格局势所必然。

明确农村低收入人口和欠发达地区发展帮扶工作成效的同时，亦应前瞻思考未来趋势。一方面，农村低收入人口和欠发达地区的生成机制及帮扶工作重心变化，城乡融合视域下人的融合及要素价值凸显，加之基础设施和公共服务均等化等基础支撑，人及关联要素流动已然成为区域繁荣发展的重要密码，正视农村低收入人口流动性障碍及区域发展系统融入、欠发达地区的要素交互网络（人、资本、数据等）空洞致使区域局部塌陷等困境，以更加开放的姿态提高农村低收入人口的流动能力，推动欠发达地区各类要素畅通

---

① 杜传忠、王亚丽：《数智技术驱动数实融合的演进历程、国际经验与实践路径》，《河北大学学报》（哲学社会科学版）2023年第6期。

交汇并形成深度社会联结，愈加成为推进农村低收入人口和欠发达地区发展帮扶工作的关键。另一方面，农村低收入人口和欠发达地区帮扶资源配置机制及发展帮扶方式变化，立足城市化发展规律和农村生产率提高规律，城乡融合发展视域下农村低收入人口和欠发达地区帮扶资源将逐步摆脱财政依赖，客观评价帮扶对象禀赋条件、目标导向、制度路径的组合关系，创新市场激励与政府引导协作发展的帮扶方式，更加强调帮扶对象内生动力激发，因地制宜分类分层找准比较优势并充分发挥，逐步推动农村低收入人口和欠发达地区发展帮扶工作走向自组织、自适应、自运行的常态化帮扶态势。

7.1.3　发展帮扶工作机制优化途径

7.1.3.1　正确把握农村低收入人口和欠发达地区发展帮扶若干关系

一是把握好目标引领和问题导向的关系。聚焦城乡融合发展主题，完善强农惠农富农支持制度，补齐农村低收入人口和欠发达地区这一实现共同富裕的短板，关乎农村低收入人口和欠发达地区发展帮扶的方向。着力解决农村低收入人口和欠发达地区发展范围覆盖、待遇标准、服务模式和绩效评价等问题，事关农村低收入人口和欠发达地区发展帮扶的途径。

二是把握好创新探索与系统集成的关系。伴随帮扶政策实施和帮扶项目落地见效，农村低收入人口生活水平得到明显改善，生产能力和自主创收能力得到显著提升，贫困地区整体经济得到有效发展，公共服务水平不断提高[1]，其间也积累了如实施精准帮扶方略、建构多元力量参与帮扶体系、改善地区基础设施、开展对口帮扶和积极发展特色产业等丰富的经验探索，综合考虑全国统一大市场建设、城乡新业态次第呈现、欠发达区域跨越式绿色发展以及新征程扎实推进共同富裕目标要求，需要以数字技术赋能发展帮扶工作流程再造为牵引，重组发展帮扶资源、重塑发展帮扶系统[2]，带动发展帮扶工作整体质量提升。

三是把握好政策制定和帮扶服务的关系。高质量的政策供给，应瞄准农村低收入人口和欠发达地区主体异质性特征，兼顾内容包容性、资源可及性

① 汪三贵、周诗凯：《构建过渡期后农村低收入人口帮扶机制——脱贫攻坚的经验与对农村低收入人口帮扶的启示》，《华南师范大学学报》（社会科学版）2023 年第 3 期。
② 张文珂、张琳雪、万立全、张国献：《数字经济促进乡村共同富裕的现实路径》，《南开经济研究》2024 年第 5 期。

等要求，制定系列农村低收入人口和欠发达地区发展帮扶政策；同时需要高效率的帮扶体制机制设计，夯实帮扶服务便捷性、帮扶体系运行规范性等基础支撑，契合不同帮扶对象多层次多样化需求，切实提高帮扶工作效率，以及帮扶对象受益水平和满意程度。

7.1.3.2 全链优化农村低收入人口和欠发达地区"一核四维"发展帮扶机制

城乡融合为农村低收入人口和欠发达地区发展帮扶夯实了资源基础、提供了全新动能、拓宽了发展空间，农村低收入人口和欠发达地区发展帮扶工作也应契合时代需求，深化体制机制改革，充分利用有中国特色的社会主义制度优势，以理念创新推进思路创新，注重价值引领、关系协同与利益协调，健全完善以党建引领为核心，重视监测预警、内生动力激发、激励约束以及政府与市场协同配置资源的"一核四维"发展帮扶机制，提高农村低收入人口和欠发达地区发展质量。

1. 完善测度指标体系，加强动态监测预警

推动农村低收入人口和欠发达地区测度指标体系的合理化。人的全面发展是人作为人对人的本质的全面占有，聚焦提高人民生活品质，促进实现人的全面发展，需要准确把握农村低收入人口和欠发达地区发展过程中的能力不强、活力不够以及发展环境支持不足等发展困境，依据量力而行原则，初期可以按照收入将农村低收入人口从低到高划分为低保人口、低保边缘人口（一般为低保标准的 1.5~2 倍）和统计调查五等份低收入组人口三个层次进行帮扶；后期则要逐步从收入、住房、医疗、教育等多维度实施发展帮扶，持续推动农村低收入人口和欠发达地区测度指标体系从收入单维测评向涵盖个人可行能力、区域整体实力等领域内容的全域多维测评转变。依据国家有关农民农村共同富裕和区域协调发展的要求，兼顾医疗、教育、就业、产业等领域发展规划的目标设定，基于个人素质、技能水平、福利环境、行为绩效等可行能力指标，测算农村人口的"生计水平综合指数"，基于区域要素禀赋、产业结构、环境保障、综合竞争力等区域整体实力指标，测算地区"全域发展综合指数"，以省域为政策实施空间、以县域为基础实施单元[①]，

[①] 郑瑞强：《推进乡村振兴基本实施单元的县域转型：治理逻辑及风险规避》，《江西社会科学》2024 年第 6 期。

综合考虑发展帮扶资源支撑能力，因地制宜将低于目标设定水平的农村居民和区域视为农村低收入人口和欠发达地区并开展发展帮扶，梯次推动测度指标和测度标准的区际衔接。

强化农村低收入人口和欠发达地区监测预警的精准化。充分利用大数据等现代信息技术，联通民政、农业、工业、社保、教育、医疗、慈善等职能部门相关业务数据信息，实现农村低收入人口和欠发达地区发展信息的"一网整合"，基于全国农村低收入人口动态监测平台，辅之以统计部门有关农村居民收入和区域发展水平的统计数据核查校正，测算农村低收入人口"生计水平综合指数"、地区"竞争力综合指数"，建立健全国家及省市县联动的农村低收入人口月度监测和欠发达地区的年度核准制度。依据农村低收入人口月度监测和欠发达地区的年度核准信息，基于赶超时间、所需资源等维度开展障碍指标测度并明确核心障碍指标滞后程度，建立常态发展背景下实现核心障碍指标赶超难度评价体系，将农村低收入人口和欠发达地区合理分类：按照发展水平，可有重度轻度、一类二类之别；按照帮扶方式，可有保障兜底、产业帮扶、环境改善之分；按照发展阶段，可有生存型、成长型、发展型之差；按照发展能力，也可划分为基础型、发展型、服务型等定位。亦可创新视角，将人口视为立体空间的要素节点、区域视为要素枢纽，测算其要素粘连程度及组合增益水平，重点考察其要素"节点—枢纽"效应，并结合前述综合指数分析，将农村低收入人口分成帮扶一类、帮扶二类等群体，进而按照其经济基础和社会融入短板，明确类别之下如制度保障型群体、市场融入困难型群体等所属群组，最后再按照导致农村人口收入低的原因细分失智、短期支出增多、技能缺失等人群；按照区域综合指数水平，同时结合要素流动交互强度，将区域划分为核心区和辐射影响区。因为要素粘连和组合优化增益效应，欠发达地区划分体现要素的充盈程度差别，对于作为辐射影响的欠发达地区，可根据要素缺失程度和类别再行细分。进而明确开展农村低收入人口和欠发达地区保障兜底、能力提升、环境改善等领域发展帮扶行为的触发条件，建立发展帮扶主动发现和风险预警机制，智能化匹配并及时跟进联动帮扶。

2. 发挥政府与市场协同作用，提高资源配置效率

注重政府引导下帮扶资源高效整合。作为全面深化改革和中国式现代化的推动者，政府是公共资源权力主体和公共服务的供给主体，无疑是推动农

村低收入人口和欠发达地区发展帮扶工作的重要力量：一是完善推动农村低收入人口和欠发达地区发展帮扶政策，为农村低收入人口和欠发达地区发展帮扶指明方向和寻找路径，推动发展帮扶体系向多元化和精细化方向发展。二是充分发挥财政资金引导和撬动作用，优化整合和高效利用并以满足低收入人口和欠发达地区异质性发展需求为目标，畅通城乡循环并推动建设统一大市场，支持与农村低收入人口增收和欠发达地区发展关联紧密的产业提质和就业帮扶，不断提高区域教育和医疗等公共服务供给水平。三是建构与其他社会力量的良性互动关系，充分尊重社会主体的参与权与创造力，充分发挥社会力量整合资源与双向嵌入优势①，为农村低收入人口和欠发达地区发展营造开放的公共空间，构建全社会共同参与的农村低收入人口和欠发达地区发展帮扶格局。

坚持市场主导下需求导向帮扶。加强政府层面高质量政策供给引领，也需要根据农村低收入人口和欠发达地区的实际情况与特点优势，充分发挥市场在配置发展帮扶资源中的决定性作用，建立健全发展帮扶资源的选择机制和激励机制，积极吸引各类资金、技术、人才参与农村低收入人口和欠发达地区发展帮扶工作。一是着力培育社会企业和益贫性产业，兼顾履行经济责任和社会责任，吸纳农村低收入人口和欠发达地区进入主流发展系统，为农村低收入人口提供参与机会并获取收益，赋予欠发达地区竞争实力和比较优势。二是着力探索发展帮扶服务的市场化模式，瞄准农村低收入人口和欠发达地区发展需求，因地制宜通过政府购买、企业独资、股份合作、平台协助等方式，推进省域或全国范围内的"信息收集与发布—任务领取与完成—工作评价与收益获取"帮扶市场认领制度建设，健全完善多元主体协作共赢发展模式。三是着力做好发展帮扶资产保值增值工作，对于多年扶贫开发和区域帮扶形成的万亿元帮扶资产，紧紧围绕"确权、运营、收益、管护、监督"等关键环节，落实资产长效运营管理的监管主体责任，鼓励探索多形式、多层次、多样化管理经营模式，提高优质经营性资产运营质效，积极盘活闲置低效资产，全方位推动帮扶资产保值增效。

3. 增进农村低收入人口内生动力，激发欠发达地区发展活力

持续增进农村低收入人口内生动力。强烈的内生渴望可以激发个体行为

---

① 李杏果：《社区社会组织参与社会治理共同体建设：内在逻辑与实现路径》，《河南社会科学》2023年第1期。

选择动机，刺激个体行为实施。而抱负水平较低的人群则会满足于维持基本生存现状，开展低质量的生计行为①。进入以低收入人口发展帮扶为中心的相对贫困治理阶段，更要充分发挥个体自身的积极性、主动性，即帮扶模式应由外推型转向内生型；同时受到新知识、新技能、新业态影响，物流、信息流、资金流及观念流等要素网络跨越物理空间并成为满足城乡居民基本所需的基础条件，其获取、加工、建构等直接决定了人们的实践方向和致富能力，内生动力超越了外力②。基于农村低收入人口稳定增收及福祉水平提高视角，持续增进农村低收入人口内生动力，实施积分制、移风易俗等乡风文明建设工程，深入开展志智双扶，不断提高农村低收入人口发展要求的主体自觉和主观能动性；开展技能培训、实施就业优先，搭建智慧就业发展服务平台，不断提高具有劳动能力帮扶对象的就业能力和收入水平；坚持多劳多得的基本原则和完善按要素分配政策，构建有利于农村低收入人口的分配制度，对没有劳动能力的人口通过综合性社会保障措施兜底，区别于传统人道主义民生保障，健全多领域覆盖的公共服务体系和人人皆有劳动幸福权假设基础上人群全覆盖的新型深层民生保障③，为存在低收入潜在风险的群体提供友善发展环境支撑。

全面激发欠发达地区发展活力。对照中国式现代化的鲜明特征与本质要求，坚持高质量的发展主题，更大力度推进新型城镇化、新型工业化和乡村振兴，促进城乡融合发展和区域一体化发展。欠发达地区是城乡融合发展过程中基础薄弱区、动能乏力区和绩效落后区，全面激活欠发达地区发展活力，正确认识欠发达地区实行家庭联产承包责任制、发展乡镇企业、农民工进城、耕地规模化经营直至城乡融合发展等发展动能转变的阶段性特征④，推动其发展尽快从土地、劳动力等转向科技、人才主导的创新驱动，更大力度促进城乡融合和区域一体化发展，充分释放空间一体化发展的创新带动作用。做好欠发达区域发展规划，实行分级负责、分类帮扶，准确把握欠发达地区发展危机、竞争优势、经济基础和技术条件等影响因素，完善市场一体

---

①　解垩、李敏：《内生动力与相对贫困治理——兼论公共转移支付的作用》，《财政研究》2022年第 12 期。

②　陈杰、卢洁玉、朱红根：《内生动力对城乡相对贫困的影响》，《财贸研究》2023年第 6 期。

③　何云峰：《新时代深层民生保障：内涵特征与实现路径》，《广西社会科学》2023年第 9 期。

④　李培林：《乡村振兴与中国式现代化：内生动力和路径选择》，《社会学研究》2023年第 6 期。

化发展机制、深化区域合作机制、优化区域互助机制、健全区际利益补偿机制，促进区域竞争基础上对口支援、东西部协作、建构城市群、打造区域一体化示范地等跨域合作，加快构建优势互补的产业空间结构与分工体系，逐步形成优势互补、资源共享和发展抱团的区域经济生产力布局[①]，增进区域及产业协同发展与合理分工水平；完善区域基础设施和公共服务供给，吸引与集聚各类创新要素，借力并放大城市群、都市圈以及中心城市等辐射带动效应和创新引领效应，改善欠发达地区的要素配置枢纽效应，促进全要素生产率提高，助推作为增长极之间连绵区的欠发达地区在区域空间重组和治理协同中逐渐崛起。

4. 健全激励约束机制，提升发展帮扶工作绩效管理水平

建立综合化的长效激励机制。高质量推进农村低收入人口和欠发达地区发展帮扶工作，关键是完善发展帮扶领域效率和效益兼顾的制度安排，系统整合多样化的激励因素，建立综合化的正向激励结构，实现顶层设计和基层探索良性互动。一是突出发展帮扶工作目标引领作用，注重农村低收入人口可持续生计能力提升，强化欠发达地区发展要素枢纽地位形成，确保发展帮扶主体与帮扶对象在资源趋近系统触发领域与优势获取行为的协同高效。二是完善多元化激励途径，关注政府、企业、社会组织等多元主体在资金投入、产业发展、制度创新等供给侧领域创新，构建相对稳健且充满活力的农村低收入人口和欠发达地区市场发展机制，拓宽并疏通财政资金、政府债券、社会筹资等更多发展帮扶资源整合渠道，形成多元主体协作共赢的利益激励关系和制度体系，确保实现参与发展帮扶工作主体自身利益诉求的最大化。三是优化发展帮扶工作绩效管理，建立及时精准的绩效考核与评价机制，将发展帮扶成果纳入政府、企业等参与主体绩效考核体系，辅之以科学的绩效评价辅导工作，实现帮扶进度共推共促，形成帮扶成效同评同考，助推形成发展帮扶高绩效工作系统。

健全系统化的监管约束机制。围绕农村低收入人口和欠发达地区发展帮扶过程中政策叠加引致不公平、"精英俘获"致使目标偏离、途径依赖导致创新不足等问题，健全系统化的监管约束机制，确保发展帮扶行为规范高

---

① 刘灵光、卢成观：《习近平关于高质量发展重要论述的内在特征、价值意蕴和实践指向》，《广西社会科学》2023 年第 9 期。

效。借鉴脱贫攻坚经验，完善农村低收入人口和欠发达地区发展帮扶退出机制，发挥支持政策和帮扶资源延续效应，防范帮扶对象返贫，可在帮扶对象退出前后设立观察期或过渡期。创新发展帮扶资源配置主体参与及收益分享机制，探索发展帮扶工作相关者利益联结方式并紧密联结程度，确保发展帮扶资源配置行为带来的收益更多用于农村低收入人口和欠发达地区发展。鼓励基层政府开展帮扶模式创新、给予市场主体更多自主权力、积极吸纳社会组织参与，强调底线管理、市场准入负面清单原则，释放基层治理自主与容错纠错的制度空间，全方位提升农村低收入人口和欠发达地区发展帮扶治理水平。

5. 强化党建引领，促进区域战略协同联动

党建引领既是政治引领又是要素黏合[1]，聚焦农村低收入人口民生福祉增进和欠发达地区可持续发展领域关键问题，建设党建引领农村低收入人口和欠发达地区发展帮扶工作共同体，健全从中央到地方的纵向统筹机制，形成横向部门联动机制，实现以信息技术创新性嵌入促进兼具行政联动、市场联动和社会联动特征的智慧帮扶治理[2]。推动差异化发展战略协同，农村低收入人口和欠发达地区发展帮扶作为城乡融合发展战略的任务组成，必须统筹兼顾新型工业化、新型城镇化和乡村全面振兴战略影响，尤其是要关注县域推进城镇化和乡村振兴治理理念，始终将推动人的现代化、促进要素等值交流和全面提高城乡治理融合水平的工作理念融入发展帮扶工作，依据战略规划定位和阶段性目标因地制宜细化政策单元并探索有效路径，提高政策精准性和举措有效性。适时出台农村低收入人口和欠发达地区发展帮扶条例等规范性文件，充分发挥法治在发展帮扶工作中的重要作用，筑牢发展帮扶工作开展过程中多元参与主体的权益保护屏障，用法治来构建行为有预期、管理过程可公开、责任界定够明晰的现代帮扶制度体系[3]，凝聚多元主体发展帮扶共识和力量，逐步形成以法治思维和法治方式推进帮扶工作、化解矛盾纠纷、维护合法权益与促进社会和谐稳定的农村低收入人口和欠发达地区发展帮扶新格局。

---

① 王洪树、任田婧格：《问题与消融：新时代城乡融合发展背景下党建引领基层治理探索》，《内蒙古社会科学》2024 年第 4 期。
② 陈磊：《"共建共治共享"社会治理多元参与的体系构建》，《河南社会科学》2023 年第 5 期。
③ 邱春林：《中国式乡村治理现代化高质量发展的现实思考》，《理论学刊》2024 年第 3 期。

7.1.4 推进农村低收入人口稳定增收机制优化：逻辑建构与实证分析

7.1.4.1 农村居民及低收入人口收入变化的阶段性特征

1. 农村居民的收入变化情况及趋势

党的十八大以来，我国多措并举促进农民增收。农民的收入水平、收入差距和收入结构发生深刻变化。从收入变化情况看（见图7-1），2023年全国农村居民人均可支配收入达21691元，较2013年增长130.02%，农村居民人均可支配收入实现稳步增长。从收入差距情况分析，全国农村居民人均可支配收入增长率连年高于城镇居民，城乡居民收入倍差由2013年的2.81∶1降至2023年的2.40∶1。2013~2023年农村居民人均可支配收入的年均增长率为6.83%，高于城镇居民5.11%的年均增速，城乡居民收入差距逐步缩小。从收入结构分析，2023年农村居民工资性收入、经营净收入、财产净收入、转移净收入分别比2013年增长150.83%、88.84%、176.92%、176.52%。工资性收入、财产净收入、转移净收入占可支配收入比重分别比2013年提高6.20个百分点、0.75个百分点、6.25个百分点，经营净收入占比较2013年降低13.22个百分点。农民收入结构快速转型，具体表现为：工资性收入超过经营净收入，成为农民增收的首要来源；财产净收入和转移净收入增长较快，特别是转移净收入对农民增收贡献逐步凸显，但工资性收入和经营净收入仍是农民最主要的增收途径。

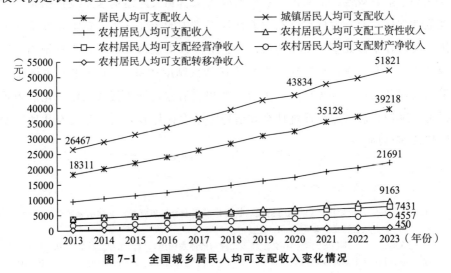

图7-1 全国城乡居民人均可支配收入变化情况

2. 农村低收入人口收入变化的阶段性特征

脱贫攻坚战的全面胜利从根本上提升了我国农村社会经济韧性，农村低收入人口的收入显著增长。研究借鉴国家统计局按全国居民收入五等份分组的衡量方式，对其进行阶段性特质的描述性分析。从收入数量及差距视角看，2023 年，全体居民低收入组人均可支配收入为 9215 元，与农村低收入组的比值为 1.75∶1，全体居民和农村低收入组可支配收入较 2013 年分别增长了 109.34% 和 82.9%，增幅小于农村居民可支配收入变化幅度；2023 年，农村中间偏下组、中间收入组、中间偏上组和高收入组收入分别为 12864 元、18479 元、25981 元和 50136 元，与低收入组的比值分别为 2.44∶1、3.51∶1、4.94∶1 和 9.52∶1，农村低收入组与全国及其他各组情况相比仍有一定差距并有较大增收空间；城乡低收入组收入比值由 2013 年的 3.44∶1 升至 2016 年的 4.33∶1，至 2023 年降至 3.32∶1，城乡低收入人口收入差距降低（见图 7-2）。

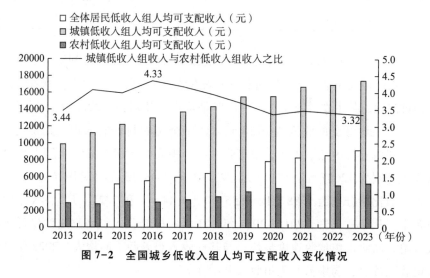

图 7-2　全国城乡低收入组人均可支配收入变化情况

从增速上看，2013 ~ 2023 年，全体居民低收入组收入平均增速为 7.70%，仅低于中间偏下组，高于其他收入组；农村低收入组增收速度低于其他收入组。其中，2015 ~ 2020 年农村低收入组增收速度较快，2021 年以来增收趋势不如其他组乐观（见表 7-1）。与农村其他收入组相比，农村低收入组增收速度较缓，增收稳定性不足问题凸显。基于共同富裕视角，促进农民稳定增收要着重关注农村低收入人口。

表 7-1   按五等份分组的全国农村居民人均可支配收入及其增速

单位：元，%

年份	低收入组	增速	中间偏下组	增速	中间收入组	增速	中间偏上组	增速	高收入组	增速
2013	2878	—	5966	—	8438	—	11816	—	21324	—
2014	2768	-3.82	6604	10.69	9504	12.63	13449	13.82	23947	12.30
2015	3086	11.49	7221	9.34	10311	8.49	14537	8.09	26014	8.63
2016	3006	-2.59	7828	8.41	11159	8.22	15727	8.19	28448	9.36
2017	3302	9.85	8349	6.66	11978	7.34	16944	7.74	31299	10.02
2018	3666	11.02	8508	1.90	12530	4.61	18051	6.53	34043	8.77
2019	4263	16.28	9754	14.65	13984	11.60	19732	9.31	36049	5.89
2020	4681	9.81	10392	6.54	14712	5.21	20884	5.84	38520	6.85
2021	4856	3.74	11586	11.49	16546	12.47	23167	10.93	43082	11.84
2022	5025	3.48	11965	3.27	17451	5.47	24646	6.38	46075	6.95
2023	5264	4.76	12864	7.51	18479	5.89	25981	5.42	50136	8.81
年均	3890	6.40	9185	8.05	13190	8.19	18630	8.23	34448	8.94

　　江西是全国脱贫攻坚主战场之一，为脱贫攻坚战的全面胜利做出了重要贡献。在巩固拓展脱贫攻坚成果同乡村振兴有效衔接时期，江西也面临着农民增收困难问题，其中农村低收入人口依旧是重点关注对象。2022 年，江西农村低收入组人均可支配收入为 6728 元，优于全国农村低收入组，比值为 1∶0.75。江西农村中低收入组、中等收入组、中高收入组和高收入组人均可支配收入分别为 12657 元、17146 元、23177 元和 48613 元（见图 7-3），与低收入组的比值分别为 1.88∶1、2.55∶1、3.44∶1 和 7.23∶1，收入差距相对较小。从增速上看，2013~2022 年，江西农村低收入组增收速度仅低于高收入组，高收入组增收速度最快，与其他收入组差距不断增大，2022 年低收入组收入减少，与中低收入组收入差距变大。

　　如表 7-2 所示，2013~2022 年，全国低收入组与江西低收入组的收入比值由 1.44∶1 降至 1.28∶1，表明江西低收入组收入与全国低收入组的收入差距呈缩小趋势；全国农村低收入组与江西农村低收入组收入比值由 2013 年的 0.94∶1 降至 2021 年的 0.65∶1，表明江西农村低收入组收入高于全国低收入组收入水平，体现了江西在促进低收入人口尤其是农村低收入人口增收方面做出的突出贡献，江西低收入人口仍具有较大增收潜力。

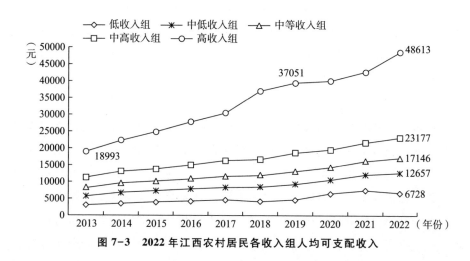

图 7-3　2022 年江西农村居民各收入组人均可支配收入

表 7-2　江西低收入组较之其他收入组的收入比情况

年份	全国低收入组与江西低收入组收入比	全国农村低收入组与江西农村低收入组收入比	江西城乡低收入组收入比
2013	1.44	0.94	3.65
2014	1.34	0.78	3.23
2015	1.30	0.77	3.32
2016	1.29	0.70	3.33
2017	1.28	0.71	3.02
2018	1.55	0.89	2.94
2019	1.57	0.91	2.85
2020	1.20	0.72	2.27
2021	1.12	0.65	1.88
2022	1.28	0.75	2.01

7.1.4.2　促进农村低收入人口稳定增收的逻辑框架：村域空间融合、经济要素整合和政策支持聚合

依据可行能力理论，收入获取是在个体潜在或可行能力的引导支持下完成的。收入差距缩小反映了个体尽最大可能激发自身潜力，提升增收效能，进而缩小与其他个体的收入差距的动态过程。农村低收入人口依托乡村转型发展等强大外部力量带动增收与个体潜在内生动力促进增收的方式，形成了

内外驱动增收的系统运行逻辑。因此，研究构建促进农村低收入人口稳定增收的村域空间融合机制、政策支持聚合机制和经济要素整合机制逻辑分析框架，能够为促进农村低收入人口稳定增收与推动乡村高质量转型发展提供理论支撑。

1. 村域空间融合机制

村域是指各村模糊的天然边界使得资源生产及运用融合交错，所形成的互联互通、相互牵绊的场域空间。村域融合主要表现为地理空间视域下的互动。行政部门发挥引导职能作用，"自上而下"的资源嵌入打破传统资源要素固化，畅通要素流动机制。在乡村资源互通与综合利用的基础之上，行政部门助推基础设施共建、公共服务与发展成果共享，实现资源跨域协调。市场力量发挥资源整合作用，各方利益团体整合经济要素资源，结合乡村特色发展乡村优势产业，推动物流、资金流和信息流等生产要素在村域内实现高效流通，缩小乡村地域功能的空间差异，充分发挥规模效应和耦合渗透作用。在市场和行政力量的共同作用下实现要素重组、要素优化和要素增益，重构乡村生产空间，健全利益联结机制，进而助推村域融合。

农村低收入人口相对贫困问题是乡村发展不平衡不充分的体现，村域融合发展是指在有限发展空间拓展重构和社会关联重建的过程，即在"新空间拓展—新动力发展—空间重构再拓展"中推动低收入人口生计空间与区域发展空间的协同耦合。从乡村发展看，村域融合拓展乡村发展空间，消除要素流通壁垒，助推要素自由交流，使乡村资源得以优化配置和共享。强化农村流动人口的区位资源禀赋优势，推进农业产业融合升级和乡村经济发展，实现村域经济的互补和协同发展，为乡村内源发展提供重要支撑，带动低收入人口共享成果和收益。从农户个体层面看，村域融合拓展低收入人口的生存发展空间，其生产生活安排不再局限于村庄边界，区域丰富的资源禀赋为低收入人口创造更多增收机会。更多的资源获取可能和机会选择可以促使低收入人口积极开放探索，激活内生发展潜力，寻找更有利的生存发展之道。

2. 政策支持聚合机制

政策支持聚合机制在促进内源发展和低收入人口增收方面发挥着至关重要的作用。随着乡村振兴战略的稳步推进，大量扶持政策向农村倾斜，既有资金资源投入、设施建设或项目引进等直接的外源帮扶，又有产业发展、人才引进、教育培训等举措激活乡村发展动能、提升经济效能。政策引导外部优质资源嵌入乡村，促进资源的合理配置和高效利用，带动经济发展，拓宽低收入人口的收入来源，使村民共享收益。村党支部书记及村干部作为领导者，积极承接上级政策工作，进行组织化治理和规范化施行，推动乡村产业结构转型升级；作为管理者，整合协调村内闲散资源，引导发展村集体经济或推动社会组织发展，形成乡村利益联结机制，促使乡村外源发展向内源发展转变。帮扶政策直接惠及低收入人口，通过给予社会救助、社会保障的方式降低其返贫风险；政府主导的技能培训、岗位扶持等可以培养低收入人口内生发展动力，提升其可行能力和社会适应性，赋能低收入人口增收。同时，政策引导下的资源嵌入、管理与运用既能实现城乡资源互换，又能实现跨域协同治理，有利于推进村域融合发展及经济要素整合，使得乡村生产空间更加开放共享，良好的政策导向能提升低收入人口的发展预期，发挥主观能动性以促进村域社会经济发展，激发乡村发展活力，进而推动乡村转型高质量发展，促进村民稳定增收。

3. 经济要素整合机制

在融合发展背景下，应充分发挥市场在资源配置中的决定性作用，激发农村各项资源资产要素活力，拓宽低收入人口增收渠道。为有效承接政策支持下的资源嵌入，社会合作组织与利益联结团体涌现，将资源转化为价值重塑与经济整合的再生产能力，充分利用村域资源，整合经济要素，实现规模效益。健全交互跨域协作的村域利益联结机制与发展成果共享的价值创造系统，促进村域资源的组织化和再组织化衔接，进而转化成乡村发展动能，助推低收入人口增收。社会资本是经济要素整合的表现形式之一，自身的生产性特征不仅为乡村发展带来新价值，还为乡村内部成员合作创造潜在动力[①]。通过聚合自然资本、物质资本和人力资本等，提高要素配置效率，提升生计脆弱户收入水平和风险应对能力。社会资本也是农村低收入人口与各方主体力量的沟通桥梁，通过降低交易成本，提升低收入人口的资源获取便利程度，增加收入可得性。村域社会合作组织受外部资源嵌入刺激，通过社会资本推动乡村资源的聚合与重塑。在经济要素整合机制下，各种资源有效配置，助力产业集聚与融合，增强创收创富功能，推动乡村从传统农业向现代农业、乡村产

---

① Coleman J. S., "Social Capital in the Creation of Human Capital," *American Journal of Sociology* 94 (1988)：S95-S120.

业多元化和乡村经济创新发展的转型升级，进而实现强农富农。

7.1.4.3 实证分析及优化路径

1. 数据来源

课题组于 2023 年 7~9 月对江西省 11 个市 24 个区县的共 72 个乡镇的农村居民 2022 年的家庭生活情况进行了深入调研，共回收 2167 份问卷。按照国家统计部门对城乡居民收入进行五等份分组的划分标准确定低收入人口，筛选后共有 1115 户低收入人口家庭数据样本，剔除缺失值和无效样本后，共 980 个有效样本可用于回归检验。

2. 计量方法与模型设定

（1）收入脆弱性测度

收入脆弱性测度采用预期贫困的脆弱性测度（VEP）方法对农村低收入人口进行收入脆弱性测度，公式如下：

$$V_{ht} = E[P_{a,h,t+1}(C_{h,t+1}) \mid F(C_{h,t+1 \mid I_t})]$$

式中 V_{ht} 为第 h 个家庭第 t 期的收入脆弱性，$C_{h,t+1}$ 为第 $t+1$ 期的福利水平，$F(C_{h,t+1})$ 为 $t+1$ 期福利水平的分布函数，I_t 为该期数据所提供的信息。上式表明，家庭的收入脆弱性程度和该家庭预期的福利水平分布特征有关联。因此，收入脆弱性测度公式也可以表达如下：

$$V_{ht} = \int_{-\infty}^{\ln z} P_a(\ln C_{h,t+1}) d(\ln C_{h,t+1})$$

江西省综合本区域物价指数变化、农村人均可支配收入增幅和农村低保标准等因素，确定全省 2022 年度防止返贫监测范围为 6900 元。收入脆弱性测度将发生贫困的概率定于 50%，若计算值>50%，则表示这个家庭的收入是脆弱的。

（2）基本回归模型和机制检验

$$Q_i = b_0 + c_i V_i + b_j C_i + \varepsilon$$
$$M_i = a_0 + a_i H_i + a_j C_i + \sigma$$
$$Q_i = \eta_0 + c_i' V_i + b_i M + \sigma_i C_i + \mu$$

基于收入脆弱性及外源驱动要素对稳定增收的影响进行多元线性回归分析，同时检验内生驱动要素对外源驱动要素促进稳定增收的中介效应，其中，Q_i 代表稳定增收综合指标及其分项指标，V_i 表示各外源驱动要素，b_0、a_0、η_0

表示常数项，M_i 表示低收入人口内生驱动指标，C_i 表示控制变量，c_i、b_j、a_i、a_j、c_i'、b_i、σ_i 代表各变量的变化系数，ε、σ、μ 表示随机扰动项。参考中介效应模型的相关研究[①]，采用逐步法设定模型、两步法进行中介效应检验。

3. 变量选择与指标体系构建

被解释变量。研究选取的被解释变量为稳定增收综合指标，从收入结构性、收入充足性、收入成长性、收入支撑性和收入适应性五方面衡量，前两个维度体现收入数量及稳定性，后三个维度体现可持续发展性。对数据进行标准化处理，利用熵值法求出稳定增收综合指标（见表 7-3）。

表 7-3 稳定增收综合指标

指标		指标含义和赋值	平均值	标准差
稳定增收综合指标（Q）	收入结构性（Q_1）	收入来源个数：家庭主要收入来源的个数	3.385	1.553
		第一收入来源比重：MAX（各类收入）/农民可支配收入	0.647	0.239
	收入充足性（Q_2）	家庭可支配收入结余：农民可支配收入-农民消费收入	2359.45	4.93
		收入充足程度：收入与支出的对比关系：1=收入远小于支出；2=收入略小于支出；3=收入支出基本接近；4=收入略大于支出；5=收入远大于支出	3.885	1.439
	收入成长性（Q_3）	大专及以上文化程度：家庭大专及以上文化程度（含在读）人口占比	0.144	0.181
		非农收入占比：家庭非农收入占总收入比重	76.817	32.204
		2022 年您家收入水平与 2019 年相比：1=低很多（20%以上）；2=低一些（20%以下）；3=差不多；4=提高一些（20%以下）；5=提高很多（20%以上）	3.021	1.046
	收入支撑性（Q_4）	资金借入需求：您家对信贷信息的需求程度（打分1~10分）	3.990	3.005
		资金需求：由购买生产设备、采购生产资料、健康与医疗、教育、购买或建造房屋、改善生活等资金需求总数计算得出	1.147	1.062

[①] 江艇：《因果推断经验研究中的中介效应与调节效应》，《中国工业经济》2022 年第 5 期；温忠麟、叶宝娟：《中介效应分析：方法和模型发展》，《心理科学进展》2014 年第 5 期。

续表

指标		指标含义和赋值	平均值	标准差
稳定增收综合指标（Q）	收入适应性（Q_5）	家庭文化程度	家庭主要劳动人口平均文化程度	3.302	0.767
		知识可获得性	互联网技术使用程度：根据各互联网应用熟练程度加权求和得出	30.696	8.621

解释变量。研究选取收入脆弱性、外源驱动要素作为解释变量。收入脆弱性由家庭贫困脆弱性概念延伸，采用预期贫困脆弱性测度（VEP）方法得出。外源驱动要素主要由资源嵌入、村域治理、社会合作与社会资本四个方面组成，利用熵值法计算各分维度指标权重，最后加权求出综合指标（见表7-4）。

表7-4 收入脆弱性与外源驱动要素指标体系

指标		指标含义和赋值	平均值	标准差
收入脆弱性（VUL）	主要影响因素	7~12岁与65岁人口占总人口比重	0.250	0.175
		医疗个人自付总支出占家庭可支配收入比重	0.566	1.076
		恩格尔系数	0.317	0.199
		是否担心养老问题	2.092	1.275
		家庭主要劳动人口平均健康程度	4.216	0.692
	其他因素	家庭人均可支配收入	7964.330	55.020
		家庭规模	6.466	2.049
		家庭人均消费	5604.880	45.830
外源驱动要素（V）	资源嵌入（V_1）	项目帮扶：项目进村个数	2.941	1.534
		农业建设：您对本村高标准农田建设质量的总体评价（1=非常差；2=比较差；3=一般；4=比较好；5=非常好）	2.467	1.763
		技能培训：参与技能培训种类	0.552	0.748
	村域治理（V_2）	对村干部打分情况（1~10分）	2.467	1.763
		对所在村庄的村党支部打分情况（1~10分）	1.240	0.427
		您对村里宅基地管理工作是否满意：1=很不满意；2=不太满意；3=一般；4=比较满意；5=非常满意	3.898	1.115
	社会合作（V_3）	是否参与农民合作社	8.819	1.712
		您家是否拥有集体经营性资产的股权	9.015	1.574
	社会资本（V_4）	夫妻双方共有亲兄弟姐妹人数	8.476	4.196
		家庭常来往的政府、事业单位工作人员户数	1.877	5.030

续表

指标		指标含义和赋值	平均值	标准差
外源驱动要素（V）	社会资本（V_4）	村内受欢迎程度	3.958	0.798
		邻居对我的信任程度	3.652	1.168

中介变量。为考察低收入人口内生驱动要素对外源驱动要素稳定增收的中介作用，研究选取尽责性和开放性作为中介变量（见表7-5）。

表 7-5　内生驱动要素指标体系

指标		指标含义和赋值	平均值	标准差
内生驱动要素（M）	尽责性（M_1）	做事完美度	3.819	0.971
		做事难度	3.250	0.971
	开放性（M_2）	对新种养技术和方法的了解程度	3.283	1.094
		对挑战性工作的喜欢程度	3.030	1.236
		思想开放程度	3.112	1.257

控制变量。为保障模型稳健性，选取影响村民收入的村庄经济特征和村民个体特征作为控制变量。其中村庄经济特征包括行政村在镇内的发展水平与行政村交通状况，村民个体特征包括村民年龄、文化程度、健康程度以及是否参与村干部选举。

主要变量定义及描述性统计结果如表7-6所示。

表 7-6　主要变量定义及描述性统计结果

变量类型	变量名称	变量来源	平均值	标准差	最小值	最大值
被解释变量	稳定增收综合指标（Q）	熵值法计算得出	0.562	0.103	0.250	0.916
解释变量	收入脆弱性（VUL）	采用VEP方法计算得出	0.167	0.226	0.000	0.998
	外源驱动要素（V）	熵值法计算得出	0.383	0.146	0.130	0.871
中介变量	内生驱动要素（M）	尽责性（M_1）	3.546	0.863	1	5
		开放性（M_2）	3.164	1.090	1	5
控制变量	村庄经济特征	行政村在镇内的发展水平、行政村交通状况	—	—	—	—
	村民个体特征	村民年龄、文化程度、健康程度、是否参与村干部选举	—	—	—	—

4. 基础回归分析

利用 VIF 进行检验，结果表明各变量 VIF 最大值≤2，即变量之间不存在严重的多重共线性，可以进行回归分析。为避免极差值对结果产生的影响，回归前对数据进行 1% 和 99% 的双侧缩尾处理，同时控制村庄经济特征和村民个体特征，结果采用聚类稳健标准误结果，实证检验外源驱动要素对稳定增收的影响效果。回归结果如表 7-7 所示。

表 7-7　各外源驱动要素对稳定增收综合指标及各分维度指标回归结果

	(1)	(2)	(3)	(4)	(5)	(6)
	Q_1	Q_2	Q_3	Q_4	Q_5	Q
V_1	0.074***	−0.001	0.047*	−0.245***	0.092***	0.002
	0.026	0.017	0.025	0.050	0.02	0.018
V_2	−0.036	0.019	0.0409	−0.052	0.043*	0.026
	0.029	0.020	0.028	0.058	0.023	0.021
V_3	0.050***	−0.034***	0.0012	−0.103***	0.028**	−0.026**
	0.019	0.011	0.015	0.033	0.012	0.012
V_4	0.243***	0.052	0.197***	−0.105	0.271***	0.152***
	0.093	0.054	0.074	0.146	0.069	0.054
VUL	−0.092***	−0.044***	−0.086***	−0.0109	−0.111***	−0.085***
	0.023	0.015	0.019	0.044	0.022	0.014
C	控制	控制	控制	控制	控制	控制
_cons	0.348	0.109	0.087	0.756	0.474	0.388
	0.062	0.037	0.051	0.105	0.045	0.038
r^2_a	0.058	0.032	0.121	0.092	0.434	0.107

注：*、**、***分别代表在 10%、5%、1% 统计水平上显著，括号内为聚类稳健标准误。

表 7-7 的前五列为外源驱动要素对稳定增收分维度指标的回归，第六列为其对稳定增收综合指标的回归结果。资源嵌入、社会合作和社会资本均对收入结构性有显著正向影响，系数分别为 0.074、0.050 和 0.243。这可能是由于资金项目等资源的嵌入会增加低收入人口的发展机会，拓宽低收入人口的收入渠道；社会合作和社会资本越多，更易丰富信息来源并从中获得额外受益，进而改善低收入人口的收入结构。社会合作对收入充足性具有显著负向影响，系数为 −0.034，可能是低收入人口需要增加投资以参与合作项目，

短期内削弱资金充足性。资源嵌入和社会资本对收入成长性有显著正向影响，系数分别为 0.047 和 0.197。其中，资源项目引入带来较高的投资收益比，可能会增加低收入人口的非农收入，提升收入成长性；社会资本的累积效应有助于增加资源和信息，利于收入成长。资源嵌入和社会合作对收入支撑性具有负向影响，系数分别为 -0.245 和 -0.103。资源嵌入、村域治理、社会合作和社会资本对收入适应性均有显著正向作用，系数分别为 0.092、0.043、0.028 和 0.271，说明不同外源驱动要素均有利于拓展低收入人口的见识，增加信息资源以提升收入适应性。社会合作对稳定增收存在显著负向影响，系数为 -0.026，这可能是因为低收入人口的资源运用能力较低，在社会合作中易成为弱势方；社会资本则对稳定增收存在显著正向影响，系数为 0.152。收入脆弱性对稳定增收综合指标及各分维度指标（收入支撑性除外）均存在显著负向影响，表明收入脆弱性越高，越不利于稳定增收。

对六列结果进行综合分析，从横向来看，社会资本对低收入人口的稳定增收的正向影响效应最大且最为显著，资源嵌入和社会合作对稳定增收存在一定负向影响，而村域治理对稳定增收的作用效果最小且不明显。从纵向来看，各外源驱动因素对收入结构性和收入适应性影响较大，负向影响收入充足性和收入支撑性，对收入成长性具有较多正向影响。可能的解释是项目资源和合作经营固然能改善低收入人口的收入结构，但也形成了收入充足性和收入支撑性的长期博弈，短期较多支撑投入会降低收入充足性，但从长远看，倘若项目具有较好的投资回报率，就有利于未来收入的成长。

外源驱动要素综合指标对稳定增收的影响如表 7-8 所示。结果显示，外源驱动要素综合指标仅对稳定增收综合指标存在显著正向影响。这意味着聚合外源驱动要素能够发挥促进低收入人口稳定增收的积极作用，但各外源驱动要素还需加强协作，低收入人口应加强自身对资源的承接利用能力。

表 7-8　外源驱动要素综合指标对稳定增收综合指标及各分维度指标回归结果

	(1)	(2)	(3)	(4)	(5)	(6)
	Q_1	Q_2	Q_3	Q_4	Q_5	Q
V	0.001	0.001	-0.001	0.003	-0.003	0.004**
	0.001	0.002	0.001	0.002	0.003	0.002
C	控制	控制	控制	控制	控制	控制

	(1)	(2)	(3)	(4)	(5)	(6)
	Q_1	Q_2	Q_3	Q_4	Q_5	Q
_cons	0.399	0.419	0.094	0.143	0.579	0.577
	0.035	0.053	0.034	0.047	0.096	0.043
r^2_a	0.097	0.028	0.023	0.110	0.0451	0.400

注：*、**、***分别代表在 10%、5%、1%统计水平上显著，括号内为聚类稳健标准误。

5. 异质性分析

表 7-9 分析了外源驱动要素综合指标对不同类别群体稳定增收的影响。第一、二列是收入脆弱性异质性回归结果，第一列为收入脆弱性<0.5 的家庭，此类家庭脆弱性风险较低，外源驱动要素对其有显著正向影响。第二列为收入脆弱性>0.5 的家庭，即脆弱性风险较高、容易返贫的家庭，外源驱动要素对其存在负向影响但结果不显著，说明针对低收入人口的外源驱动要素还需进行层次划分。第三、四列分别为小学及以下和小学以上受教育程度群体的回归结果，可以看出外源驱动要素对小学以上受教育程度的低收入人口存在显著正向影响，这可能是由于文化程度较低的人群其家庭也较易具有收入脆弱性风险。第五、六、七列分别为固定村、固定乡镇、固定县的回归结果，可以看出外源驱动要素在固定村的时候不具有显著影响，但在固定乡镇和固定县时有显著正向影响，表明村域融合作用机制能够促进稳定增收。

表 7-9　外源驱动要素综合指标的异质性回归结果

	(1) 非收入脆弱组	(2) 收入脆弱组	(3) 小学及以下	(4) 小学以上	(5) 固定村	(6) 固定乡镇	(7) 固定县
V	0.002*	-0.001	-0.001	0.002*	0.002	0.002*	0.002*
	0.001	0.004	0.004	0.001	0.001	0.001	0.001
C	控制	控制	控制	控制	控制	控制	控制
_cons	0.482	0.447	0.447	0.502	0.301	0.486	0.454
	0.035	0.078	0.078	0.033	0.119	0.043	0.036
r^2_a	0.014	0.044	0.044	0.011	0.117	0.069	0.066

注：*、**、***分别代表在 10%、5%、1%统计水平上显著，括号内为聚类稳健标准误。

如表 7-10 所示，分维度指标的异质性回归结果显示，收入脆弱性风险较低的家庭稳定增收的主要影响因素为社会资本，主要依托经济要素整合机制增收，而收入脆弱性风险较高的家庭稳定增收的主要影响因素为村域治理，主要依托政策支持机制增收。受教育程度较低的群体受外源驱动影响不显著，受教育程度较高的群体受社会资本的驱动影响显著。无论是固定村、固定乡镇还是固定县，社会资本均对稳定增收有显著正向影响，且固定乡镇、固定县的影响效果优于固定村，表明外源驱动因素突破了行政村边界，利用村域融合作用机制促进增收。

表 7-10　分维度指标的异质性回归结果

	（1）	（2）	（3）	（4）	（5）	（6）	（7）
	非收入脆弱组	收入脆弱组	小学及以下	小学以上	固定村	固定乡镇	固定县
V_1	0.011	−0.021	0.014	−0.001	0.024	0.023	0.018
	0.019	0.048	0.033	0.021	0.025	0.02	0.02
V_2	0.009	0.108 *	−0.002	0.018	0.0015	0.024	0.025
	0.024	0.057	0.033	0.029	0.025	0.023	0.022
V_3	−0.016	−0.010	−0.018	−0.022	0.003	−0.011	−0.009
	0.012	0.037	0.024	0.014	0.013	0.012	0.012
V_4	0.251 ***	0.169	0.123	0.299 ***	0.173 **	0.218 ***	0.225 ***
	0.064	0.197	0.106	0.073	0.071	0.063	0.062
C	控制	控制	控制	控制	控制	控制	控制
_cons	0.459	0.366	0.350	0.503	0.294	0.459	0.423
	0.038	0.092	0.059	0.044	0.123	0.045	0.039
r^2_a	0.027	0.058	0.052	0.031	0.121	0.080	0.076

注：*、**、*** 分别代表在 10%、5%、1% 统计水平上显著，括号内为聚类稳健标准误。

6. 中介效性检验、稳健性与内生性讨论

外源驱动要素可能通过激活个体内生驱动要素促进稳定增收。初步采用两步法进行中介效应检验（见表 7-11），前两列是外源驱动要素对尽责性的回归结果，后两列则为其对开放性的回归结果。结果表明，外源驱动要素会激活低收入人口的尽责性和开放性。各外源驱动要素中，只有社会资本对尽责性有显著正向影响，资源嵌入、社会合作和社会资本对开放性均有显著正向影响。为保证检验结果的准确性，采用 Bootstrap 进一步检验中介效应，结果表明内源驱动在外源驱动促进稳定增收中起到完全中介作用，内源驱动在社会资本促进稳定增收中起到完全中介作用。

表 7-11　中介效应检验结果

	（1）	（2）	（3）	（4）
	M_1	M_1	M_2	M_2
V	0.035 ***		0.061 ***	
	0.012		0.014	
V_1		0.124		0.380 **
		0.138		0.181
V_2		0.163		−0.335
		0.188		0.222
V_3		0.013		0.270 **
		0.087		0.111
V_4		3.291 ***		5.537 ***
		0.526		0.620
C	控制	控制	控制	控制
_cons	3.769	3.218	3.896	3.061
	0.286	0.330	0.349	0.383
r^2_a	0.058	0.096	0.066	0.143

注：*、**、*** 分别代表在 10%、5%、1% 统计水平上显著，括号内为聚类稳健标准误。

关于模型稳健性，研究对不同群体与区域进行异质性回归，一定程度上确保了模型稳健性。关于模型内生性问题，由于外源驱动和稳定增收及内生驱动可能存在双向因果关系，而外向型指标与解释变量高度相关但并不会直接影响收入，选取外向性指标（Ⅳ）作为工具变量进行内生性检验（见表 7-12）。检验结果显示所选取的工具变量大多在第一阶段回归系数显著，且解释变量系数估计值较基准回归系数估计值更大，可以有效检验内生性问题。

表 7-12　内生性检验结果

变量	V_4	Y	M_1	M_2
	第一阶段	第二阶段	第二阶段	第二阶段
IV	0.144***			
	0.002			
V_1	0.020	-0.037***	-0.127	0.141
	0.012	0.015	0.245	0.275
V_2	0.034***	-0.0178	-0.373	-0.811**
	0.012	0.020	0.266	0.309
V_3	0.021***	-0.030***	-0.300**	-0.048
	0.007	0.010	0.141	0.165
V_4		0.418**	16.785***	18.674***
		0.220	3.153	3.511
C	控制	控制	控制	控制
_cons	0.253	0.302	1.944	1.763
	0.022	0.035	0.492	0.557

注：*、**、*** 分别代表在 10%、5%、1%统计水平上显著，括号内为聚类稳健标准误。

7. 优化路径

一是增进区域间交融协作，注重区际联合和资源整合。构建开放共享的村域发展空间，结合地区优势从要素流动、组织结构、空间单元上进行统筹整合实现跨域治理，推进基础设施互通，统筹公共服务共享，构建产业融合体系，共建共享惠及更多低收入人口。加强区域合作中的要素流通，保障资源畅通无碍，实现生产空间交互与融合，促进低收入人口生计空间和区域发展空间协调耦合。统筹政府、市场和社会力量优化空间格局，政府引领形成价值引导并联结利益主体，外部资源承接拓宽收入渠道，促进形成区域多元主体协同、多要素互利、多成果互惠的空间格局，缩小发展差距，促进全体人民共同富裕。

二是强化支持政策有效供给，提升乡村治理水平。政策帮扶既要效率又应长远计划、久久为功，要从增量支持转向提升政策效能，从现金帮扶转向能力帮扶，注重提升帮扶人口可行能力和社会适应性，同时强化产业发展，加强就业帮扶和技能培训，提供增收机会，激发低收入人口内生动力。提升村域治理效能和治理水平，完善治理方针，将治理目标转变为促进农民农村共同富裕，治理机制转向常规治理，治理手段精准多样，进而增强承接和聚合乡村资源的能力，助力生产空间重构，推动乡村转型高质量发展。

三是实现经济要素高效配置，激活乡村发展新动能。深化农村要素市场化配置改革，完善跨域市场建设，实现资源高效聚合，激发要素生产潜能；优化乡村营商环境，发挥资源禀赋优势，带动低收入人口增收。完善利益联结机制，引导社会资本力量有效整合资源，鼓励各方主体"反哺"农村低收入人口，实现社会效益与经济效益的有机循环，促进乡村内源式发展。助推产业结构转型升级，通过加速特色农业和乡村产业提质增效升级的方式，为农民提供就业岗位，拓宽低收入人口增收渠道，激活乡村发展新动能与内驱动力。

7.2 推进乡村振兴基本实施单元的县域转型：
治理逻辑及风险规避

全面建设社会主义现代化国家，最艰巨最繁重的任务仍然在农村，实施乡村振兴战略是实现中国式现代化的必由之路。2023 年底，中央经济工作会议提出，"统筹新型城镇化和乡村全面振兴""要把推进新型城镇化和乡村全面振兴有机结合起来，促进各类要素双向流动，推动以县城为重要载体的新型城镇化建设，形成城乡融合发展新格局"[1]。2024 年中央一号文件提出，"统筹新型城镇化和乡村全面振兴，提升县城综合承载能力和治理能力，促进县乡村功能衔接互补、资源要素优化配置"[2]。各具特色的广袤乡村既是我国乡村振兴战略的重要对象，也是推进乡村振兴战略的基础实施单元。全面推进乡村振兴不仅仅是"村庄振兴"，要立足乡村但不能囿于村庄[3]，城乡融合背景下村庄发展呈现人口萎缩、功能分化等新趋势，亟须探寻全面推进乡村振兴的有效载体和支点。国务院印发的《"十四五"推进农业农村现

---

[1] 《中央经济工作会议在北京举行 习近平发表重要讲话》，https://www.gov.cn/yaowen/liebiao/ 202312/content_6919834.htm，最后访问日期：2024 年 12 月 1 日。

[2] 《中共中央 国务院关于学习运用"千村示范、万村整治"工程经验有力有效推进乡村全面振兴的意见》，https://www.gov.cn/gongbao/2024/issue_11186/202402/content_6934551.html，最后访问日期：2024 年 12 月 1 日。

[3] 郭阳、范和生：《县域乡村振兴的内在逻辑、实践张力与路径选择》，《云南社会科学》2023 年第 4 期。

代化规划》要求，"将县域作为城乡融合发展的重要切入点"，并着重强调
"县域统筹""整县推进"①。作为国家治理的基本单元、连接城市与农村的
重要纽带、城乡融合发展的关键支撑，县域日益成为实施这些重大战略的基
本单元和关键主体，在乡村发展中表现为惠农富农政策执行力、以城带乡经
济承载力与更高效率资源配置力等典型特征②，其上通中央以及省级层面，
下达乡镇基层，是中间的过渡单元，拥有最基本和最完善的组织结构，处于
统筹工农城乡关系的关键环节，能够为乡村振兴提供有力支撑，其在有效
落实国家乡村振兴战略、推动城乡融合发展过程中作为基础设施单元的功能
定位日益受到关注。系统阐释城乡发展阶段性特征，整体解读以县域为基本
实施单元推进乡村振兴的治理逻辑，明确县域乡村振兴系统改革集成的实
践路径并给予充分回答，切实推动乡村振兴基本实施单元由村庄向县域的转
型发展，既是乡村基于自身比较优势在城乡融合发展过程中持续提升资源
配置效率的应有之义，也是驱动县域发展并持续改善区域发展不平衡不充
分问题的基础动力，益于加快城乡融合，实现城乡共同富裕与农业农村现
代化。

7.2.1　乡村振兴基本实施单元由村庄向县域转型的现实考察与理论意蕴

7.2.1.1　现实考察：城乡空间格局重构，县域融合发展加速

县域乡村发展各具特色，连片发展特征鲜明。县域常指尚未撤县设区的
县级行政单位所在的基本空间单元，相关数据显示，截至 2023 年 4 月，中
国大陆共有县域 1867 个，县域面积占全国面积的 90%，人口占全国人口的
52.5%，GDP 约占全国的 38.1%③，是巩固拓展脱贫攻坚成果的基本单元，
也是城乡融合发展的核心区和高质量发展的落脚点④。县域的主体构成是乡
村，而乡村与农村又存在范畴差别，与城市对应，包括村庄、集镇、镇区和

---

①　《国务院关于印发"十四五"推进农业农村现代化规划的通知》，https://www.gov.cn/gong-bao/content/2022/content_5675948.htm，最后访问日期：2024 年 12 月 1 日。

②　陈军亚、邱星：《全面推进乡村振兴中县域的功能定位及实践路径》，《探索》2023 年第 4 期。

③　董雪兵、韩奇：《县域经济发展：问题透视与对策》，《国家治理》2024 年第 5 期。

④　王博、王亚华：《县域乡村振兴与共同富裕：内在逻辑、驱动机制和路径》，《农业经济问题》2022 年第 12 期。

县城。按照"中央统筹、省负总责、市县抓落实"的乡村振兴工作机制设计，县域是有效落实国家乡村振兴战略、推动城乡融合发展的基础性单元。自"三农"工作重心在 2020 年实现从脱贫攻坚到乡村振兴的历史性转移后，以县域为核心、县乡村三级整体化推进，成为乡村振兴战略实施的重要抓手和直接承载平台。全国各地立足县域特色，着力"要素禀赋+特色资源开发+村庄协同整合"发展转型，守牢不发生规模性返贫的底线的同时，积极探寻乡村振兴的"破圈密码"，宜居宜业和美村庄连片发展成势，渐次形成红色基因传承、特色产业发展、全域乡村旅游等富有区域特色与发展活力的现代化秀美乡村振兴网络（示范带）。

部分村庄萎缩，乡村功能细化分化。依据"市场范围决定分工、分工又决定市场范围"的"报酬递增"理念[1]，传统乡村在城乡交互过程中缺乏促进要素聚集的基础共享性服务设施、业态创新等条件，要素生产效率低于"规模聚集"效应明显的城市，加之工商资本下乡的影响，导致乡村依附城市的现象出现。农村人口持续快速向城镇转移是我国近年来城乡人口流动的重要趋势，我国农村 2000 年常住人口 8.08 亿人，至 2022 年已降至 4.91 亿人，减少了 39.2%；2022 年全国农民工总量 2.98 亿人，比上年增长 0.6%。其中，外出农民工 1.77 亿人，增长 2.7%；本地农民工 1.2 亿人，下降 2.2%。村落空心化，要素闲置、发展相对缓慢现象凸显[2]。中西部地区农村人口的减少更为显著，如江西省 2000~2022 年全省村庄（自然村）数量从 18.2 万个减少到 17.6 万个，减少了 3.19%；全省农村常住人口减少 42.7%，行政村数量减少 9.94%；平均每个村庄（自然村）人口数从 2000 年的 164.9 人下降到 2022 年的 97.5 人。[3] 加之区域市场化进程中社会分工水平提高，村庄规模小、资源少、经济社会形态单一特征明显，村庄功能细化分化现象出现，如部分村庄着力发展全域乡村旅游，居住生活功能提升，生产功能弱化；部分村庄人口整体迁离或者少量人口驻留，居住生活功能弱化，农产品生产的功能依然存在，甚至会因高标准农田建设、机械耕作技术采用等而进一步强化。随着新型城镇化的加速，未来农村人口进城趋势仍在加速，

---

① 阿林·杨格：《报酬递增与经济进步》，贾根良译，《经济社会体制比较》1996 年第 2 期。

② 雷明：《县域经济高质量发展的理念遵循与机制保障》，《国家治理》2024 年第 5 期。

③ 数据来自课题组于 2023 年 7~9 月开展的"以县域为基础设施单元推进乡村振兴的可行性研究"项目调研结果。

部分村庄萎缩和退出的趋势亦将持续。对标乡村产业、人才、文化、生态、组织五大领域的全面振兴要求，深度推进县域资源高效配置和市场深度融合、县乡村深度融合进而提升空间生产效率将成为推进乡村振兴的必然选择，单个村庄无法实现的功能可以由村庄联合或者由更高层级的实施单元推进，狭隘地追求各个村庄振兴既难实现也无必要，易出现低水平重复建设，造成公共资源的浪费。

城乡联系更为紧密，县域统筹城乡发展优势凸显。城乡基础设施全面改善，交通工具飞跃提升，数字化、网络化技术迭代升级，县城带动示范水平不断提高，城镇与村庄联系愈加紧密，相互渗透，边界日趋模糊。从收入来源看，2022 年农村居民可支配收入中工资性占比增值 42%，同比增长6.2%，第一产业经营性收入占比降至 22%，相当一部分收入源于村庄之外。从就业居住模式看，农村居民在城市和农村的就业居住"两栖化"成为多数村民尤其是青壮年劳动力的生活常态[①]。从公共服务获取上看，农村居民从村庄之外和中心镇、县城、设区市城市等更高层级区域获取公共服务的情况越来越普遍，"村庄儿童到乡镇上学、乡镇儿童到县城上学"以及农村居民直接到县城"跨级求医"等现象越来越多。以县域为抓手，统筹新型城镇化和乡村全面振兴，从全局视角系统思考服务对象及其收益渠道，进行科学的资源要素帮扶、基础设施建设、公共服务布局等，有助于避免资源要素低配错配，破解县域在产业发展、社会保障以及成果共享方面的制约因素，以县域整体性发展推进实现缩小区域差异的目标[②]，推动县域包容性发展和民众福祉增进。

7.2.1.2　理论意蕴：乡村发展转型升级，县域统合治理功能重塑

迈向乡村主体性，实现乡村发展转型升级。乡村建设的历史大体可分为农村复兴运动、土地改革与农业集体化、农村政治经济体制改革三个阶段[③]，整体发展脉络体现为从传统到现代、从"乡绅"主导到政府主导、从单一到

---

①　李国祥、王克强：《基于规模变迁视角的家庭两栖化研究——来自新中国成立 70 年的经验证据》，《农业技术经济》2019 年第 9 期。

②　林万龙、米晶：《县域包容性增长测度及其对乡村振兴的启示》，《自然资源学报》2023 年第 8 期。

③　李向振、张博：《国家视野下的百年乡村建设历程》，《武汉大学学报》（哲学社会科学版）2019 年第 4 期。

综合的转变；典型模式主要包括乡贤治村①、"精英主导式"乡村建设②、
"政社合作式"乡村建设和"政府主导式"乡村建设等类型，亦有政府主导
型乡村建设、农民内生型乡村建设和社会援助型乡村建设等划分③；1949 年
以来党和政府开展的"农业合作化运动""农村土地承包制度改革"和党的
十九大提出的"乡村振兴战略"等均属于政府主导型④。乡村振兴战略是以
往乡村建设的全面升级版本，是乡村发展系统性改革的持续深化，也是着眼
新时期人民日益增长的美好生活需要和不平衡不充分的发展之间的矛盾，构
建新型工农城乡关系过程中乡村主体性的回归，其着力将乡村置于城乡平等
关系之中，重新认识和发现乡村主体价值及特定空间中的主体地位，充分发
挥政府与市场的作用，致力于通过推动乡村主体产业高阶演进、治理水平提
高以及资源要素流动与优化组合来实现城乡融合或城乡二元交流的协同发展
平衡⑤，进而实现乡村重构基础上的乡村转型。乡村的转型变化归因于资源
的进入与资源的有效组织，审视城乡空间综合统筹不足、空间异质性价值不
显化、空间流动性网络不畅通等乡村空间治理困境，需要建构多尺度乡村
"空间综合—空间分区—空间流动"治理体系：省域乡村空间分析重在揭示
要素禀赋、空间结构及功能的宏观特征，村域乡村空间分析多为空间演化内
在逻辑探讨提供微观支撑，镇域乡村空间分析聚焦城乡发展协调，县域尺度
作为长期稳定的治理单元成为乡村空间综合较为成熟的尺度，且其发展基础
是乡村、产业根基是农业、文化底蕴是农耕文化，具有天然的"亲乡村性"，
县域空间上接省市，下接乡镇村，虽然因其城市与乡村、传统与现代的"接
点"身份以及县域的层级位置⑥使其常处于县城这匹"小马"拉着若干乡村
"大车"的现实境地，但其主体功能定位能够较好地阐述中观尺度乡村空间
综合的内在机制，推动治理单元从村庄转向县域，通过治理场域转换来重塑

① 王杰：《新乡贤是传统乡贤的现代回归吗？——基于新乡贤与传统乡贤治村的比较分析》，《西北农林科技大学学报》（社会科学版）2019 年第 6 期。
② 黄博：《村庄场域中的精英治理：分化、困顿与提升》，《求实》2021 年第 1 期。
③ 丁国胜、彭科、王伟强、焦胜：《中国乡村建设的类型学考察——基于乡村建设者的视角》，《城市发展研究》2016 年第 10 期。
④ 郭晗潇：《近代以来我国乡村建设的路径选择》，《社会建设》2019 年第 1 期。
⑤ 张娟娟、丁亮：《乡村振兴：治理逻辑、主体与关键领域——第三届县域治理高层论坛会议综述》，《社会主义研究》2019 年第 1 期。
⑥ 陈丽君、郁建兴、董瑛：《中国县域社会治理指数模型的构建》，《浙江社会科学》2020 年第 8 期。

治理结构、整合治理资源[①]，可对乡村发展诉求进行有效回应。

　　促进城乡融合发展，推进县域统合治理功能重塑。县域作为国家治理的基础单元，一直以来都在中国的治理体制中扮演着重要的角色，尤其在秩序维持、经济发展和资源承载中发挥着重要作用，不仅是城乡融合发展的桥头堡，也是国家治理现代化的突破口。经由 1949~1978 年城乡低水平均衡互动及乡村发展抑制阶段、1979~1993 年改革赋能城乡快速发展阶段、1994~2012 年市场经济体制下县域城乡非均衡发展及乡村发展疲弱阶段，以及 2013~2022 年党的十八大以来县域城乡融合及农村经济转型升级阶段[②]，乡村生产要素通过流动实现集聚是提升生产分工规模和生产效率的重要途径，立足乡村且突破村庄社区规模的分工生产和集聚性生产始终没有大范围发展起来[③]，城乡分治形成且已成为阻碍城乡高质量发展的重要障碍，城乡空间全域统合治理将为推进城乡融合发展提供关键动力[④]。2021 年中央一号文件明确提出："加快县域内城乡融合发展……把县域作为城乡融合发展的重要切入点，强化统筹谋划和顶层设计，破除城乡分割的体制弊端，加快打通城乡要素平等交换、双向流动的制度性通道。"[⑤] 即不误城、不丢乡，利城富乡。引入"既接天线又接地气"的县域载体，逐步实现县域统合治理功能重塑，通过党委政府统合行政部门，强化县城带动示范，补齐乡村发展短板，把乡村发展"短板"变成"潜力板"，持续开展乡村振兴工作流程再造，丰富并拓展派驻村工作队、设置乡村振兴专项、乡村干部队伍建设等工作内容，协同推进城乡"资源配置失衡"向"资源配置基本均衡"转变、由"资源配置基本均衡"向"资源配置优质均衡"转变，扎实推进乡村振兴战略与发展政策落地，本质是推进县域城乡发展功能的叠合与开放，以及乡村振兴治理体系回归政策简约及民本主义，进一步加大群众参与度，减少国家

①　戈大专：《新时代中国乡村空间特征及其多尺度治理》，《地理学报》2023 年第 8 期。
②　斯丽娟、曹昊煜：《县域经济推动高质量乡村振兴：历史演进、双重逻辑与实现路径》，《武汉大学学报》（哲学社会科学版）2022 年第 5 期。
③　张露、罗必良：《构建新型工农城乡关系：从打开城门到开放村庄》，《南方经济》2021 年第 5 期。
④　梁琦、田先红：《典型评选：县域统合治理的实践逻辑与优化路径——基于鄂西南 F 县的案例》，《天津行政学院学报》2023 年第 5 期。
⑤　《中共中央 国务院关于全面推进乡村振兴加快农业农村现代化的意见》，https://www.gov.cn/gongbao/content/2021/content_5591401.htm，最后访问日期：2024 年 9 月 15 日。

乡村振兴战略在县域层面的瞄准偏差，提高治理效能，促进城乡融合发展与等值发展。

对标高质量发展要求，构建中国式农业农村现代化的全新路径。党的二十大明确提出"高质量发展是全面建设社会主义现代化国家的首要任务"，着力实施"全面推进乡村振兴"和"促进区域协调发展"战略，着力破解乡村发展不充分、城乡发展难融合等现实困境，构建中国式农业农村现代化的全新路径，扎实推进共同富裕①。共同富裕的重点在乡村，难点也在乡村，实现县域共同富裕的关键抓手就是县域乡村振兴。在全面推进乡村振兴中实现共同富裕，需要做好巩固拓展脱贫攻坚成果，千方百计拓宽农民增收致富渠道；需要畅通城乡要素双向高效流动，形成城乡协调的发展格局；需要以高质量发展推进乡村全面振兴。国家已经提出推进以县城为重要载体的城镇化建设的意见，更高质量、更有效率、更可持续的全面推进乡村振兴，也需要具有连接城市与农村发展的空间单元和行动载体，重构城乡发展空间。基于我国现行行政组织架构和运行机制，县域有效整合基层政权建制单元、经济发展单元和公共服务单元的复合型单元，不仅是脱贫攻坚成果巩固拓展的最佳基本单元，更是城乡融合发展的核心区、经济转型升级的发力点、经济内循环的动力源以及高质量发展的落脚点。作为一项极为复杂的系统性工程，高质量推进乡村全面振兴涉及区域经济发展和社会治理的多维协调，在农业农村现代化建设新征程中，未来乡村布局和发展形态都将在差异化战略背景下和全要素组合创新的基础上以"县域"为单位发生深刻变化②。

7.2.2　以县域为基本实施单元推进乡村振兴的运行逻辑解读

县域不同于作为政治经济中心的县城，是涵盖县城中心及其广袤乡村的全域发展空间，有着功能完备的综合性经济体系和全面的社会治理功能。以县域为基本实施单元推进乡村振兴是在国家推进乡村振兴的战略框架下，依据实际情况调整设置县域内乡村振兴的具体目标和实现形式，合理安排任务

---

① 《习近平：高举中国特色社会主义伟大旗帜　为全面建设社会主义现代化国家而团结奋斗——在中国共产党第二十次全国代表大会上的报告》，https://www.12371.cn/2022/10/25/ARTI1666705047474465.shtml，最后访问日期：2024 年 12 月 22 日。

② 何茜：《中国乡村共同富裕指标体系构建：理论逻辑与实践审思》，《西南大学学报》（社会科学版）2023 年第 5 期。

重点和优先次序，优化配置公共资源和要素投入，着力推动实现县域乡村整体性振兴和县域居民生产、生活、生态条件的全面提升。本质是在现代性要素城乡之间的有效交流与合理分布基础上，形成"县城—乡镇—农村"融合发展的新格局，从而破解新时代的城乡发展不均衡不充分的矛盾，推动实现农业农村的现代化。作为乡村发展系统集成改革，以县域为基本实施单元推进乡村振兴是包括结构、过程、功能等要素优化调整、联动互益的整体性运作，其中结构要素涉及以县域为基本实施单元推进乡村振兴工作的治理体系组成及各参与主体相对稳定的权益制度安排，过程要素体现为乡村振兴治理主体围绕目标设定、资源配置等开展的持续性互动，功能要素指向结构要素与过程要素复合作用下的结果表现，其反馈信息可对结构和功能产生调适效用。运用"结构—过程—功能"的分析框架，有助于清晰展示以县域为基本实施单元推进乡村振兴系统集成改革运行图景，回答"推进主体""过程逻辑""效能评价"等关键问题。

7.2.2.1 推动结构耦合：强化吸纳式参与，构建以县域为基本实施单元的"一核多元"乡村振兴共同体

新时代推进乡村振兴战略系统反映了国家与社会的关系，核心是国家与农村的关系。谁来推进乡村振兴？党和国家有关乡村振兴战略推进的一系列重要会议已经明确，要加强党对"三农"工作的全面领导，"五级书记"一起抓乡村振兴，特别是县委书记要发挥好"一线总指挥"的作用；要突出抓基层、强基础、固基本的工作导向，推动各类资源向基层下沉，吸引各类人才在乡村振兴中建功立业，特别要激发广大农民群众的积极性、主动性、创造性。因此以县域为基本实施单元推进乡村振兴，党委政府尤其是县级党委政府将是主导力量和投入主体，注重发挥社会组织在社会治理中的作用，畅通和规范市场主体、新社会阶层、社会工作者和志愿者等参与社会治理的途径，建构以"城乡融合发展"为本质要求、以县域为基本实施单元的乡村振兴共同体。以县域为基本实施单元推进乡村振兴结构耦合过程中，尤其要关注一些长期与城镇发展紧密相关的部门机构业务向乡村发展领域逐步拓展，亦即县域各级党政事业单位部门职能要随着乡村振兴工作基础单元由村庄向县域的转变而持续调整优化，辅之以必要的机构改革，逐步打通乡村振兴所需资源要素和公共服务在部门、层级、区域之间的壁垒，积极补位县域治理

主体，促进县域城乡空间治理结构与功能的优化，这也是县域推进乡村振兴共同体建设的关键所在。

多元治理主体吸纳增效，增进乡村社会韧性和载荷。以县域为基本实施单元推进乡村振兴系统改革进程中，党群组织、政府部门、企业事业单位及农村专业合作组织等治理主体的参与因乡村振兴工作机制而关联，更多表现为吸纳式参与：党政主体通过社会动员、人才培养、项目支持等方式激励兼容多个治理主体参与乡村振兴工作，并以功能替代、服务外包、合作机制等方式，集成社会治理力量和资源参与乡村建设，实现不同治理主体的参与有效、吸纳增效①。强化以县域为基本实施单元推进乡村振兴中吸纳式参与，体现的是国家权威和社会参与在县域的相互嵌入，是在乡村振兴领域社会力量同政府之间形成的合作共治与良好互动，有助于整合发展资源、共建治理结构：党建引领基础上的政府主导有助于县域统筹与分类指导乡村振兴工作，动员聚集与高效配置乡村振兴所需资源，彰显国家制度优势和治理效能，同时赋予县级更多的资源整合使用的自主权，提高体制统合和协调能力；各类社会组织、志愿者队伍、民营企业、乡贤能人等社会力量在社区治理、产业发展、移风易俗、文化建设、社会救助、乡村教育等方面具有专业、灵活的独特优势，推动乡村自治实践和发展资源引入，发展壮大集体经济，提升乡村自治能力，弥补"政府失灵"不足与乡村发展所需成本；乡村群众是乡村振兴的当然主体，也是受益主体，需要什么样的乡村、建设什么样的乡村，群众自己最清楚，强化群众在乡村振兴中的主体地位，确保乡村群众可行能力提升并积极参与到乡村振兴工作中来是以县域为基本实施单元推进乡村振兴共同体形成的关键，也是以县域为基本实施单元推进乡村振兴战略顺利实施的根本所在。构建以县域为基本实施单元推进乡村振兴共同体建设，实现乡村振兴主体"国家—社会的多个治理主体共同在场"②，有助于乡村振兴利益相关者诉求信息的汇集与沟通，多元主体在共同利益交换和竞合过程中选乡村振兴方案和问题处理"满意解"，消减社会发展风险，增进乡村社会韧性和载荷，切实保障城乡居民均等优质的发展权。

---

① 汪锦军：《从行政侵蚀到吸纳增效：农村社会管理创新中的政府角色》，《马克思主义与现实》2011 年第 5 期。

② 韩志明：《过程即是意义——协商民主的过程阐释及其治理价值》，《南京社会科学》2023 年第 12 期。

7.2.2.2　激活过程调适：注重融合式治理，建设以县域为基本实施单元推进乡村振兴的服务平台

数字化改革是以县域为基本实施单元推进乡村振兴平台建设的基础，也是以县域为基本实施单元推进乡村振兴高质量发展的重要驱动。智慧赋能基础上以县域为基本实施单元推进乡村振兴将表现出明显的"社会协作、时空重组基础上的服务主体和客体多元化和活动交互"[①]特征，将传统平面式、场域区隔效应明显的以村庄为基础实施单元的"县—乡—村"层级垂直推进乡村振兴工作在立体式、多维度时空重组，实现多元参与主体的"无间隙"高效协作。其重在网络协同效应的发挥，以组织耦合完善体系建设，不同于市场经济体制下的"随机协同"，也不同于计划体制下的"行政捏合"，而是在更广领域和空间内通过建构协同平台、健全协作机制和完善行为主体的行为规范等促进县域推进乡村振兴系统良性运行和循环，在资源协整、共享基础上共建共享，网络协同基础上的"资源溢出"效应愈加显著。

统筹县域城乡规划，重塑乡村发展空间。持续推动县域城乡融合发展，促进县乡村功能衔接互补、资源要素优化配置。一是优化统筹县域产业、基础设施、公共服务、基本农田、生态保护、城镇开发、村落分布等空间布局。增强县级党委政府对于县域城乡发展资源的支配和调动权力，以县域为基本实施单元推进乡村振兴，推动资源要素下沉，将县域城镇体系规划和县域村庄空间布局规划合二为一，构建城乡一体化建设和发展规划，统筹协调乡村建设与镇村体系规划、土地利用总体规划、产业发展规划等功能规划之间的有效衔接，优化配置城乡基础设施、公共服务、产业发展等资源分布，梯度配置县乡村各类公共资源，构建以城带乡、以工促农、以点带面的以县域为基本实施单元推进乡村振兴的空间布局，打造多中心、网络化、集约型的空间格局。二是分区分类梯度推进，进一步合理确定县域镇村体系布局，分类有序编制重点开发县、生态功能县、产业功能县等空间规划；强化乡镇连城带村，并根据村庄发展水平，做大做强一批中心镇、中心村，优化保留一批人口集中的村落、有历史文化传承、生态保护价值的村落，有序撤并一批"空心村"，辅之以科学实施"撤村并乡"的行政区划调整，整合乡村发

---

① 吴娟、关信平：《社会救助数字化转型：整体逻辑、现实问题与应对策略》，《社会保障研究》2023 年第 6 期。

展资源，以存量改革创造增量价值。三是以县域为基本实施单元推进乡村振兴需要与其他规划相统筹，尤其是要做好县域乡村振兴与巩固拓展脱贫攻坚成果、县域五年发展计划等区域总体发展规划的有效衔接，重点做好乡村市场融入、产业生发、充分就业、区域协作等工作谋划，发挥规划的最大合力和效用，力求既保障基本民生需求、又避免城乡建设过程中资源配置低效。

促进城乡要素流动，夯实县域经济支撑。不同要素在经济中的流动性和相互作用关系对于经济的增长和资源的配置起到至关重要的作用，是优化资源配置与实现经济增长的重要方法。资源要素通过流动实现集聚是提升生产分工规模和生产效率的重要途径，促进城乡要素流动特别是引导现代要素促进乡村发展是以县域为基本实施单元推进乡村振兴工作顺利开展的关键。一方面，要建立健全城乡融合发展的体制机制，深化户籍制度、农村集体产权制度等领域改革，深入实施农村人均环境整治提升行动，从根本上打破妨碍城乡要素平等交换、双向流动的制度壁垒，引导资源要素向乡村流动。城乡发展不平衡、农村生产要素利用不充分、资源配置不到位是阻碍城乡经济循环的重要因素[1]。强化县乡村的功能互补与衔接，推动县域产业、基础设施、公共服务、基本农田、生态保护、城镇开发、村落分布协同治理，尤其要精准投放公共资源，以资源耦合促进多元治理主体在推进乡村振兴中的行为价值转向与趋同，根据县域推进乡村振兴的发展规划优化配置教育、医疗、养老等基本公共服务资源，持续健全资源要素的市场化配置机制，特别是促进资源要素流向乡村区域，多途径筹集发展资金、多渠道引进育强人才、多方式保障产业用地、有序引导并加速城乡要素畅通，加快推进县域现代化产业体系构建。另一方面，发展壮大县域经济，夯实县域经济支撑。打造县域经济多元化和全产业链发展体系，鼓励县城劳动密集型产业与资源型产业向农村转移，鼓励乡村特色产业向现代特色产业转型，大力发展县域范围内比较优势明显、带动农业农村能力强、就业容量大、促进财政增收的产业。推动实施"乡村送服务进城、城镇送消费下乡"工程，做强县域产业融合平台，重点打造优势明显、集中度高、关联性强、有竞争力的县域特色产业集群，创建若干优势特色产业融合示范园、创建一批特色示范小镇、发展村集体经

① 胡畔：《土地、人才、资金：城乡经济循环畅通的三要素》，《中国经济时报》2021年2月25日，第3版。

济产业园区，加快县域一二三产业融合发展。同时，聚焦县域经济发展中的产业价值转化和价值实现，仍需加快打造高素质县域产业经营队伍，深入推进县域商业体系建设并建立健全有效的县域产业风险防控体系，使生产要素在县域乡村加速集聚，深化分工网络，进而实现分工基础上的报酬递增，进一步完善并紧密富民产业利益联结机制，实现利企富民兴区。若站在县域层面从区际融合的视角思考资源要素流动问题，随着县域整体经济实力的强大以及县域居民情感共同体的建设，城乡要素流动的"要素回流及增值基础上的县域集中"现象或将在未来出现。

强化业务流程再造，优化县域城乡发展一体化推进。以县域为基本实施单元推进乡村振兴是对于国家乡村振兴战略在乡村发展新形势下推进路径的创新探索，其在发展方向、工作思路、体系驱动、参与机制、绩效评估等领域均区别于传统的城市发展偏向的政策设计思路，需要站在县域层面对传统乡村振兴业务流程进行全方位拆解、分析、重构、再造，构建以乡村发展为中心的业务流程。一是更加关注全域治理。梳理乡村发展从村域自主发展到跨域连片发展的实践脉络，可以看出，县域推进乡村振兴是从全域治理视角出发，基于乡村发展的地域空间但又突破了时空界限、行政区划、社会边界，构成了多领域综合协同共治体系，在共享理念的指引下，发挥以县域为基本实施单元推进乡村振兴过程中多元主体、全要素作用，旨在实现县乡村多元主体、全要素协调发展与共同富裕的发展目标，核心驱动则是多元治理主体在空间资源利用上的禀赋差异与多元主体间的利益诉求实现过程中的协调均衡。二是强调质量提升。重心工作开展依然围绕"产业兴旺、生态宜居、乡风文明、治理有效、生活富裕"的乡村振兴战略总要求，但在涉及领域内涵与外延方面均需做相应调整和深化，尤其是更加关注县域内一二三产业大融合以及全国统一大市场的融入、县域生态资源涵养与市场价值实现、现代元素冲击下的乡村社会秩序重构与情感共同体建设以及县域城乡一体化治理等领域，产业发展、社会治理等方面的特惠与普惠政策覆盖面、发展标准设定、受益对象群体等内容亦会同步调整，进一步促进县域乡村产业发展、公共服务、基层治理互融共生和集成互嵌的广度与深度不断拓展。三是注重制度创新与智慧技术采纳。运用市场思维、创新思维、互联网思维，利用区块链、人工智能等技术改变发展与治理体系单维驱动的传统模式，创新体制机制，加强制度供给，巩固和完善农村基本经营制度，深入推进农村宅基地制度改革等农村综合改革创新，激活各类发展要素，持续推进县域乡村发展迭代升级，以技术耦合增进治理韧性。四是注重风险管理。以县域为基本实施单元推进乡村振兴，也不能忽视乡镇政府"躺平"或"加码"、乡村振兴过程中农民主体性缺失、城市发展偏向与工商资本"与民争利"、城乡收入与公共服务差距拉大等风险。

7.2.2.3　增进共同富裕功能：聚焦高质量发展，满足人民日益增长的美好生活需要

共同富裕是社会主义的本质要求，是中国式现代化的重要特征；促进共同富裕，最艰巨最繁重的任务仍然在农村。从以县域为基本实施单元推进乡村振兴的初衷与预期功能来看，需破解城乡之间以及乡村内部发展不平衡不充分的矛盾，让乡村发展更可持续，不断满足人民群众对于美好生活的需要。第一，坚持"效率导向"，以县域为基本实施单元推进乡村振兴可以充分借助县级行政机构的执行力，以及基于区域分工、历史传统和特定资源等形成的特色鲜明、相对完整的产业结构基础，通过逐步扩大农村开放性和提升县城对于乡村发展的带动性畅通城乡经济循环、促进城乡融合发展，有助于促进要素尤其是高级要素的优化组合，增加乡村发展机会，实现乡村产业链延伸、提高增值收益、推动工农互促、带动农民增收的多赢局面。第二，坚持"公平导向"，以县域为基本实施单元推进乡村振兴是跳出"三农"谋"三农"发展思路的具体体现，充分发挥市场在资源配置中的决定性作用，引导支持各类市场主体参与县域乡村振兴工作；更好发挥党委政府统筹引导作用，切实履行制定以县域为基本实施单元推进乡村振兴的规划政策、优化公共服务供给、营造支持乡村发展的高质量制度环境等方面职责，提高县城辐射带动乡村能力，促进县乡村功能衔接互补，切实关注县域内中低收入群体的持续增收与社会保障体系建设，强化县域之间及县乡村之间的发展衔接配合，缩小区域发展差距，增进发展韧性，以县域治理能力的现代化提升县域乡村综合承载能力并保障其发展质量。

7.2.3　以县域为基本实施单元推进乡村振兴的潜在风险及规避策略

以县域为基本实施单元推进乡村振兴是以县域空间为支点、县域政府为主导、县域经济为支撑、城乡融合和农业农村现代化为目标的发展模式，全

域推动空间布局、基础设施、公共服务、产业发展、资源要素城乡一体, 促进县城、乡镇、村庄的整体性振兴和全面性提升, 有着资源调配更高效、城乡服务更均等、产业发展更高值、基础建设更协调、组织规划更完善的良好预期, 但仍然需要虑前谋远, 系统思考以县域为基本实施单元推进乡村振兴的多元治理主体尤其是乡村主体活力不足、体制机制融合不畅以及需要超越系统集成的 "合成谬误" 等潜在问题, 并在发展过程中予以解决。

7.2.3.1 避免以县域为基本实施单元推进乡村振兴系统集成改革的 "合成谬误"

经济学家萨缪尔森和诺德豪斯最早在《经济学》中将那些 "对个人来说是对的, 但对社会整体来说却不对" 的现象称为 "合成谬误"①。县域推进乡村振兴是相对于现阶段以村庄为基础实施单元推进乡村振兴战略的全面升级, 高标准对接全面推进乡村振兴战略与以县城为重要载体的城镇化建设等系列重要战略及政策要求, 必将涉及机构调整和业务流程再造, 只有准确把握县域推进乡村振兴的重点突破与普惠发展相结合的 "非均衡过程中实现均衡" 的本质, 找准 "县域基础设施和公共服务与人口等发展要素流动的精准匹配" 这一以县域为基本实施单元推进乡村振兴综合性改革的切入点, 提早研判并防范以县域为基本实施单元推进乡村振兴的系统集成改革风险。一是长短期目标错位合成风险。区别于以村庄为基本实施单元推进乡村振兴的传统路径, 以县域为基本实施单元推进乡村振兴具有可用资源规模大、普惠政策与区域特色对接难, 以及出于本位考虑的行为主体交易成本高等特征, 多元治理主体对于以县域为基本实施单元推进乡村振兴的各项工作预期难以协调整合, 简单追逐一致与贪大求全而非最优解基础上的多方利益相关群体博弈结果常带来乡村振兴过程中长短期目标错位合成风险, 出现县乡村不同层级任务不清、不同职能部门的责任权利混淆等现象。二是政策实施过程中的执行风险。主要表现为具体工作推进过程中避免缺乏县情农情调查研究基础上的 "运动式" 开展、没有绩效导向的 "拿来主义" 以及简单粗放的 "模式杂糅" 而陷于政策同质化泥潭等不良倾向。针对 "合成谬误" 风险, 应坚持以创新、协调、绿色、开放和共享为原则的新发展理念引领, 积极主

---

① 萨缪尔森、诺德豪斯:《经济学》(第 12 版), 高鸿业等译, 中国发展出版社, 1992, 第 13~14 页。

动打破传统思维的路径依赖，从封闭的小农思维向有社会责任意识的现代市场思维转变，对于以县域为基本实施单元推进乡村振兴系统集成改革的基础条件、引领策略、政策走向、关键路径等进行充分的调研与论证，统筹协调好现行以村庄为基本实施单元推进乡村振兴与以县域为基本实施单元推进乡村振兴之间既是替代也是辅助的关系，因地制宜设计路线图、明确任务书，健全资源环境要素市场配置体系和公共治理体系，在目标上结合农民群众实际需要、分区分类明确目标任务，在推进上遵循城乡发展规律、合理安排建设时序，在方式上确保精准切入、逐步推开，才能使整个社会系统在多变的经济社会发展环境中，有效整合资源要素，实现动态调适和有序运转，以治理现代化高质量推进以县域为基本实施单元的全面乡村振兴。

7.2.3.2　避免以县域为基本实施单元推进乡村振兴中"主体缺位"

作为促进区域协调发展，实现新型城镇化战略与乡村振兴战略等协同共融的重要载体，以县域为基本实施单元推进乡村振兴涉及多个方面、多个层级，必须准确把握其提升乡村发展水平、缩小区域发展差距、促进城乡融合的价值意蕴，以及强调多维协同推进的政策要求，强化资源要素集成，在更高层面、更宽领域放大"土地"的潜在效益、破解"资本"的瓶颈约束、挖掘"人才"的发展潜能，聚智汇力共建宜居宜业和美乡村。多元治理主体涉及各级政府及职能部门、企业、专业合作组织等市场主体，村庄及村民等当然主体，志愿组织等社会力量，权责设置不清、治理主体行权能力不强等因素常导致工作主体实质或者形式上的"缺位"，容易出现"上热中温下冷""干部干、群众看"等现象。激发多元主体参与活力，让其置身于以县域为基本实施单元推进乡村振兴工作之中，而不是只做旁观者和跟随者，这就需要培育多元乡村振兴主体尤其是乡村群众的主体自觉，使之在内心认同基础上支持并积极参与工作。首先，科学分解乡村振兴任务。围绕县域推进乡村振兴工作的思路方向、目标任务、实现路径和重点举措进行广泛宣传，科学分解产业振兴、人才振兴、文化振兴、生态振兴、组织振兴等五大振兴的相关任务，并形成相互关联的目标体系。其次，以任务匹配乡村振兴主体及行动。注重目标驱动下的多元治理主体动能培育，实现治理主体个体性与组织化协同[1]，过程中

---

① 纪程、于海飞：《个体性与组织化协同：破解乡村治理主体缺位的一种实践逻辑》，《农业经济》2022 年第 11 期。

既要发挥政府的统筹协调作用，又要发挥市场在资源配置中的基础性作用，特别是要超脱传统村庄，从县域及以上层面综合考虑乡村问题。再次，依托乡村振兴治理主体自觉开展乡村振兴工作。以县域为基本实施单元推进乡村振兴共同体，要营造和谐互助的发展氛围，强化组织协调促成多方合作，多渠道赋能多元治理主体可行能力提升，使其在参与过程中尽可能实现自身进步与乡村发展的共赢，有较为显著的获得感，促成多元主体的认知认同、行动自觉和使命自觉。最后，强化群众在乡村建设中的主体意识和主体身份。国家总体目标和政府力量在乡村振兴中是不可忽视的方向性和决定性力量，市场背景下处于弱势竞争地位的乡村居民和农业相对于组织化的企业主体和第二三产业话语权明显不足。为避免乡村群众在乡村发展中的主体性消解，成为被建构的对象或客体，以及在关乎切身利益的乡村建设和发展中参与不足，甚或出现集体失语现象，应强化县域乡村群众组织化程度，赋予群众对乡村振兴事务的话语权与决定权，着眼其不同发展诉求并进行有针对性满足，维护好他们的切身利益，切实激活县域乡村发展活力。

7.2.3.3 避免以县域为基本实施单元推进乡村振兴实绩考核的"高耗低效"

以县域为基本实施单元推进乡村振兴工作是构建新发展格局进程中在县域空间内以经营的理念再次发现乡村、发展乡村，更充分地实现乡村资源价值的过程，重视开发的同时也忽略收益，且其工作设计与新型现代性倡导的实现公平协调的社会均衡发展、促进社会进步、减少社会代价等原则契合，预示着未来实绩考核工作难度系数较高。要使考核真正成为工作的"指挥棒"、发展的"助推器"，应借鉴已经开展的"新农村建设""精准扶贫"等工作绩效考核经验教训，清晰考核导向、灵活考核方式，不能"为了考核而考核"，避免"考核标准一刀切""表格考核等形式主义""片面追求繁杂、一味追求数据""追求百分百执行""留痕式考核引致的繁文缛节和本末倒置行为""典型工作的简单化和展示化"，以及考核中过分追求"细致化、制度化和数量化"等不良现象，结合乡村发展多样性、独特性、差异性等特征，尊重县域乡村空间结构和特有功能，紧扣阶段性工作重点，科学设计以县域为基本实施单元推进乡村振兴工作的考核指标体系，评价过程中注意吸纳政府、企业、群众和社会力量等多元主体参与，以数字技术助力和赋能，实施分类考核，全方位体现乡村建设重点工作和区域差异，推深做实绩效管理，形成集节点调度、激励保障、结果问效于一体的体系，激励干部担当作为。同时强化绩效管理过程指导和绩效结果反馈，推动简单考"材料"、查"痕迹"向重点考成效、看"潜绩"转变，让绩效考核回归绩效管理的本意，助推以县域为基本实施单元推进乡村振兴工作提质增效，推进县域治理体系和治理能力的现代化。

7.3 高质量推进乡村全面振兴，扎实推进
农民农村共同富裕

7.3.1 巩固拓展脱贫攻坚成果同乡村振兴有效衔接

7.3.1.1 准确把握片区构建乡村振兴新格局的理论意蕴

加快构建乡村振兴新格局，是全面建设社会主义现代化强国的必然要求。乡村振兴战略的核心要义在于，从城乡一体化发展转向坚持农业农村优先发展、从推进农业现代化转向推进农业农村现代化、从生产发展转向产业兴旺、从村容整洁转向生态宜居、从管理民主转向治理有效、从生活宽裕转向生活富裕等根本性转变[①]，全面推进片区乡村振兴不仅要巩固拓展脱贫攻坚成果，而且要以更有力的举措、汇聚更强大的力量，加快农业农村现代化步伐，实现农业高质高效，乡村宜居宜业，农民富裕富足。立足新发展阶段，片区构建乡村振兴新格局是适应城乡发展规律的重要体现，是适应发展战略重大调整的现实需要，是从根本上增进片区民生福祉的战略举措。深入探讨片区构建乡村振兴新格局的科学内涵，应紧紧围绕共同富裕主题，准确把握片区构建乡村振兴新格局的全面深化改革总基调，坚持以高质量发展为引领，注重形成相对均衡的利益格局，持续增进乡村发展活力，加快推进片区城乡融合发展，以期不断提高片区乡村群众的获得感和幸福感。

7.3.1.2 创新探索构建片区乡村振兴新格局的实施路径

片区构建乡村振兴新格局，要契合发展阶段要求和区域特质，突出创新

---

① 蒋永穆、胡筠怡：《从分离到融合：中国共产党百年正确处理城乡关系的重大成就与历史经验》，《政治经济学评论》2022 年第 2 期。

发展、绿色发展、智慧发展、精致发展和协同发展，多维发力、多措并举、防范化解各类风险，巩固拓展脱贫攻坚成果，夯实片区乡村振兴基础；优化空间分布，突出功能定位，打造片区对外开放高地；强化科技创新驱动，推进乡村产业融合发展，大力发展片区乡村实体经济；全面激活乡村发展要素，注重绿色资源禀赋发挥，增进片区乡村振兴动能；强化支持政策有效供给，提升乡村治理水平，优化片区乡村发展环境；持续促进农民稳定增收，创造片区乡村居民高品质生活，不断提升片区农业农村现代化水平。

1. 防范化解各类风险，巩固拓展脱贫攻坚成果

片区构建乡村振兴新格局，必须进一步巩固拓展脱贫攻坚成果，做好过渡期巩固拓展脱贫攻坚成果同乡村振兴的有效衔接。过渡期需要正视政策调整优化质量与政策落实风险、能力约束带来的失业风险、劳动力就业不够稳定与配套产业抗风险能力弱的可持续发展风险[1]、因灾致贫与因灾返贫风险等，通过抓好政策落实，关注敏感领域政策优化；推进帮扶产业高阶演进，紧密利益联结，促进产业增值收益更多留给脱贫人口；规范就业车间管理，调整优化公益性岗位帮扶政策，精准发力脱贫人口稳岗就业；创新搬迁扶贫人口发展机制，提供安置点定制化发展思路，确保易地搬迁人口脱贫致富；提高灾情预警水平，全面落实防贫保险政策，防范化解因灾返贫致贫风险，确保不发生规模性返贫。

尤其是要针对阶段性片区乡村群众关心的帮扶人员更换、医疗政策调整和扶贫资产管理问题，探索建立帮扶互动双赢机制，重点解决好结对帮扶"一头热"的问题；探索建立系统性的大病救治机制，解决好系统性因病返贫致贫的问题；强化脱贫人口动态监测及责任落实，重点解决好应纳而不想纳不愿纳的问题；探索"信息化建设、阳光化监管、全生命周期管护"的扶贫资产管理模式，全面提高扶贫资产治理水平。

2. 优化空间分布，突出功能定位

升级乡村振兴示范点建设，强化乡村振兴试点示范引领，重视通过乡村振兴示范带建设带动乡村振兴连片突破。基于区域功能互补和等值发展原则，按照统筹规划、连片打造、产村联创的路径，聚焦特色资源，打造红色

---

① 牛胜强：《深度贫困地区巩固拓展脱贫攻坚成果的现实考量及实现路径》，《理论月刊》2022 年第 2 期。

旅游、现代村居、特色种养等乡村振兴示范带或乡村综合发展示范区，逐步形成"点上精美、线上出彩、组群突破、全面振兴"的片区乡村振兴空间分布格局。

充分认识片区农村发展在"双循环"中的特殊地位，加快推进乡村振兴：一是实施乡村建设行动，优化乡村生产生活生态空间，分类推进乡村发展，补齐农村基础设施和公共服务短板，全面提升生态宜居的农村环境；二是充分发挥片区生态、红色、山水、民俗文化、便利交通等资源优势，谋划一批生产、康养、休闲等重大工程，综合打通城乡以及乡村一二三产业融合发展新路径。以片区乡村振兴为切入点，进一步拓展"双循环"的广度和深度，扩大开放促进乡村大发展，打造片区对外开放高地。

3. 强化科技创新驱动，推进乡村产业融合发展

坚持优势区域发展优势产业，深入推进农业供给侧结构性改革，及时回应农业和乡村居民现实期盼，稳定发展粮食生产，持续做大做强农业首位产业，大力发展畜禽养殖和特色经作产业，加快农业产业链的业态创新和商业模式创新，立足乡村特有的农业景观、自然风光、乡土文化，做足资源文章，多角度、多层次推进资源优势的发挥和转化，敢于和善于"无中生有"，扬优成势。探索"按揭农业""合伙人制度""拎包入住"等做法，创新构建"投资商+运营商+农户承租管理""公司+科研机构+专业合作社+基地+农户"等运行模式，促进小农户与现代农业有机衔接，培育乡村产业发展新动能。

强化农业科技创新与现代设施装备升级，重点发展覆盖全产业链的新型农机制造业，逐步占据产业链高端，提升现代农业产业综合竞争力。以服务业特别是高端服务业助推乡村产业提档升级，结合"数字乡村"建设，大力发展数字农业、农村电商以及其他涉农新业态新模式，重点发展覆盖高质量新型农机制造业，贯通产加销，融合农文旅，推动乡村产业发展壮大，让农民更多分享产业增值收益①。推动片区产业园区提档升级，加强"专精特新"乡村绿色产业集群、基地和创新平台建设。坚持市场导向、品质引领，坚持"最优即特色"的发展理念，强化全产业链集群式发展，以项目为载体，多点发力、多极突破、多元汇聚，打造具有持续创新力和竞争力的中小

---

① 叶兴庆：《迈向 2035 年的中国乡村：愿景、挑战与策略》，《管理世界》2021 年第 4 期。

微企业群体。不断打造科技创新与转化、科技示范和人才培养基地，提升全产业链现代化水平。

4. 全面激活乡村发展要素，发挥绿色资源禀赋

坚持深化农村综合改革促进乡村振兴发展，深入推进农业农村"三改合一"工作，完善农村集体成员资格认定和退出规制，探索推进农村土地资源、集体资产股份有偿退出机制，围绕"地"的改革促进乡村发展进入"人—产业—生态"的良性循环①。创新新型农村集体经济"多样化组合"发展形式，注重经营性项目布局，推进租赁经营、管理服务、资产入股等混合所有制经济，尤其是通过规划设计、建章立制等方式规范村集体经济、新型经营主体与普通农户等利益主体间协调发展、利益分配等问题，避免规模土地流转带来的"乡村虚无化""居民原子化"现象。强化城乡融合与乡村开放。树立乡村"大人才观"，强化人才回流激励机制，大力发展职业教育，完善"政校企村户"五方协作的乡村人才培育模式。提升涉农资金整合效率，规范设立省、市、县三级乡村振兴发展投资公司，鼓励各商业金融机构成立乡村振兴风险投资公司，充分发挥金融兴乡作用。创新土地激励政策，鼓励先进镇和示范村优先申报使用市县下达建设用地指标、优先申报土地增减挂钩项目、优先安排土地整理和高标准农田建设等项目。注重精致服务引领，强化环境赋能乡村振兴。

践行"两山"理念，坚持梳理式整治、景区化打造、社区化管理和品质化生活的工作主线，大力推进农村人居环境整治，着力解决群众反映强烈的农村厕所、生活垃圾和污水治理等问题；推广绿色种植技术，推进农业废弃物资源化利用，全面加强农业面源污染治理，让绿色发展的理念日益深入人心；分领域分步骤实施"生产者责任延伸制度"，推进农村人居环境整治专业化、市场化、社会化，以人居环境整治提升推动农村生活方式现代化。建设监测统计考核体系，规范"碳交易"内容和形式，探索城乡区域之间以及企业、农村集体组织、农户等主体之间生态价值实现机制②。加大省级财政支持力度，促进乡村绿色发展方式转型，推行"生态治理+现代农业发展+集体经济增收"的可持续发展方式，提高全要素生产率，促进乡村发展空间

---

① 余戎、王雅鹏：《以"三大改革"开创乡村振兴新局面》，《人民论坛》2020 年第 5 期。

② 左正龙：《绿色低碳金融服务乡村振兴的机理、困境及路径选择——基于城乡融合发展视角》，《当代经济管理》2022 年第 1 期。

全维拓展，实现生态优化、产业发展、群众致富的"多方共赢"。

5. 强化支持政策有效供给，提升乡村治理水平

用足用好国家连片特困区发展帮扶系列支持政策，高质量做好对口帮扶资源承接和转化；创新和精准叠加区域帮扶政策，在政策、项目、资金、体制创新等方面给予积极支持，助推片区乡村振兴发展。强化高水平精致服务供给，提振环境赋能乡村振兴。创新"精致服务党支部"品牌建设，健全乡村振兴环境"四级联动服务机制"，拓展支部领办、业务托管等方式，转变传统"行政主导发展"为"行政服务发展"模式，加快构建自治、法治、德治相结合的乡村治理体系。建立片区乡村振兴发展重点项目库，推进教育、卫生、文化等项目建设，大力发展乡村社会事业，着力提高老区乡村基础设施和公共服务均等化建设水平，促进基础设施和公共服务均衡基础上的城乡等值发展。实施乡村文化繁荣铸魂、文明新风培育、平安乡村建设提升等乡村治理体系建设行动。

建设片区县域"乡村振兴发展共同体"，统筹政府和社会力量，拓展乡村"全维"发展，促进区域间经济社会无碍联通，集聚各类资源和要素流向乡村、润泽乡村、振兴乡村，为推进片区乡村振兴提供良好发展环境，全面激活乡村振兴活力。高效开展乡村振兴绩效评价工作。强化目标管理，完善乡村振兴考核评价制度、年度报告制度和监督检查制度，围绕乡村高水平发展环境、高浓度创新策源、高能级产业体系、高标准绿色发展、高品质人民生活领域科学设计评价指标，分区、分类、分层设计乡村振兴可量化考核体系，进行科学的"差异化"绩效评价；强化绩效评价结果运用，结合乡村发展实际，重视问题发现与后续工作辅导，进一步优化片区乡村振兴帮扶政策及各项工作举措，精准惠及更多群众。

6. 持续促进农民稳定增收，创造片区乡村居民高品质生活

做好"三农"工作，要切实促进农民增收，其中促进新时代农村中低收入群体持续稳定增收是巩固拓展脱贫攻坚成果、在全面推进乡村振兴中促进农民农村共同富裕的基础性任务。片区要拓宽农民增收渠道，确保农民增收内驱动力充足，收入稳定增长，要进一步推动一二三产业融合发展，进一步完善"经营主体带动、小额信贷促动、消费帮扶推动"的紧密利益联结机制，推进依托区域主导产业的产村融合和龙头企业带动的企村联建，突出产业联农，以丰收促增收。加强就业形势监测，建立乡村居民就业"辖区主要

领导负责制"，深化区际劳务协作、拓宽就地就近就业渠道，加强乡村就业创业社会保障平台建设，以稳岗促增收。深化创业致富带头人培育，创新具有群众主体、股份合作、要素分配、价值共创等特征的多样化新型集体经济组织形式，突出创业引才，以业兴促增收。分品种施策、渐进式推进，完善农产品价格形成机制，鼓励"受益主体捆绑式"发展，确保改变资源要素配置实现利益格局的相对均衡①，保障"涉农生产"主体权益。大力发展乡村社会事业，促进基础设施和公共服务均衡基础上的城乡一体推进，尤其重视历史内涵与现代艺术元素在乡村建设中的有机融入，丰富乡村文化生活，提升农民文化自信。依据人口动态监测信息，科学优化布局教育资源，营造良好的乡村教育生态，加强民生保障。

坚持分类推进，统筹推动片区不同类型乡村振兴发展，结合革命老区乡村资源禀赋和特色优势，因地制宜建设"产业兴旺、农民增收""生态宜居、传承乡愁""红色治理、感恩奋进""城乡融合、服务均等"的样板乡村，推动打造一批全国有影响、群众得实惠、各地可推广的乡村振兴示范点、示范带，逐步形成覆盖面广、辐射力强、特色显著的片区乡村振兴网络。

7.3.2　系统理解促进农民农村共同富裕五个维度

治国之道，富民为始，共同富裕自古以来就是人类社会的理想，也是中国共产党的初心使命的现实反映，是中国特色社会主义的本质要求和中国式现代化的重要特征。新时代开启全面建设社会主义现代化国家新征程，扎实推动共同富裕取得实质性进展，实现人民高品质生活，是在实践中坚持以人民为中心的发展思想的根本体现。

促进共同富裕，最艰巨最繁重的任务仍然在农村②。立足新发展阶段，贯彻新发展理念，构建新发展格局，促进农民农村共同富裕，要准确把握其在高质量发展基础上共享发展的价值要义，着力破解农民农村共同富裕的约束因素，在全面推进乡村振兴中实现农民农村共同富裕目标。要实现共同富裕就要解决发展不平衡不充分问题，这决定了必须充分认识和践行共同富裕的"发展性"，要在高质量发展中推进共同富裕，核心要义就是要立足乡村

---

① 姜长云：《建党百年优化城乡关系治理的历程、经验与启示》，《人文杂志》2021 年第 11 期。

② 习近平：《扎实推动共同富裕》，《求是》2021 年第 20 期。

发展阶段性特征和区域禀赋，持续推动乡村全面深化改革，主动适应社会经济主要矛盾变化，转变乡村经济发展方式、优化乡村社会发展结构、转换乡村系统增长动力，兼顾乡村发展系统全要素生产率提高与公共资源配置效率提升，推动乡村在双循环发展格局尤其是新型工农城乡关系重构中实现全面振兴，促成乡村在新的战略机遇期实现跨越式发展阶段的"转变再平衡"，总体表现为乡村发展活力得以全面激发，乡村发展系统实现结构性变革和能级跃升，通过全域性的高质量发展逐步实现农业农村现代化，在全面推进乡村振兴中高效满足人民日益增长的美好生活需要。在全面推进乡村振兴中促进农民农村共同富裕的理论逻辑如图7-4所示。

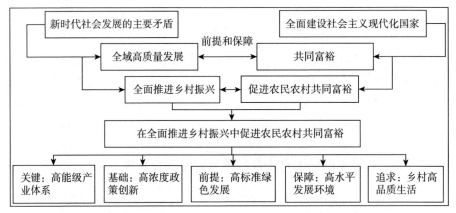

图7-4 在全面推进乡村振兴中促进农民农村共同富裕的理论逻辑

7.3.2.1 高能级产业体系是促进农民农村共同富裕的关键

高能级产业体系是有机联系供给、需求、资源配置、消费等环节的基础，促进农民农村共同富裕，切实保障和改善民生，打造富有竞争力和亲民性的乡村高能级产业体系可为农民持续增收致富提供坚实支撑。高质量发展视域下具有"稳定基础、富民强村、联通城乡"特征的乡村高能级产业体系建设，必须立足乡村功能与特色资源，加速科技创新、现代金融、人力资本、智能网络等高端要素融入与组合优化，在稳定和保障粮食安全与重要农副产品供给的基础上调优乡村经济结构，促进乡村生产要素向高质高值高效领域转移，深度融合乡村传统产业与新兴产业，不断培育新动能、发展新经济、营造新生态，深度促进乡村一二三产业融合，通过提高乡村产业的质量、效率和效益，接轨并渐进占据产业链高端，形成以集约化利用、集群化布局、生态友好型建设等为特征的高效产业关联网络，连接城乡，增进就业机会，提高乡村居民和乡村集体经济收益水平，实现协同发展的良好格局。

7.3.2.2 高浓度政策创新是促进农民农村共同富裕的基础

全面推进乡村振兴，推动农业农村高质量发展，必须在增强乡村发展创新策源能力上下功夫，关键是在新时代新型工农城乡关系建设背景下，准确把握促进城乡等值发展阶段性特征，围绕乡村发展理念、支撑政策、治理机制等领域深化改革，尤其要坚持以政策创新为引领推动全面创新，在赋权乡村创新体制机制方面先试先行，聚焦乡村人才等创新要素培育、乡村产权制度改革完善、发展壮大村集体经济、社区治理现代化水平提升以及涵盖组合式支持政策体系的乡村创新生态环境建设等重要领域，深化智慧服务和功能型平台体系建设，促进乡村联动和各区错位发展，让乡村成为区域发展创新思想的策源地、创新要素的集散地和创新活动的试验场，实现乡村从"要素驱动"和"投资驱动"向"政策创新驱动"和"效率驱动"方向转变，优化配置乡村发展资源，协同耦合乡村多种要素，拓展乡村发展空间，以乡村高水平的改革开放提升乡村系统发展整体效能，并使之朝着新时代区域增长极的发展目标迈进。

7.3.2.3 高标准绿色发展是促进农民农村共同富裕的前提

绿色是乡村发展的最美底色，良好的生态是促进农民农村共同富裕的基本支撑，推进乡村高标准绿色发展旨在提升土地、能源、资源等要素配置效率，新时代构建乡村低碳环保、清洁高效的绿色发展体系实质是一场要素配置效率变革、产业形态变革和环境品质变革。通过推进乡村绿色发展基础设施和基础能力建设、完善规划政策引导、深化市场机制创新和健全绿色生态治理体系，倒逼乡村生态科学治理和绿色发展精准施策水平不断提升；推动乡村功能区布局优化，加强绿色技术示范应用推广，持续深入开展人居环境整治和推进乡村污染治理，增进乡村立体化开发水平，提高乡村发展资源尤其是自然资源的集约利用效率，构建具有生态健康、产业促进、功能复合等多维特征的乡村立体化生态空间体系，打造产村融合、宜居宜业典范，实现"三生"共赢和"三生"融合发展。

7.3.2.4 高水平发展环境是促进农民农村共同富裕的保障

高质量发展要坚持市场在资源配置中发挥决定性作用，激发各类市场主体活力。致力于在全面推进乡村振兴中促进农民农村共同富裕，短期靠项目，中期靠政策，长期靠环境，最终靠服务，培优乡村振兴高质量发展环境至关重要。乡村高质量发展环境建设要兼顾效率与公平，坚持以人民为中心的发展思想，围绕农业高质高效、乡村宜居宜业、农民富裕富足的发展主题，持续优化务实高效的政务环境和灵活有序的市场环境，将传统的"以政府部门为中心进行管理"转向"以用户为中心进行服务"，不断推动城乡发展环境一体化治理，切实提高行政服务效率，优化行政服务方式，提升公共服务的稳定、透明和可预期性，促进乡村发展资源和创新要素自由流动，最大化激发市场主体潜能，提高市场运行效率，实现乡村发展中更大的价值释放和更高的产出水平，实现乡村"要素因环境而聚、农民因环境而富、村庄因环境而立、环境因农民农村富裕而更加优良"的良性发展循环。

7.3.2.5 乡村高品质生活是促进农民农村共同富裕的追求

高品质生活要以健全的社会保障体系和完善的公共服务体系为支撑，以便捷可及的基础设施建设和优美宜居的生态环境为前提。促进农民农村共同富裕，不断创造乡村高品质生活，既要聚焦当前社会民生文化领域发展不平衡不充分的突出问题，又要深化"三治"融合，坚持以群众需求为出发点，鼓励社会领域多元主体成长发育，着力加强基础设施建设，完善服务系统供给机制，健全乡村管理体制机制，推进全过程民主实践，加强乡村文化内涵的注入和渗透，营造崇尚科学、敬畏法律、劳动光荣的良好发展氛围，打造党建引领的共建共治共享乡村治理新格局，有效提升高品质生活的发展动力，持续改善乡村居民充分就业基础上的生活质量，实现更高水平的公共服务、社会保障和社会治理，不断增进乡村居民的获得感，持续打造美丽家园和幸福乡村，让农民农村共同富裕在广大乡村居民的现实生活中更加充分地展示出来。

7.3.3 多维协同扎实推进农民农村共同富裕目标实现

扎实推进共同富裕问题是直接关系着全国人民共同过上幸福生活的"国之大者"，在全面推进乡村振兴中促进农民农村共同富裕关乎补齐短板和筑牢底板问题，具有长期性、艰巨性和复杂性等特点，并非一蹴而就，也难以齐头并进，为实现新时代全面推进乡村振兴促进农民农村共同富裕目标，未来乡村发展应始终坚持党的全面领导，坚持以人民为中心，坚持人民主体地位，依循乡村发展规律，强化顶层设计，突出创新驱动，接续全面小康，致力于城乡融合背景下持续推动乡村高质量发展。

7.3.3.1　促进农民增收：推进乡村产业发展"双融合"，打造高能级产业体系

战略先行，推进产业发展"双融合"，拓展乡村产业发展"赋能空间"。及时回应农业和乡村居民现实期盼，有效对接城镇和城市居民发展诉求，促进乡村一二三产业"小融合"，强化城乡一二三产业"大融合"。牢牢牵住产业发展这个"牛鼻子"，推动科技创新和绿色发展，充分认识信息技术推进产业融合的关键作用，着力现代种业、智慧农业等重点领域及关键技术突破，完善农业服务、资金、科技、基础设施和信息技术等配套网络，为农民联动外部市场和推动乡村发展转型提供支持条件，不断为农民致富增收配置"金钥匙"和"新密码"，逐步实现居民收入增长和经济发展同步、劳动报酬增长和劳动生产率提高同步。

调优结构，强势推动传统产业转型升级，促进乡村产业"扩链增效"。坚持产业发展与扩大就业兼顾，实现多渠道增收，强化乡村产业发展"规划引领、政策保障、项目支持、培训指导、责任落实"五个到位，优化"区域有特色主导产业、产业有发展梯次、新型经营主体有多元组合"的乡村产业发展格局。立足资源禀赋和产业基础，辅以现代化的生产组织管理，加速产业集聚、延伸产业链条、唱响特色品牌，提高乡村产业发展质量和效益。

跨越发展，强化要素保障，助力现代化生产"引领带旺"乡村。推动城乡人才共享，实施"时代特色、效果导向"的多维乡村人才培育，进一步健全技能人才的市场价值实现机制。探索乡村产融良性互动发展模式，完善乡村信用体系，创新绿色信贷、"保险+期货"等特色金融益农产品。适度推进"柔性供地"个性化服务试点，优化"要素跟着项目走"保障机制，着力打造一批现代农业示范区，加快"专精特新"乡村产业集群发展。

7.3.3.2　激活乡村活力：勇于集成式惠民改革，增进高浓度政策创新能力

纵深推进乡村综合改革，大力夯实乡村振兴制度基础。强化县域统筹，深化农村五项重点改革，优化土地、劳动力、资本、技术等要素组合，积极

回应群众关切，因地制宜打出一套"乡村惠民改革组合拳"，尤其是要注重从土地制度改革入手，推动乡村振兴，提高农村居民财富保有量和财产性收入。关注农村集体经营性建设用地入市与入市后建筑物抵押贷款联动、村干部专职服务村级集体经济发展模式构建、工商资本进入农村公共服务领域等新情况，完善农村产权制度和要素市场化配置机制，注重发挥改革的整体联动效应，不断加快农村转型和结构转型，促进城乡融合发展。

完善乡村治理体系，全面激发乡村发展内生动力。共同富裕是人民的共同富裕，最终要落脚到人民。站在人民的立场之上积极探寻富裕问题是马克思主义共同富裕理论的关键所在[①]。未来的乡村治理水平提升，应强化"三治"融合，更精准地锚定群众实际需要，增强乡村公共服务有效供给，让公共服务资源真正发挥作用、惠及群众，尤其是要建好用好新时代文明实践中心，教育服务群众，激发农民群众参与精神文明建设的热情，升级文明供给。坚持以党建引领为核心，继续夯实党的基层战斗堡垒，持续激发党员干部的使命担当，充分发挥党的领导核心作用，以区域化党建思维实现区域化联动发展，通过议事决策机制民主化、产业发展一体化、人才结构多元化促进治理有效，建立政府规划引领、市场建设运营、村级协调资源、群众全程参与的"一核三化四协同"发展机制，有效引导群众有序参与村内公共事务。

发展壮大新型村级集体经济，融合发展促进价值共创。理顺乡村生产力发展机制，有效盘活各类资产资源，明确利益边界，创新具有群众主体、股份合作、要素分配、价值共创等特征的多样化新型集体经济组织形式，用好土地等相关政策，做大经营性资产，鼓励"多元化"经营，加强供销社、农信社、农民专业合作社等主体联动融合发展。推深做实村企联建、产村共建，建立企业、村集体、合作社、农户等协作主体之间稳定紧密的利益联结机制，推动"小农户"和"大主体"互利共赢，形成相互融合、价值共创的发展态势。

7.3.3.3 优化乡村生态：畅通拓宽"两山"双向转化通道，推进高标准绿色发展

全面盘点乡村生态家底，健全生态产品价值实现机制。加快自然资源资

---

① 付文军、姚莉：《新时代共同富裕的学理阐释与实践路径》，《内蒙古社会科学》2021 年第 5 期。

产产权制度改革，开展乡村生态产品调查与统计，摸清生态存量。健全完善生态农产品、文旅等乡村生态产品的市场价格形成机制，分类分层搭建生态资源交易转化平台，创新拓展生态补偿、绿色银行、"生态+"多业态融合等生态产品价值实现方式，健全对限制开发区、生态涵养区等欠发达地区的生态补偿机制，推动生态要素向生产要素、生态财富向物质财富转变。

扩大乡村优质生态产品供给，促进生态资产保值增值。加快乡村绿色发展方式转型，以更加优质的乡村规划撬动乡村资源集约化利用，赋以文化内涵，紧密市场关联，着力提高乡村生态产品品质和层次。紧紧抓住碳达峰与碳中和带来的机遇，激活乡村生态资产价值，大力发展碳汇经济，着力发展生态农业、生态旅游、康养产业和生态林业经济，创造更多的绿色生态品牌，拓展和丰富乡村优质生态产品呈现形式，促进生态资产保值增值。

加速乡村生态产品市场化经营开发，梯次推进城乡生态联动治理。培优育强乡村生态产品市场经营开发主体，致力于在乡村"全域生态综合体建设"中推进产业生态化和生态产业化。推行"生态治理+现代农业发展+集体经济增收"的可持续发展方式，提高乡村全要素生产率。优化城乡主体功能区划分，完善生态产品市场化机制，规范城乡区域之间以及企业、农村集体组织、农户等主体之间"碳交易"市场行为，全维拓展乡村发展空间。

7.3.3.4 打造宜居乡村：进一步强化精致服务，全力营造高水平发展环境

持续开展人居环境整治，加快推进数字乡村建设。坚持梳理式整治、景区化打造、社区化管理和品质化生活的人居环境整治提升主线，深入开展农村厕所革命和人居环境整治行动，推动乡村面貌持续改善。多维拓展数字党建、数字兴业、数字治理、数字惠民等未来乡村发展场景，探索新时代乡村振兴智慧化之路，不断推动乡村生产生活方式现代化。

精准对接乡村居民差异化诉求，优化乡村公共服务供给。关注不同阶段农民利益诉求的变化，合理区分不同区域社会中的农民类型及利益诉求差异，进一步提高农村基本公共服务的资金保障能力，不断优化农村基本公共服务项目设置，建立健全农村基本公共服务项目监管长效机制。做深做实乡村公共服务供给改革文章，通过市场化方式在特色产业、乡村旅游、污水垃圾处理等领域吸引社会资本尤其是工商资本参与乡村建设和社会化服务等，

充分发挥公共服务的市场接近与空间生产效应。

统筹城乡基础设施建设，促进城乡等值发展。重视村集体资产清查基础上传统已有基础设施的运维管护与提档升级，加快城镇基础设施和公共服务向农村延伸覆盖，推进城乡基础设施互联互通、共建共享，创新农村基础设施和公共服务设施决策、投入、建设、运行、管护机制，不断提升城乡居民的社会保障与公共服务水平，促进人民物质生活和精神生活共同富裕，实现基于人的全生命周期的优质公共服务共享①。充分利用乡村资源禀赋，协同美丽乡村建设，规划并逐步建设覆盖面广、辐射力强、特色显著的秀美乡村网络，形成集群发展态势，提高乡村建设普惠水平，促进城乡等值发展。

7.3.3.5 增进民生福祉：促进均衡优质发展，创造乡村高品质生活

更新理念，提升服务引领发展意识。要构建有利于推动高质量发展的行政服务机制，彻底理顺体制机制，探索出推动高质量发展的模式和经验②，持续开展"乡村振兴服务再提升"活动，全面推进"放管服"改革向乡村延伸，强化主动服务意识，提高主动服务能力和水平，做到真担当、真服务、真有效。开展科学的"差异化"绩效评价，推动有效市场和有为政府更好结合，全力打造长期稳定可预期的乡村振兴环境，赋能乡村振兴。

创新方式，打通精致服务"最后一公里"。切实推进乡村全过程民主实践，进一步完善村民议事、听证等程序，建设群众诉求联络员队伍，健全居民诉求回应联动机制。供需对接，接续选派驻村第一书记和工作队，紧密联系当地群众，组建专业化、现代化的乡村管理团队，健全各种现代社区支持工作方式。统筹三级服务体系，加大乡镇便民中心建设力度，加快村级公共服务综合信息平台建设，建立以民生需求为导向的赋权机制，坚持零距离服务，为乡村群众提供"一站式""全领域""高水平"精致服务。

汇聚合力，构建全社会参与乡村振兴的工作格局。以共享理念整合资源，扎实推进巩固拓展脱贫攻坚成果同乡村振兴有效衔接，坚决防范规模性返贫，携手社会力量建设"服务乡村振兴共同体"，培养与吸引更多人才、资金、技术等要素进入乡村振兴相关领域，鼓励丰裕社会资源精准高效参与

---

① 李军鹏：《共同富裕：概念辨析、百年探索与现代化目标》，《改革》2021 年第 10 期。
② 张占斌、吴正海：《共同富裕的发展逻辑、科学内涵与实践进路》，《新疆师范大学学报》（哲学社会科学版）2022 年第 1 期。

乡村振兴，将解决城乡差距、收入差距作为主攻方向，将资源更多向乡村、欠发达地区倾斜，向困难群众倾斜，依据乡村发展的阶段性矛盾，引导形成多元共治格局。通过共建共治共享，破解乡村普遍存在的要素流失、农民主体缺位、内生动力不足以及政府或资本单边主导引致利益失衡、矛盾冲突的困境，形成"共治保共享、共享促共建"的良性循环。

附　录

附录一　奋力打造新时代乡村振兴样板之地的策略探讨[①]
——联带成网，三链牵引，五动赋能

持续巩固拓展脱贫攻坚成果，高标准高质量打造新时代乡村振兴样板之地，做优农业、做美农村、做富农民，是省委省政府准确研判全省"三农"工作阶段性特征基础上的重大战略部署。为准确把握新时代乡村发展新情况，课题组通过书面函调、座谈访谈、网络交流和跟踪调研等多种形式调研了解全省、设区市以及典型区域乡村振兴工作推进情况，形成推动江西打造新时代乡村振兴样板之地的策略报告。

一　乡村全面振兴实现良好开局，基层实践困惑亟待解答

（一）积极顺应重心转移，稳中求进实现有效衔接

调研发现，脱贫攻坚战取得全面胜利后，各地保持接续奋战的良好态势，紧扣中央决策部署和省委省政府工作要求，总结运用脱贫攻坚期好的体制机制和有效做法，接续推进巩固拓展脱贫攻坚成果同乡村振兴有效衔接重点工作落实；紧抓产业发展这个巩固拓展脱贫攻坚成果同乡村振兴有效衔接的"牛鼻子"，因地制宜探索产业发展模式，多措并举激发产业发展活力，推动脱贫群众长期稳定增收；紧扣乡村建设目标要求，扎实开展农村人居环境整治提升五年行动，持续完善基础设施建设，乡村风貌焕然一新；加强和

[①]　此建议获省级领导肯定性批示并批转职能管理部门阅处。

改进乡村治理，构筑富有活力和效率的新型社会治理体系，为巩固拓展脱贫攻坚成果、加速转向推进乡村全面振兴提供了和谐稳定的良好社会环境。

（二）焦点探寻：一个实践困惑，三类突出问题

参与座谈访谈的各级干部和群众畅谈新时代乡村振兴工作推进中取得的成效、经验，也就存在的困惑、发展中遇到的困难积极发言。

1. 干部普遍提到的"一个实践困惑"

访谈得知，基层干部清楚省委省政府提出"打造新时代乡村振兴样板之地"的战略部署，但对于"打造新时代乡村振兴样板之地的战略内涵与工作要求的认知不全面，理解不透彻"，尤其是对于"如何打造新时代乡村振兴样板之地，有哪些抓手"和"新时代乡村振兴样板之地是什么模样，未来的乡村到底是什么状态"等问题没有统一的观念，期待省级层面出台相关指导性文件。

2. 群众反映较多的"三类突出问题"

一是如何确保持续稳定增收。由于乡村传统产业同质化、低端竞争激烈，特色产业质效不高；乡村新型集体经济规模小、保障水平不高，联农益农机制不完善，加之新冠疫情背景下的群众收入下降、就业困难等因素影响，群众对于"增产又增收""工作哪里找""能否持续增收"等问题较为关心。

二是如何补齐乡村民生领域存在的短板。部分农村特别是偏远地区基础设施还不完善，公共服务水平仍然不高，加上项目不好选、用地不好拿、资金不好筹、带头人不好找等问题，民生领域短板问题客观存在，乡村群众希望未来乡村能有更优质的教育、医疗等公共服务，更加便利的乡村治理，以及城乡一体的社会保障体系等。

三是如何进一步给予乡村发展"一揽子"帮扶支持。群众普遍反映乡村人才资源匮乏、发展资金短缺、科技支撑相对落后等问题，希望给予乡村更多的人才支持、项目支持、政策支持和资金支持，通过乡村发展环境进一步优化，让人才、项目、资本、产业等留在乡村、兴在乡村。但论及"应该有哪些具体的支持领域"，多数群众并未给予明确信息。

二　推动江西打造新时代乡村振兴样板之地的战略思考

切实回应基层困惑和民生所向，聚力打造新时代乡村振兴样板之地，应准确把握全省"三农"工作进入巩固拓展脱贫攻坚成果与全面推进乡村振兴的衔接期、农业产业发展进入转型升级的窗口期、乡村建设进入加快补齐短板的机遇期、农民生活水平提高进入改革赋能的快速发展期、城镇乡村进入协同融合发展的突破期的阶段性特征，聚焦"做示范、勇争先"的目标要求，坚持以乡村高质量发展为主题，深入实施"联带成网、三链牵引、五动赋能"战略，聚力打造保障粮食等重要农产品供给、巩固拓展脱贫攻坚成果、推动农业绿色发展、建设数字农业和数字乡村、改进乡村治理、深化农村改革"六大样板"，构建新时代乡村振兴新格局，奋力开创新时代乡村振兴建设新局面。

（一）联带成网，加快构建赣鄱现代化秀美乡村振兴网络勇争先

升级乡村振兴示范点建设，分类推进不同类型乡村振兴发展。结合乡村资源禀赋和特色优势，鼓励各地示范村建设改革创新，因地制宜、先行先试，彰显各自特色，打造不同类型单项或融合样板。聚焦党建领村、治理立村、产业富村、文化兴村、生态惠村、改革强村等创新探索，因地制宜推动各设区市主导建设"产业兴旺、农民增收""生态宜居、传承乡愁""红色治理、感恩奋进""城乡融合、赣才回归""数智乡村""善治典范"等一批社会有影响、群众得实惠、各地可推广的"区域IP"样板乡村，区域联动，竞合发展，强化乡村振兴试点示范引领。

加强乡村振兴示范带建设，带动乡村发展连片突破。统筹规划、集群融合打造，瞄准乡村落实江西建设粮食主产区、红色基因传承区、生态资源涵养区、改革开放新高地等战略功能定位，以省际边界合作、革命老区高质量发展示范、区域农产品生产加工、承接发达区域产业转移、国家乡村发展改革试点以及特色文化、地域文化影响区等重点区域为主轴，以"十百千"工程乡村振兴样板县和示范村镇为重点，支持打造环赣边界合作区域乡村振兴示范带（区）、赣南等原中央苏区红色基因传承乡村振兴示范带（区）、吉泰盆地与赣抚平原特色产业发展示范带（区）、赣北全域乡村旅游创建示范区以及各地特色现代乡村田园综合体等一批乡村示范带（区），推动省域乡村发展格局动态重构，促进乡村空间多维发展，进一步畅通乡村要素交流通道，织密省域乡村关联网络，共筑乡村振兴良性生态，逐步形成"点上精美、线上出彩、组群突破、全面振兴"的富有区域特色与发展活力的赣鄱现代化秀美乡村振兴网络，在保障粮食等重要农产品供给、巩固拓展脱贫攻坚成果、推动农业绿色发展、建设美丽乡村、改进乡村治理、深化农村改革等领域"做示范、勇争先",逐步形成覆盖面广、辐射力强、特色显著的乡村振兴"江西样板"。

（二）三链牵引，协同推进江西乡村产业发展、乡村建设、乡村治理工作走前列

1. 筑牢党建链，牵引乡村治理品质提升

注重党建整合，构建乡村振兴跨越联合体。推动"党建引领·组织领航"党建链建设，聚焦乡村振兴战略实施，构建全领域统筹、全覆盖推进、全方位引领的乡村大党建工作格局。紧密结合乡村振兴示范点、示范带（区）建设，采取"支部+支部""党委+支部""党委+党委"等方式，跨领域、跨行业、跨层级、跨地域组建"强村引领、合作共建、产业引领、行业共建、区域共建"党建联合体，形成党建领航乡村跨域发展的"同心圆"。

保障要素供给，形成新时代"党建+"乡村振兴治理新格局。加强和改善村党组织对于村民理事会、乡村商会等村级各类组织的领导，统筹集聚整合乡村振兴组织资源。有力链接人才、资本、技术等乡村资源要素，链接资源要素"供应链"，有效连接龙头企业、新型农业经营主体、普通农户等主体，整合乡村振兴"主体链"，发展壮大村级集体经济，夯实村民自治基础；进一步规范村级协商主体、内容、方式和流程，深化新时代文明实践中心建设，健全矛盾纠纷预防化解机制，深入推进乡村"全过程民主"实践。积极探索具有时代特征、江西特色的"综治中心+网格化""党建+商会"等社会治理新模式，不断激发自治活力，提升乡村振兴资源配置效率，形成以群众为主体、全社会力量参与、合围攻坚的乡村振兴治理格局。

2. 整合服务链，牵引高水平乡村建设

主动融入区域战略，高起点谋划乡村未来。主动对接国家、中部区域和省域发展战略与协作体系，拓展乡村发展新空间，紧扣"三类县"发展模式，立足乡村资源禀赋和未来发展场景，充分尊重农民意愿，制定并启动《2022~2035江西乡村振兴样板之地建设总体规划》，提升决策层级，统筹规划乡村建设与村庄农田保护、产业集聚、生活居住与生态环境等空间结构，集群打造，高起点谋划各具特色、相得益彰的示范村（镇、带、区）建设。

完善创新乡村支持系统，全方位服务乡村建设。持续拓宽资金来源渠道，整合政府资金和投入，扩大财政以奖代补和贷款贴息投入规模，引导和推动金融机构发展普惠金融，强化资金监管，确保效率效益。充分发挥社会力量投身乡村建设的重要作用，依托涉农院校、乡村振兴学院、远程教育站点等教育平台，强化乡村振兴人才支撑。持续完善农村公共基础设施，合理规划乡村路网、管网、垃圾处理网、污水处理网等，强化长效管护机制。扎实开展农村人居环境整治提升，逐步推动厕所粪污就地就农消纳、综合利用，加强农村厕所革命与生活污水治理有机衔接，切实打造宜居宜业秀美乡村。

3. 提升产业链，牵引高价值乡村产业发展

延伸拓展产业链条，夯实稳定增收基础。聚力江西乡村重点产业链，注重"链"上发力，优化乡村产业链"生态圈"：做强"农业+工业"，延长产业链；做优"农业+服务业"，完善供应链，做精"农业+旅游业"，提升价值链；做实流通"三体"培育，培育壮大流通前端的微观个体，培育壮大流通中端的企业主体，培育壮大流通终端的平台载体，促进城乡要素流动。依托并有机嵌入江西绿色食品等产业链长制，坚守粮食安全、防止规模性返贫两条底线，深挖特色优势资源，面向市场调优结构，推动乡村资源优势与新技术、新业态、新商业模式有机结合，以区域公共品牌建设为抓手，打造一批特色农产品优势区，建设一批优势特色产业集群，梯次推进农业现代化示范区创建，尤其是支持龙头企业在县域布局，持续推进乡村产业提质增效，更多地把产业链主体留在县域、增值收益留给农民。

坚持科技创新驱动，发展壮大集体经济。坚持以科技创新驱动产业链供应链优化升级，广泛吸引延链、补链、拓链、强链项目落地。绘制乡村现代产业集群建设路线图，不断推进江西乡村产业向产业链价值链高端爬坡跃升。探索设施出租、股权投资、农宅合作社、共建共享、"飞地抱团"、委托经营等新发展模式，充分盘活闲置土地、固定资产等集体资产资源，实现集体增收与特色产业发展互促双赢。

（三）五动赋能，努力在高质量推进革命老区乡村振兴工作上做示范

改革创新驱动：持续深化农村综合改革，释放乡村发展动能。着眼盘活资产，巩固"两资清理"成果；着眼盘活土地，深化农村土地改革；着眼盘活机制，继续深化农村集体产权制度改革；同时统筹推进农村金融创新、完善农业支持保护制度等各项改革，为乡村振兴提供强劲动力。注重发挥"改革整体联动"效应，强化农村集体经营性建设用地入市与入市后建筑物抵押

贷款联动探索、"两权"改革与整合盘活用好传统资源、村干部专职服务村级集体经济发展模式创新、工商资本进入农村公共服务领域试点、发行专项债融资方式解决乡村产业发展和乡村建设的资金问题等，用产业化思维、项目化举措拓展资源资产价值化实现模式。坚持多要素联动，持续完善农村产权制度和要素市场化配置，激发农村内在活力，积极争取国家"百县千乡万村"乡村振兴示范创建。努力实现革命老区农村改革发展的新突破。

数字技术推动：加快补齐农村数字短板，提高乡村智治水平。加强整体规划设计，出台标准化建设指导方案，将县域数字农业农村发展水平纳入乡村振兴指标体系。设立数字"三农"专项资金，高水平谋划实施一批乡村信息基础设施升级换代项目，推进数字化物流基础设施、农业大数据平台、数字农业园区等硬件载体建设，以及数字化和智能化的监测、监管、调度、运营等系统建设。积极组建省级、市级和县级数字乡村服务联盟，加强基层干部和农民的数字素养培训，加快构建与产业、项目、治理、服务等内容相结合的应用场景，持续迭代更新应用场景。建立涉农信息服务机制，提升涉农数据资源的分析利用效率，建立激发农村居民广泛参与的机制，从用户体验角度不断优化服务流程和应用场景设计。

环境优化联动：始终坚持服务引领乡村发展，营造长期稳定可预期的发展环境。组成"乡村振兴政策宣讲组"，加大有关乡村振兴战略和江西乡村振兴样板之地打造的政策宣传力度，加强农民培训教育。开展"乡村振兴服务再提升"活动，全面推进"放管服"改革向乡村延伸，建设以"赣服通""村事民办、民事村办""便民服务"为重点的乡村便民服务体系。重点推进"城乡统一大市场""5G网络新基建"等基础设施建设工程，实行清单式管理和推广"物业进村"等服务机制，共建"民生服务网"，为乡村群众提供"一站式""全领域""高水平"精致服务，提升群众满意度。

增收致富带动：持续促进农民稳定增收，夯实革命老区共同富裕基础。瞄准产业价值链的关键环节发展县域富民产业，探索"共享农业"等农村新产业新业态新商业模式，注重农产品标准化生产和品牌增值，聚焦稳岗就业，提高经营净收入。推动农村资源、资产、资本的市场化运作，鼓励以土地经营权、林权、宅基地使用权等入股经营主体，拓宽财产性收入渠道。进一步提高农村最低生活保障补助标准，健全分层分类救助制度体系，稳定特定人口转移净收入。进一步补齐乡村基础设施和公共服务短板，推进城乡融合发展，创造良好的增收环境。

考核督导促动：尽快明确现阶段乡村振兴示范村（镇、带、区）创建指标体系，为打造乡村振兴样板之地提供切实可行的参考依据。建议省级层面尽快出台"乡村振兴示范村（镇、带、区）创建指标体系"、设区市层面要加大乡村建设行动的标准指导力度，建立动态评估和信息发布机制，不定期开展专家评审和常态化调查研判、协调服务，及时总结推广成功经验，及时纠正苗头性问题，对于各地乡村振兴工作进行客观科学的考核督导，并将考评结果作为巩固拓展脱贫攻坚成果同乡村振兴有效衔接、全面推进乡村振兴实绩考核的重要内容。

附录二　推动数字乡村建设的现实挑战及优化路径[①]
——基于江西 4 个国家试点县区的调研

数字乡村建设是全面推进乡村振兴的重要战略方向，是贯彻落实江西省委、省政府双"一号工程"的重要抓手，是聚力打造新时代乡村振兴样板之地的重要内容。为深入了解并准确把握江西数字乡村建设的"痛堵点"、撬动数字乡村建设的"突破点"，课题组于 2022 年 8 月赴安远、井冈山、进贤、玉山 4 个国家数字乡村试点开展实地调研，形成如下调研报告。

一　智质双升：数字乡村试点实践探索各具特色

江西国家数字乡村试点地区对照试点任务高位推进，取得了显著的阶段性成效，有力推动了乡村发展要素资源重组、治理结构重塑、发展环境优化。

（一）着力数字经济驱动，打造县域主导产业创新集群，让数字产业更具活力

借力数字乡村项目建设，改造传统产业，发展新型业态，实现增产降本增效。如进贤县结合县域产业优势，按照"1+4+N"的电商发展思路，建设了医疗器械、文化用品、特色农产品、军山湖大闸蟹四大电商基地，2021 年电商交易额突破 160 亿元。

[①]　此建议获省部级领导肯定性批示并批转职能管理部门阅处。

（二）着力搭建数字桥梁，促进城乡优质资源共享，让数字惠民服务更加便捷

利用数字技术整合群众服务资源，通过提供智慧教育、智慧医疗、智慧养老、智慧政务等服务，以优化服务供给满足群众需求升级。如井冈山市已实现政府服务代办点行政村 100% 覆盖，乡镇（街道）级政务服务事项网上可办率达 100%，真正实现了乡村社区管理、服务"网上办事""掌上办事""快捷办事"。

（三）着力数字社会治理体系整合，优化资源配置效率，让数字乡村更加智慧

以民所需，持续梳理乡村发展涉及领域的可集成纳入数据接口，推进建设"一脑掌控、一图感知、一屏服务"的数字乡村综合性智慧平台。如玉山县打造"数字乡村"指挥中心，涵盖城市安全、精准治理、政务服务、交通出行、民生服务、生态旅游、产业经济、数智底座等 8 个应用场景，整合数字党建、数字安防、数字商贸等信息，运用数字技术整体提升乡村善治水平。

（四）着力重构富民增收空间，有效衔接县乡生产消费，让城乡发展更加融合

借助数字网络平台，促进城乡生产消费互联互通，拓展乡村居民生计空间，实现农民增收。如安远县打造"智慧园区+数字平台+智运快线"三位一体城乡绿色发展新模式，实现"一点多能、一网多用、多站合一"，畅通农副产品上行、工业品下行与区域间货物平行通道，缓解"买难卖难、买贵卖贵"等问题，促进县域仓配服务一体化、城乡配送智能化和城乡居民生产生活数字化，促进乡村居民增收，增进精准便捷服务体验。

二　现实挑战：数字乡村建设与乡村发展需要存在脱节

江西双"一号工程"深入推进、数字技术加速渗透、数字产业蓬勃发展以及乡村振兴新发展格局加快形成，为数字乡村建设提供了良好发展环境。但对标对表国家数字乡村试点要求，江西数字乡村顶层设计、内涵建设等领域仍需创新突破。

（一）管理体制有待健全，农业农村领域数字化基础底座仍需夯实

一是数字乡村建设跨部门统筹协调有待加强。据受访基层干部反映，数字乡村建设面广事繁，统筹部门如网信办等在项目设计、资金使用等领域自主权受限，推进数字乡村建设缺乏主线任务、主导项目，加之具有指导性的实践范本和相对明确的标准规范欠缺，出现了"牵头部门悬空，其他部门本位推进，难以实现精准协同"的现象，其根源性问题在于数字乡村建设边界尚未廓清，特别是数字乡村建设涉及的社会治理、公共服务、产业发展等领域建设及其对应责任主体尚未明确。二是数字乡村信息运管基座建设仍需加速。夯实数字乡村建设基础，需要从基础设施转型升级和管理体系健全双向发力。调研发现，试点地区乡村信息基础设施薄弱，数字经济产业链上下游业务匹配水平仍然存在较大差距，亟待提档升级。据某县宣传部领导反映，同样一套信息监控系统，在本地要 10 万元左右，而在浙江只需 1 万~2 万元，主要原因是设施制造与信息服务行业水平差距较大。同时绩效考核大多从建设情况着眼，而非从客户服务对象应用评价的角度开展。这一系列问题对数字乡村建设进度、方向和质量形成束缚。

（二）数字兴农惠民场景拓展受限，社会主体数字化转型活力不足

一是数字乡村功能拓展滞后于现实需要。调研发现，江西数字乡村建设工作主要聚焦村域内线下资源的线上实现，数字产业低端徘徊、同质竞争，创新引领作用不强；数字治理缺乏互动、质量不高，数字服务意识不强，拓展空间有限，与产业、项目、治理、服务等内容相结合的跨应用场景持续迭代更新与拓展创新不足。调研还发现，江西数字乡村建设重心大多在硬件提升基础上的传统业务智慧化，而对于数字乡村文化建设重视不够。二是数字乡村建设处于"追赶模仿"阶段。调研发现，江西本土领军型、创新型信息化服务企业相对缺乏，数字乡村试点地区的数据中心、智慧平台等建设普遍外包给省外企业或团队，一些符合本地实际的数字乡村应用场景创新，常常因为技术困境或者设施成本较高而搁置，大多试点地区数字乡村建设处于"追赶模仿"阶段。三是社会主体尤其是中小企业数字化转型积极性不高。数字乡村建设虽有系列优惠政策支持，但资金需求量大、回报周期长，如一套数字乡村综合治理平台，动辄百万元级或千万元级的投资，部分有投资意愿的农业企业和移动、电信等社会主体不敢轻易投资，

更别说对经营规模小、数字基础弱、抗风险能力差的中小企业和新型农业经营主体，大多"不愿转、不敢转、不会转"，数字化转型积极性和意愿均不高。

（三）数字数据资源体系建设薄弱，数据壁垒依然存在

一是数字乡村基础数据资源体系建设较为迟缓。调研发现，由于人地分离、居住分散以及信息智能采集技术受限等因素影响，江西数字乡村试点地区全面高质量的乡村数据资源采集较为困难，进而导致农业农村基础数据资源体系薄弱，数据价值挖掘不充分，完整的数据要素供应链和数据产业体系尚未形成。二是数据壁垒亟待破除。江西数字乡村建设实践中，部门内纵向、部门间横向的信息系统协同不足，跨层跨域数据共享不充分，应用程度不高，政企数据双向流通不畅，存在"调控难、签字难、监管难"等问题，如玉山县在推进国家数字乡村试点过程中，共梳理出 23 个单位 20 类大项 70余种小项数据资源，涵盖民生、政务、经济、教育等内容，但这些数据存在交叉、重复、差异和不完整性，可利用性不强，且多数数据资源库由省市垂直管理部门建设，涉及的 61 个数字资源库可集成纳入玉山县数字乡村指挥平台的不足 10 个，其余数据资源库均需省市相关单位授权开放接口方可使用，甚至有的部门开放一个数据接口需 50 万元。

（四）群众数字素养亟待提升，专业人才缺乏

一是乡村居民数字素养整体水平偏低。随着工业化、城镇化的持续加速，农村高学历的青壮年多外出务工，常住农村的居民平均年龄偏大、学历层次偏低，部分老年人受教育水平较低、对现代科技的接受能力较弱。诸多因素很大程度上影响了基层群众对于乡村数字产业、数字治理与数字服务的接受程度和待办事项的互动水平，导致出现数字工具功能利用不全面、便捷化享受不充分的问题。二是数字乡村人才供给不足。县域数字高技能人才的引育留用政策不完善，政产学研合作不足，尚未形成充盈有力的数字技能人才培养供给体系，无法满足数字乡村人才日益增加的需求。调研发现，试点地区虽然成立了"电商办""大数据中心"等专门专业机构，但推进数字乡村建设工作的干部专业素养有待提升，特别缺乏既具有乡村管理经验又懂数字化服务的复合型人才。

三 对策建议：加快形成数字乡村创新实践与群众需求良性互动

（一）强化顶层设计，加快数字乡村资源整合

一是尽快出台"江西省数字乡村建设指导性意见"。在"数字乡村发展要点"的基础上尽快出台"江西省数字乡村建设指导性意见"，尽快把数字乡村建设全面融入相关规划，厘清数字乡村建设的门槛性标准体系、应用场景打造、数据系统运维以及核心技术研发与设施设备支撑等关联内容，确保数字乡村建设在规划统领基础上靶向发力。二是明确数字乡村建设标准及参与力量。加快推出由政府、企业、行业协会和互联网平台等参与建设的数字乡村建设标准体系。原则上明确基础设施建设、乡村治理服务等公共领域由政府牵头负责，强化企业主体在产业相关的数字经济领域的责任担当，积极吸纳社会资本进入并支持数字乡村建设。三是树立群众受惠的绩效考核导向。明确以乡村居民诉求为导向，增加客户满意度、数字经济惠民水平等指标，吸纳群众参与到数字乡村建设中来，着力推进数字乡村建设"有方向、有资源、有实效"。

（二）补齐建设短板，优化数字乡村发展生态

一是实施"三个一批、一个加强"基建提升工程。对于传统基础设施、传统服务站点、传统产业实体"改造一批"，特别要加快推动江西乡村农田、水利、公路、电力、冷链物流、农业生产加工等基础设施数字化、智能化转型；对于新型基础设施、新型经营主体、新型业态、新型服务网络"发展一批"，推进乡村智慧水利、智慧农业、智慧物流等系统建设；对于乡村产业、风貌、文化、邻里、健康、低碳、交通、智慧、治理等场景创设"拓展一批"，激活未来乡村发展活力；加强基础数据资源体系建设，特别是做好信息的智能采集、价值挖掘工作，夯实数字乡村信息底座。二是开展乡村数智专业人才培训及技能认定。结合江西农业农村实际，加大资源投入力度，充分利用江西较为成熟的乡村振兴学院教育网络等培训资源开展"乡村数智专业人才培训"及技能认定工作，创新数字乡村创业发展风险信贷政策，搭建农村电商培训等提升农民数字技能平台，整体提升其数字化理念和运用水平，增进农民数字化素养与技能。三是加大核心技术研发创新力度。主动融入数字经济"一号工程"和"智联江西"发展战略，以数字乡村建设所需

技术和设施装备为发力点，在赣州、吉安等具有一定基础的区域建设瞄准"数字乡村建设的装备制造业集群"，同时加快孵化培育江西优质信息服务企业，夯实数字乡村发展的降本增效提质基础。

（三）立足三大重点，创新拓展数字乡村应用场景

一是以"农"为核，推进乡村产业数字化。依托全省七大产业以及区域特色产业基础，推动江西乡村产业产供销全链路数字化升级，重视利用新技术、新业态，将当地特有的历史、文化、产业和科技融为一体，打造并发挥"智慧种（养）示范区"引领效应，努力实现农业生产消费与数字化的深度融合，实现农民增收。二是以"合"为策，推进乡村治理精准化。准确把脉乡村居民生产生活发展诉求，由省级层面数字乡村建设领导机构统筹协调，在注重数据安全基础上对照群众需求统一开放层级授权标准，协同整合"雪亮"工程等数字资源，建立并完善"省市县乡村五级数字农业农村平台"，打破数据壁垒，重视数字赋能传统治理，开展新时代乡村治理流程再造，着力推动传统管理向"数智治理"转型，高标准推进"一网通办"。三是以"民"为本，推进乡村服务高质化。面向群众关切，推进智慧城市平台和服务向乡村延伸，跨越"数字鸿沟"，聚焦数字教育、数字医疗、数字社保等重点领域，为优质公共服务资源下沉乡村提供便利，助力城乡公共服务均等化。

（四）创新文化供给，提亮数字乡村成色

数字乡村建设是乡村发展水平的全域提升，乡村文化这一核心组成不可或缺。江西文化底蕴深厚，"红古绿"文化交相辉映，应抢抓数字乡村建设契机，进一步丰富创新文化供给，为乡村振兴提供强有力支撑。一是聚焦"传承"，强化原生态乡村风貌的数字化呈现。因地制宜、分类施策，充分发挥示范乡村榜样引领作用，挖掘展示乡村生活细节，充分表达乡风民俗风物，描摹乡村人文风情，科学选定并逐步实现艺术性数字化呈现。二是聚焦"创新"，强化新时代乡村文化的数字化提升。牢牢把握信息技术发展趋势和乡村振兴战略要求，围绕乡村文化样态、文化场景、文化产业、文化主体等内容开展重构创新，推动新时代乡村文化深层次变革，将乡村文化振兴带入高质量发展新赛道。三是聚焦"监管"，强化乡村文化氛围主阵地的数字化营造。坚持正确理性的价值观，筑牢网络安全防线，着力营造未来乡村清朗

雅洁乡村文化氛围，深入开展"新时代赣鄱云上乡村文化展演平台"等乡村文化品牌打造，以全方位满足群众不断提高的多样化精神文化新期待，持续增强群众文化获得感、幸福感。

附录三　加快构建乡村振兴新格局的新情况及因应之策①

服务江西乡村振兴工作高质量推进，课题组于2021年7~8月赴赣州、吉安、上饶等地开展了"新时代构建乡村振兴新格局的总体思路与重点举措"专题调研，涉及信丰、井冈山、横峰等16县（市、区）20个乡镇，现场考察了乡村产业发展、人居环境整治等巩固拓展脱贫攻坚成果和全面实施乡村振兴战略工作，与政府工作人员、村干部、新型经营主体、乡村居民等不同群体展开座谈访谈。现将调研发现与政策建议报告如下。

一　构建江西乡村振兴新格局面临的新情况

党的十九大以来，江西依据乡村振兴战略总体要求和阶段性工作安排，巩固拓展脱贫攻坚成果，扎实做好巩固拓展脱贫攻坚成果同乡村振兴有效衔接，聚力打造"五美乡村"，取得了较好的阶段性成效，但仍存在短板，结合调研信息，以下五个领域工作尤其需要有效突破。

（一）乡村振兴战略安排亟待细化，基础性工作仍需加强

过渡期机构职能划分不清。乡村振兴战略已成为新时代"三农"工作总抓手，顺应工作要求，基层相继完成了"乡村振兴局"挂牌工作。调研数据显示，87.5%的受访干部认为过渡期乡村振兴局的工作重点是巩固拓展脱贫攻坚成果，对于其他工作则表示"不太清楚机构职能划分"，行权主体角色行为模糊、主动性欠缺，影响乡村振兴工作有效开展。

工作人员"本领恐慌"。乡村振兴作为涵盖产业振兴、人才振兴、文化振兴、生态振兴和组织振兴的庞大系统工程，较之脱贫攻坚面宽任重，挑战性更强，为长期从事脱贫攻坚的工作人员提出了更高的专业技能和综合素质要求，96.9%的受访干部希望未来能结合乡村振兴工作接受专业培训，其中

---

① 此建议获省部级领导肯定性批示，相关建议被省乡村振兴局职能部门采纳。

也有 58.6% 的干部表示，乡村振兴培训应进一步增强系统的理论辅导和党性教育，切实提高干部队伍综合素质。

扶贫资产管理等基础性工作仍需加强。精准扶贫期间形成了较大规模的扶贫资产，新形势下如何加强扶贫资产的经营管理、如何将乡村振兴典型探索切实转化为促进乡村振兴工作的长效机制、如何因地制宜设计乡村振兴评价指标体系等工作，仍需统筹谋划。90.5% 的村干部表示，当前只是按照要求进行"资产清查"，尚未充分考虑"后续经营管护，尤其是收益分享问题"；81.3% 的政府工作人员指出"乡村振兴考核指标最为关键，涉及资源配置"，当前选用的农业农村厅"省对市、县（区）实施乡村振兴战略实绩考核指标"存在"大而全且滞后"问题，应分类设计考核指标、因地制宜选用。

（二）乡村规划总体单薄，区域不均衡发展问题依然明显

乡村振兴呼唤优质规划。调研发现，当前的乡村规划工作普遍存在内容单薄、缺乏群众参与和"专业主义设计误区"等问题，较多地体现为乡村产业发展，对于文明乡风、治理结构等内容涉及不多；规划过程中缺乏群众参与，81.5% 的村民表示"参与不是很深入，主要是村干部与规划设计人员制定"。课题组通过查阅村庄规划资料和参观村史馆"墙上规划"，发现囿于规划编制机构能力，缺少与数字乡村建设、特色产业园区等区域高位规划匹配性考量，城乡融合、一体设计、多规合一理念尚未得到充分反映，规划质量和可操作性值得商榷，规划工作的前瞻性与引导性受限。

乡村振兴帮扶政策仍需精准。精准扶贫期间的差异化资源投入，使不同贫困村与非贫困村之间在基础设施建设和公共服务供给等领域存在较大差距，加之过渡期"四个不摘"政策延续效应，区域乡村发展不充分不均衡问题愈加严重，受访对象普遍认为，要将巩固拓展脱贫攻坚成果同乡村振兴有效衔接起来，及时优化调整政策，避免帮扶政策的"撤出悬崖"和"过分叠加"等不良现象，既要防范脱贫户返贫风险，又要尽可能让更多的群众受益于国家富民政策，确保乡村振兴帮扶政策"更精准"，促进乡村发展更充分更均衡。

（三）产业联农惠农机制松散，传统产业高阶转型遭遇瓶颈

产业主体互促互益关系可持续性缺乏。调研发现，由于部分农户诚信意识不强，以及实践中缺乏对农户和新型经营主体违约行为的约束惩戒机制，

户企利益联结松散，长效利益联结关系建设不足。87.2%的新型经营主体提出，完善利益联结机制的关键在于由"传统的资产收益"转化为"农户的实践参与，直至成为产业链的组成部分"，当前大多数利益联结仍然局限于单纯的产品或要素买卖关系，联农带农机制中"利益联结、价值共创"等实质性内容不多。

传统产业高阶演进困难较多。92.5%的受访干部认为，实现产业兴旺，要顺应产业发展规律，精准把握传统产业与乡村产业振兴在发展规划、业务创新等领域接续提档，促进传统产业向多样化、高级化、高端化演进，并提出可以借鉴以前"乡镇企业"发展经验，推进"乡村产业集群建设"，重在"基础设施完善，尤其是加强 5G 时代背景下的数字乡村建设"和"结合江西生态优势，大力发展绿色高质高值产业"；95.7%的新型经营主体认为推进产业转型升级，做好制度创新、科技赋能、品牌增值以及金融支持等工作非常重要；也有 19.3%的脱贫农户认可当前的产业状态，担心"产业转型升级会带来失业"，这也在一定程度上反映了巩固拓展脱贫攻坚成果工作的艰巨性。

（四）乡村人才培育模式粗放，城乡人口流动通道不畅

人才培育质效不高。乡村人才的培养缺乏契合乡村全面振兴的"大人才观"，且人才总量不足，96.2%的受访干部指出，相关培训主要集中在农技相关知识，缺乏系统性的人才选育平台与持续多维效果评价机制，没有体现层次性、梯度性、引领性；"快餐式"培训导致乡村人才的系统认知尤其是思想教育严重不足。另外，"田教授""土秀才"等虽已有职称评定做法，但尚未普及且与市场价值的关联程度不高。58.5%的农户认为，当前培训工作较多表现为科技特派员培训、医护卫生培训等，内容宽泛粗浅，有些内容落后于实践，甚至存在"形式化"现象，使得培训效果大打折扣。

人口流动的支持性环境脆弱。当前乡村人口尤其是青壮年还是"大量外流"，68.1%的受访农户认为乡村人口不能回流的关键问题是"职业安全性不足"，亦即乡村产业稀薄，就业机会少，存在较大"无业或失业可能"；乡村人才政策也存在临时性、碎片化问题，有关权益留人、项目留人等举措规范化设计不足，使得人口流动尤其是人才回流"想回回不来、回来留不住、留下留不长"。

（五）乡村民主治理短板依然存在，生态产品价值实现机制创新不足

全过程民主与文明乡风建设依然薄弱。乡村基本形成层级化、网格化的治理体系，村干部担任专业合作社理事长、村办企业法人、村集体经营项目承包主体的现象已较为普遍，村干部在村集体经营活动中的"收益分配"以及村集体经济收益的"分配方式"等问题越发值得重视，全过程民主议事依然薄弱。至于文明乡风建设，56.3%的农户认为乡村文化服务供给不能有效满足日常精神生活需求，存在文化生活匮乏、内容不丰富、形式单一问题。

"两山"双向转化通道尚需持续拓宽。得天独厚的生态资源是江西乡村绿色高质量发展的突出优势，95.2%的乡村聚焦生态价值实现，大力发展全域旅游、绿色有机农业、健康养老、林下经济等生态经济，着力打通"两山"双向转化通道，将生态优势转化为经济优势，但也有60.7%的旅游市场商户认为发展乡村旅游"市场堪忧"，不能"仅卖风景，应该推进旅游产业链整体开发"，让更多的群众参与到生态振兴中来，共享绿水青山带来的生态红利。

二 加快构建乡村振兴新格局的五项政策建议

（一）致力于精致服务引领乡村振兴，营造高水平发展环境

始终坚持"精准治理"原则。建立健全乡村振兴推进机制，进一步明确部门间职责分工，做好"一巩固五振兴"工作并逐步建章立制。强化"目标管理"，完善乡村振兴考核评价制度、年度报告制度和监督检查制度。因地制宜分区分类设计乡村振兴可量化考核指标，进行科学的"差异化"绩效评价。精准实施乡村振兴政策，县域层面出台综合性打造新时代乡村振兴示范区实施方案，紧扣乡村发展特征，优化乡村振兴帮扶政策，增点扩面，实现政策"精准惠及更多群众"。

强化乡村振兴规划。契合区域发展战略，主动融入和服务"内外循环"，顺应产业发展规律，将资源型产品开发、农业初级产品加工和一些劳动密集型产业更多布局到广大农村，增加就业机会，完善紧密型利益联结机制，活跃农村经济，构建产业生计与区域资源优势互促互益的良性格局，以高水平的开放带来乡村大发展。开展"乡村公共绿地规划设计"试点，科学规划乡村绿地布局，撬动农村"三块地"集约化使用。采用"驻村规划师—村干

部及群众—施工队"一体化规划建设模式,加强规划实施工作的监管考核,提升规划及执行质量。

注重"精致服务引领"。强化服务引领,创新"精致服务党支部"品牌建设,健全乡村振兴环境"四级联动服务机制",拓展支部领办、业务托管等方式,转变传统"行政主导发展"为"行政服务发展"模式。实施一批文化项目、培养一批乡土文化人才、创作一批群众喜闻乐见的文化作品、策划一批品牌文化活动、带动一批文化产业并形成一批典型等"六个一批"行动,扎实做好普通村民"主流文化入门引领"。建设县域"乡村振兴发展共同体",拓展乡村"全维"发展,促进区域间经济社会无碍联通,为推进乡村振兴提供良好发展环境。

(二) 全面激活乡村振兴内生动力,增强高浓度创新策源能力

深化农村产权制度改革。深入推进农业农村"三改合一"工作,完善农村集体成员资格认定和退出机制,探索推进农村土地资源、集体资产股份有偿退出机制,围绕"地"的改革促进乡村发展进入"人—产业—生态"的良性循环。创新村集体经济"多样化组合"发展形式,注重经营性项目布局,推进租赁经营、管理服务、资产入股等混合所有制经济,尤其是通过规划设计、建章立制等方式规范村集体经济、新型经营主体与普通农户等利益主体间协调发展、利益分配等问题,避免规模土地流转带来的"乡村虚无化""居民原子化"现象。

强化城乡融合与乡村开放。树立乡村"大人才观",开展"效果导向"的乡村振兴人才培育示范创建评选活动;重视人才共享,强化城乡人才联动机制建设,不求所有,但求所用。完善"政校企村户"五方协作的乡村人才培育模式,推行岗编适度分离基础上的"教师交流机制",鼓励有条件的地方设立"返乡下乡创业就业基金",增进乡村人口流动性。创新农村技能人才"积分制",进一步健全技能层次的市场价值实现机制。构建多层次、广覆盖、适度竞争的农村金融体系,设立省、市、县三级"乡村振兴发展投资公司",建立健全乡村居民信用体系,积极实施"农业产业振兴贷"和"财政惠农信贷通"贴息政策,探索创新农业保险、绿色信贷、"保险+期货"等产业链金融产品,鼓励有条件的地方设立"乡村振兴基金",有机结合"由产而融"与"由融而产",强化提升现代金融服务效率。

（三）实现区域产业转型升级互促共进的"双融合"，打造高能级产业体系

促进乡村一二三产业"小融合"。及时回应农业和乡村居民现实期盼，有效对接城镇和城镇居民发展诉求，加快农业产业链的业态创新和商业模式创新，通过实施"品牌建设行动""质量提升工程"等关键行动，立足乡村特有的农业景观、自然风光、乡土文化，做足资源文章，多角度、多层次推进资源优势的发挥和转化，敢于和善于"无中生有"，扬优成势，培育乡村产业发展新动能。

强化城乡一二三产业"大融合"。以"智慧农业"理念为引领，依托"产业链长制"，重点发展覆盖全产业链的新型农机制造业，逐步占据产业链高端，提升现代农业产业综合竞争力。以服务业特别是高端服务业助推乡村产业提档升级，结合"数字乡村"建设，大力发展数字农业、农村电商以及其他涉农新业态新模式。

加强"专精特新"乡村绿色产业集群建设。坚持市场导向、品质引领，坚持"最优即特色"的发展理念，强化全产业链集群式发展，以项目为载体，多点发力、多极突破、多元汇聚，打造具有持续创新力和竞争力的中小微企业群体，营造绿色产业良好生态的产业集群。

（四）加快提升乡村民生服务水平，创新高品质人民生活

健全巩固拓展脱贫攻坚成果长效机制。抓实抓好"防止脱贫人口规模性返贫"和"促进低收入人口增收致富"两个底线任务，全面提高扶贫资产治理水平，探索"信息化建设、阳光化监管、全生命周期管护"的扶贫资产管理新模式，促进健全扶贫资产管护和农户、村集体经济组织及其他经营主体的有效衔接。

拓宽农村人口就业增收渠道。加强就业形势监测，建立乡村居民就业"辖区主要领导负责制"，加强乡村就业创业社会保障平台建设，依托职业院校、现代产业融合示范园区等持续开展"农村青年创业富民行动""职业技能提升行动"等工程。

推进产村融合和企村联建。分品种施策、渐进式推进，完善农产品价格形成机制，鼓励"受益主体捆绑式"发展，确保改变资源要素配置伴之以利益格局的相对均衡，保障"涉农生产"主体权益。

完善乡村基础设施建设和公共服务供给。大力推进"数字乡村"建设，注重涉农数据资源整合和共享开放，打造乡村发展的立体多维场景。依据人口动态监测信息，科学优化布局教育资源，营造良好乡村教育生态。以"乡村全域旅游"和"农村物流基础设施骨干网络建设"为抓手，全面提升乡村基础设施建设和公共服务水平。

（五）畅通"两山"双向转化通道，推进高标准绿色发展

持续推进农村人居环境整治提升行动。坚持"梳理式整治、景区化打造、社区化管理和品质化生活"的工作主线，分领域分步骤实施"生产者责任延伸制度"，推进农村人居环境整治专业化、市场化、社会化，以人居环境整治提升推动农村生活方式现代化。

梯次推进城乡生态联动治理。践行"两山理念"，建设监测统计考核体系，建立区域重点耗能企业碳排放情况数据库，规范"碳交易"内容和形式，探索城乡区域之间以及企业、农村集体组织、农户等主体之间生态价值实现机制。发力科技创新，促进乡村绿色发展方式转型，推行"生态治理+现代农业发展+集体经济增收"的可持续发展方式，提高全要素生产率，促进乡村发展空间全维化拓展，实现生态优化、产业发展、群众致富的"多方共赢"。

附录四　做好"土特产"文章赋能乡村产业振兴①

习近平总书记曾指出，"要把'土特产'这3个字琢磨透"②。2023年中央一号文件明确提出，推动乡村产业高质量发展。江西是著名的革命老区，近年来，全省各地以"土特产"为纽带，提升产加销各环节增值，推进一二三产融合发展，打造了小龙虾、富硒蔬菜、鄱阳湖稻米、赣中南肉牛、油菜、麻鸡黄鸡等6大国家级优势特色产业集群，创建了国家现代农业产业园10个、国家农业产业强镇48个，全省农业产业化省级龙头企业达1058家、居全国第7位，累计培育绿色有机地理标志农产品5748个。截至2022年底，

---

① 此建议获省级领导肯定性批示并批转职能管理部门阅处。
② 《用好乡村"土特产"，实现产业大振兴》，http://www.qstheory.cn/2023-09/13/c_112986016 5.htm，最后访问日期：2024年10月15日。

全省休闲农业经营主体 21521 个，带动农户 25.21 万户，带动农副产品销售 1446 亿元，"土特产"已成为江西农民增收致富的重要来源。

一 产业发展存在的问题

（一）优质品牌少而不强

一是获得优质农产品认证的品牌数量偏少。有机产品和绿色产品认证仍然存在材料多、手续繁杂、时间长、费用高的问题，小作坊生产的初级农产品特别是一些传统特色食品，很难达到食品安全认证标准。截至 2022 年底，全省经认证的绿色食品 1638 个，居全国第 16 位、中部地区第 6 位，与全国首个"绿色有机农产品基地试点省"地位不匹配。二是品牌整合效果不佳。近年来，江西大力开展"四绿一红""鄱阳湖水产""江西地方鸡"等品牌整合，通过认证的农产品数量不断增加，但在全国知名度、认可度高的品牌还不多，一些优特产品只能打"原字号"，成为发达地区的原料基地。三是品牌溢价不高。同类农产品品牌较分散，规模效益不高，产业整合和优势品牌没有真正形成。以茶叶为例，《2023 中国茶叶区域公用品牌价值评估报告》显示，在评估的 118 个茶叶区域公用品牌中，江西虽然有 8 个品牌入选，却没有一个品牌价值超过 50 亿元（全国有 9 个），品牌价值最高的为庐山云雾茶（44.47 亿元、位居第 16 位）。

（二）产业融合发展不充分

一是产业链条较短。绝大多数特色农产品只能作为初级加工农产品廉价出售，精深加工和副产物综合利用加工龙头企业 198 家，仅占省级龙头企业的 18.7%。比如，抚州市南丰县甲鱼种蛋和种苗占据了全国 60% 的市场份额，但仅有一家规模较小的龟鳖精深加工企业。二是规模小而分散。以富硒产品为例，江西取得富硒认证的 208 家省级以上农业产业化龙头企业中，产值超亿元的企业仅 11 家，而湖北省恩施州富硒产品"恩施玉露"单品年销售额就达 19.6 亿元。三是融合层次不高。一些地区产业融合项目同质化竞争严重，缺乏深度开发，休闲农业精品少，多样性、特色化不足，文化传承、风土乡俗等挖掘不够。不少地区大力发展果蔬种植产业，但产业融合多局限于观赏、采摘、吃农家菜等。四是冷链设施跟不上。省供销联社、省农业农村厅、省商务厅联合调研报告显示，江西冷库以小规模零星冷库为主，中低端冷库多、高端冷库少,气调库不足 2%,不能满足规模化生产和精深加工的需要。2022 年,江西冷链农产品综合流通率为 14.8%,低于全国(19%),农产品腐损达 467.48 亿元。五是物流成本偏高。江西公路运价整体高于周边省份,省际运输费用因车辆回程利用率低运价更高。比如,从九江整车发往上海运费为 300~500 元/吨,而从上海到九江因缺少"回头货"运费增加至 600~1000 元/吨。

(三) 供给需求不匹配

一是种质管理不善。一些地理标志产品出现品质退化现象。比如,南丰蜜橘是国家地理标志产品,但因盲目扩大种植面积,产品良莠不齐、口碑逐年下降。二是供应量不足。农产品"有量没特色、有特色没量"问题突出,比如,广丰马家柚、井冈蜜柚、早熟梨等优质水果年产量分别为 60 万吨、10 万吨、17.8 万吨,远不能满足市场需求。三是生产标准不规范。或有标准应用不够,或标准不完善,或更新不及时。比如,广丰马家柚种植面积超过 19 万亩,但缺乏统一的种植规范和生产标准,导致产品品质不稳定。

(四) 要素保障不到位

一是人才短缺。农产品技术研发、农村电商等专业人才匮乏,难以支撑规模化生产经营。基层农技员待遇较低,引不来、留不住。2022 年,全省农业农村专业技术人员 10016 人,本科以上学历仅占 34.68%。二是项目用地难。不少地方反映,有的农旅结合和田园综合体项目严格按建设用地管理,很难取得用地指标,而农地改变用途、配套发展农业休闲旅游又属于违规操作,导致项目"英雄无用武之地"。三是发展融资难。因为农业资产与收益评估难、农业风险可抗性差等原因,不少农业经营主体面临抵押、担保、信用等融资瓶颈,甚至一些龙头企业也面临不同程度的融资困难。四是保险支持不够。现有政策性农业保险保额不高、险种不全,且赔付条件较为苛刻,导致特色产业遭受自然灾害时难以得到足额赔付。

二 做好"土特产"文章提升乡村产业竞争力的政策建议

(一) 提标准、重特色,打造优质品牌

一是提升生产标准。建议由农业农村部门牵头,推进农产品"三品一标"建设,加快标准化示范基地建设,逐步建立主要农产品生产技术和产品

质量标准体系；支持制定特色农产品地方标准，鼓励企业建立和完善产品质量标准体系和可追溯体系；加大特色优势农产品保护力度，开展农产品品牌培育、评价与保护标准制定，选树一批标准化带动特色农产品产业发展和质量提升的示范典型。二是强化特色产品保种保特。对地理标志特色农产品，如泰和乌鸡、南丰蜜橘等，可借鉴崇仁麻鸡的保种做法，做好原种保护工作。围绕产品的独特地域、生产方式、品质和历史文化，深度挖掘产品特色，提高市场辨识度和认可度，打造一批"特而优""特而美""特而强"的地理标志农产品。三是强化品牌培植。全面推进"六个一"（培优一个区域特色品种、建设一个以上核心生产基地、建立一套特征品质指标、集成应用一套全产业链标准、叫响一个区域特色品牌、健全一套质量管控机制），让特色农产品可展示、可量化、可感知。持续开展"赣鄱正品"品牌认证推介工作，落实从农田到餐桌全程监管，将质量和信誉注入乡土品牌，打造"赣鄱正品"新名片，唱响江西绿色农产品品牌。

（二）强创新、育先机，激发乡村活力

一是深挖资源特色寻求新商机。立足江西自然资源禀赋，巧用书院、进士第、陶瓷、红色、客家等江西文化元素，依托"公司+农户""公司+村集体+农户"等模式，创新培育乡村文化、旅游、休闲、手工艺等业态。比如，抚州市黎川县引导黎川籍画师返乡创业，推动油画产业与乡村旅游融合发展，年吸引游客 10 万余人，实现油画产值超 6 亿元；上饶市广信区打造的"望仙谷"，实现从废弃矿山到国家 4A 级旅游景区、从落寞乡村到网红小镇的蝶变；九江市都昌县周溪镇珠贝加工产业园，形成集研发、检测、养殖、加工、销售及文旅体验于一体的珠贝全产业链；赣州市巧打"硒"字牌，打造了富硒高山梯田米、富硒脐橙、富硒蔬菜、富硒茶叶等 10 多类近百种富硒产品。二是运用新技术新理念引领新业态。实施"互联网+"农产品出村进城工程，高质量发展农产品电子商务，构建产加销一体、农文旅融合的多元化业态体系；借鉴宜春明月山经验，联动周边乡村，依托优势农业和生态景观，植入吃、住、行、文、商、娱、育、养、动等旅游新业态，形成乡村旅游 IP。

（三）重谋划、优布局，推动产业深度融合

一是优化产业布局。科学编制全省"土特产"产业布局规划，打造若干优势特色产业集群，引导全省"土特产"有序扩张；在市级层面，打造一批

一二三产融合发展的区域性优势特色产业集群，持续提升乡村产业核心竞争力；在县级层面，培育包装本土特色产品，提升县域产业承载和配套服务功能，增强重点乡镇集聚功能，打造城乡联动的产业集群。二是推动三次产业高质量融合。在高质量培育特色农产品的基础上，大力发展预制菜、果蔬加工等产业，形成食品加工产业新优势，并引导乡村特色产业与乡村文化产业深度融合发展，推动单一的"小特产"做成多元化的"大产业"。三是支持龙头企业做强做大。支持龙头企业"上市"、加工企业"上规"、农业企业"上云"，发挥头部企业在研发设计和营销方面的优势，吸引更多经营主体、科技人才、社会资本等向乡村聚集。四是优化利益联结机制。鼓励农民以土地、山林、资金等入股，探索建立"农民入股+兜底性收益+按股分红""订单收购+分红""反租倒包再就业"等利益联结机制，实现农企互利共赢。

（四）补短板、强弱项，构建全产业链体系

一是做实"生产链"。因地制宜发展现代设施农业，培育生物合成、"农业工厂"等农业新形态。引导各县根据地方农业特色选准 1~2 个主导产业，深挖"土特产"潜力，让农民更多分享产业增值收益。二是做长"加工链"。培育一批有特色、有潜力的优质"链主"企业，抢占国内行业高地。比如，以江西果然 4.0 加工技术为基础，发展系列果汁加工业，打造江西"果业芯"，提升全省果业核心竞争力。三是做畅"流通链"。加快发展主产区大宗农产品现代化仓储物流设施，探索"乡村产地冷藏设施+县域产地中心冷冻冷藏库+大型销售平台"新模式，推进标准化菜市场、生鲜超市、城乡集贸市场等农产品零售市场建设，支持产地小型农产品收集市场、集配中心建设。四是做宽"销售链"。引导商业服务部门加强与阿里、京东、拼多多、抖音等头部电商平台，盒马鲜生、华润等大型商超，以及高档连锁餐饮企业的合作对接，推动江西优质特色农产品走进高端市场。以农产品区域公用品牌为抓手，通过"旗舰店+供应链+协会+龙头企业+农户"等形式，完善品牌宣传和网点布局，进一步提升农产品流通销售能级。

（五）抓统筹、优服务，保障农业健康发展

一是强化统筹协调。建立乡村产业融合发展联席会议制度，统筹"土特产"开发与三次产业融合发展的规划编制、政策制定、信息沟通、区域协调、监督指导等工作。二是强化部门扶持。完善优化用地政策，建设用地规

模和指标向农村产业融合发展项目倾斜；探索建立产业融合发展项目贷款的财政贴息和风险补偿金政策，对特色产业保险给予财政补贴，延长贷款补贴优惠期限，取消附加费用；鼓励科研院所为乡村产业提供人才培育和技术支持，深入推广"科技小院""专家大院"等科技推广服务模式，以科技激活特色产业。三是强化金融服务。稳妥推进县域普惠金融试点，积极引导金融资本投向农业农村；充分利用大数据，建立健全农村信用体系，优化农村金融环境；健全农业担保机制，鼓励特色农业产业抵押与信用贷款创新，降低贷款利率水平；丰富特色农业险种，构建地方特色农业保险体系，适当放宽保险赔付限制，降低经营风险。

附录五　数智赋能传统生猪产业高质量发展的政策创新[①]
——补齐"四个短板"，推动"五链融合"

推进生猪智慧养殖，是做优做强数字经济"一号工程"和"现代农业强省"战略的重要内容，是提高生猪生产效率、保障猪肉产品质量安全和提升生猪产业核心竞争力的有效举措。为准确把握江西生猪智慧养殖情况，课题组对 476 家生猪养殖主体进行问卷调查，实地调研赣州、吉安等 5 个设区市近 60 家不同规模养殖主体以及样本区域行业管理部门，走访考察中国农业科学院农业信息研究所、农信互联（江西抚州）、增鑫牧业科技股份有限责任公司等 7 家智慧养殖信息服务和设施制造企业，提出加快推动江西生猪智慧养殖的对策建议，推动生猪产业提质增效。

一　"四大态势"向上向好

（一）生产供应保持良好发展势头

近年来，江西克服非洲猪瘟等不利因素影响，立足全产业链培育，推动生猪产业高质量发展，生猪产能实现快速恢复，坚决扛起"为全国生猪供应做贡献"的政治责任，进一步巩固提升畜牧业大省和生猪调出大省地位。2021 年全省生猪出栏 2910.4 万头、存栏 1683.2 万头，能繁母猪存栏 161.7

[①]　此建议获省部级领导肯定性批示并批转职能管理部门阅处。

万头；全年生猪调出 542.8 万头，调入 152.7 万头；赣州市、宜春市、吉安市等地生猪产能位居前列；年出栏量大于 50 万头的 20 余个县（区、市）集中于赣抚平原、吉泰盆地和赣南山区等区域。目前，江西注册登记年设计出栏万头以上猪场 620 余家，数量超过 10 家的县（区、市）有 17 个，规模化养殖比例逐年增高。

（二）智慧农业助力生猪智慧养殖

"十三五"以来，江西按照"互联网+农业"发展理念，自上而下推进智慧农业"123+N"建设，全面实施"整省推进信息进村入户""智慧农场"工程、"互联网+"农产品出村进城工程和数字农业农村试点，力争"种得好、管得好、卖得好、服务好"，现代农业强省实现"弯道超车"，为生猪智慧养殖奠定基础。其中，涉及生猪智慧养殖的生产运管、监测预警、动物防疫监督管理、饲料工业管理、兽药生产经营管理、动物检疫电子出证等省域智慧养殖管控体系已于 2021 年底基本完成。前期已有正邦集团和双胞胎集团，开展了"猪联网"应用试点；且随着江西农信通、中新云农等一批信息服务企业逐步发展壮大，生猪产业智能化、数字化转型基础将更加坚实。

（三）养殖中端智能管控不断拓展

江西生猪智慧养殖发展较快，虽相比浙江、广东等生猪智慧养殖发达区域的全流程智慧管控，江西仍处于初级阶段，但生猪产业信息技术应用场景不断拓展，主要集中在生猪养殖环境自动控制、现代身份标识、生产数据自动采集技术、视频监控、自动饲喂等中端养殖环节。调研显示，87.8%的规模养殖主体采用控制器等环境监测与控制设备，73.5%的繁育养殖主体采用 B 超仪、精子检测仪等生理监测设备，65.3%的规模养殖主体采用生产控制、物流采购等信息管理系统，生猪养殖中端环节信息化、智慧化水平持续提升。

（四）数字赋能推动产业提质增效

大中型生猪养殖主体是江西生猪智慧养殖的主力军，且呈梯级跃升态势。一是约有 93.9% 的中大型养殖主体借助数字化平台，实现不同程度的数字营销、数字管理、数字生产，以发挥组织内外部数据价值最大化。二是约有 6.1% 头部大型猪企借助云计算、物联网、人工智能等技术，逐步实现生猪企业内部互联互通，对猪场数据可视化展示、智能化分析，为生猪养殖提供更加精准的经营决策与解决方案，通过数字赋能推动产业精准生产和提质增效。

二 "四个短板"亟待补齐

对照学习浙江"推进生猪一件事改革"、重庆荣昌生猪大数据中心"生猪产业数字化、生猪数字产业化"、江苏"智慧畜牧"系统建设等区域推进生猪智慧养殖经验，结合现实考察，江西生猪智慧养殖还存在"四个短板"。

（一）养殖主体认知：认识模糊且知识不足

调研发现，生猪养殖主体把智慧养殖更多地理解为"自动化与信息化结合的智能化"，对于智慧养殖"推进现代化设施设备高效化、便利化、智慧化，促进产业多维效益精准实现"的准确理解还有差距。基于生猪养殖主体440份有效问卷分析，65.6%的养殖主体对智慧养殖内容表示"不了解"或"一般了解"，35.4%的养殖主体表示"了解"智慧养殖，但"相关知识还比较缺乏"。90.9%的受访对象表示"愿意"接受智慧养殖技术，即便此前选择"不了解"的养殖主体也认为"如果设备价格合理，还能降低成本，提高收入，就会采用"，"利用网络养殖是发展方向"的观念得到普遍认同。

（二）设施设备供应：可选面窄且功能受限

经营主体对涉农信息产品使用，在功能全面性和操作便利性上有较多考量，认为当前涉农信息技术不能对接现实需求，更希望获得"功能多样但操作起来不复杂的智能设施设备"，特别是"适用不同养殖规模尤其是适合中小规模养殖户需求的养殖设备"。养殖主体采购的相关设备主要来自广东、山东、湖南等地，呈现设施成套化、系统化管控趋势。占有较大市场份额的本省企业主要为增鑫牧业科技、奥斯盾农牧设备有限公司等。设备信息获取主要通过同行推荐、设备厂家推介。调研也发现，中大规模养殖主体愿意主动与科技服务公司对接，研发适合自身条件的智慧养殖技术设备。

（三）智慧技术服务：方式简单且内容单薄

随着智慧养猪市场日渐活跃，越来越多的科技型企业投身其中，为生猪养殖企业提供了种类多样的智慧养殖产品及服务，如阿里、京东开发的"养猪大脑"、扬翔推出"FPF"未来猪场等。江西当前主要有三类智慧养殖服务模式：一是大规模养殖集团自行开发，如正邦集团、牧原集团等。二是专门数字服务供应商，如农信互联企业"猪OK"等服务产品已服务近770个猪场、覆盖8万头基础母猪。三是上游公司嵌入式服务，如上游饲料公司开发智能App，既方便客户查询市场信息、加强生产管理，又推介营销商品，但在生猪智慧养殖服务供给、主体培育、内容增加、方式创新等领域仍有较大提升空间。与浙江、江苏、广东等动辄服务几十家、覆盖全产业链的信息服务供应商相比，江西生猪产业智慧技术服务市场发展空间巨大。

（四）政策环境支持：基础薄弱且标准缺乏

作为系统工程，推进生猪智慧养殖得到畜牧监管机构和社会各界高度关注与支持配合，但基础条件和政策环境仍需加强。一是农村新基建需进一步完善，尤其要高水平建设5G和固网"双千兆"宽带，夯实生猪智慧养殖设施基础。二是缺乏统一生猪智慧养殖技术和设施标准体系，亟待加快完善生猪各环节关键技术领域设施设备、智能化技术和接口等标准。三是智慧养殖的支持政策有待完善，实践探索仍需加强，典型模式和先进经验有待总结推广应用。

三 "五链融合"推动发展

按照"政府主导、平台赋能、龙头带动、机构支撑、服务多元"的工作思路，实施智慧养殖"环境提升""应用融合""资源共享"三大工程，创新生猪智慧养殖"一网二通三化四码五链"（12345）管理模式，实现生猪产业全生命周期科学管理。一网：通过江西省智慧养殖大数据综合信息服务平台，打造生猪智慧养殖全链条"一张网"闭环管理系统。二通：省、市、县（区）三个层级智慧养殖信息采集互联互通；生产、经营、监管、服务四个环节信息采集、场景应用与金融、信贷、保险、电商互联互通。三化：推进生猪智慧养殖智能化、标准化、全域化。四码：建立生产管理端"赣码养"、经营管理端"赣码营"、市场监管端"赣码管"、信息服务端"赣码服"等全流程"码上办"智慧养殖服务体系。具体表现为做好以下五个方面的工作。

（一）打通服务链：建设"产、销、管、服"综合服务体系

结合数字经济"一号工程"，加强组织领导，构建"生猪智慧养殖"项目联合推进机制，加快新旧动能转换。充分运用人工智能、区块链、云计算、大数据、5G物联网等技术及设备，构建全省统一的生猪大数据综合信

息服务平台，实现"一码通办"。实施智慧养殖全链条"一张网"闭环管理，建立全链条全流程"码上办"服务体系，推动"生产、经营、监管、服务"生猪养殖信息采集的省、市、县（区）直联直通及其与金融、信贷、保险、电商等服务端的互联互通。深化数据资源交换共享，组建数据协同分析专家队伍，强化区域全产业链监测预警，合理引导市场预期，深入推进生猪产业智慧决策管理。推进生猪智慧养殖企业（基地）建设，支持生猪规模养殖主体、现代农业示范区开展生猪智慧养殖技术集成创新与成果推广。打造生猪智慧养殖益农模式，推广普及智慧养殖知识，探索"保险+科技+银行+养殖户""企业+农户+集体经济+科技"等智慧养殖模式，加强生猪产业联农带农强农利益联结，推进智慧养殖共建共治共享。

（二）拓展创新链：构建全链条生猪智慧养殖供给生态圈

宏观层面，推动生猪养殖主要环节数字化全面转向全产业链条的数字化和网络化，实现"生产经营主体信息全覆盖、五大关键环节信息全联动、产业主体信息全上图"，准确采集养殖、屠宰、物流、市场消费等各个环节生猪存栏、年末出栏、调出调运、屠宰加工、市场消费等系列场景数据，运用大数据分析，服务生猪产业链动态监控和集成优化。微观层面，逐步普及智能饲喂系统、智能环控系统、监控系统、AI 猪场及大数据运营管理等场景创新应用，形成区域性基于大数据的养殖动态饲料配方、智慧育种技术，建立养殖场群体优化管理与决策大数据平台，创新打造猪场数字化体验中心，建设数字化养殖全流程全景展示，推动不同生产经营主体精准高效绿色生态智慧养殖，构建全链条生猪智慧养殖供给生态圈。

（三）布局装备链：打造智慧养殖技术装备产业集群

针对江西生猪养殖重点区域发展战略及现有智慧养殖技术装备制造业基础，结合生猪养殖主体诉求，提升全产业链各环节不同场景下的信息自动抓取技术水平，大力发展智能生产装备、农业智能作业机器人等重点智能农机装备，加快实现适应性好、性价比高、可智能决策的新一代农业传感器的标准化、产业化。进一步提高 AI、5G、边缘计算、新型人机交互等信息技术在智慧农机、农业传感器、农业软件开发中的应用成熟度。在省域范围内布局 3~5 个涵盖智慧养殖智能装备制造、传感器与测控终端设计及制造、养殖软件与信息服务业等智慧农业产业集群，既满足生猪智慧养殖需求，又推动江西制造业高质量发展。

（四）加大供应链：加强基础设施建设及核心技术攻关

依托现有省级智慧农业建设 PPP 项目，优先支持赣州市、吉安市、抚州市等地区做大做强数据中心，筹建"省级生猪大数据中心"，开发和推广相关数据应用产品。协同数字乡村建设，加大新基建力度，推动信息通信服务按需供给、信息网络应用个性定制、供应链精准协同。瞄准农业产业转型升级，尽快启动能繁母猪智能耳标试点、生猪疫病智能防控试点，围绕农业传感器与信息采集系统、高端智能农机装备、农业机器人、农业大数据与计算智能、农业模型与算法等技术短板，实施关键核心技术攻关。率先探索制定生猪产业信息采集系列性代码编制规则等智慧养殖标准规范，完善设施设备、智能化技术和接口标准，推动数据跨系统精准共享。

（五）完善政策链：建立生猪智慧养殖引导和促进体系

设立生猪智慧养殖项目专项经费，建立政府引导、社会参与的多元投入机制。建立支持不同规模生猪养殖主体应用数字技术精准补贴机制，鼓励采取以奖代补、政府购买服务、贷款贴息等方式，吸引金融和社会资本投入生猪智慧养殖项目建设，完善生猪智慧养殖新型设施设备享受农机购置补贴规定。探索发展特色农机保险，选择重点智慧养殖类农机品种开展农机保险业务。加强生猪智慧养殖技术、产品和模式等知识产权管理与保护，加强生猪智慧养殖信息安全政策法规及标准体系建设。依托涉农高校、产业学院、科研机构和大型农企，创建生猪智慧养殖教育培训基地，大力培养复合型智慧农业技能人才。各地编制国土空间规划时要主动对接农业发展规划，优先考虑规模性生猪智慧养殖示范企业（基地）用地建设，积极支持养殖主体开展智慧化改造，为面向 2035 年全域推进生猪智慧养殖创造良好条件。

附录六　发展壮大地方特色猪肉预制菜产业的对策研究①

预制菜产业是农村一二三产业融合发展的新模式，猪肉预制菜作为肉类预制菜中的重要系列，是名副其实的"肉中之王"。发展口感还原度高的特

---

① 此建议获省部级领导肯定性批示并批转职能管理部门参阅。

色猪肉预制菜产业，对于推进江西地方猪遗传资源利用保护、培育现代农业新业态、加快农业强省建设具有重要的战略意义。围绕"地方特色猪肉预制菜生产"这一主题，课题组先后调研了赣州、萍乡、九江、上饶、南昌、抚州等地的赣南藏香猪、萍乡两头乌猪、修水杭猪等地方猪养殖和屠宰加工企业，在深入研究、综合分析的基础上形成了专题调研报告，提出了发展壮大江西地方特色猪肉预制菜产业的对策建议。

一　江西特色猪肉预制菜生产情况

（一）地方猪遗传资源丰富，特色猪肉生产基础厚实

发展壮大特色猪肉预制菜产业，需要夯实地方猪遗传资源保护与利用、生猪屠宰加工等基础。江西地方猪遗传资源丰富，全省共有地方猪遗传资源7个以及山下长黑培育品种1个，根据江西省生猪产业技术体系调查，在赣州市的安远、上犹、于都、寻乌、兴国、瑞金等15个县（市、区）集中饲养藏香猪能繁母猪1万余头，年出栏商品香猪近15万头（最高时期能繁母猪近3万头，年出栏商品香猪近50万头），以直接参与经营、给予资产性收益等方式带动农户500余户，为区域性"富民强区"特色产业。同时，玉山黑猪、赣东黑猪、乐平花猪、滨湖黑猪采用纯种利用模式，赣西两头乌、东乡花猪、赣中南花猪以二元杂交利用为主，玉山黑猪、修水杭猪则以三元杂交为主；地方猪采用生态养殖模式，猪肉品质能够得到较好保障。

（二）特色猪肉产品生产集中度持续提升，市场反响较好

江西地方特色猪肉生产中集中饲养数量最大的是江西山下华系种猪养殖有限公司的"番薯藤"猪，这是一家从猪饲料生产企业延伸到特色猪养殖，再到以特色猪肉零售为主的"全产业链"企业。该公司花了近14年时间，培育的新品种"山下长黑"业已通过国家审定，所卖的都是自有品牌，现每年出栏商品猪12万余头，在广州、珠海和深圳设立直营门店200多家，每天销售100余头猪，占出栏数的30%。修水杭猪多以特色新鲜猪肉在当地直销，兼顾电商销售；萍乡两头乌猪则主要以活猪形式销售到萍乡本地和邻近的湖南部分市县；其他地方猪多以活猪形式以高于外三元猪3~4元/kg的价格在当地销售；赣州市安远县、上犹县等15个县（市、区）年出栏近30万头的商品香猪，因其个体小（商品猪均重50kg/头），有一半在当地就近鲜

销，另一半以活猪形式以高于外三元猪 6 元/kg 的价格远销广东、广西等地，而且市场反响较好。

（三）特色猪肉预制菜产品多元，市场范围区域性特征明显

调研发现，江西地方猪肉预制菜市场菜品种类丰富，其中最著名的单品有大塘东坡肉、弋阳扣肉、安福火腿、萍乡两头乌猪熏肉、兴国米粉蒸肉、猪肉卤制品（卤猪脚、卤猪头肉、卤猪耳、卤大肠）等产品。这些特色猪肉预制菜多属"家常硬菜"类，因其系列产品缩短了制作流程、食用便捷，适应"宅经济""一人食"等时代背景，越来越受到消费者的青睐。由于饮食习惯、传统制作工艺、风味猪肉原料供应以及特色制作工艺等因素综合影响，多数特色猪肉预制菜产品市场范围局限于产地周边区域，生产形式多属"作坊式生产"。猪肉预制菜市场拓展受产品口碑、饮食习惯以及人口流动影响较大，如萍乡两头乌猪熏肉多供应萍乡当地市场和湘赣交界的局部市场，市场范围区域性特征明显。

二 江西特色猪肉预制菜产业发展面临的问题

调研发现江西特色猪肉预制菜产业市场前景广阔，发展势头较好，但也存在政策支持覆盖面较窄、产业化水平较低、产业发展的统筹谋划不足等问题。

（一）特色猪肉生产的政策支持覆盖面较窄

以地方猪饲养为主的特色猪肉生产企业（场、农户）通常都是饲养几百头甚至几十头，规模普遍较小。同样是养猪，除了少数地方猪遗传资源保护场能够较好享受国家及当地一些优惠政策，大部分特色猪肉生产主体，由于品种来源并非本地品种，养殖业主很难在政府产业资金、用地及贷款等方面得到更多支持与帮助。

（二）特色猪肉预制菜产业化水平较低

1. 产业链条不长

当前江西特色猪肉预制菜生产仍然局限于传统菜品，产品研发少，特别是能充分体现特色猪肉品质的包子（饺子）、肉饼等馅品及白切肉系列产品空白，产业链条短，联农益农水平不高。较之于即食、即热、即烹、即配的预制菜生产范畴而言，特色猪肉预制菜在调理肉制品（火锅、烧烤系列产品）以及酱卤制品、水煮制品（狮子头、丸子等）、油炸制品（小酥肉、黄金肉饼等）多个领域仍有较大拓展空间。调研发现，如基于当前每年出栏 3 万头的生产能力，发展壮大赣西两头乌猪全产业链的预制菜产业，每头两头乌猪收益可增加 2000 元左右，且可增加就业岗位 500~600 个，利企富民兴村前景广阔。

2. 标准化体系缺乏

特色猪肉预制菜生产不仅强调风味可口、使用便捷，也要时刻关注营养均衡和食物安全。严格且健全的法规、标准与管理制度有助于产业的可持续发展和消费者权益保障，而江西特色猪肉预制菜生产的标准化体系建设基本处于空白状态。

3. 产业发展主体积极性不够

谈及企业预制菜生产业务布局，除两头乌猪、杭猪经营主体已有前瞻性思考外，其他地方猪养殖主体表示尚未开展太多思考，近期仍会将主要精力放在养殖环节。比如赣南藏香猪生产规模已经发展到出栏近 15 万头（最高出栏达 30 万头），但至今没有一个具备"种畜禽生产经营许可证"的香猪扩繁场，严重地影响了赣南藏香猪的健康有序发展。

（三）特色猪肉预制菜产业发展统筹谋划不足

发展壮大特色猪肉预制菜产业，需要做好产业发展谋篇布局，并提供强有力的政策支持。调研发现，萍乡市湘东区已经通过湘东区农业农村发展投资有限公司市场主体，联合萍乡市赣西两头乌养殖有限公司着手兴建两头乌猪预制菜产业园，推进萍乡两头乌猪预制菜产业发展，有效解决了特色猪肉发展过程中的土地、资本和营销问题，目前进展良好。其他地方特色猪肉的预制菜产业发展的政府统筹规划及产业发展支持推进工作，还需尽快开展。

三　发展壮大江西特色猪肉预制菜产业的对策建议

根据调研情况，提出发展壮大江西特色猪肉预制菜产业的对策建议如下。

（一）引导提升特色猪肉综合生产能力

针对 7 个地方猪遗传资源群体数量普遍还很小的现实，优化顶层设计，精准引导，推动地方猪生产良种繁育体系建设，完善现有地方猪遗传资源保种场、一级扩繁场以及商品繁殖场（以杂交利用）体系，规划建设并逐步形成以赣西两头乌猪、修水杭猪、赣南藏香猪等为特色的地方猪生猪集群，提升地方特色猪肉的综合生产能力，为特色猪肉预制菜生产提供基础保障。特别是以"山下长黑"通过国家审定为契机，做大做强以江西山下华系种猪养殖有限公司为核心的"山下长黑"种猪品牌，尽快完善"山下长黑"良种繁育体系，变资源优势为商品优势，推动江西特色猪肉生产实现新跨越。

（二）做好特色猪肉预制菜产业发展规划

加大地方猪发展扶持力度，打造标准化养殖生产体系，通过龙头企业的保护价收购机制，稳定特色猪肉预制菜产业发展基础。借鉴山东联合预制菜产业上下游相关企事业单位，组建预制菜产业联合会的经验，引导全省特色猪肉预制菜经营主体、科研院所等协同发展，建立江西特色猪肉预制菜生产联盟。抢抓预制菜发展"风口"，制定完善"高质量推进特色猪肉预制菜产业发展实施方案"，将原材料的前端资源供给优势、中端企业生产规模效应与后端消费市场结合形成"三产联动"，推动产业集群发展。鼓励各地立足资源禀赋、区位优势，大力推动特色猪肉预制菜产业企业和产业链上下游配套企业集中入园发展，有机融入区域预制菜产业系统，支持特色猪肉预制菜产业园区科技平台、进出口平台建设。

（三）健全特色猪肉预制菜生产标准体系

发挥预制菜龙头企业"领头雁"作用，强化技术创新和数字赋能，着力在特色猪肉预制菜食品包装、产品研发、品质提升、品牌创建上下功夫。围绕预制菜产品类别、原料生产、产品供应、加工生产与食品营养及功能等方面，逐步制定完善预制菜从田头到餐桌系列标准。联合龙头企业、生猪行业协会、地方政府，推动特色猪肉预制菜标准化工作，加快制定特色猪肉预制菜食品安全地方标准和特色猪肉预制菜产业园建设指南、特色猪肉预制菜产业园评价规范、特色猪肉预制菜包装通用要求、特色猪肉预制菜冷链物流运输要求以及预制菜分类基础标准、特色猪肉预制菜品质评价检测标准等基础通用标准，构建具有江西特色的特色猪肉全产业链预制菜标准体系。

（四）加强特色猪肉预制菜品牌打造

在特色猪肉预制菜品牌创建上下更大的功夫，充分展现江西3个"一流"优势（一流的空气、一流的水质、一流的土壤）孕育出的特色猪肉预制菜品牌，讲好特色猪肉预制菜的品牌故事，努力打造更多具有赣鄱味道的特色猪肉预制菜食品品牌，把产业热点变成发展亮点。

（五）强化特色猪肉预制菜生产政策支持

一是将预制菜中小企业纳入"赣菜贷"金融项目支持范围，借鉴广东省运作"预制菜母基金+规模子基金群"的经验做法，在成立省级母基金的基础上联合预制菜上市龙头企业、预制菜产业园、文旅公司等设立针对预制菜细分领域的预制菜子基金，大力发展预制菜产业供应链金融，为预制菜生产、加工、仓储、流通等环节提供多元金融服务。

二是建立健全食品安全追溯体系，完善特色猪肉预制菜行业监管机制，强化预制菜"从产地到餐桌"全程监管，严格落实预制食品生产标准，加大对违法失信生产经营企业的约束惩戒力度，守护公众"舌尖上的安全"。

三是创新特色猪肉预制菜营销渠道，支持企业在重点时段、重点场所投放广告，在大型商超、农贸市场等设置特色猪肉预制菜专柜，在电商平台开设江西特色猪肉预制菜名品专区，讲好特色猪肉预制菜品牌故事，建设与文旅跨界融合的推广平台，树立赣鄱特色猪肉预制菜的良好口碑。

附录七　抢抓"以竹代塑"产业发展机遇的调研与思考[①]

中国政府同国际竹藤组织共同发起"以竹代塑"倡议，为减少塑料污染提供了有效的解决路径。江西竹业资源富集，要抢抓"以竹代塑"产业发展机遇，努力打造全国竹产业高值化利用主阵地。为找准江西"以竹代塑"产业发展的问题，提出有针对性举措，课题组赴省林业局和有关职能部门开展座谈，深入铜鼓、安福、资溪等地开展实地调研，并赴浙江安吉、福建南平等地进行考察，问计企业、走访林农，现将调研情况报告如下。

一　发展现状

江西现有竹林面积 1765 万亩，竹加工企业 1400 余家，2023 年竹产业综合产值达 798 亿元，丰富的竹林资源、坚实的政策支持和广泛的产业基础成为推动落实"以竹代塑"工作的良好保障。《加快"以竹代塑"发展三年行

---

① 此建议获省部级领导肯定性批示，相关建议被省林业局职能部门采纳。

动计划》印发以后，安福、资溪持续发力生态产品价值实现，"以竹代塑"产业发展持续向好。

（一）"以竹代塑"支持政策逐步完善

江西出台《关于加快推进竹产业高质量发展的意见》等支持政策，各地在市民广场、乡村田间开展"以竹代塑"科普宣传，成立"以竹代塑"工作领导小组等积极落实"以竹代塑"倡议。其中，安福于2023年底在全省率先出台"以竹代塑"政策采购支持政策，积极推动FSC森林认证，发布《安福县"以竹代塑"产品目录》；资溪印发《资溪县加快"以竹代塑"发展三年行动计划》等文件，设立2亿元竹产业发展基金，全面提升竹林经营水平、竹产品科技含量和竹产业综合实力，推动形成"以竹代塑"引领竹产业高质量发展新格局。

（二）"以竹代塑"产品品类日渐丰富

2023年，全省实现年产重组材超45万平方米，竹生活小家具1680万件、竹筷6800万箱、"以竹代塑"各类产品用材115.5万立方米，竹纤维制品430万件。调研了解到，安福"以竹代塑"产品覆盖建材、家具、办公用品、竹工艺品、重组竹实心门等10多个系列、125个品种，年产值达25亿元。资溪积极推动竹纤维、竹建材、竹纺织、竹车辆内饰、竹制洗护用品、竹餐具等产品研发，力争"吃干榨尽"每一根竹，年产值达28亿元。

（三）"以竹代塑"产业基础更加牢固

全省各地创新推动集体林权、林业数字化、竹林收益反哺等竹产业发展全要素改革，为加速竹产业高质量发展和竹农增收致富赋能。比如，资溪成立"两山"林业发展有限公司，流转毛竹林24万亩推动毛竹林规模化、集约化和高效化经营；建成省内首个竹科技产业园，持续引进未家家居、双枪科技、竺尚竹业等国内知名头部企业推动"以竹代塑"产业延链补链强链，全县现有规上企业20余家，其中单打冠军6家。安福已集聚竹加工企业16家，引导鲁丽竹材刨花板、竹帝重组材及添竹家居工艺品等核心企业，细分赛道、组建集群、错位发展；建设了江西鲁丽绿色新材料科技产业园，采用"工厂+基地+农户"的经营模式，推动前端竹木种植采伐的规模化和后端整体家居产业的集群化，辐射带动宜春、萍乡、新余等周边地市竹木资源的高效利用和深度整合。截至2023年底，全省国家级竹产业龙头企业7家、省级竹产业龙头企业 52 家。

（四）"以竹代塑"科技创新扎实推进

强化科技创新，推动实现竹材及其加工废弃物"零废弃、高产值"。调研了解到，安福鲁丽集团与中国林科院合作研发生产定向竹木复合板，实现了塑胶板替代目标，可广泛用于建材和家具领域。资溪加强与国际竹藤组织、中国林科院等开展全面战略合作，建成首家竹科技创新中心，建立江西资溪竹木制品实验检测中心，并聘请一批国际知名的研究员、企业家组成专家委员会，共同推进"以竹代塑"科技研发、产品测试与成果转化。目前，资溪县拥有竹产业自主品牌 10 余项，专利发明和技术 18 项。

（五）"以竹代塑"应用场景不断拓展

调研发现，江西"以竹代塑"工作起步较早，铜鼓江桥竹木有限公司于2010 年首创"计算机环保竹键盘"率先进入"以竹代塑"市场应用。各地结合全国节能宣传周、低碳日举办强化"以竹代塑"宣传，全力推进"以竹代塑"全面参与。安福网红打卡地建设竹制品生活展示馆，营造全民"以竹代塑"浓厚氛围。资溪大力实施竹制品"六进工程"（进景区、进民宿、进酒店、进馆所、进商超、进街区），建设竹科技产业园、竹梦小镇、竹科博馆，高标准打造竹应用、竹体验、竹展示基地，全力发展竹建材、竹家居、竹结构、竹机械，积极拓展"竹文化+康养"等新业态。瓷态户外重组竹、高耐候性户外重组竹等产品广泛用于鄱阳湖最美水上栈道、港珠澳大桥人工岛景观工程等，无刻痕展平竹砧板等产品远销日本和欧美地区。

二 存在的主要问题

（一）"以竹代塑"产业谋划不到位

一是江西"以竹代塑"产业发展政策响应迟缓。2023 年 10 月，国家发改委等部门联合印发《加快"以竹代塑"发展三年行动计划》以后，省级层面仍未出台"以竹代塑"行动方案、发展规划等产业发展统领性文件，落后于福建等省份，全省"以竹代塑"产业发展整体谋划不足，产业发展要素协同水平不高，支持政策帮扶效应受限。二是"以竹代塑"产业发展的关键要素制约亟须破解。江西竹林面积占林地面积的 10%，且公益林和天然林区划面积较大，竹材利用率为 28%~30%，保护与发展的矛盾突出。鉴于当前

"以竹代塑"生产技术环保达标,如"以竹代塑"产业发展重要一环,竹纤维及其相关产品可以代替目前居民生产生活所需塑料制品的80%左右,而重点生态功能区产业准入负面清单成为"以竹代塑"产业发展的约束因素。三是"以竹代塑"产业支持政策缺乏协同。从税收层面看,竹材加工企业收购经农户粗加工的竹片、竹帘等产品,不属于农副产品开具收购发票范围,不允许企业抵扣税,同时主要出口竹产品在海关出口中以木制品计算,也不能享受出口退税的鼓励政策。从要素层面看,竹材加工不属于农副产品范围,不能享受农业用电优惠政策,竹材粗加工生产环节因其所需设施用地未界定为设施农用地范围,也不能享受用地优惠政策;经营主体对上述情况多有反映。此外,"以竹代塑"产业信息统计与评价系统缺失。"以竹代塑"产业信息统计系统尚未规范完善,缺乏"以竹代塑"产业基础数据库,以及数据采集规程、标准及应用评价规范。

(二)"以竹代塑"产品供需不匹配

一是"以竹代塑"产品原材料供应能力较低。江西优质竹种资源开发利用仅占2.5%左右,低质低效林面积约占50%,加之林权分散与经营管理粗放,林地生产力不高。尤其是在采收环节人力消耗大,受限于竹山道路、采运机械等基础设施不足,砍伐成本高,当前毛竹价格维持在550元/吨左右,而砍竹、运竹下山的人工成本超过400元/吨,还存在山价成本和销售问题。受访竹农普遍反映,毛竹销售困难且价格较低。安福章庄塘溪村村主任认为当前竹林大多处于"靠天吃饭"自然生长状态,竹产业社会化服务水平较低。二是"以竹代塑"产品精深加工相对滞后。当前多数经营主体是作坊式生产,集约化水平较低,竹制品如桌椅等加工成本一般高于同类塑料制品的2~3倍。江桥竹木业有限公司技术负责人指出,要克服成本问题,就需要重视设施设备更新和技术创新,而这又需要大量的资金投入。设施设备老旧与技术创新滞后最终将会带来产品同质化竞争,利润空间收窄。三是"以竹代塑"产品消费潜能仍需激发。鉴于"以竹代塑"的消费观念处于在普及阶段,消费市场尚未全面打开,"以竹代塑"产品消费群体仍属小众,渠道推广和市场渗透等产销对接成本投入较大,相比于塑料制品与木材制品,当前竹制品市场销售竞争力较弱,销售市场和消费空间还有待拓展延伸。

(三)"以竹代塑"产业融合不充分

一是当前竹产业结构发展不协调。当前一产比例较重,二产偏少,三产尚未形成规模，资溪竹产业协会负责人认为既要做好一产，大力发展笋竹两用林以及黄精、灵芝等林下经济，提高林农收益，也要做强二产，提高竹材初加工与精深加工能力，改变当前"以竹代塑"产品生产企业从县外购买初级加工后的竹板进行精深加工的窘境，还要重视竹林碳汇、生态旅游和森林康养等三产发展。直接使用原竹或者加工成普通的竹材，直接食用竹笋或简单加工成笋干，附加值并不高，必须发力全产业链转型升级，铜鼓一林场负责人在比较了福建"亩产万元"丰产林产值收益后得出上述结论。二是"以竹代塑"产业转型升级亟须加快。一方面，江西"以竹代塑"产业化龙头企业大多处在起步发展阶段，缺乏拳头产品，竹资源转化利用率低，带动能力不强。赣州森泰竹木有限公司管理人员指出，竹木企业较少开展相关质量标准认证，尤其是尚未形成系列"以竹代塑"生产标准，类似参与GB/T40241-2021户外重组竹等标准制定的企业屈指可数。另一方面，"以竹代塑"园区或示范基地建设迟缓。江西省竹产业协会负责人指出，2023年全省竹产业总产值798亿元中，竹筷、竹拉丝、竹材坯料约占总产值的50%，创新型竹板新材料只占不到10%，但这些创新产品如有大资本进入，产值可增加20倍。三是"以竹代塑"产业与江西"1269"制造业重点产业链及先进制造业集群黏合度不高。调研发现，当前江西"以竹代塑"产业中的竹筷（约占全国产量38%）、竹集成板材（约占全球产量30%）主要市场为省外和国外，竹制家居、竹外壳等单一成品也有70%左右出口外销，"以竹代塑"产业发展未能与江西电子信息、装备制造、建材、食品、现代家具等重点产业有效结合，实现共生共赢。

（四）"以竹代塑"产业生态不完善

一是"以竹代塑"产业技术创新存在短板。打造完善的"以竹代塑"产业链条，需要充分发挥竹材生长快、易降解优点，破解生产加工各环节技术瓶颈，增进"以竹代塑"产品简约型的同时提高其厚重性：在资源端，"以竹代塑"优良竹种资源选育、适合丘陵山区竹林经营管理的机械研制等工作迟缓；在加工端，竹制品防霉、防开裂技术以及异质"以竹代塑"制品中竹木精准添加技术等仍未取得实质性突破或者市场转化；在消费端，"以竹代塑"产品创意设计及碳足迹碳标签和标准化制造等工作创新不足。二是"以竹代塑"产品应用场景定向不准。"以竹代塑"产品应用场景策划视野狭窄，当前主要瞄准的居民日常性生活方式绿色低碳转型，在竹整装定制、

竹公共建筑、竹工程结构等竹材建材化领域开拓不够，带动全产业链可持续
发展的"以竹代塑"高质高值产品及高端定制化服务不足。尤其是目前多参
考《"以竹代塑"主要产品名录（2023年版）》，与现实消费对接尚存在较
大空间，"针对不同市场消费者的意见吸纳不足，比如农业系统的育苗盘替
代等，'以竹代塑'空间巨大"。三是"以竹代塑"产业联农益农水平不高。
"以竹代塑"产业规模较小、产量偏低，且竹材利用率低（为28%~30%），
竹产业效益不高，"竹产业+乡村振兴"发展模式的竹林资源变现、就业岗
位提供、竹旅融合等多种价值实现形式仍需探索，类似安福鲁丽、资溪双枪
等龙头企业带动林农广泛受益现象还不普遍，林农增收的问题亟待破解。

三 经验借鉴

（一）贵州省赤水市：从增加竹材储蓄到培育竹类加工企业，推进竹产业全链条发展

一是从资源端谋划"以竹代塑"，努力种好竹、伐好竹、运好竹，支撑产
业链下游发展。二是打造竹浆纸制品、绿色食品、竹木家具"三大百亿级产业
园"、打造全国最大的竹循环利用示范基地、组建贵州省竹产业研究院，采用
"公司+基地（专业合作社）+农户"的模式，围绕"以竹代塑""以竹代钢"
"以竹代木"3个大类，将竹子转化为竹木家具、竹集成材等竹制品，全力推
进竹产业全链条发展。截至2023年底，共培育竹类加工企业（含作坊）近400
家，推出10多个领域300多个品种的下游产品，全年竹产业产值近80亿元。

（二）湖南省桃江县：从竹塑托盘到竹餐具、竹玩具，构建高效产业链群

一是实施绿色体系构建工程，利用竹制品加工企业产生的"下脚料"为
原料，开发绿色能源，打造从"竹托盘"到竹玩具、竹家具、竹建筑、竹房
车等绿色产业生产和产品体系。二是构建"国家（桃江）南竹产业示范园
区"，形成以传统加工为基础、精深加工为核心、循环利用为辅助的竹产业
链群，基本实现了从竹笋、竹头到竹干、竹尾、竹屑的全竹利用。三是推动
产学研用深度合作，鼓励企业加强与高校和科研院所的合作，重视FSC森林
经营认证，共建科技企业孵化器、院士工作站，成立桃花江竹产业研究院，
截至2023年底，全县竹产业已获得各类专利218项，获批湖南省外贸特色

产业（笋竹产业）试点县、湖南省竹产业高质量发展示范县等。

（三）浙江省安吉县：通过"六进"加快竹制品推广应用，紧密利益联结机制助力共富

安吉县出台《鼓励"以竹代塑"推进竹制品应用推广实施意见》，在全领域大力倡导绿色消费、全链条融合加速竹产业二次振兴、全要素改革助力绿色低碳共富以推进全域"以竹代塑"。制定《安吉县"以竹代塑"新材料采购奖补办法（试行）》，设置财政专项资金用于竹制品推广，形成竹制品进景区、进民宿、进酒店、进馆所、进商超、进街区初步效应。同时成立全国首个县级竹林碳汇收储交易平台，建立竹制品市场推广平台，建立"运营平台+合作社+农户"的利益联结分配机制，最大限度提高农民获得感，扩大受惠面，真正实现"资源从农民手中来、效益回到农民手中去"。

（四）福建省南平市：建设"以竹代塑"示范城市，促进竹资源生态价值转换

南平坚持"以二促一带三"，紧盯"以竹代塑"前沿需求，出台《南平市推进"以竹代塑"示范城市建设实施方案（试行）》系列政策，在县市区成立竹产业专班，通过打造全竹空间场景典范、推进行政机关和企事业单位以及重点行业等领域"以竹代塑"产品应用、建立市场推广交易平台等举措，定向培育资源，梯度培育企业，多渠道、多维度、多层次宣传"以竹代塑"产品的安全属性和绿色属性，畅通供需渠道，持续推进竹产业一二三产深度融合发展，逐步扩大竹产品在社会各领域应用。

四　对策建议

针对存在问题，建议从以下方面做好"以竹代塑"产业发展文章，全面提升江西"以竹代塑"产业竞争力。

（一）发展战略上，强化新质生产力赋能，深度融入江西"1269"行动计划，创新提出"以竹代塑"的江西方案

坚持市场导向，深度融入"1269"行动计划，尤其是电子信息、装备制造、建材、食品、纺织服装、家具等行业，推动"以竹代塑"产业基础高级化、产业链条现代化、产品服务高质化，逐步形成"以竹代塑"引领竹产业高质量发展的全链条式协同创新机制，打造全国竹产业高值利用主阵地，为

全国生态产品富集地区探索生产产品价值实现和资源节约型可持续发展路径提供"江西方案"。

（二）重点举措上，推动资源端、加工端、消费端和政策端协同发力，加快构建"以竹代塑"产业体系

1. 资源端：努力做好竹材资源培育

一是开展竹种质资源重要性状鉴定、评价和重要功能基因挖掘。结合江西竹林区土壤、气候等自然条件，在赣东、赣西南毛竹产业集群与赣东北雷竹产业集群，以及安福、资溪等 6 个国家级"竹乡"建设竹种业联合创新平台，加强材用竹、笋用竹、纸浆用竹、纤维用竹等竹类良种定向选育和推广应用，夯实竹笋食品化、竹材建材化和竹品优质化的种质基础。

二是优化竹林林地区划并提升其生产力。优化国家级和省级公益林区划，开展天然林精准落界和近自然经营，精准实施竹林分类经营，因地制宜开展低产低效竹林改造、生态竹林保护和修复、适地适竹新造竹林等工程，推进林道及采运等基础设施和能力建设，将林业产业路等林区公路纳入农村发展规划进行建设和管护。鼓励竹农、专业合作社等开展中药材、林下生态种养等经济模式探索，提升竹林综合开发利用价值，多途径促进林农增收。

三是促进竹林生产要素聚集。积极在武宁等 31 个深化集体林权制度改革试点县探索林地流转、推动产业发展等改革任务，推动 21 个试点县建立林权收储机构，推广"林长+示范基地"建设，实施林地规模经营奖补政策，推进竹林资源经营权有序流转，鼓励市场主体以承包、租赁、转让、股份合作等形式参与竹林基地建设，加快发展林区社会化服务，大力推行"两入股三收益"林农利益联结机制，促进竹产业规模化、标准化、集约化发展。

2. 加工端：狠抓蓄势聚能推动产业转型升级

一是加快建设"以竹代塑"应用推广基地。对接"以竹代塑"行动计划，分别以资溪（赣东）、安福（赣西）为中心申报建设国家级"以竹代塑"应用推广基地，坚持"外引内培"双轮驱动，积极招引专业化竹材初加工龙头企业，着力推进跨产业联动，推动前端竹木种植采伐的规模化和后端整体加工产业的集群化，切实发挥欧派、宜家家居等龙头企业"链主"作用，重点引导和创建一批有特色、差异化的区域性"以竹代塑"现代特色产业集群和"赣竹代塑"品牌产业集群，建立跨越生态功能区划的"以竹代塑"产业区域协同互动机制，打造从"一根竹子"到"一种生活方式"的高附加值产业链条。

二是抓好"以竹代塑"科技创新。坚持市场导向，构建"政府引导＋企业出题＋科研机构解题＋平台孵化"工作体系，重点攻克丘陵地区竹林机械设备制造、竹废弃物循环利用、竹制品防霉防开裂、异质"以竹代塑"制品中竹木精准添加技术等关键领域难题，提高竹材利用质效。建立"以竹代塑"科技型企业培育库并予以帮扶，支持建立产学研联动创新平台，参与或主导竹材精深加工相关标准立项、研制和修订工作，建立健全"以竹代塑"产品碳排放认证体系。

三是发展"以竹代塑"产业绿色生产。鼓励"以竹代塑"企业开展设施设备改造或大规模设备换新，加速淘汰高耗能、高污染、低效率的落后工艺和设备，支持"以竹代塑"企业引进竹炭蒸汽联产等生产模式。建立"林地流转—碳汇收储—基地经营—平台交易—收益反哺"的全链条体系，搭建竹林碳汇交易平台，积极探索竹林碳汇改革。逐步推行"林相改造升级—加工科技助力—渣料高效利用—废材种养结合—竹林碳汇提升"的生态循环发展模式，争创国家绿色制造示范体系。

3. 消费端：切实营造"以竹代塑"消费氛围

一是拓展"以竹代塑"产品应用场景。参考《"以竹代塑"主要产品名录（2023 年版）》，有选择性地开展"以竹代塑"领域征集活动，以行业为主线，科学设计性价比替代标准，梳理以竹材替代塑料生产的购物袋、文具、竹缠绕复合材料管道管材、竹质包装材料等"以竹代塑"产品，制定印发并持续更新"以竹代塑"产品名录，聚焦市场需求，分领域、分阶段、分层次开展技术攻关与"以竹代塑"产品替代。

二是搭建产销对接平台。支持建设"以竹代塑"产品交易运营中心，开发具备产品搜索、物流跟踪等功能齐全的"以竹代塑"产业交易平台，推进本地"以竹代塑"产品入驻"江西省政府采购电子卖场"，依托淘宝、抖音等主流电商平台，构建完善的线上营销体系和线下物流体系，尤其关注跨境电子商务，针对国内外标志性工程开展竹结构、竹装饰等领域的定制化生产服务。

三是推动竹文旅融合等新业态发展。深入挖掘竹文化资源，推动竹文创产品设计生产，研发赏竹、食竹、宿竹等全竹旅游体验线路，支持建立竹生态科普教育基地、竹主题森林康养基地等，加快"三产"跟进步伐，促进竹资源生态价值转换。

4. 政策端：健全完善"以竹代塑"支持政策

一是尽快出台"以竹代塑"系列支持政策。结合"以竹代塑"倡议、国家层面"以竹代塑"行动计划各项目标以及江西加强塑料污染治理的实施方案、竹产业发展实际，尽快征集意见并印发《江西竹产业发展规划》《江西省加快"以竹代塑"发展若干举措》，统筹部署并科学规划"以竹代塑"产业布局，形成"以竹代塑"工作专班，科学设计竹材加工设施用地、"以竹代塑"产业链融资等特色金融服务产品、规模"以竹代塑"企业设备换新、"以竹代塑"企业税费优惠等系列支持政策，推进全省重点竹产区"以竹代塑"工作协同融通，快速发展。

二是健全"以竹代塑"产业信息统计和评价体系。结合"以竹代塑"产业发展现实，协同省林业局、省统计局等机构，在赣州、吉安等全国集体林业综合改革试点示范区和抚州等全国林业改革发展综合试点市先行开展，制定"以竹代塑"产业信息统计指标体系，明确数据采集规程、标准及应用规范，开展"以竹代塑"产业信息统计，建设"以竹代塑"产业基础数据库，适时开展产业发展评价，为管理部门决策和市场主体发展提供准确信息参考。

三是营造"以竹代塑"良好社会氛围。每年度选择 5~10 个"以竹代塑"产业富集县区创建新"以竹代塑"示范城市，组织开展"以竹代塑"产品宣传展销活动，加快推进"以竹代塑"相关产品纳入政府绿色采购目录，适时出台"限塑令"，营造全民参与并应用的降碳代塑消费氛围，为"以竹代塑"产业高质量发展提供"土壤"。

附录八　改革开放以来"三农"政策回顾与展望
——基于中央一号文件的考察

"三农"问题始终是中国建设、改革、发展的重大问题，也是学界研究的重点、热点、难点问题；自 1982 年至今颁布的中央一号文件回应现实之问、开启改革先机，推动伟大的乡村变革，也因其关乎农村改革和农业发展、寄托农民群众殷切期盼、关系亿万人民幸福生活，成为党和国家将"三农"问题置于重中之重地位的具体体现。新时代新征程中高质量推进乡村全面振兴，促进农业农村现代化，必须加快推动农村重点领域和关键环节的改革不断攻坚突破、落地见效。党的二十届三中全会首次提出"完善强农惠农富农支持制度"，对标 2035 年基本实现社会主义现代化目标要求，有必要系统梳理"三农"政策演进脉络并深化农业农村工作规律认知，持续推进"三农"重点领域和关键环节系统性改革，优化完善我国"三农"政策及其执行机制，持续增进乡村振兴动能与效能，向建设农业强国目标扎实迈进。

一　改革开放以来中央一号文件政策脉络及逻辑回顾

新中国成立之初的"土地改革"与 1958~1978 年间的人民公社化体制，对于翻身农民生产积极性提升、农村经济社会系统恢复重建及独立完整的工业体系和国民经济体系建设发挥了重要支撑作用。以党的十一届三中全会为标志，我国迎来了改革开放和社会主义现代化建设的新时期。改革也是对内开放，开放也是对外关系的改革，农村的改革也就是对广大农民的开放①。随着城乡二元结构对于农村生产力束缚程度加重，以推行家庭联产承包责任制为代表的农村改革逐步走向深入，回应期间产生的家庭联产承包责任制姓"资"姓"社"的问题以及稳定农民生产预期，在坚持公平优先、兼顾效率的基础上不断创新完善，益农性和包容性持续提升。中共中央、国务院于 1982~1986 年颁布了 5 个旨在扩大农民生产经营自主权的一号文件，其中 1982 年、1983 年为中共中央单独发文。20 世纪 80 年代中后期，农业农村发展受到国家城市偏向发展政策的冲击，粮食安全形势日益严峻，城乡矛盾、工农矛盾、干群矛盾凸显②，自 2004 年开始的中央一号文件的主题再次回到"三农"领域，并持续至今，其中 2004~2017 年的中央一号文件以城乡统筹、以城带乡为主线，直指稳定粮食生产、增加农民收入、加强农村基础建设等目标，2018~2024 年的中央一号文件则聚焦扶贫开发、乡村振兴与农业农村现代化建设，贯穿其中的主线则是通过深化改革，促进农民稳定增收、农业竞争力持续提升与农村宜居宜业和美及城乡统筹协调发展，在强农惠农富农过程推进农业农村现代化。

① 曹应旺：《邓小平领导的改革开放与中国农村问题》，《毛泽东邓小平理论研究》2009 年第 11 期。

② 王文强：《21 世纪以来中国三农政策走向研究——对 14 个"中央一号文件"的回顾与展望》，《江西社会科学》2017 年第 7 期。

（一）自农业单维提升走向乡村多维推进：从农业经济发展到农业农村现代化

党的十一届三中全会开启了中国改革开放的伟大进程，首要工作是解放和发展生产力，同步推进生产关系和上层建筑改革，使之与快速发展的生产力相适应。农村的改革是从改革农民和土地的关系开始，安徽凤阳小岗村的大包干制度在农村土地所有权和经营权之间撬开了裂隙，四川广汉向阳乡人民政府设立则代表着打破了原来"一大二公"生产关系的禁锢，正确对待"统"与"分"的关系，用新的政治体制为新的生产力保驾护航。为了稳定农民生产预期，随后1982~1986年的5个中央一号文件明确肯定了包产到户、包干到户做法，联产联到心，基础是家庭。家庭联产承包责任制被确立为中国农村的基本经营制度。农业经济的快速发展带来了丰富的生产剩余，1984年中国粮食产量突破8000亿斤，农产品供给走出了长期短缺的困境，丰收后的农民却很快就陷入了粮食卖不出去的窘境，中央一号文件及时做出回应，强调促进农业从自给半自给经济向较大规模的商品生产转化，促进农村农林牧副渔全面发展、农工商综合经营，并逐步改革统购统销制度和农产品价格体系，及时调整工农城乡关系，完善流通体制和合作体制，促进农村商品经济和生产力的发展。此后2004~2024年的21个中央一号文件中有11个文件直指农业基础设施完善、农业综合生产能力提升、农业科技创新以及增加制度性供给改造传统农业，实施绿色经营、产业链再造行动，转变增长方式，加快发展现代农业。

农业产业经济发展张力不仅体现在从传统农产品生产向涵盖良种繁育、科技创新与应用、质量安全、市场拓展、生态保护、社会化服务与管理等领域现代农业产业体系转变，以及在2006年、2007年和2012年中央一号文件中提出"新型农民"、"专业合作社"和"新型职业农民"等主体培育，更多表现为产业发展过程中对于农民的观念认知和发展行为影响、农村人居环境改善和城乡融合发展水平提升，党和国家正确研判以工促农、以城带乡发展阶段特征，提出"两个反哺"理念和"多予少取放活"的方针，实行工业反哺农业、城市支持乡村，统筹城乡经济社会发展，并于2006年中央一号文件中提出建设"生产发展、生活宽裕、乡风文明、村容整洁、管理民主"的社会主义新农村。党的十八大之后，党中央提出把精准扶贫、精准脱贫作为全面建成小康社会的必然要求和底线任务，全力推进扶贫开发工作。

党的十九大科学分析我国阶段性主要矛盾，认为城乡发展不平衡和农村发展不充分是亟待解决的重要问题，于 2017 年提出实施乡村振兴战略，统筹推进新时代"五位一体"总体布局，加快推进乡村治理体系和治理能力现代化。加快推进农业农村现代化，是对 1949～1978 年"老四化"、1978～2008 年"多化并举"、2008～2012 年"三化协调"、2012～2017 年"四化同步"的扬弃发展，核心是农村发展方式的现代化，是农业生产、农村文化、生态环境、居民生活和乡村治理"五位一体"的现代化，关键是人的现代化①。

（二）自土地要素激活走向全要素生产率提升：从农业综合生产能力提高到乡村发展资源配置效率再提升

"三农"问题的解决需要区域要素激活基础上的整体禀赋提升，且需随着时代特征的变化而不断更新，加快发展新质生产力，持续促进农业农村现代化。土地改革是农村改革开放的起点，在计划经济体制向社会主义市场经济体制转变进程中，以土地产权制度和经营制度改革为主线，出台完善系列惠农政策，重视农民综合素质提高、农业基础设施完善和社会化服务体系健全，辅之以加快农业科技创新，从重视农业产业水平到提升农业综合能力直至全要素生产率提升的农业农村发展的长效机制基本建成。1982～1986 年的中央一号文件重在坚持以农业为基础的发展方针，在明确和稳定家庭联产承包责任制的基础上提出要持续增加农业投入，依靠科学技术，进一步发展农村教育、卫生、文化等社会事业，促进农民和农村社会全面发展。为进一步提高农业综合生产能力，促进粮食增产、农业增效和农民增收，2005 年中央一号文件继续加大"两减免、三补贴"等政策实施力度，调整国民收入分配结构，稳定、完善和强化支农政策，结合农业结构调整、发展特色农业并结合生产实际加大农民科技培训力度，提高农业综合生产能力。随着城乡关系进一步改善，2008 年中央一号文件提出健全城乡统一的生产要素市场，创新激励举措引导资金、技术、人才等资源更多向农业和农村流动，更好促进农民稳定增收。2010 年中央一号文件明确健全强农惠农政策体系，切实增强水利支撑保障能力，实现水资源可持续利用，2011 年中央一号文件突出加强农田水利等薄弱环节建设，发展城乡一体化供水，继续推进农村饮水安全建设，大力发展民生水利。此后的 2012 年和 2014 年中央一号文件，又分别针

---

① 魏后凯：《加快推进农村现代化的着力点》，《中国农村经济》2021 年第 4 期。

对农业科技创新和全面深化农村改革做出政策响应，建设资源共享、优势互补、互利共赢的产学研用协同机制，持续增强农产品供给保障能力；同时强化改革赋能，强调通过全面深化农村改革加快推进农业现代化。围绕土地、资金、科技、改革、市场等要素领域的系列惠农政策，逐步强化市场在乡村发展资源配置中的决定性作用，注重新业态培育与产业转型升级，逐步推动"农业劳动生产率、资源利用率和全要素生产率相向而行，产品以数量为主向数量质量并重转变，功能以生产为主向生产生态并重转变，动力以物质要素为主向全要素并重转变"①。

乡村发展需要土地等各种要素的优化组合，以提高全要素生产率，从农业综合生产能力提高到乡村发展资源配置效率再提升，更是离不开乡村基层党组织的引领示范作用。1982~1986 年的中央一号文件结合阶段性任务重心，要求党的农村基层组织在农村改革中发挥先锋模范作用，强调党建工作要"两手抓"；要积极培养农村发展所需人才，重视农村商品经济快速发展过程中乡村思想文化建设；开展农村政党工作，明确村干部责任制和报酬。进入深化农村改革和促进农民增收的新时期后，2004~2024 年的中央一号文件要求加大党对农村的改革力度、农业的支持力度、"三农"工作的领导力度，坚持党总揽全局、协调各方的领导核心作用，改进农村工作体制机制和方式方法，深化农村党的建设三级联创活动，加强农村基层党组织带头人队伍和党员队伍建设，健全村党组织领导的充满活力的村民自治机制，发挥好农民主体作用，凝聚全党全国全社会振兴乡村强大合力，治理界域由农村自身向城乡统筹发展转变，治理取向由脱贫致富向实现社会公正和谐转变②。

（三）自农村农民生产积极性激发走向工农城乡利益均衡格局建设：从重视农村内部利益关系调整到城乡融合发展

1982~1986 年 5 个中央一号文件重在通过扩大农民生产经营自主权进而提高其生产积极性，肯定多种形式的责任制，强调集体与个人权益关系的妥善处理；强调尊重群众选择权，强化农村经营的效益核算。尤其是土地所有

---

① 李周：《推进农业绿色发展迈上新台阶》，《中国农村经济》2021 年第 4 期。
② 孔繁金：《21 世纪初中国共产党乡村治理思想的创新与发展——基于 2004—2016 年 13 个中央"一号文件"的考察》，《学习论坛》2017 年第 2 期。

权与经营权的分离，使得农村经营方式也由分散的家庭生产逐步转向发展多样化合作经济，促进生产的专业分工和多样化的经济联合，传统的粗放农业也向集约经营转变。1984年中央一号文件提出要重视和支持农村在实行联产承包责任制基础上出现的专业户，逐步建立起满足农民要求的比较完备的商品生产服务体系。1985年中央一号文件明确提出取消统购统销制度，改善农村发展环境，创新发展和完善合股经营、股金分红等农村合作制；推动农村对外开放，扩大城乡经济交往，增强县级政府管理和协调经济的能力；1986年的中央一号文件再次强调要摆正农业在国民经济中的地位，深化农村经济体制改革，及时调整工农城乡关系，完善流通体制和合作体制，在注意发展合作制度基础上允许一部分人先富起来。从本质意义上理解1982~1986年农村内部利益关系调整问题，正是因为土地制度的创新，才有了家庭农场、种粮大户、农业专业合作社、农业企业等新型经营主体和新型经营模式，促使经营制度的创新，农村生产力与生产关系的互促互益有力冲击着城乡二元结构背景下相对固化的工农城乡关系。

服务于"三农"问题的解决尤其是农民权益保障，党和国家牢牢把握"三农"工作主动权，分别围绕农业产业发展基础上的乡村发展阶段性特征提出了推动"城乡分治—城乡一体化—城乡融合"的政策。1983年的中央一号文件提出要建设星罗棋布的小型经济文化中心，逐步缩小工农差别和城乡差别。2008年中央一号文件要求按照统筹城乡发展要求切实加大"三农"投入力度，健全城乡统一的生产要素市场，引导资源要素流向农村并实现资源合理配置，推进基础设施建设、产业发展等领域的城乡规划协同及实施共进，探索建立促进城乡一体化发展的体制机制。2010年中央一号文件提出要把建设社会主义新农村和推进城镇化作为保持经济平稳较快发展的持久动力，深化户籍制度改革，强化城乡改革尤其是市民化过程中的农业转移人口的权益保障。2013~2015年中央一号文件则要求在全面深化农村改革的基础上，开展村庄人居环境整治，推进城乡基本公共服务均等化，促进城乡公共资源均衡配置、城乡要素平等交换，健全城乡发展一体化体制机制。2021年中央一号文件提出要解决好发展不平衡不充分的问题，推动城乡协调发展，畅通城乡经济循环，加快县域内城乡融合发展。党的二十大报告强调，坚持农业农村优先发展，坚持城乡融合发展，始终是我国处理城乡关系的主线。改革开放尤其是农村的系统性改革解放了农村生产力，逐步解冻了传统城乡非均衡发展的利益关系，加强产业发展带动劳动力就业的作用①，农民的要素贡献提升、农业的多样化功能拓展以及农村的空间生产效率提高，城乡之间已经由原来城乡依赖基础上的"农产品进程、工业品下乡"简单供求关系，朝着空间功能分区基础上的分工协作关系转变，城乡关系处理过程中自初期重视农村农民生产积极性激发走向工农城乡利益均衡格局建设。

二　改革开放以来"三农"领域工作推进及阶段性显著成效

（一）形成系列惠民政策与精准战略部署，深化农村改革及城乡融合发展进程加快

增进民生福祉是发展的根本目的，基于"激发农民生产积极性—工业反哺农业、城市支持乡村—统筹城乡促进城乡融合发展—全面推进乡村振兴"的发展主线，改革开放以来出台的 26 个中央一号文件中涉及惠农政策 200 余项（见表 1），辅之以《农村人民公社工作条例（试行草案）》（1978 年）、《中共中央关于推进农村改革发展若干重大问题的决定》（2008 年）、《中共中央关于全面深化改革若干重大问题的决定》（2013 年）、《中共中央关于进一步全面深化改革 推进中国式现代化的决定》（2024 年）等关键阶段出台的事关农村改革的重要文件，基本形成了系统强农惠农富农政策体系，政策工具使用也愈加多样化、差异化②。从属性与特征来看，可以分为福利型惠农政策、公益型惠农政策、保障型惠农政策、保险型惠农政策和培育型惠农政策五种主要类型③。从内容上看，主要涉及财税支持、补贴补偿、社会化服务、产品流通、科技创新、经营体制、生态环境等农业经济发展类政策，农民就业、脱贫攻坚、社会保障、医疗卫生、教育发展等农民生活改善类政策，组织提升、社会参与、民生工程、文化繁荣、城乡融合等农村和谐稳定类政策。各地充分尊重农民的首创精神，持续开展体制改革和机制创新，逐步理顺政府与市场的关系，科学实施绩效评价，开展强农惠农富农政

---

① 钟宁桦、连方舟、解咪、任浩宁：《产业与就业的结构性失衡——基于滇西边境山区云龙县的案例分析》，《中国软科学》2022 年第 9 期。

② 魏丽莉、张晶：《改革开放 40 年中国农村民生政策的演进与展望——基于中央一号文件的政策文本量化分析》，《兰州大学学报》（社会科学版）2018 年第 5 期。

③ 慕良泽、王晓琨：《乡村发展：从"政策惠农"到"战略部署"》，《中国行政管理》2019 年第 2 期。

策执行情况"回头看",保障系列惠农政策落到实处。

表1　1978~2024年惠农政策要点梳理及演进思考

领域	类别	政策工具	演进及走向
农业经济发展 （70余项）	财税支持	取消农业税及特产税、建立临时收储政策、实行粮食最低收购价等	强调"多予少取放活",紧密联农益农机制,完善农业支持保护制度
	补贴补偿	种粮农民"三贴一补"、一事一议奖补、粮食主产区利益补偿等	多领域多途径加大资金投入力度,建设重要农产品产销区利益补偿机制
	社会化服务	投入农业产业化专项资金推广农业生产全程社会化服务,发展现代产业等	推进一二三产业融合发展,调整优化产业结构,多措并举建设现代大农业
	产品流通	完善农产品"绿色通道""农超对接"等政策,建立农产品目标价格制度等	改革农产品价格形成机制,深化产品流通体制改革,加快县域商业体系建设
	科技创新	推进沃土工程、育种创新、节粮减损等技术创新、发展智慧农业等	聚焦核心技术攻关转化,建设现代农业产业技术和推广体系
	经营体制	开展农村集体产权改革、健全农村集体"三资"管理监督和收益分配等	实行家庭联产承包责任制,加快构建新型农业经营体系
	生态环境	实施退耕还林等重点生态工程,探索生态补偿、碳汇产品价值实现机制等	加强土地等农业资源保护和利用,改善基础设施等生产条件
农民生活改善 （80余项）	农民就业	实施促进农民就业、农民工返乡创业提升行动、促进小农户与现代农业发展有机衔接等	加强农民就业创业技能培训,推动农村劳动力转移就业和农民工市民化,鼓励多种经营,赋予农民更多财产权利
	脱贫攻坚	推动开发式扶贫、整村推进扶贫、连片特困区扶贫、特殊类型地区发展振兴等,促进农村低收入人口常态化等	精准扶贫、精准脱贫以及高质量稳定脱贫,推动农村低收入人口和欠发达地区分层分类发展帮扶
	社会保障	涵盖新型农村合作医疗、养老和住房等领域、城乡最低生活保障一体化等	完善多层次城乡居民社会保障,构建统筹城乡社会救助体系
	医疗卫生	改造提升乡村卫生室、建设乡村医疗卫生服务体系建设等	提升乡村卫生医疗水平,推进紧密型县城医疗卫生共同体建设
	教育发展	实施义务教育"两免一补"政策、开展农民培训和农村实用人才培养等	重视人才培养,建立城乡统一、重在农村的义务教育经费保障机制

领域	类别	政策工具	演进及走向
农村和谐稳定 （50余项）	组织提升	加强党组织及专业合作社等建设、五级书记抓振兴、培养"三农"工作队伍等	党建引领，专业合作，完善多元共治的农村社区治理结构
	社会参与	对于参与乡村社会事业的组织给予税收优惠等支持、推动工商资本下乡等	鼓励社会力量参与，推进农村基层综合公共服务资源优化整合
	民生工程	支持水电路和绿化等基础设施改善提升、加快数字乡村等乡村建设行动等	整合和统筹使用涉农资金，提供现代金融服务，实施村庄基础设施建设工程
	文化繁荣	实施农家书屋等重点文化惠民工程、开展移风易俗行动等	推动农耕文明和现代要素有机结合，重视农村精神文明建设
	城乡融合	建立城乡统一的户口登记制度、加快县域内城乡融合发展等	鼓励城乡要素交流，促进县乡村功能衔接，扎实推动城乡繁荣发展

扎实推进农村综合改革，让农民平等参与现代化进程，共同分享现代化成果。一是全面完成农村税费改革，逐步加大惠农投入力度。从20世纪80年代的正税清费到21世纪初期全面取消农业税并开始对农民进行补贴，农民负担大幅减轻，干群关系进一步密切，据统计，与改革前的1999年相比，农业税取消后的2006年减轻农民负担1335亿元，人均减负140多元[①]。逐步建立覆盖城乡的公共财政制度，以建设城乡均等的基本公共服务，从2002年1亿元的良种补贴至后来的三贴一补再到2024年超2万亿元的惠农资金投入，农村生产条件、农民生活环境显著改善，城乡二元体制带来的问题被逐步破解。二是接续推进农村综合改革，构建新型农村股份合作经济（产权改革、股份合作）与新型农村基层治理体制（村社分开、组织重建）。有序推进农村集体产权、农业经营、农业支持保护、城乡发展一体化和农村社会治理五大领域改革，围绕农民增收、农村稳定，创新村级集体经济发展、农村公益事业发展、基层组织建设等发展机制，推进农村生产力和生产关系的耦合协调。中央于2016~2017年、2018~2022年、2023~2027年分三批支持累计扶持20余万个村庄发展村级集体经济，安排财政支持资金逾千亿元，不断增强村级"造血"功能。农村人居环境持续改善，农村卫生厕所普及率

---

① 吴奇修：《坚持守正创新 与时俱进 担当作为 持续深入推进农村综合改革》，《当代农村财经》2024年第10期。

超过 73%，农村生活污水治理（管控）率达 40% 以上，生活垃圾得到收运处理的行政村比例保持在 90% 以上，乡村全面振兴和农村现代化快速推进。[①] 三是城乡融合发展水平不断提高，城乡公共资源一体化配置取得显著进展。改革开放尤其是党的十八大以来，我国开展新农村建设、推进新型城镇化、打赢脱贫攻坚战，实施乡村振兴战略，不断推动城乡融合迈上新台阶，城乡居民人均可支配收入之比由 2013 年的 2.88∶1 降到 2023 年的 2.39∶1，[②] 城乡居民收入差距不断缩小，亿万农民的创造力不断迸发。农村社会事业取得突破性进展，公共服务全面提升，农村面貌发生根本性变化。

（二）农业科技创新等要素贡献水平不断提高，现代化农业产业经营体系基本完善

改革开放以来，促进我国农村经济发展的主要动力是要素投入、创新、政府政策，其中要素投入主要包括自然资源、劳动力和资本投入；创新主要包含科技创新、组织创新和业态创新。这三种发展动力的演化显示出以下特征：要素投入由低级要素向高级要素演化；由要素投入驱动向创新驱动演化；政府政策一直是农村经济发展的关键动力[③]。只有依靠科技创新，大力发展农业新质生产力，我国农业产业才能够实现从量变向质变的飞跃。从土地要素看，截至 2023 年底，全国已累计建成高标准农田超过 10 亿亩，严格坚守 18 亿亩耕地红线。在保护耕地与加强高标准农田建设的同时，耕地有效灌溉面积稳定增长，从 1978 年的 6.74 亿亩增长到 2023 年 10.55 亿亩，在占全国 55% 的耕地灌溉面积上生产了全国 77% 的粮食和 90% 以上的经济作物；从机械化发展看，我国农业机械总动力呈增长趋势，从 1978 年的 1.18 亿千瓦增长到 2023 年的 11.54 亿千瓦，农作物耕种收综合机械化率达到 74%；[④] 从科技要素看，全国农业科技进步贡献率超过 63%，农作物良种覆盖率达到 96% 以上，主要畜种核心种源自给率超过 75%。[⑤] 尤其是党的十八

---

① 《我国农村人居环境整治提升取得新成效》，https://www.gov.cn/lianbo/bumen/202402/content_6934790.htm，最后访问日期：2024 年 12 月 1 日。
② 根据国家统计局公布的城乡居民收入数据计算出。
③ 石清华：《改革开放以来我国农村经济发展的动力及其演化》，《中州学刊》2023 年第 7 期。
④ 《报告显示：全国累计建成高标准农田超过 10 亿亩》，https://www.gov.cn/yaowen/liebiao/202409/content_6973512.htm，最后访问日期：2024 年 10 月 15 日。
⑤ 《"科技春耕图"在广袤田野铺展——从春耕一线看农业强国建设之二》，https://www.gov.cn/yaowen/liebiao/202403/content_6941153.htm，最后访问日期：2024 年 10 月 15 日。

大以来，我国大力实施创新驱动发展战略，农业科技创新步伐明显加快，成果转化和推广不断加强，在保障粮食生产安全和农产品有效供给、农业增效农民增收等方面作出了重要的贡献：国家重点研发计划系统部署了"七大农作物育种""智能农机装备""蓝色粮仓科技创新"等专项；依托国家现代农业产业技术体系的专家阵容，健全现代农业产业技术体系；创新市场化农技推广模式，近55万名推广机构人员遍布全国，加强农业与科技融合，坚持人才下沉、科技下乡、服务"三农"，强化先进适用技术的示范推广，鼓励发展各类社会化农业科技服务组织，打通科技进村入户"最后一公里"，极大促进新质生产力发展。

调整农业结构促进供给结构和需求结构相匹配，创新市场体制与农业经营体制，提高农业效率与竞争力。农业经营体系是一个多角度、多层次、不断变化的复杂而庞大的系统，建立和发展新型农业经营体系是促进农业发展方式转变、实现我国农业现代化的必然选择和有力保障[①]。党的十八大报告明确指出，要构建集约化、专业化、组织化、社会化相结合的新型农业经营体系。历史分析改革开放以来的农业经营体系发展变化，主要体现在经营规模化、生产组织化、服务社会化、产出高效化四个方面。截至2023年底，全国土地规模化水平明显提高，小农户和现代农业发展有机衔接更加紧密，社会服务组织和龙头企业数量明显增加，全国家庭承包耕地土地经营权流转面积超过5.32亿亩。推动中央财政支持建设100个优势特色产业集群、200个国家现代农业产业园、1100多个农业产业强镇。突出抓好新型职业农民、家庭农场和农民合作社等农业经营主体发展，全国新型职业农民总量已超过2000万人，占农村实用人才的80%以上，农业科研人才队伍总体规模近百万人；超过90万个的农业社会化服务组织辐射带动超7000万户的小农户发展。通过盘活资源、创新运营机制和优化产业结构，因地制宜发展壮大新型农村集体经济，完善乡村职业经理人参与机制，催发了一批带动能力强的新业态，形成龙头企业+基地+农户、合作社+农户等多种联农带农经营模式。截至2023年底，农业功能价值也不断拓展，乡村休闲旅游稳步恢复，农村电商蓬勃发展，全年休闲农业营业收入达8400亿元，为所在区域间接带来了5.8亿元相关产业链产值增长，以及超2万人的相关行业就业带动效果，

[①] 辛岭、高睿璞：《我国新型农业经营体系发展水平评价》，《经济学家》2017年第9期。

农业转型步伐加快。

（三）国家粮食安全和农产品供给能力显著提升，农村居民收入等民生福祉持续改善

得益于持续深化的农村改革，尤其是家庭联产承包责任制极大解放了农村生产力，1978~1984 年，国家粮食产量年均增长 4.95%，棉花产量年均增长 19.33%，油料产量年均增长 14.74%，全国人民的生存和温饱问题基本得到解决。此后由于国家开启了粮食购销市场化改革之路，1985~2000 年间出现粮食购销价格倒挂以及卖粮难现象，致使 2003 年粮食产量严重滑坡降至 8600 亿斤。进入 21 世纪以来，以中央一号文件为代表的粮食安全和农产品供给保障工作更加专业化和精细化，在追求产量的同时，国家稳妥推进土地延包、宅基地制度改革等工作，关注耕地保障和产能提升等问题，粮食安全战略的政策效应也更加明显。截至 2023 年末，粮食产量再创历史新高，达到 1.39 万亿斤；重要农产品供给保障有力，牛羊禽肉、牛奶、水产品全面增产，蔬菜水果供应充足。2004~2023 年，粮食增长 2.26 亿吨，增幅达 48.12%，年均增长率为 2.41%。保障粮食等重要农产品供给安全，既有量的增长，也有质的提高。为保障民众"舌尖上的安全"，国家大力推进绿色生产行动、开展视频安全认证及追溯体系建设，系统推进食品安全监管，2023 年农业生产和农产品"三品一标"新认证登记绿色、有机和名特优新农产品 1.5 万个，全国农产品监测总体合格率为 97.8%，为全面推进乡村振兴、加快农业农村现代化牢牢守住质量安全底线。

推动全体人民共同富裕取得更为明显的实质性进展，最艰巨最繁重的任务仍然在农村，重点是要让农民富起来，难点在如何让农民持续增收。1978 年我国农民人均可支配收入名义值只有 134 元，1994 年便突破了千元大关，2014 年突破万元大关，2023 年增长到了 18748 元，其绝对值在这 45 年间扩大了将近 140 倍，其中，增长速度最快的 1982 年达到了 18.56%。由于 1985~2003 年是国家重点推进工业化和城镇化的阶段，农民收入变化进入剧烈波动期，其中，1985~1991 年的农民收入年平均实际增速仅有 1.45%，1985~2003 年的农民收入年平均实际增速仅有 4.17%，且 1985~2003 年期间有超过一半的时间城镇居民收入增速都远远大于农村居民，直接导致了城乡居民收入比值由 1.86 扩大到了 3.23。2004 年开始，农民收入重新恢复了良

好的增长态势，实现多年连增，这也是农民收入在相对较高水平条件下实现的第一个真正增长"奇迹"阶段，农民人均可支配收入从 2004 年的 2936 元升至 2023 年的 18748 元，增幅达 538.56%。与此同时，农村脱贫攻坚也取得了历史性突破。改革开放之初，我国是"世界上贫困人口最多的国家"，按照每人每年收入 100 元的农村贫困标准，1978 年的中国有 2.5 亿贫困人口，贫困发生率高达 30.7%；到 2008 年，农村贫困标准提升至每人每年1196 元，全国贫困人口数量降至 4007 万人，贫困发生率降至 4.2%。党的十八大以来，党和国家以精准扶贫、精准脱贫为基本方略，充分发挥党的领导和我国社会主义制度的政治优势，采取许多具有原创性、独特性的重大举措，全面打赢了脱贫攻坚战，现行标准下 9899 万农村贫困人口全部脱贫，区域性贫困问题得到解决。脱贫攻坚胜利后，针对脱贫人口稳定脱贫风险，注重拓宽增收渠道、防范返贫风险、发展县域经济、发展新型农村集体经济、扶智与扶志相结合等工作开展，2021~2023 年，脱贫地区农村居民人均可支配收入实际增长 8.2%，高出同期全国农村居民可支配收入增速 1.1 个百分点，切实帮助脱贫人口实现稳定而有韧性的脱贫，接续推动巩固拓展脱贫攻坚成果同乡村振兴有效衔接。

三 新征程"三农"领域短板及政策展望

强国必先强农，农强方能国强；没有农业强国就没有整个现代化强国；没有农业农村现代化，社会主义现代化就是不全面的、不稳固的。党的二十届三中全会《中共中央关于进一步全面深化改革 推进中国式现代化的决定》指出，当前和今后一个时期是以中国式现代化全面推进强国建设、民族复兴伟业的关键时期，要完整准确全面贯彻新发展理念，以促进社会公平正义、增进人民福祉为出发点和落脚点，更加注重系统集成，更加突出重点，更加注重实效，推动生产关系和生产力、上层建筑和经济基础、国家治理和社会发展更好适应。贯彻落实党的二十届三中全会精神，必须在进一步深化改革中有效协调生产力和生产关系，加快农业农村现代化更好地推进中国式现代化。

（一）加快形成新质生产力，增进发展动能

高质量发展需要新的生产力理论来指导，发展新质生产力是推动高质量发展的内在要求和关键着力点。解读推动农业农村现代化过程，即新时代生

产力和生产关系矛盾运动及调整优化的过程。新质生产力作为生产力的先进形态，标志是全要素生产力大幅提升，特点在创新，关键在质优，本质是先进。新时代新征程加快形成新质生产力全方位赋能乡村振兴，并在深化改革基础上促进二者良性互动，是妥善解决"三农"领域相关问题、推动农业农村现代化的关键所在，具体表现为推动要素禀赋持续提升和要素配置效率持续提高。

关注要素禀赋改善。高质量推进乡村振兴，是产业振兴、人才振兴、文化振兴、生态振兴、组织振兴的全面振兴，也是各领域发展水平梯次跃升以期更好满足人民群众美好生活向往的发展过程。乡村振兴关涉土地、人、资本、技术、信息等多重要素，聚焦当前乡村产业链条延伸不充分、创新能力和水平有限、转型升级任务艰巨，农村实用人才数量有限、分布不均且结构失衡、人才支撑基础不稳，乡村文化发展主体缺位、创新不足且优秀文化传承不够、文化发展活力不足，农村生态产品价值实现困难、绿色生产方式滞后且生态文化薄弱、生态振兴道阻且长，部分乡村基层党组织组织力不足、村级集体经济发展水平不高且公共服务供给乏力、乡村组织作用仍需加强等乡村发展短板[1]，实现新质生产力赋能乡村振兴，前提是激活各要素、各领域发展活力。根据区域要素禀赋与比较优势，结合市场有效需求，一要重视科技创新，既要推动知识、信息、数据等新型生产要素与传统要素相融合，又要以颠覆性技术和前沿技术催生新产业、新模式、新动能[2]，着力耕地保护、种源创新、基础设施改善和农业多元功能开发，充分发挥企业和农业科技园区主体作用，着力促进一二三产业融合发展，逐步实现生产管理精准化、质量追溯全程化、市场销售网络化，通过纵向一体化和横向一体化等模式延链、补链、强链、融链，形成协调发展、共生互利的大农业产业集群，持续提升农村产业韧性水平和供给保障能力。二要重视人才培养，注重培育熟练运用新质劳动资料的新型经营主体，通过技能培训等方式提升现有劳动力综合素质，加强校企、产村、校村合作，强化人才之间交流互动，促进区域教育办学层次、专业设置优化并使之与产业发展、就业结构高效匹配，共

---

[1] 刘昊东：《新质生产力赋能乡村振兴：作用机理与实践路径》，《重庆社会科学》2024年第9期。

[2] 陈健：《新质生产力助推农业农村现代化的核心要义与实践策略》，《江苏社会科学》2024年第4期。

同培养适应农业农村现代化发展需求的人才。三要重视文化供给,彰显社会主义核心价值观引领,深化强农惠农富农政策宣传、居民思想道德建设、乡村现代生产生活方式与公序良俗等领域的多重表现及其发生机制进行逻辑推理与具象解读,开展乡村文化空间营造提升(重塑)行动,通过"党建+N(多种活动方式、多元参与主体、多种推动模式)"整合农村人居环境整治、农村集体经济发展、农村乡风文明建设等相关发展资源,推进乡村文化建设空间片区化、内容融合化、形式丰富化,健全服务分众化、精准化实施机制。四要重视生态治理,加快经济社会发展全面绿色转型,优化区域功能分区,创新探索"环境整治+""生态农业+""清洁能源+""制度创新+"等发展模式,加快形成绿色生产技术创新基础上的生产生活方式,健全生态产品价值实现机制,推进生态综合补偿,将生态优势转化为富民兴村资源优势、经济优势和发展环境优势。五要重视基层组织建设,加强党建引领,以创新党建内容、筑牢党建阵地与优化党建模式等党建工作创新成效大力推动新质生产力延续,健全党建联建机制,进一步增强农村专业合作经济组织的动力活力,坚持和发展新时代"枫桥经验""浦江经验",着力打造善治乡村,把基层组织的政治优势、组织优势转化为乡村振兴的发展优势。

提高要素配置效率。加快形成新质生产力,涵盖传统要素和时新要素的乡村资源禀赋改善是前提,资源相对稀缺背景下对于生产要素进行优化组合和重新配置,实现生产要素的配置效率提升及高效利用,是发展新质生产力的重要任务组成。纵观弗朗索瓦·魁奈提出"土地生产力",亚当·斯密强调"劳动生产力",让·巴蒂斯特·萨伊明确劳动、资本和自然力三要素的协同生产,李斯特认为财富的生产力既包括物质资本生产力,也包括精神资本生产力,以及马克思完善的"生产力建立在生产活动中劳动者、劳动资料、劳动对象等要素供给系统、组合方式和互作机制之上"等思想[1],内蕴主线规律则是:传统要素禀赋改善遭遇阶段性提档升级及优化组合瓶颈,技术创新带来质性飞跃,经济社会生产进入到应用新技术、形成新业态、产生新价值的物质生产及关系组合的新循环。受信息不完全、市场割裂及高交易成本影响,要素市场通常处于非瓦尔拉斯均衡状态,乡村发展尤其如此,农

---

[1] 刘昊东:《新质生产力赋能乡村振兴:作用机理与实践路径》,《重庆社会科学》2024 年第 9 期。

业生产和农村发展受土地不可移动性影响，加之功能区割、行政区划等要素流动约束，致使区域范围内出现传统生产要素总量受到约束以及生产过程中规模报酬递减现象。伴随智慧社会新兴生产要素进入"三农"领域，尤其是本身孕育于生产过程和人类社会活动之中而又具有快速传播、极速反馈、有机融合的天然属性的数据成为重要生产要素①，可以有效突破发展束缚、跨越时空，引导知识、技术、管理、数据等新型生产要素向优质高效领域流动，解决"三农"领域发展面临的资源要素短缺、配置效率不高等难题，有效提升区域全要素生产率。网络信息时代推动"三农"领域资源配置效率提高，一要构建要素智能配置平台，推动新兴要素如信息等与传统要素融合、资源要素跨域整合以及异质性要素优化组合。系统思考"三农"领域工作任务组成，将其视为资源要素节点、要素枢纽，要素交互效率与要素聚合效能影响甚至决定着"三农"领域工作任务推进与区域整体发展水平。通过推进区域数字基础设施均等化、加快要素市场建设等，建构要素智能配置平台，能够延展要素使用边界、提升要素供求匹配度、丰富资源要素作用发挥的空间载体，催发新质生产力赋能乡村振兴。二要优化要素空间布局，创新新质生产方式，强化需求导向的高质量发展路径优化，形成新质生产力和新质生产方式的良性互动与高水平匹配。三要优化"三农"领域政策增效。针对市场决定要素配置范围有限、要素流动存在体制机制障碍等问题，充分发挥政策的激励引导和保障支持作用，立足广袤乡村，按照土地、劳动力、资本、技术、数据分领域精准提出完善差别化用地机制、建立保障平等就业权利的人力资源市场、发展多层次信用服务体系、深化科技成果三权（使用权、处置权、收益权）改革、加快培育数据要素市场等改革路径，逐步推动"三农"领域政府定价机制由制定具体价格水平向制定定价规则转变，制定完善各类要素交易管理制度，推动全流程电子化交易，进一步减少政府对要素的直接配置，激发要素潜能和活力。综合运用改革之力，推动乡村产业向以工业为基础的现代大农业转型，通过促进乡村产业转型升级打造乡村发展要素优化组合增长极，提高各类要素在乡村区域的回报率，引导各类要素协同向先进生产力集聚，提高乡村区域要素配置效率和全要素生产率。

---

① 黄群慧、盛方富：《新质生产力系统：要素特质、结构承载与功能取向》，《改革》2024 年第 2 期。

（二）统筹推动城乡融合，拓展发展空间

城镇和乡村是性质不同的聚落形态，是区域发展系统中持续进行物质和能量交换的有机整体。伴随城乡关系从"二元割裂"到"一体发展"再到"深度融合"，城乡发展政策导向也逐渐从"以城带乡推进城镇化"转向"城乡融合与乡村振兴"。城乡融合发展是中国式现代化的必然要求，新质生产力的快速发展逐渐打破传统"线性发展逻辑"，为处于不同发展阶段和层次的城乡区域提供"跨越发展"和"创新涌现"机会。作为新时代新征程"三农"工作总抓手，乡村振兴是传统乡村发展理念的重大提升，强调乡村在开放中发展，在构建新型工农城乡关系中准确把握空间重塑带来的发展机遇，重视推进以县域为基础实施单元的城乡融合发展，统筹推进新型工业化、新型城镇化和乡村全面振兴，促进乡村开放性发展，促进城乡共同繁荣发展。

统筹推进新型工业化、新型城镇化和乡村全面振兴。在现代化进程中，城的比重上升、乡的比重下降，是客观规律，但不管工业化、城镇化进展到哪一步，农业都要发展，乡村都不会消亡，城乡将长期共生并存，这也是客观规律[①]。新型城镇化和乡村振兴是解决我国城乡发展不平衡不充分问题的两大战略举措，目标指向是破除传统城乡二元关系，实现系统功能重塑，关键聚焦是"人"的现代化，致力于增进民生福祉。发生机制视角下思考现阶段新型城镇化、新型工业化、乡村全面振兴的关系，城乡形态是对于区域资源要素优化组合背景下一二三产业之间协同互动基础上效率和效益的发展方式选择后的现实表现，新型城镇化强调优质生产要素吸引聚合及组合优化增益，乡村振兴则重视高阶资源要素注入及就地化保值增值，新型工业化作为要素交互通道联通城乡两方，是城乡关系转换的重要推手，稳定的高收益是城乡融合发展的关键。新型城镇化、新型工业化、乡村全面振兴统筹发展前提是城乡优势互补、功能互益，产业转型升级过程中要素交流畅通。面对乡村人口占比持续下降、人口老龄化程度日益加深，农业"两个比重"（农业增加值比重和乡村就业人数比重）持续下降、乡村价值日趋多元，农村空心

[①]　中共中央党史和文献研究院：《习近平关于城市工作论述摘编》，中央文献出版社，2023。

化日益加剧、城乡空间体系面临重构等城乡发展现实①，统筹推进新型工业化、新型城镇化和乡村全面振兴，一要强化城乡等值发展，注重城乡比较优势发挥，转变传统发展政策设计过程中的城市偏向，重视以城促乡、以工补农，实现城乡协同发展，利城而不丢乡，通过完善城乡用地供地制度、基础设施和公共服务均等化推进、建设乡村产业经营体系、乡村产业创新尤其是一二三产业融合、健全社会服务保障体系等措施重构城乡等值空间，实现城乡居民生活品质和价值的等值化。二要强化城乡发展体制机制融合，区域产业发展推动了城乡区划，条块分割的管理体制和相对独立的产业运营规制等进一步固化城乡分野，运用融合理念指导城乡发展事务管理体制改革，打破分割和"个体化"管理，顶层设计上注重全局，关注事务性质分类，逐步消除城乡之别②。三要强化产业共融，尤其要关注工业化发展带来的土地利用、基础设施与人口群落、社会治理与公共服务等变化，推动具有服务化、生态化和数智化特征的新型工业化支撑新型城镇化发展及防止陷入城市空心化的同时③，有效引导乡村发展过程中农产品供给、生态产品价值转化、特色乡村文化保护和传承等领域的工业化要素融入，完善粮食和生态补助制度，健全非粮产业发展促进机制，充分利用工业化的高收益驱动全社会各种要素向更广区域铺开聚集、推动社会结构逐渐由农业主导向工业主导转型，人口、资本等要素在城乡之间重新配置，提高农民收入水平，逐步形成要素交互区域发展串联网络，尽快进入城乡融合发展新阶段。

重视以县域为基础实施单元推进城乡融合发展。县域作为国家治理基础单元，连接城乡，城市性与农村性兼具，涵盖县城、乡镇、村庄等多个发展层次，长期以来在治理体制中扮演着至关重要的角色，尤其在秩序维持、经济发展和资源承载中发挥着重要作用，不仅是城乡融合发展的桥头堡，也是国家治理现代化的突破口④。习近平总书记指出，要把县域作为城乡融合发展的重要切入点，推进空间布局、产业发展、基础设施等县域统筹，把城乡

①　袁红英：《论统筹新型城镇化和乡村全面振兴》，《中共中央党校（国家行政学院）学报》2024 年第 1 期。
②　苗国强：《乡村振兴与新型城镇化、工业化融合对策研究》，《河南社会科学》2019 年第 6 期。
③　魏建：《论内生性城乡融合：动力与改革》，《当代世界社会主义问题》2024 年第 3 期。
④　郑瑞强：《推进乡村振兴基本实施单元的县域转型：治理逻辑及风险规避》，《江西社会科学》2024 年第 6 期。

关系摆布好处理好，一体设计、一并推进。县域推进城乡融合，空间适度且融合迁移成本低。审视产业转型升级对资源需求增大与资源要素制约的矛盾、城乡融合发展的资金需求与社会融资渠道不畅的矛盾、农村人口持续流失与存量人口对公共服务需求服务品质提升的矛盾、城乡人力资本的积累需求与乡村人才引用困难的矛盾①以及城乡空间综合统筹不足、空间异质性价值不显化、空间流动性网络不畅通等城乡融合发展治理困境，需要建构多尺度县域城乡"空间综合—功能分区—要素流动"治理体系。一要加快破除制约城乡要素交换的制度障碍，注重运用县域城乡规划推动城乡空间融合发展，关注影响农业转移人口市民化、阻碍土地要素市场化、制约农村产权流转交易规范化等制度创新。二要促进城乡生产生活生态治理融合，明确县级、乡级和村级各自的经济发展方向和产业重点，协同新兴产业发展壮大乡村产业，并向驱动城乡经济结构高阶演进，完善投融资体制机制建设，推动县域城乡基础设施一体化建设，以优化结构、提高效率、促进县域城乡公共服务普惠共享。三要推动县域城乡共同体建设，有效统筹政府、市场、社会等多方力量，以构建城乡融合指标体系与考核体系，突出城乡融合发展乡村全面振兴导向，增强全社会推动高质量发展的积极性和主动性。

（三）健全完善农业农村共同富裕保障，共享发展成果

针对国情农情变化，我国适时调整"三农"领域支持政策，改善农村基础设施、强化科技创新、发展壮大乡村产业、推进新农村建设、取消农业税、打赢脱贫攻坚战、实施乡村振兴战略等系列重大战略方针，使得强农惠农富农制度保障体系日益牢固。虽然理性主义的政策科学强调必须弥补政策缝隙，然而现实中政策设计总会在共治与管制、供给与需求、结构与配置以及不同类型政策合成等领域存在时间、空间和领域不相协调的偏移性风险②，致使现实实践出现发展不均衡不充分现象。着力践行以人民为中心的发展思想，在高质量发展中促进共同富裕，在动能提升和空间拓展基础上坚持底线思维，需要优化提升农村低收入人口和欠发达地区发展韧性，加强乡村治理体系和治理能力建设，形成良性规范秩序，进一步健全完善农业农村共同富

---

① 贾晋、高远卓：《变中的不变：城乡融合发展的演进逻辑、共性规律及优化路径》，《农村经济》2024年第9期。

② 薛增鑫、满小欧：《层级治理体系下的政策再生产、注意力配置与政策效应》，《华中科技大学学报》（社会科学版）2024年第3期。

裕保障，实现发展成果共享。

在高质量发展过程中解决农村低收入人口和欠发达地区问题，扎实推进共同富裕，关键是要激发农村低收入人口和欠发达地区发展的内生动力。生产要素在城乡和区域之间的合理流动与高效集聚有利于实现经济效率，市场化尤其是资本流动往往会扩大地区间经济总量的差距，复合因素影响下的人口自由流动则能够兼顾效率与公平，最终实现城乡与区域间在人均意义上的平衡发展，建立和完善农村低收入人口和欠发达地区发展帮扶长效机制，能够协调整合政府、市场和社会等多元力量，有助于农村低收入人口稳定增收、欠发达地区综合竞争力逐步提升，对于缩小群体间、城乡间、地区间收入及发展差距发挥关键作用，进而为稳步进入富裕状态奠定基础。系统思考新征程上农村低收入人口和欠发达地区发展帮扶形势及政策优化方向，坚持精准化、常态化和劣势转换基础上的反向帮扶理念，推动形成"帮扶体系为支撑，包容性经济增长政策、益贫性公共服务政策和可持续性社会帮扶政策为保障，帮扶对象生计策略、差异化的区域要素禀赋以及复杂化的资源环境支撑等因素并实现其良性互动"的新时代新征程农村低收入人口和欠发达地区发展大帮扶格局，突出农村低收入人口和欠发达地区比较优势和资源创造能力，创新农村低收入人口和欠发达地区作为要素流节点或枢纽的粘连与集散效应，促进全社会价值共创，促进帮扶对象实现主体发展与所在环境的互促互益与良性互动，将人群帮扶政策与区域帮扶政策有机结合，创新分层分类后的农村低收入人口和欠发达地区"要素整合能力导向型"发展帮扶模式，建设农村低收入人口和欠发达地区分层分类帮扶监测预警与研判处置平台，逐步补齐实现中国式现代化的农村低收入人口和欠发达地区两块短板，这与党和国家所强调的正确处理效率和公平的关系，激发全社会内生动力和创新活力，实现资源配置效率最优化和效益最大化与让现代化建设成果更多惠及全体人民的精神是完全一致的，有助于提升农村低收入人口和欠发达地区发展韧性，缩小发展差距，也必将为加快农业农村现代化更好推进中国式现代化建设提供强有力的基础支撑。

推进乡村治理体系和治理能力现代化。乡村治理是中国共产党领导下的乡村治理体系和治理能力现代化，是中国式现代化的主要内容和压舱石，党建引领、协商治理通过乡村文化与价值激活、主体与组织塑造、机制与制度创建，从价值共识、行动聚合、保障措施等层面赋能乡村治理现代化。准确把握新征程乡村治理过程中出现的居民收入更多依赖于非农收入、乡村居民流出的同时外源社会力量流入、现代智能科技深度融入等阶段性特征，正确对待传统乡村经济社会系统解构、治理目标趋于分散、组织载体弱化以及治理赖以实施的法律制度规范与本土乡规民约的衔接与融合不够等困境。一要进一步加强党建引领，建构“一核多元”的乡村治理主体体系，构建区域性党建的治理结构、发展政经合一的新型集体经济组织和建立党群联结的社会治理网络等组织建设创新，从强调管理转向服务与发展并重，将党组织建设作为推动乡村治理体系现代化的一种机制，对行政部门条块分割问题进行调和，以党的组织实现“条块”部门的动员和资源联合，健全涵盖乡村治理组织体系、乡村治理内容体系、乡村治理运行体系、乡村治理保障体系四位一体的现代化乡村治理新体系，推动治理方式从传统的非正式治理方式向党建引领下的多元协商治理的方式转型①。二要廓清现代乡村治理背景下共性服务与个性化需求供给的业务边界，提升多元协同治理的意识和能力，明确乡村治理主体集成联动机制，强化数字赋能、三治融合，做好就业、平安这些最基本、最重要的民生服务，探索形成政府指导、群众主导、上下联动、要素聚集、制度创新的乡村建设新路径，推动乡村治理从碎片化向整体性转型，构建乡村有序分工和高效联动的多元协同精准治理格局。三要顺应时代要求和发展阶段变化，学习运用“千万工程”蕴含的发展理念、工作方法和推进机制，重视物理空间和网络空间两重载体的空间拓展、多样化展示及制度建设②，通过有效的乡村治理调动农村基层干部和广大农民群众的能动性、积极性和创造性，集中力量抓好办成一批群众可感可及的实事③，将乡村治理工作有机融于乡村振兴系统，健全推动乡村全面振兴的长效治理机制建设，促进乡村全面振兴可持续发展，扎实推进共同富裕。

四　余论

矛盾存在于一切客观事物的运动中，“三农”问题的理论研究与实践探

① 陈万莎、陈明明：《党建引领乡村治理体系现代化转型的实践路径——以烟台市党建示范区为例》，《探索》2023 年第 4 期。
② 郎友兴：《拓展空间载体，推进全过程人民民主》，《探索与争鸣》2022 年第 4 期。
③ 姜长云：《完善强农惠农富农支持制度》，《中国农业大学学报》（社会科学版）2024 年第 4 期。

索也不例外。结合"三农"领域发展现实考察，围绕以"强农惠农富农制度建设—促进农业农村现代化—扎实推进共同富裕"为中心的"三农"动态研究或将成为下一阶段的研究导向。一是聚焦党的十八大以来乡村发展系列支持政策，以及城乡发展关联举措，围绕基础设施、乡村产业、公共服务、社会治理、文化繁荣以及新型经营主体、现代金融服务、创新创业等重点领域系统性开展政策实施效果评价。二是聚焦农民与土地、资本、技术、数据等要素聚合过程中的价值实现，以及高水平市场经济机制下乡村现代产业体系建设，深入探讨乡村新质生产力发展演化路径。三是聚焦缩小城乡发展差距，以及实现区际发展均衡协调，健全完善城乡融合发展的体制机制。四是聚焦特殊类型地区乡村发展扶持，以及区域城乡发展布局优化，创新探索特殊类型地区治理政策。五是聚焦纵深推进乡村系统性改革风险，以及未来乡村发展趋势，加快建设高质量推进乡村振兴、促进农业农村现代化的动态全域风险防范体系，以持续促进农民增收，统筹城乡协调发展，推动农民农村共同富裕。

参考文献

《马克思恩格斯全集》（第一卷），人民出版社，1995。

《马克思恩格斯文集》（第五卷），人民出版社，2009。

H. 钱纳里等：《工业化和经济增长的比较研究》，吴奇等译，上海三联书店，1989。

阿林·杨格：《报酬递增与经济进步》，贾根良译，《经济社会体制比较》1996年第2期。

阿马蒂亚·森：《以自由看待发展》，任赜等译，中国人民大学出版社，2013。

安东尼·吉登斯：《现代性的后果》，田禾译，译林出版社，2011。

蔡普华：《推动内外双循环实现良性互动》，《联合时报》2020年8月25日，第6版。

曹康、刘梦琳：《空间生产视角下特色小镇发展机制研究——以杭州梦想小镇为例》，《现代城市研究》2019年第5期。

曹文彬、张贵成：《产业结构变迁对经济增长的影响研究——以无锡市为例》，《生产力研究》2016年第2期。

曾丽军、万俊毅：《中国农村产业扶贫政策演进与展望》，《中国西部》2023年第1期。

车明好、邓晓兰、陈宝东：《产业结构合理化、高级化与经济增长：基于门限效应的视角》，《管理学刊》2019年第4期。

陈弘、李玮琦：《产业扶贫研究现状、热点及发展趋势——基于CiteSpace可视化分析》，《湖南农业大学学报》（社会科学版）2022年第4期。

陈慧、陈凯、申云雷：《关于二三产业混合用地政策的实践与思考——以广州市为例》，《中国国土资源经济》2023年第12期。

陈杰、卢洁玉、朱红根：《内生动力对城乡相对贫困的影响》，《财贸研究》

2023 年第 6 期。

陈军亚、邱星：《全面推进乡村振兴中县域的功能定位及实践路径》，《探索》2023 年第 4 期。

陈磊：《"共建共治共享"社会治理多元参与的体系构建》，《河南社会科学》2023 年第 5 期。

陈丽君、郁建兴、董瑛：《中国县域社会治理指数模型的构建》，《浙江社会科学》2020 年第 8 期。

陈启斐、张为付、唐保庆：《本地服务要素供给与高技术产业出口——来自中国省际细分高技术行业的证据》，《中国工业经济》2017 年第 9 期。

陈锡文：《农业农村改革》，中国工人出版社，2024。

陈志英、易俊辰、崔宁波、冯锐：《环境规制与产业结构优化协调发展的经济增长效应研究》，《现代管理科学》2022 年第 6 期。

崔开昌、吴建南：《中国式现代化社会保障体系建设：价值引领与未来进路》，《社会科学》2023 年第 5 期。

崔寅：《我国产业结构优化与居民消费升级的关系探究》，《商业经济研究》2024 年第 5 期。

单德朋、王英、郑长德：《专业化、多样化与产业结构减贫效应的动态异质表现研究》，《中国人口·资源与环境》2017 年第 7 期。

党杨、高维龙、李士梅：《产业集聚、人力资本积累及空间溢出效应》，《商业研究》2020 年第 6 期。

邓晓兰、金博涵、李铮：《转移支付的资源配置效应研究——基于区域间资本错配视角》，《中央财经大学学报》2019 年第 8 期。

丁国胜、彭科、王伟强、焦胜：《中国乡村建设的类型学考察——基于乡村建设者的视角》，《城市发展研究》2016 年第 10 期。

丁建军：《中国 11 个集中连片特困区贫困程度比较研究——基于综合发展指数计算的视角》，《地理科学》2014 年第 12 期。

董雪兵、韩奇：《县域经济发展：问题透视与对策》，《国家治理》2024 年第 5 期。

杜传忠、王亚丽：《数智技术驱动数实融合的演进历程、国际经验与实践路径》，《河北大学学报》（哲学社会科学版）2023 年第 6 期。

樊纲：《比较优势与后发优势》，《管理世界》2023 年第 2 期。

樊杰、王亚飞、梁博：《中国区域发展格局演变过程与调控》，《地理学报》
　　2019 年第 12 期。

范从来：《益贫式增长与中国共同富裕道路的探索》，《经济研究》2017 年第
　　12 期。

范和生、郭阳：《共同富裕背景下农村低收入人口综合帮扶机制建构》，《中
　　南大学学报》（社会科学版）2023 年第 1 期。

斐迪南·腾尼斯：《共同体与社会：纯粹社会学的基本概念》，林荣远译，商
　　务印书馆，1999。

冯健、钟奕纯：《北京社会空间重构（2000—2010）》，《地理学报》2018 年
　　第 4 期。

付文军、姚莉：《新时代共同富裕的学理阐释与实践路径》，《内蒙古社会科
　　学》2021 年第 5 期。

干春晖、郑若谷、余典范：《中国产业结构变迁对经济增长和波动的影响》，
　　《经济研究》2011 年第 5 期。

干春晖：《产业经济学》，机械工业出版社，2024。

高国力、贾若祥、徐睿宁：《加快特殊类型地区高质量振兴发展研究》，《经
　　济纵横》2022 年第 7 期。

高培勇：《理解、把握和推动经济高质量发展》，《经济学动态》2019 年第
　　8 期。

高慎香、仇凤仙：《乡村产业振兴的空间生产解析——基于 W 市 T 镇经验研
　　究》，《山东农业大学学报》（社会科学版）2023 年第 2 期。

戈大专：《新时代中国乡村空间特征及其多尺度治理》，《地理学报》2023 年
　　第 8 期。

公丕祥：《新中国 70 年进程中的乡村治理与自治》，《社会科学战线》2019
　　年第 5 期。

顾保国、崔友平、董彦岭：《产业振兴：绿色安全、优质高效的乡村产业体
　　系建设》，红旗出版社，2019。

郭晗潇：《近代以来我国乡村建设的路径选择》，《社会建设》2019 年第
　　1 期。

郭克莎：《中国产业结构调整升级趋势与"十四五"时期政策思路》，《中国
　　工业经济》2019 年第 7 期。

郭明飞、向继友:《"双循环"新发展格局下巩固拓展脱贫攻坚成果的实施路径——基于经济空间视角》,《经济体制改革》2021 年第 6 期。

郭沛沛:《内蒙古特色农产品产业化发展研究》,《内蒙古农业大学学报》(自然科学版)2013 年第 2 期。

郭振、刘晓娟:《供给侧结构性改革推进东北地区产业结构调整》,《哈尔滨商业大学学报》(社会科学版)2017 年第 1 期。

国家统计局住户调查办公室:《中国农村贫困监测报告 2020》,中国统计出版社。

国务院扶贫办政策法规司、国务院扶贫办全国扶贫宣教中心:《脱贫攻坚前沿研究》,中国出版集团,2018。

韩永辉、黄亮雄、王贤彬:《产业政策推动地方产业结构升级了吗?——基于发展型地方政府的理论解释与实证检验》,《经济研究》2017 年第 8 期。

何龙斌:《脱贫地区乡村产业振兴:理论与实践》,人民出版社,2023。

何茜:《中国乡村共同富裕指标体系构建:理论逻辑与实践审思》,《西南大学学报》(社会科学版)2023 年第 5 期。

何思源、王博杰、王国萍等:《自然保护地社区生计转型与产业发展》,《生态学报》2021 年第 23 期。

何毅:《"共谋俘获":项目调整中的基层政府行为研究》,《中国农业大学学报》(社会科学版)2022 年第 2 期。

何云峰:《新时代深层民生保障:内涵特征与实现路径》,《广西社会科学》2023 年第 9 期。

贺雪峰:《实施乡村振兴战略要防止的几种倾向》,《中国农业大学学报》(社会科学版)2018 年第 3 期。

洪名勇:《农地流转与农民收益权益保护研究》,中国财政经济出版社,2021。

侯甚帆、廖凌云、刘铠宇、滕琳曦、沈思源:《武夷山国家公园社区生计资本差异及影响因素分析》,《自然保护地》2024 年第 2 期。

胡立君、薛福根、王宇:《后工业化阶段的产业空心化机理及治理——以日本和美国为例》,《中国工业经济》2013 年第 8 期。

胡畔:《土地、人才、资金:城乡经济循环畅通的三要素》,《中国经济时报》2021 年 2 月 25 日，第 3 版。

黄博：《村庄场域中的精英治理：分化、困顿与提升》，《求实》2021 年第
　　1 期。

黄承伟：《中国式现代化视野下的乡村振兴：现实逻辑与高质量发展》，《新
　　视野》2023 年第 3 期。

黄国勤：《论革命老区农业高质量发展——以江西赣州为例》，《农业现代化
　　研究》2023 年第 6 期。

黄剑锋、陆林：《旅游业"新常态"：空间生产与空间重构的新动力》，《南
　　京社会科学》2015 年第 6 期。

黄潇：《如何预防贫困的马太效应——代际收入流动视角》，《经济管理》
　　2014 年第 5 期。

黄宗智：《小农经济理论与"内卷化"及"去内卷化"》，《开放时代》2020
　　年第 4 期。

吉亚辉、羊洋：《区域经济增长的要素再配置效应研究——以甘肃为例》，
　　《西北师大学报》（社会科学版）2019 年第 4 期。

纪程、于海飞：《个体性与组织化协同：破解乡村治理主体缺位的一种实践
　　逻辑》，《农业经济》2022 年第 11 期。

纪金雄、洪小燕、雷国铨：《多源扰动、生计资本与茶农生计转型研究》，
　　《林业经济问题》2021 年第 3 期。

江艇：《因果推断经验研究中的中介效应与调节效应》，《中国工业经济》
　　2022 年第 5 期。

姜惠宸：《农村低收入人口增收：困难挑战与促进对策》，《南京农业大学学
　　报》（社会科学版）2024 年第 1 期。

姜长云：《建党百年优化城乡关系治理的历程、经验与启示》，《人文杂志》
　　2021 年第 11 期。

蒋永甫、龚丽华：《家庭特征、治理主体异质性和村民依赖》，《农村经济》
　　2018 年第 11 期。

蒋永穆、胡筠怡：《从分离到融合：中国共产党百年正确处理城乡关系的重
　　大成就与历史经验》，《政治经济学评论》2022 年第 2 期。

蒋永穆：《坚持和完善农村基本经营制度研究》，科学出版社，2021。

焦娜、郭其友：《农户生计策略识别及其动态转型》，《华南农业大学学报》

（社会科学版）2020 年第 2 期。

解垩、李敏：《内生动力与相对贫困治理——兼论公共转移支付的作用》，《财政研究》2022 年第 12 期。

靳卫东：《人力资本与产业结构转化的动态匹配效应——就业、增长和收入分配问题的评述》，《经济评论》2010 年第 6 期。

雷明：《县域经济高质量发展的理念遵循与机制保障》，《国家治理》2024 年第 5 期。

黎洁、李树茁、格蕾琴·C. 戴利：《农户生计与环境可持续发展研究》，社会科学文献出版社，2017。

黎洁、李亚莉、邰秀军、李聪：《可持续生计分析框架下西部贫困退耕山区农户生计状况分析》，《中国农村观察》2009 年第 5 期。

李波、王惠敏：《产业结构优化对扶贫效率的空间溢出效应——以武陵山片区为例》，《中南民族大学学报》（人文社会科学版）2022 年第 4 期。

李博：《后扶贫时代深度贫困地区脱贫成果巩固中的韧性治理》，《南京农业大学学报》（社会科学版）2020 年第 4 期。

李国祥、王克强：《基于规模变迁视角的家庭两栖化研究——来自新中国成立 70 年的经验证据》，《农业技术经济》2019 年第 9 期。

李健：《数字经济、要素市场化与产业结构转型升级》，《统计与信息论坛》2024 年第 5 期。

李军、蒋焕洲：《经济空间重构：传统村落旅游利益分配正义的西江样本》，《中南民族大学学报》（人文社会科学版）2020 年第 4 期。

李军鹏：《共同富裕：概念辨析、百年探索与现代化目标》，《改革》2021 年第 10 期。

李娜、赵康杰、景普秋：《地方品质与资源型城市产业结构转型——基于人口集聚的视角》，《城市问题》2023 年第 4 期。

李培林：《乡村振兴与中国式现代化：内生动力和路径选择》，《社会学研究》2023 年第 6 期。

李鹏飞、陆铭：《大国空间治理的经济学分析》，《经济科学》2022 年第 6 期。

李向振、张博：《国家视野下的百年乡村建设历程》，《武汉大学学报》（哲学社会科学版）2019 年第 4 期。

李晓园：《乡村振兴中的数字技术治理逻辑》，中国社会科学出版社，2023。

李杏果：《社区社会组织参与社会治理共同体建设：内在逻辑与实现路径》，《河南社会科学》2023 年第 1 期。

李芸、吕开宇、张姝：《脱贫攻坚期间产业扶贫贡献率研究——基于 28 个贫困县的调查》，《农业技术经济》2022 年第 3 期。

李正华：《中国式现代化简史》，当代中国出版社，2023。

李志军、张世国、李逸飞：《中国城市营商环境评价及有关建议》，《江苏社会科学》2019 年第 2 期。

梁桂保、李美妮：《人口集聚、产业结构与地区间经济差距——以成渝地区双城经济圈为例》，《重庆工商大学学报》（社会科学版）2024 年第 3 期。

梁海兵：《乡村产业高质量发展的困境与优化：一个嵌入机制的分析框架》，《学海》2022 年第 5 期。

梁琦、田先红：《典型评选：县域统合治理的实践逻辑与优化路径——基于鄂西南 F 县的案例》，《天津行政学院学报》2023 年第 5 期。

梁盛凯、陈池波、田云、潘经韬：《中国乡村产业振兴：时空分异、动态演进及共富效应》，《农业技术经济》2024 年第 1 期。

梁益琳、张新、李玲玲：《"两化"深度融合对产业结构调整的影响——基于系统建模和政策仿真的分析》，《技术经济与管理研究》2022 年第 1 期。

廖常文、张治栋：《稳定经济增长、产业结构升级与资源错配》，《经济问题探索》2020 年第 11 期。

廖菁、邹宝玲：《国外乡村产业发展经验及对中国乡村产业振兴的启示》，《世界农业》2022 年第 5 期。

林万龙、梁琼莲、纪晓凯：《巩固拓展脱贫成果开局之年的政策调整与政策评价》，《华中师范大学学报》（人文社会科学版）2022 年第 1 期。

林万龙、米晶：《县域包容性增长测度及其对乡村振兴的启示》，《自然资源学报》2023 年第 8 期。

林艳丽、杨童舒：《产业精准扶贫中企业、贫困户和地方政府行为的演化博弈分析》，《东北大学学报》（社会科学版）2020 年第 1 期。

林毅夫等：《新质生产力：中国创新发展的着力点与内在逻辑》，中信出版社，2024。

林毅夫：《新结构经济学的理论基础和发展方向》，《经济评论》2017 年第 3 期。

刘合光：《乡村振兴与小城镇发展良性互动机制探究》，《国家治理》2022 年第 8 期。

刘红岩：《中国产业扶贫的减贫逻辑和实践路径》，《清华大学学报》（哲学社会科学版）2021 年第 1 期。

刘灵光、卢成观：《习近平关于高质量发展重要论述的内在特征、价值意蕴和实践指向》，《广西社会科学》2023 年第 9 期。

刘明辉、乔露：《农业强国目标下乡村产业振兴的三重逻辑、现实难题与实践路径》，《当代经济研究》2023 年第 9 期。

刘明远：《论中国特色社会主义政治经济学的起点范畴与总体结构》，《武汉大学学报》（哲学社会科学版）2018 年第 5 期。

刘伟：《工业化进程中的产业结构研究》，知识产权出版社，2020。

刘文革、贾卫萍：《偏向性技术进步、要素配置与经济增长》，《管理现代化》2023 年第 1 期。

刘志华、徐军委、张彩虹：《科技创新、产业结构升级与碳排放效率——基于省际面板数据的 PVAR 分析》，《自然资源学报》2022 年第 2 期。

鲁品越：《从经济空间到文化空间的生产——兼论"文化-科技-经济"统一体的发展》，《哲学动态》2013 年第 1 期。

鲁云峰、刘娜娜：《新疆产业扶贫向产业振兴演进的路径研究》，《新疆农垦经济》2023 年第 4 期。

陆汉文、黄承伟：《中国精准扶贫发展报告：稳定脱贫的深层挑战与有效途径》，社会科学文献出版社，2023。

罗必良、耿鹏鹏、钟文晶：《乡村治理：转型及其现代化》，中国农业出版社，2023。

罗伯特·D. 帕特南：《使民主运转起来》，王列、赖海荣译，江西人民出版社，2001。

罗楚亮：《经济增长、收入差距与农村贫困》，《经济研究》2012 年第 2 期。

罗尔斯：《正义论》，何怀宏、何包钢、廖申白译，中国社会科学出版社，2015。

罗万云、戎铭倩、王福博、胡雪、孙慧：《可持续生计视角下民族地区农户相对贫困多维度识别研究——以新疆和田市为例》，《干旱区资源与环境》2022 年第 6 期。

罗贤贵、王国勇、李圳雨：《农村产业革命的政府逻辑与经验反思》，《农村经济》2020 年第 11 期。

马克·H. 穆尔：《创造公共价值：政府战略管理》，伍满桂译，商务印书馆，2016。

梅里利·S. 格林德尔、约翰·W. 托马斯：《公共选择与政策变迁——发展中国家改革的政治经济学》，黄新华译，商务印书馆，2016。

糜晶、甄悦、刘欢欢：《政策供给视角下稳定脱贫的结构性风险及其系统性治理》，《行政论坛》2022 年第 5 期。

牛胜强：《深度贫困地区巩固拓展脱贫攻坚成果的现实考量及实现路径》，《理论月刊》2022 年第 2 期。

潘卓、李玉恒、刘愿理、廖和平、朱琳：《深度贫困地区农户脱贫稳定性测度及影响机理研究》，《地理科学进展》2022 年第 8 期。

朋文欢，黄祖辉：《农民专业合作社有助于提高农户收入吗？——基于内生转换模型和合作社服务功能的考察》，《西北农林科技大学学报》（社会科学版）2017 年第 4 期。

彭冲、李春风，李玉双：《产业结构变迁对经济波动的动态影响研究》，《产业经济研究》2013 年第 3 期。

彭玮、龚俊梅：《共同富裕视阈下农村低收入人口返贫预警机制构建》，社会科学文献出版社，2024。

评论员：《把解决相对贫困纳入乡村振兴战略》，《农民日报》2020 年 9 月 2 日，第 1 版。

钱莎：《民族地区农户生计策略调整及影响因素分析》，《湖北农业科学》，2022 年第 2 期。

钱水土、王文中、方海光：《绿色信贷对我国产业结构优化效应的实证分析》，《金融理论与实践》2019 年第 1 期。

乔家君、肖杰：《黄河中下游乡村振兴与新型城镇化耦合协调机制研究》，《地理科学进展》2024 年第 3 期。

谯欣怡、许晓睿：《职业教育与乡村产业振兴耦合协调测度及驱动因素研究——基于 2011~2020 年 31 个省份的面板数据》,《高教探索》2024 年第 2 期。

邱春林:《中国式乡村治理现代化高质量发展的现实思考》,《理论学刊》2024 年第 3 期。

全国干部培训教材编审指导委员会办公室:《构建新发展格局干部读本》,党建读物出版社,2021。

全国哲学社会科学工作办公室:《中国减贫的理论与实践:脱贫攻坚研究优秀成果选编》,社会科学文献出版社,2021。

任保平、杜宇翔:《黄河流域经济增长-产业发展-生态环境的耦合协同关系》,《中国人口·资源与环境》2021 年第 2 期。

萨缪尔森、诺德豪斯:《经济学》(第 12 版),高鸿业等译,中国发展出版社,1992。

申学锋、赵福昌、于长革、柳文、侯海波:《构建稳定脱贫机制的制约因素与思路原则》,《地方财政研究》2020 年第 3 期。

斯丽娟、曹昊煜:《县域经济推动高质量乡村振兴:历史演进、双重逻辑与实现路径》,《武汉大学学报》(哲学社会科学版)2022 年第 5 期。

宋丽敏、乔中娜:《区域经济增长要素贡献率差异分析——以东北地区为例》,《辽宁大学学报》(哲学社会科学版)2020 年第 1 期。

孙久文、林万龙主编《中国扶贫开发的战略与政策研究》,科学出版社,2018。

孙伊凡:《财政再分配在推进共同富裕中的功能论析》,《河北大学学报》(哲学社会科学版)2023 年第 3 期。

汪锦军:《从行政侵蚀到吸纳增效:农村社会管理创新中的政府角色》,《马克思主义与现实》2011 年第 5 期。

汪三贵、周诗凯:《构建过渡期后农村低收入人口帮扶机制——脱贫攻坚的经验与对农村低收入人口帮扶的启示》,《华南师范大学学报》(社会科学版)2023 年第 3 期。

汪晓文、李明、张云晟:《中国产业结构演进与发展:70 年回顾与展望》,《经济问题》2019 年第 8 期。

王博、王亚华:《县域乡村振兴与共同富裕:内在逻辑、驱动机制和路径》,《农业经济问题》2022 年第 12 期。

王传智:《"配第-克拉克定理"悖论的经验与理论分析——兼论中国特色社

会主义工业化道路发展方向》,《经济学家》2023年第9期。

王春凯、梁晓慧:《产业转移与区域共同富裕:区位选择、实现机制与可行路径》,《河南社会科学》2022年第10期。

王大伟、孔翠芳、徐勤贤:《中国百年城乡关系:从农村包围城市到城乡融合发展——正确处理城乡关系是中国共产党的重要制胜法宝》,《区域经济评论》2021年第3期。

王东霞:《技术进步、产业结构变动与劳动就业》,经济科学出版社,2018。

王芳:《基于耦合协调度模型的生态系统与经济系统协同发展研究——以京津冀地区为例》,《湖北社会科学》2021年第6期。

王宏宇、刘刊、范德成:《地区工业发展与资源禀赋协同吗?——基于产业、要素、技术资源的视角》,《运筹与管理》2019年第5期。

王洪树、任田婧格:《问题与消融:新时代城乡融合发展背景下党建引领基层治理探索》,《内蒙古社会科学》2024年第4期。

王会、侯庆丰:《可持续生计视角下甘肃农户相对贫困多维测度研究》,《干旱区资源与环境》2024年第3期。

王济光:《加快形成双循环相互促进的新发展格局》,《人民政协报》2020年8月27日,第3版。

王杰:《新乡贤是传统乡贤的现代回归吗?——基于新乡贤与传统乡贤治村的比较分析》,《西北农林科技大学学报》(社会科学版)2020年第6期。

王珺:《新型城镇化背景下产业结构优化升级》,社会科学文献出版社,2022。

王娜、汪彬:《迈向现代化国家的区域协调发展实现路径研究》,《内蒙古社会科学》2023年第6期。

王圣云、韩亚杰、任慧敏、李晶:《中国省域生态福利绩效评估及其驱动效应分解》,《资源科学》2020年第5期。

王曙光、王丹莉:《中国扶贫开发政策框架的历史演进与制度创新(1949—2019)》,《社会科学战线》2019年第5期。

王文超、姜苏容:《旅游发展下居民生计资本和生计方式变迁》,《合作经济与科技》2023年第6期。

王旭:《政府嵌入式产业扶贫中农户利益保障问题研究——以怀化市芷江侗族自治县扶贫产业为例》,《北京林业大学学报》(社会科学版)2024年第1期。

王禹㳽：《共同富裕与中国特色反贫困理论对西方减贫理论的超越》，《中共中央党校（国家行政学院）学报》2022 年第 2 期。

王裕瑾、李梦玉：《中国数字经济与高质量发展的耦合协调研究》，《经济与管理评论》2023 年第 1 期。

王志章：《连片特困地区空间生产与城乡一体化的理论逻辑》，《吉首大学学报》（社会科学版）2017 年第 3 期。

魏后凯、陈立生、杜鑫：《县域发展与共同富裕》，社会科学文献出版社，2023。

魏下海：《贸易开放、人力资本与全要素生产率的动态关系——基于非参数 Malmquist 指数与 VAR 方法》，《世界经济研究》2009 年第 3 期。

温忠麟：《实证研究中的因果推理与分析》，《心理科学》2017 年第 1 期。

文琦、郑殿元、施琳娜：《1949~2019 年中国乡村振兴主题演化过程与研究展望》，《地理科学进展》2019 年第 9 期。

沃尔特·W. 鲍威尔、保罗·J. 迪马吉奥：《组织分析的新制度主义》，姚伟译，上海人民出版社，2008。

吴柏钧：《中国城乡融合发展的实践与探索》，华东理工大学出版社，2023。

吴嘉莘、杨红娟：《中国城乡居民生计资本的时空演变及耦合协调度研究》，《经济问题探索》2020 年第 11 期。

吴利学：《产业结构、生产率与经济增长》，《产业经济评论》2021 年第 6 期。

吴义爽、柏林：《中国省际营商环境改善推动地方产业结构升级了吗？——基于政府效率和互联网发展视角》，《经济问题探索》2021 年第 4 期。

武汉大学国发院脱贫攻坚研究课题组：《以产业发展保障贫困人口稳定脱贫的战略思考》，《中国人口科学》2019 年第 6 期。

武建奇：《中国特色共同富裕理论的新境界》，《河北经贸大学学报》2021 年第 6 期。

习近平：《在决战决胜脱贫攻坚座谈会上的讲话》，人民出版社，2020。

习近平：《扎实推动共同富裕》，《求是》2021 年第 20 期。

向晓梅、李宗洋、姚逸禧：《粤港澳大湾区产业结构与就业结构的协调性研究》，《亚太经济》2023 年第 4 期。

肖维泽、王景景、赵昕东：《产业结构、就业结构与城乡收入差距》，《宏观经济研究》2022 年第 9 期。

谢标洪、谢小坚、王芳:《赣州柑橘黄龙病的发生与防控》,《科学种养》 2015 年第 6 期。

谢治菊、范飞:《建党 100 年的技术变迁与贫困治理》,《济南大学学报》(社 会科学版) 2021 年第 5 期。

徐虹、秦达郅、任建飞:《传统林区村落旅游扶贫开发路径及影响机制——— 以内蒙古阿尔山市鹿村为例》,《社会科学家》 2018 年第 9 期。

徐鹏杰、杨宏力、韦倩:《我国共同富裕的影响因素研究———基于现代产业 体系与消费的视角》,《经济体制改革》 2022 年第 3 期。

许汉泽、李小云:《精准扶贫背景下农村产业扶贫的实践困境———对华北李 村产业扶贫项目的考察》,《西北农林科技大学学报》(社会科学版) 2017 年第 1 期。

亚当·斯密:《国民财富的性质和原因的研究》,郭大力、王亚南译,商务印 书馆,2014。

严成樑:《产业结构变迁、经济增长与区域发展差距》,《经济社会体制比 较》 2016 年第 4 期。

杨发祥、杨发萍:《乡村振兴视野下的新型城乡关系研究———一个社会学的 分析视角》,《人文杂志》 2020 年第 3 期。

杨龙、李宝仪、赵阳、汪三贵:《农业产业扶贫的多维贫困瞄准研究》,《中 国人口·资源与环境》 2019 年第 2 期。

杨悦、员学锋、马超群、徐和平、任朝霞:《秦巴山区农户生计与乡村发展 耦合协调分析:以陕西省洛南县为例》,《生态与农村环境学报》 2021 年第 4 期。

叶兴庆:《畅通城乡要素流动重在消除体制机制障碍》,《中国农村经济》 2022 年第 12 期。

叶兴庆:《迈向 2035 年的中国乡村:愿景、挑战与策略》,《管理世界》 2021 年第 4 期。

游俊、冷志明、丁建军主编:《中国连片特困区发展报告 (2020～2021)》, 社会科学文献出版社,2021。

余戎、王雅鹏:《以"三大改革"开创乡村振兴新局面》,《人民论坛》 2020 年第 5 期。

余泳泽、潘妍:《中国经济高速增长与服务业结构升级滞后并存之谜———基于地方经济增长目标约束视角的解释》，《经济研究》2019 年第 3 期。

袁礼、欧阳峣：《大国比较优势演变中的结构效应与技术效应：基于要素禀赋结构的分析》，《求是学刊》2023 年第 1 期。

袁青川、李金红、贾坤：《低收入群体收入现状、问题与增收对策》，《经济论坛》2023 年第 12 期。

岳映平、贺立龙：《精准扶贫的一个学术史注角：阿马蒂亚·森的贫困观》，《经济问题》2016 年第 12 期。

张兵：《从脱域到共同体：我国职业体育组织演化的经济社会学分析》，《体育科学》2016 年第 6 期。

张程、候海波：《财政专项扶贫资金的减贫效果评估》，《财经问题研究》2021 年第 1 期。

张程：《中国反贫困财政政策的长效机制探索》，博士学位论文，中央财经大学，2021。

张传娜、张晓晖：《数字普惠金融的减贫机制研究——基于"金惠工程"大兴安岭南麓山区基线调查数据分析》，《甘肃金融》2023 年第 5 期。

张国建、胡玉梅、艾永芳：《地方政府债务扩张会促进产业结构转型升级吗?》，《山西财经大学学报》2020 年第 10 期。

张国亚：《农村集体行动的困局：动力机制与现实约束——以 A 村的个案研究为例》，《中共南京市委党校学报》2018 年第 3 期。

张纪容、阳利永、杨涛：《新冠疫情对贫困农户可持续生计的影响研究——基于云南典型村的实证》，《安徽农业科学》2022 年第 10 期。

张娟娟、丁亮：《乡村振兴：治理逻辑、主体与关键领域——第三届县域治理高层论坛会议综述》，《社会主义研究》2019 年第 1 期。

张露、罗必良：《构建新型工农城乡关系：从打开城门到开放村庄》，《南方经济》2021 年第 5 期。

张敏、马万里：《财政纵向失衡约束下地方政府的经济行为逻辑——基于中国特色财政激励的视角》，《中央财经大学学报》2024 年第 4 期。

张娜娜：《客观主义、主观效用、可行能力：阿马蒂亚·森的治贫观》，《当代经济研究》2020 年第 5 期。

张楠、寇璇、刘蓉：《财政工具的农村减贫效应与效率——基于三条相对贫困线的分析》，《中国农村经济》2021 年第 1 期。

张其仔、伍业君：《乡村振兴与脱贫攻坚衔接的理论基础及实现路径——基于产品空间理论的产业发展视角》，《江西财经大学学报》2022年第1期。

张庆国：《技术市场发展能否促进企业技术要素配置——基于中国上市公司样本的实证研究》，《中国科技论坛》2024年第4期。

张廷海、张乐、杨振：《基于三方演化博弈的产业扶贫策略研究》，《复杂系统与复杂性科学》2024年第2期。

张文珂、张琳雪、万立全、张国献：《数字经济促进乡村共同富裕的现实路径》，《南开经济研究》2024年第5期。

张旭、隋筱童：《我国农村集体经济发展的理论逻辑、历史脉络与改革方向》，《当代经济研究》2018年第2期。

张翼、何有良：《产业结构变迁、要素重置与中国经济增长》，《经济经纬》2010年第3期。

张占斌、吴正海：《共同富裕的发展逻辑、科学内涵与实践进路》，《新疆师范大学学报》（哲学社会科学版）2022年第1期。

张占斌：《中国式现代化与高质量发展》，人民出版社，2023。

张哲、白雪洁：《经济增长压力下"能耗双控"政策会加剧绿色全要素生产率南北分化吗?》，《南方经济》2024年第5期。

张振、赵儒煜、杨守云：《东北地区产业结构对区域经济韧性的空间溢出效应研究》，《科技进步与对策》2020年第5期。

章文光、倪大钊：《多重制度逻辑下产业扶贫和振兴政策的效率提升》，《新视野》2022年第3期。

赵立娟、王苗苗、史俊宏：《农地转出视阈下农户生计资本现状及影响因素分析——基于CFPS数据的微观实证》，《农业现代化研究》2019年第4期。

赵旭、陈寅岚、赵菲菲：《COVID-19风险冲击对疫区农户生计资本的影响及其抵御效应——以湖北、安徽、重庆为例》，《地理科学进展》2021年第7期。

赵耀红、孟源祎、马光荣：《土地资源配置与城市创新：基于产业用地结构的研究》，《当代经济科学》2024年第3期。

赵政楠、茹少峰、张青：《市场规模变化对中国产业结构升级的影响研究》，

《统计与信息论坛》2023 年第 9 期。

甄新伟：《从五个维度深刻理解"双循环"战略内涵》，《第一财经日报》2020 年 8 月 20 日，第 A11 版。

郑秉文：《不设增速目标与保就业：应对危机的良性循环市场化改革新路子——学习〈政府工作报告〉体会》，《保险研究》2020 年第 6 期。

郑瑞强：《推进乡村振兴基本实施单元的县域转型：治理逻辑及风险规避》，《江西社会科学》2024 年第 6 期。

中共中央文献编辑委员会：《邓小平文选》（第三卷），人民出版社，1993。

周黎安：《中国地方官员的晋升锦标赛模式研究》，《经济研究》2007 年第 7 期。

周敏、黄亚平、林凯旋：《制度影响下大城市制造业空间演化机制研究——基于新制度经济学视角》，《城市问题》2020 年第 11 期。

朱江瑞：《产业链治理视域下产业扶贫持续稳定脱贫路径》，《地方财政研究》2020 年第 3 期。

朱晓燕：《民生财政视角下低收入群体实现共同富裕的指标体系构建与路径探析》，《中州学刊》2023 年第 1 期。

左停、李颖、李世雄：《农村低收入人口识别问题探析》，《中国农村经济》2023 年第 9 期。

左停、赵泽宇：《现代化进程中的乡村风险、损害及其 4R 应对策略——基于秦巴山区 SY 县的案例研究》，《西南民族大学学报》（人文社会科学版）2023 年第 8 期。

左正龙：《绿色低碳金融服务乡村振兴的机理、困境及路径选择——基于城乡融合发展视角》，《当代经济管理》2022 年第 1 期。

Castells, M. *Rise of the Network Society.* Blackwell, 1996.

Fainmesser, I. P., Galeotti, A., and Momot, R. "Digital Privacy." *Management Science* 69（6），2022.

Hardin, G. "The Tragedy of the Commons." *Science* 162, 1968.

Lefebvre, H. *The Production of Space.* Translated by Donald Nicholson-smith. Wiley-Blackwell, 1991.

Morton, S., Pencheon D., and Squires N. "Sustainable Development Goals, and Their Implementation: A National Global Framework for Health, Development and Equity Needs a System Approach at Every Lever. " *British Medical Bulletin* 124 (1), 2017.

Perilla, Jimenez J. "Mainstream and Evolutionary Views of Technology, Economic Growth and Catching Up. " *Journal of Evolutionary Economics* 29, 2019.

Rozelle, Scott. "Migration, Remittances, and Agricultural Productivity in China, American Economic Review. " *Papers And Proceedings* 89 (2), 1999.

Sen, Amartya. *Inequality Reexamined.* Harvard University Press, 1995.

Shorrocks, Anthony and Guanghua Wan. "Ungrouping Income Distributions: Synthesizing Samples for Inequality and Poverty Analysis. " In *Arguments for a Better World: Essays in Honor of Amartya Sen, Ethics, Welfare and Measurement.* Oxford University Press, 2009.

图书在版编目（CIP）数据

产业结构优化与稳定脱贫的良性互动机制／郑瑞强，朱述斌，瞿硕著. -- 北京：社会科学文献出版社，2024.12. -- ISBN 978-7-5228-4775-7

Ⅰ.F269.24；F126

中国国家版本馆 CIP 数据核字第 2024TK5535 号

产业结构优化与稳定脱贫的良性互动机制

著　者／郑瑞强　朱述斌　瞿　硕

出 版 人／冀祥德
责任编辑／李会肖　谢蕊芬
责任印制／王京美

出　　版／社会科学文献出版社·群学分社 （010）59367002
　　　　　地址：北京市北三环中路甲 29 号院华龙大厦　邮编：100029
　　　　　网址：www.ssap.com.cn
发　　行／社会科学文献出版社 （010）59367028
印　　装／三河市龙林印务有限公司

规　　格／开　本：787mm×1092mm　1/16
　　　　　印　张：24.75　字　数：417 千字
版　　次／2024 年 12 月第 1 版　2024 年 12 月第 1 次印刷
书　　号／ISBN 978-7-5228-4775-7
定　　价／158.00 元

读者服务电话：4008918866